उपभोक्ता वस्तुओं का विज्ञान

रामचन्द्र मिश्र

शिक्षण-प्रशिक्षण कार्य हेतु समर्पित, भारतीय प्रौद्योगिकी संस्थान (आई आई टी) मुम्बई से सेवानिवृत्त, जनपद वाराणसी में 1941 ई. में जन्मे रामचन्द्र मिश्र एक रासायनिक प्रौद्योगिकीविद्, विज्ञान लेखक तथा उपभोक्ता संरक्षण सक्रियक हैं। उपभोक्ता संरक्षण हेतु विज्ञान तथा प्रौद्योगिकी के प्रयोग से संबंधित वे इन पदों पर कार्यरत रहे हैं :

- सदस्य, केंद्रीय औद्योगिक सलाहकार परिषद्,
- सदस्य, सलाहकार दल, विज्ञान-प्रौद्योगिकी द्वारा उपभोक्ता-संरक्षण, विज्ञान तथा प्रौद्योगिकी विभाग (डी एस टी), भारत सरकार,
- संयोजक/सदस्य, विभागीय समितियां, (i) प्रेशर कुकर, (ii) घरेलू तेल दहन उपकरण, (iii) घरेलू तथा व्यापारिक गैस दहन उपकरण, भारतीय मानक ब्यूरो, नई दिल्ली,
- प्रचार-प्रभारी, इंडियन एसोसिएशन फॉर एयर पोल्यूशन कंट्रोल,
- आजीवन सदस्य, सोसायटी फॉर क्लीन इनवायरनमेंट (सोक्लीन),
- अध्यक्ष, परीक्षण समिति, कंज्यूमर गाइडेन्स सोसायटी ऑफ इंडिया, मुम्बई,
- सदस्य, तकनीकी समिति, पर्यावरणमित्र उत्पाद, केंद्रीय प्रदूषण नियंत्रण बोर्ड, भारत सरकार,
- सदस्य, सम्पादक मंडल, 'भारतीय वैज्ञानिक एवं औद्योगिक अनुसंधान पत्रिका' (सी एस आई आर)। अतिरिक्त कार्यभार के रूप में वे लगभग 10 वर्षों तक आई आई टी, मुंबई की हिंदी पत्रिका 'क्षितिज' के संपादक रह चुके हैं। विज्ञान परिषद् प्रयाग, इलाहाबाद द्वारा उन्हें 'विज्ञान वाचस्पति' उपाधि तथा 'डॉ.गोरख प्रसाद विज्ञान पुरस्कार' प्रदान किया गया है।

आवरण : राधाकृष्ण स्टूडियो

उपभोक्ता वस्तुओं का विज्ञान

रामचन्द्र मिश्र

समझदार पेपरबैक्स
राधाकृष्ण

राधाकृष्ण पेपरबैक्स में
पहला संस्करण : 2008

राधाकृष्ण पेपरबैक्स : उत्कृष्ट साहित्य के जनसुलभ संस्करण

राधाकृष्ण प्रकाशन प्राइवेट लिमिटेड
जी-17, जगतपुरी
दिल्ली-110 051
द्वारा प्रकाशित

शाखाएँ : अशोक राजपथ, साइंस कॉलेज के सामने, पटना-800 006
पहली मंजिल, दरबारी बिल्डिंग, महात्मा गांधी मार्ग, इलाहाबाद-211 001
36-ए, शेक्सपियर सरणी, कोलकाता-700 017

वेबसाइट : www.radhakrishnaprakashan.com
ई-मेल : info@radhakrishnaprakashan.com

बी.के. ऑफसेट
नवीन शाहदरा, दिल्ली-110 032
द्वारा मुद्रित

मूल्य : ₹ 250

आवरण : राधाकृष्ण स्टूडियो

UPBHOKTA VASTUON KA VIGYAN
by Ramchandra Mishra

ISBN : 978-81-8361-190-9

सतत् विकास तथा उपभोग की आचरणीय सुसंस्कृति
के मार्गदर्शक

राष्ट्रपिता महात्मा गांधी

के सुविचारों को सादर

समर्पित

- पृथ्वी पर सभी की आवश्यकता के लिए सब कुछ है, किंतु लोभ के लिए नहीं । मनुष्य की सुख-शांति संतोष करने में है। असंतुष्ट रहते हुए मनुष्य कितनी ही वस्तुएं प्राप्त कर ले, वह अपनी इच्छाओं का गुलाम बन जाता है।
- मुझे किसी से कुछ भी वस्तु खरीदना नामंजूर है अगर ऐसा करना मेरे विकास में बाधक हो या अन्य के लिए नुकसानदेह हो जिन्हें संभालने की जिम्मेदारी प्रकृति ने हमें सौंपी है।
- ग्राहक हमारे प्रतिष्ठान का सबसे महत्त्वपूर्ण व्यक्ति है। वह हमारे ऊपर निर्भर नहीं है, हम उस पर निर्भर हैं। वह हमारे कार्य में बाधक नहीं है, वह इसका प्रयोजक है। उसकी सेवा कर हम उस पर कोई कृपा नहीं करते, अपनी सेवा का मौका देकर वह हम पर कृपा करता है।
- आप अपना मुनाफा जरूर कमाएं, किंतु यह वाजिब हो। अपने माल को जरूर बेचें, किंतु उसकी गुणवत्ता सुनिश्चित करने के बाद बेचें। घटिया वस्तुएं न बेचें। अपनी वस्तुएं जरूरतमंदों को लालच बगैर बेचें।

लेखकीय कथन

प्रायः सभी व्यक्ति जन्म से मृत्यु तक अपने दैनिक जीवन में वस्तुतः उपभोक्ता होते हैं। प्रत्येक व्यक्ति के संबंध में विविध उपभोक्ता वस्तुओं के प्रयोग का सिलसिला न सिर्फ जन्म से मृत्यु तक बल्कि गर्भधारण से लेकर अंत्येष्टि तक चलता रहता है। उपभोक्ता वस्तुओं का प्रयोग स्वभावतः सर्वव्यापक और नित्य क्रिया है। खाने-पीने की वस्तुओं और पहनने-ओढ़ने की चीजों से लेकर आवास, साफ-सफाई, सुरक्षा-बचाव, साज-संवार तथा भोग-विलास से संबंधित अनेकानेक वस्तुओं का दिनरात निरंतर प्रयोग किया जाता है। खाऊ उपभोक्ता (अप) संस्कृति के चलते अनावश्यक या अतिशय उपभोग की अंधी दौड़ चल पड़ी है। बाजार में नित नए प्रकार की उपभोक्ता वस्तुओं अथवा नए-नए व्यापारिक नामों से आ रही वस्तुओं की बड़ी रेलम-पेल कायम है। यह भी खाओ, वह भी खाओ जैसा सोचने के बजाय क्या खाएं, क्या छोड़ें यह समझने की जरूरत आज सबसे ज्यादा महत्त्वपूर्ण है।

विचारणीय है कि विविध उपभोक्ता वस्तुओं की क्रमिक उत्पत्ति और दैनिक प्रयोग का संबंध देश की माटी, देश के जल, देश की हवा, देश के निवासी और देश की सामाजिक, धार्मिक एवं सांस्कृतिक परंपराओ से जुड़ा हुआ है, जिनके साथ रूढ़ियों और अंधविश्वास का भी अपमिश्रण हुआ है। उपभोग की जो विरासत हमारी है उसकी वैज्ञानिकता को अपना कर ही हम सतत्-उपभोग की उपयुक्त संस्कृति को कायम रख सकते हैं।

दैनिक उपयोग की वस्तुओं की गुणवत्ता, संघटन, विश्वसनीयता, उपयोग के लाभालाभ, सुरक्षा, पर्यावरणीय प्रभाव इत्यादि आवश्यक तथ्यों यानी उपभोक्ता वस्तुओं के विज्ञान से उपभोक्ता प्रायः कम ही अवगत होते हैं। विविध प्रयोजनों हेतु सर्वोत्तम वस्तुओं का चुनाव और निपुण प्रयोग करने में इन वस्तुओं पर वैज्ञानिक जानकारी की कमी अक्सर आड़े आती है। वर्तमान में उपभोक्ताओं को दिए गए कानूनी अधिकारों का प्रभावी प्रयोग करने और उनसे अपेक्षित कर्त्तव्यों को निभाने में भी उक्त वैज्ञानिक जानकारी की आवश्यकता होती है। भारत में उपभोक्ता अदालतों की विस्तृत व्यवस्था है, किंतु वैज्ञानिक जानकारी के अभाव में उपभोक्ता-शिकायतों का निपटान अक्सर बाधित होता है।

उपभोक्ता वस्तुओं पर प्रचलित पारंपरिक जानकारी प्रायः अपूर्ण और भ्रामक पाई जाती है। विविधता वाले इस देश में उपभोग की मान्यताएं भिन्न हैं। निर्माता या विक्रेता बेची जाने वाली वस्तुओं के लेबल, निर्देश-पर्ची या उत्पाद-पुस्तिका में प्रायः महत्त्वपूर्ण वैज्ञानिक या तकनीकी जानकारी देने से रह जाते हैं और तथ्यहीन लुभावनी बातें बढ़-चढ़ कह देते हैं। आर्थिक उदारीकरण तथा भूमंडलीकरण के चलते उपभोक्ता-बाजार में प्रतिस्पर्द्धा की शक्तियां हावी हैं और स्थूल व्यापारिक हथकंडों के जरिए अधिकाधिक वस्तुओं की कृत्रिम आवश्यकता पैदा की जा रही है। इस प्रकार उपभोक्ताओं के लिए विशेष रूप से जरूरी हो गया है कि वे ऐसी वस्तुओं के संबंध में वैज्ञानिक जानकारी प्राप्त करें। विचारणीय समस्या यह है कि खाद्य तथा अखाद्य सभी प्रकार की उपभोक्ता वस्तुओं का विज्ञान वस्तुतः बहुविषयक क्षेत्र है जिस पर संगठित रूप से पर्याप्त जानकारी सुलभ नहीं है।

उपभोक्ता संरक्षण हेतु राष्ट्रीय स्तर पर विज्ञान एवं प्रौद्योगिकी के प्रयोग से लंबे समय तक जुड़े होने के कारण मुझे यह महसूस हो रहा था कि उपभोक्ता वस्तुओं पर वैज्ञानिक जानकारी को देश की राजभाषा तथा राष्ट्रभाषा हिंदी में देने वाली लोकप्रिय स्तर की एक ऐसी पुस्तक उपलब्ध हो जो आम शिक्षित उपभोक्ता का मार्गदर्शक बन सके। जनहित की भावना से लिखी गई यह पुस्तक अपने उद्देश्य में कितनी सफल होगी, इसका निर्णय सुधी पाठकों को करना है। लेखक का मंतव्य है कि उपभोक्ता वस्तुओं पर नित नई जानकारी की उत्पत्ति के अनुरूप पुस्तक को समृद्ध करने की आवश्यकता बनी रहेगी।

आशा है कि प्रस्तुत पुस्तक पूरे उपभोक्ता-समाज के लिए, स्वयंसेवी संगठनों, छात्रों, शिक्षकों तथा उपभोक्ता प्रशासन-तंत्र आदि के लिए ज्ञानवर्धक और उपयोगी सिद्ध होगी। पुस्तक को समृद्ध बनाने के लिए पाठकों के विचारों और सुझावों का हार्दिक स्वागत होगा।

लेखक उन सभी शुभ चिंतकों का सद्यः आभारी है जिनके सौहार्दपूर्ण व्यवहार से उत्पन्न सार्थक ऊर्जा का प्रयोग उसने इस पुस्तक को लिखने में किया है। पांडुलिपि के संसाधन में सहायता के लिए अजय मिश्र को सस्नेह धन्यवाद!

—रामचन्द्र मिश्र

क्रम

तालिका-सूची

1

विषय प्रवेश

1.1 उपभोक्ता वस्तुओं का परिदृश्य

प्राणवायु और पेयजल के साथ अन्न मनुष्य की मूलभूत आवश्यकता है। जीवित रहने के लिए हर मनुष्य रोजाना औसतन दो से तीन किलोग्राम अन्न तथा छह-सात लीटर जल और 16 किलोग्राम वायु ग्रहण करता है। स्वच्छ वायु तथा जल के साथ स्वच्छ, सुरक्षित एवं पौष्टिक भोजन मनुष्य को स्वस्थ रखने के लिए आवश्यक है। भोजन करना मूल आवश्यकता होने के अलावा प्रायः एक भावातिरेक बन जाता है और इस प्रकार कुछ लोग सोचते हैं कि वे खाने के लिए जीते हैं, यद्यपि हम वस्तुतः जीने और जीवन के लक्ष्य की पूर्ति हेतु खाते हैं। भोजन वस्तुतः प्रधान उपभोक्ता वस्तु माना जाता रहा है और उपभोग का सामान्य पर्याय।

विचारणीय है कि उपभोक्ता वस्तुओं का प्रयोग क्षेत्र-विशेष, जलवायु, सभ्यता और संस्कृति पर आधारित होता है। भारत में आरंभ से ही अनाज प्रमुख खाद्य पदार्थ या उपभोक्ता वस्तु रहा है। अनाजों का प्रयोग उतना ही पुराना है जितनी हमारी सभ्यता। प्रागैतिहासिक पुरावशेषों के रूप में प्राप्त झुलसे अन्न, चोकर, बीज और पराग तक के अवशेषों से सिद्ध होता है कि आरंभ से ही अनाज मनुष्य के जीने का मुख्य खाद्य-आधार रहा है। अतः स्वाभाविक है कि आज भोजन से प्राप्त कुल ऊर्जा या कैलोरी का प्रायः साठ प्रतिशत हिस्सा गेहूं, चावल, ज्वार, बाजरा, मकई तथा जौ जैसे अनाजों और अरहर, चना, उड़द, मूंग, मसूर इत्यादि दालों से मिलता है।

फिलहाल भारत की अधिकांश आबादी निम्न आर्थिक और निम्न-मध्यम वर्ग के अंतर्गत आती है जिनका भोजन मुख्यतः खाद्यान्न हैं। जनता का भोजन यानी अनाज और दालों की लोकप्रियता का कारण इनका अपेक्षाकृत सस्ता, सुलभ, सुपाच्य तथा पौष्टिक होना है। साथ ही अनाज शाकाहार के मुख्य स्तंभ हैं तथा सात्त्विक भोजन के अंग भी। काबिलेगौर बात यह है कि विज्ञान द्वारा अनाजों के लाभ इष्टतम स्तर तक बढ़ाए जा सकते हैं। अतः

रोटी-दाल के विज्ञान से परिचित होना जनता की प्रजातांत्रिक आवश्यकता बनती है। भला देश की एक सौ करोड़ से भी ज्यादा आबादी में से कितने प्रतिशत लोग खाद्यान्न के विज्ञान से परिचित होंगे?

प्रायः सभी लोग खाद्यान्नों का सीधा प्रयोग करते हैं किंतु खाद्यान्नों की गुणवत्ता के बारे में अधिकांश लोगों की जानकारी पारंपरिक स्तर या अनुभवों तक सीमित है, जबकि वैज्ञानिक जानकारी का अभाव आम बात है। एक ओर कृषि अनुसंधान के जरिए खाद्यान्नों की कई बेहतर किस्में ईजाद की गई हैं, तो दूसरी ओर बढ़ते हुए प्रदूषण के चलते अन्न की गुणवत्ता में कई उलट-फेर हुए हैं। संदूषित खाद्य लेने से आज जनस्वास्थ्य पर पड़ रहे प्रभाव चिंता के कारण बने हुए हैं, क्योंकि जैसा अन्न वैसा मन संबंधी प्राचीन ज्ञान दिशा-निर्देशक रहा है। अतः जरूरी है कि वर्तमान में प्राप्त अन्न की गुणवत्ता का वैज्ञानिक पुनरावलोकन हो तथा उपभोग की वैज्ञानिकता जन-जन को बताई जाए।

विचारणीय है कि उपभोग की प्रकृति और उपभोक्ता वस्तुओं का परिदृश्य समय के साथ बदलता जा रहा है। प्राकृतिक खाद्य से हट कर संसाधित खाद्य जैसे कृत्रिम पेय, प्रदूषित खाद्य या जंक फूड इत्यादि का प्रचलन बढ़-चढ़ कर हो रहा है। जबकि खाद्यान्न, सब्जी, फल आदि में कीटनाशी रसायनों के हानिकर अवशेष प्रायः मौजूद होते हैं, संसाधित या तैयार खाद्य पदार्थों में कई रासायनिक योगजों या केमिकल एडिटिव की दखलंदाजी पाई जाती है। ऐसे रसायनों का संसाधित खाद्य में प्रयोग परिरक्षक या प्रिजर्वेटिव के रूप में, कृत्रिम रंग, स्वाद, सुवास या फ्लेवर-एडिटिव के रूप में किया जाता है, किंतु यह रसायन लंबे प्रयोग के लिए सुरक्षित न होकर सिर्फ सीमित प्रयोग के लिए स्वीकृत किए गए हैं। उक्त रासायनिक योगजों को ग्रास (जनरली रिगार्डेड ऐज सेफ) श्रेणी यानी साधारणतया सुरक्षित रूप में वर्गीकृत किया गया है। भारतीय जलवायु में नियमित प्रयोग के दौरान इन रसायनों का पूर्ण सुरक्षित होना संदेह के घेरे में है।

उपभोग का परिदृश्य गुणात्मक तथा परिमाणात्मक दोनों रूपों में बदल रहा है। खाद्य तथा अखाद्य उपभोक्ता वस्तुओं की गुणवत्ता में सुधार के प्रयत्न अवश्य हो रहे हैं जिसका फायदा उपभोक्ताओं को ऊंची कीमत पर मिलता है। उपभोक्तावाद के जरिए शोषण की एक ऐसी दुनिया बस गई है जहां ऊंची गुणवत्ता की श्रेष्ठ वस्तुओं का उपभोग धनीवर्ग करता है और सामान्य तथा निम्न गुणवत्ता की वस्तुएं गरीबों के सिर पर थोप दी जाती है। यह शोषण शहरी तथा ग्रामीण जनता के बीच में भी है और अमीर एवं गरीब देशों के बीच भी। इसकी वजह से पर्यावरण का क्षय और गरीबी का दुष्चक्र कायम है। खासकर भारत के ग्रामीण क्षेत्रों और शहरों की झुग्गी-झोपड़ी वाली बस्तियों में घटिया, हानिकारक और नकली उपभोक्ता वस्तुओं के चलन का बोलबाला है। फिलहाल

पूरे देश में उपयोग हो रही उपभोक्ता वस्तुओं के बदलते परिदृश्य को निम्नांकित वर्गीकरण द्वारा प्रदर्शित किया जा सकता है :

1.2 उपभोक्ता वस्तुओं की श्रेणी

● मूलभूत आवश्यकताएं—प्राणवायु, स्वच्छ पेयजल और अन्न, पर्यावरण-मित्र वस्त्र तथा आवास। अनाज, दालें, नमक, शक्कर, सब्जी और फल आदि।

● खाद्य एवं पेय उत्पाद—दूध और दूध से निर्मित वस्तुएं, वनस्पति तथा फलीय उत्पाद, शीतलपेय, खनिज जल, खाद्य तेल, मसाले, मिष्ठान्न, चाय-कॉफी, संसाधित खाद्य एवं स्वल्पाहार आदि।

● आमिष खाद्य—मांस, मछली, अंडा इत्यादि और इनसे संसाधित खाद्य।

● स्वास्थ्य-रक्षा के उत्पाद—औषधियां, औषधीय खाद्य, चिकित्सा-उपकरण तथा सेवाएं, निरोध या कंडोम आदि।

● स्वच्छता संबंधी उत्पाद—साबुन, प्रक्षालक या डिटर्जेंट, केशमार्जक या शैम्पू, केशतेल, दंतमंजन, टूथपेस्ट, टूथब्रश, सैनिटरी नैपकिन।

● ऊर्जा-संसाधन—पेट्रोलियम पदार्थ जैसे तेल और गैस, अधूम कोक, गोबर गैस इत्यादि और तत्सम्बन्धित उपकरण।

● घरेलू उपकरण—विद्युत उपकरण, बल्ब, ट्यूबलाइट, इस्तरी या इलेक्ट्रिक आयरन, तेल और गैस के चूल्हे तथा अन्य उपकरण, रेडियो, टेलीविजन, धुलाई मशीन, पंखे आदि।

● विविध व्यवहार्य वस्तुएं—घरेलू कीटनाशी उत्पाद, मच्छरनिवारक उत्पाद, प्लास्टिक पदार्थ, लेखन सामग्री, खेल तथा सुरक्षा संबंधी सामग्री, पूजा सामग्री आदि।

● शृंगार सामग्री—सिंदूर, बिंदी, काजल, सुरमा, विविध क्रीम, इत्र इत्यादि।

● विशिष्ट वस्तु—भारत का राष्ट्रीय झंडा (सूती खादी)।

वस्तुतः उपभोक्ता वस्तुओं की संख्या इस कदर बढ़ रही है कि इनकी विस्तृत तालिका भी बनाएं तो भी वह अंतिम तालिका नहीं होगी। यह वस्तुएं कई क्षेत्रों या विषयों से ताल्लुक रखती हैं और इसीलिए बहुविषयक उपभोक्ता-विज्ञान के अंतर्गत रसायन, भौतिकी, कृषि, खाद्य, वनस्पति, प्राणिशास्त्र, आयुर्वेद, औषधि, पदार्थ विज्ञान आदि शाखाएं तथा प्रौद्योगिकी या टेक्नालॉजी के क्षेत्र में जैव, धातुकी, सिविल, यांत्रिकी, रासायनिक, विद्युत, वैमानिकी, वानिकी, संगणक, इलेक्ट्रानिकी आदि शामिल हैं। आगे के अध्यायों में ऐसी प्रमुख उपभोक्ता वस्तुओं के वैज्ञानिक पक्षों का विवेचन किया जाएगा जो

सामान्य रूप से उपयोग में लाई जाती है और जिनकी गुणवत्ता खासतौर से विचारणीय है।

1.3 गुणवत्ता-नियंत्रण की स्थिति

भारत में विज्ञान तथा प्रौद्योगिकी में हो रही प्रशंसनीय प्रगति और औद्योगिक विकास के चलते उपभोक्ता वस्तुओं की गुणवत्ता में सुधार की संभावनाएं उत्साहजनक हैं। वैश्वीकरण के फलस्वरूप औद्योगिक प्रतिस्पर्धा में जो एड़ लगी है वह भी गुणवत्ता में सुधार की एक वजह है, यद्यपि इसका फायदा सीमित आबादी तक ही पहुंच पाया है। उपभोक्ता वस्तुओं की गुणवत्ता की कुल स्थिति बहुसंख्यक आबादी के लिए संतोषजनक नहीं है। खाद्य वस्तुओं में मिलावट और प्राकृतिक संदूषण के चलते अधिकांश खाद्य-उत्पादों की शुद्धता तथा सुरक्षा की गारंटी नहीं मिलती। खाद्य-विषाक्तता एक अनसुलझी समस्या बन कर रह गई है। खाद्यान्नों से लेकर संसाधित खाद्य एवं पेय पदार्थों तक में कीटनाशी रसायनों के अवशेषों का मौजूद होना अवश्यंभावी लगता है। अखाद्य उपभोक्ता वस्तुओं की गुणवत्ता भी विश्वसनीय नहीं मानी जाती, क्योंकि इनके कुप्रभावों से उपभोक्ताओं का अक्सर सामना होता है। इसलिए कुल उपभोक्ता वस्तुओं की बनावट, संघटन, प्रभाव और लाभालाभ की स्थितियों के सभी वैज्ञानिक पक्षों को समझना जरूरी हो गया है। वस्तुतः आगे के अध्यायों में वर्णित उपभोक्ता वस्तुओं के उक्त विज्ञान का विवेचन करना ही पुस्तक का विचारणीय विषय है।

गौरतलब है कि अधिकांश खाद्य पदार्थ देश की मिट्टी और मीठे जल से उपजे हुए पौधों से परोक्ष या अपरोक्ष रूप से प्राप्त होते हैं। कई अखाद्य पदार्थों का मूल स्त्रोत भी यही पौधे हैं। एककोशिक जैविक पदार्थों जैसे शैवाल, कवक या फंगी, खमीर या यीस्ट इत्यादि की पैदावार जल में होती है। यह पदार्थ, जो फिलहाल अखाद्य हैं, खाद्य श्रेणी की प्रोटीन के स्त्रोत बनने जा रहे हैं। उक्त सभी खाद्य पदार्थों की गुणवत्ता देश की मिट्टी, वायु, जल एवं पूरे वातावरण पर निर्भर करती है।

भारत में खाद्य पदार्थों की मानक गुणवत्ता निर्धारित करने के लिए केंद्रीय खाद्य मानक समिति स्वास्थ्य मंत्रालय के अंतर्गत कार्यरत है। भारतीय मानक ब्यूरो के कृषि तथा खाद्य उत्पाद विभागीय परिषद् के अंतर्गत कार्यरत तकनीकी समितियों द्वारा विविध खाद्य-मानक तैयार किए जाते हैं। इन मानकों के विषय हैं-खाद्य वस्तुएं, खाद्यान्न तथा इनसे संसाधित खाद्य, डिब्बाबंद खाद्य, बेकरी उत्पाद, मिष्ठान्न, सब्जी एवं फल तथा इनसे संसाधित उत्पाद, प्रोटीन-अनुपूरक खाद्य, मसाले, चाय, कॉफी, कोको, मांस एवं मछली के उत्पाद,

दुग्ध उत्पाद, शराब, शीतल पेय, खाद्य-योगज या केमिकल एडिटिव इत्यादि। आम प्रयोग के कुछ महत्त्वपूर्ण खाद्य पदार्थों की गुणवत्ता का आई.एस.आई. चिह्न द्वारा प्रमाणीकरण अनिवार्य है। कई खाद्य पदार्थों के मानकों का प्रयोग फिलहाल स्वैच्छिक है, यद्यपि इन मानकों से निर्माता प्रायः तक़नीकी सहायता लेते हैं। इस प्रकार भारतीय मानक उपभोक्ता वस्तुओं की वांछित गुणवत्ता कायम रखने के तकनीकी दस्तावेज हैं।

विश्व स्वास्थ्य संगठन तथा खाद्य एवं कृषि संगठन द्वारा स्थापित *कमीशन कोडेक्स एलिमेंटेरियस* खाद्य पदार्थों तथा खाद्य-सुरक्षा संबंधी विविध मानक तैयार करता है। अंतर्राष्ट्रीय स्तर पर खाद्य-वितरण हेतु इन मानकों का अनुपालन आवश्यक है। अतः भारत में कोडेक्स एलिमेंटेरियस के अंतर्राष्ट्रीय मानकों के आधार पर खाद्य पदार्थों के भारतीय मानक तैयार किए गए हैं। भारतीय मानक ब्यूरो के अलावा कृषि उत्पादों के श्रेणीकरण एवं विपणन हेतु मानकों का निर्माण एगमार्क अधिनियम के अंतर्गत भी किया जाता है। इसी प्रकार वनस्पति तेलों, फलों तथा आमिष उत्पादों के गुणवत्ता-नियंत्रण हेतु क्रमशः वेजीटेबल ऑयल कंट्रोल आर्डर, फ्रूट प्रॉडक्ट आर्डर, और मीट प्रॉडक्ट आर्डर की कार्य-व्यवस्था कायम है। साथ ही खाद्य मिलावट बचाव अधिनियम के अंतर्गत खाद्य पदार्थों की शुद्धता कायम रखने की कार्य-व्यवस्था लागू की गई है। प्रायः उपभोक्ता एक ही खाद्य की गुणवत्ता हेतु उक्त कई मानकों के प्रयोग के कारण भ्रम में पड़ जाते हैं। अतः अपेक्षा की जाती है कि एक ही संगठन और एक ही चिह्नीकरण द्वारा खाद्य-गुणवत्ता के प्रमाणीकरण की व्यवस्था स्थापित की जाए।

अखाद्य वस्तुओं की गुणवत्ता सुनिश्चित करने के लिए हजारों भारतीय मानक तैयार किए गए हैं जिनमें सर्वोपरि मानक है-आई. एस. 1-1968, भारत के राष्ट्रीय झंडे (सूती खादी) की विशिष्टि। उपभोक्ता वस्तुओं पर ऐसे सैकड़ों भारतीय मानक हिंदी भाषा में भी प्रकाशित किए गए हैं जिनका आम जनता से व्यापक सरोकार है। ऐसी कई उपभोक्ता वस्तुएं हैं जिनपर भारतीय मानक होते हुए भी गुणवत्ता संतोषजनक नहीं है अथवा उपभोक्ता में गुणवत्ता की जानकारी का अभाव है। अतः उपभोक्ता के मन में प्रायः एक सवाल बार-बार आता है—उपभोक्ता वस्तुओं पर उपलब्ध इतने मानक और आदेश क्या गुणवत्ता सुनिश्चित करने के लिए प्रभावी साबित हुए हैं? वस्तुतः वांछित लक्ष्य यह है कि प्रजातांत्रिक शक्तियों तथा कानून के प्रयोग द्वारा उपभोक्ता स्वयं व्यक्तिगत या सामूहिक प्रयास से स्वीकार्य गुणवत्ता की वस्तुओं के निर्माण हेतु निर्माता या व्यापारी को प्रेरित करे ताकि इस संबंध में सरकारी प्रयासों को अतिरिक्त समर्थन मिले।

1.4 उपभोक्ता संरक्षण की व्यवस्था

सर्वविदित है कि उपभोक्ता वस्तुओं की गुणवत्ता के प्रदर्शन या प्रचार में स्थूल विधियों का प्रयोग हो रहा है और इस संबंध में कुल मिला कर एक गैर प्रजातांत्रिक स्थिति का निर्माण हुआ है। उपभोक्ता वस्तुओं की गुणवत्ता के असली कारकों या वैज्ञानिक तथ्यों को दबाया-छिपाया जाता है और लुभावनी या अतिरंजित तथ्यहीन बातों के जरिए उपभोक्ता का ध्यान खींचा जाता है। इसके लिए अभिनय कला, प्रसिद्धियों, छद्म विज्ञान आदि का सहारा लिया जाता है।

सूचना के अधिकार से यों वंचित किया जाना और खरीदी गई वस्तुओं की गुणवत्ता को सही रूप में न बताया जाना वस्तुतः गैर प्रजातांत्रिक है और इसके लिए कुछ हद तक उपभोक्ताओं में सक्रिय जागरूकता और कर्तव्य की कमी जिम्मेवार है। विचारणीय है कि संयुक्त राष्ट्र के आदेशानुसार सदस्य देशों में अंतर्राष्ट्रीय उपभोक्ता अधिकार कानूनी तौर पर उपभोक्ताओं को प्रदान किए गए हैं जो निम्नांकित हैं—

1.4.1 उपभोक्ता अधिकार

- **मूलभूत आवश्यकता पूर्ति का अधिकार**—समुचित परिमाण में स्वच्छ पेयजल, भोजन, वस्त्र, आवास, स्वच्छता तथा स्वास्थ्य-रक्षा जैसी मूल आवश्यकताओं की पूर्ति हेतु आवश्यक सेवाओं या वस्तुओं को उचित मूल्य पर प्राप्त करना।
- **सुरक्षा का अधिकार**—ऐसे उपकरणों, वस्तुओं, विधियों और सेवाओं के उपयोग में सुरक्षा सुनिश्चित करना जो स्वास्थ्य या जीवन के लिए खतरनाक हों।
- **सूचना का अधिकार**—उपभोक्ता उत्पादों के संबंध में आवश्यक वैज्ञानिक जानकारी पाने की सुविधा होना जो सही उत्पाद का चुनाव करने और भ्रामक विज्ञापन, प्रचार आदि से बचने में सहायक हो।
- **चुनने का अधिकार**—विभिन्न मूल्यों पर प्राप्त विभिन्न प्रकार के उत्पादों को गुणवत्ता के आधार पर चुनना और इस प्रकार एकाधिकार से बचना, बशर्ते कुछ लोगों द्वारा अपनाए गए चुनने का अधिकार मूलभूत आवश्यकता के अधिकार को बाधित न करे।
- **सुनवाई का अधिकार**—उपभोक्ता संरक्षण नीतियों या कार्यक्रमों के निर्धारण और आर्थिक कार्यक्रमों के कार्यान्वयन में उपभोक्ताओं के सरोकारों को मद्देनजर रखना।
- **क्षतिपूर्ति का अधिकार**—घटिया या हानिकारक उत्पादों और असंतोषजनक

सेवाओं के उपयोग एवं इनके झूठे प्रचार से हुई क्षति की उचित भरपाई करना।

● उपभोक्ता शिक्षा का अधिकार—जागरूक उपभोक्ता बनने के लिए आवश्यक ज्ञान और तकनीकी निपुणता प्राप्त करने संबंधी शिक्षा को ग्रहण करना, तथा

● स्वस्थ पर्यावरण का अधिकार—रहन-सहन के वातावरण की गुणवत्ता में सुधार के लिए वर्तमान और भविष्य में पर्यावरणीय समस्याओं से निजात पाना।

विचारणीय है कि विविध उपभोक्ता अधिकारों को भारतीय उपभोक्ता संरक्षण अधिनियम, 1986 के अंतर्गत शामिल किया गया है। मूलभूत आवश्यकता के अधिकार की रक्षा चुनने के अधिकार के अंतर्गत की गई है, जबकि स्वस्थ पर्यावरण संबंधी आवश्यकताओं की व्याख्या पर्यावरण संरक्षण संबंधी अलग अधिनियम में विस्तृत रूप से की गई है।

1.4.2 उपभोक्ता कर्तव्य

ज्ञातव्य है कि जहां अधिकार होते हैं वहां कर्तव्य सर्वथा अपेक्षित हैं। अतः उपभोक्ता अधिकारों का लाभ उठाने के वास्ते निम्नांकित उपभोक्ता कर्तव्य अपेक्षित हैं।

● जागरूकता-उपभोक्ता—उत्पादों की गुणवत्ता एवं विश्वसनीयता अथवा इनकी वास्तविक उपयोगिता के संबंध में जागरूक, जानकार और जिज्ञासु बने रहना।

● कार्रवाई की भावना—उपभोक्ता समस्याओं के प्रति उदासीन या निष्क्रिय भावना को त्याग कर आवश्यक कार्रवाई करने की सक्रिय भावना रखना।

● सामाजिक सरोकार—स्वयं के उपभोग का स्थानीय, राष्ट्रीय एवं अंतर्राष्ट्रीय समुदायों पर पड़नेवाले कुप्रभावों से सजग रहना और खासकर विपरीत परिस्थितियों में रहने वाले समुदायों के हितों के वास्ते जागरूक रहना।

● पर्यावरणीय जागरूकता—विविध उपभोक्ता वस्तुओं या सेवाओं के प्रयोग से होने वाले पर्यावरणीय कुप्रभावों से सक्रिय रूप से सजग रहना तथा व्यक्तिगत और सामूहिक रूप से प्राकृतिक संसाधनों की रक्षा करना, तथा

● एकात्मकता एवं सम—स्वार्थ की भावना-उपभोक्ता संरक्षण हेतु एकजुट होकर सम-स्वार्थ की भावना से कार्यवाही करना। भारत में उपभोक्ता अधिकारों की रक्षा हेतु निर्णायक संवैधानिक उपाय किए गए हैं। इस दिशा में उपभोक्ता संरक्षण अधिनियम, 1986, संशोधित अधिनियम, 2002, उपभोक्ता संरक्षण नियम, 1987 एवं संशोधित अधिनियम 2006 लागू किए गए हैं। इस अधिनियम के तहत उपभोक्ता शिकायतों के निपटान हेतु प्रत्येक जिला, राज्य और केंद्रीय स्तर पर न्यायिक व्यवस्था क्रमशः जिला उपभोक्ता न्यायालय या डिस्ट्रिक्ट फोरम राज्य उपभोक्ता आयोग या स्टेट कमीशन और राष्ट्रीय

उपभोक्ता शिकायत निपटान आयोग या नेशनल कमीशन स्थापित हुए हैं। अधिनियम के अंतर्गत उपभोक्ताओं के अधिकार और हितों की रक्षा के लिए केंद्र और राज्यों के स्तर पर उपभोक्ता संरक्षण परिषदों की स्थापना की गई है।

भारत में कार्यरत उपभोक्ता अदालतों की न्यायिक प्रणाली एशिया की बृहत्तम न्याय व्यवस्था है जो उपभोक्ता के न्यायिक अधिकारों के उल्लंघन, खराब या दोषपूर्ण उपभोक्ता वस्तुओं तथा सेवाओं, असंतोषजनक व्यापारिक क्रियाओं आदि के खिलाफ उपभोक्ता की शिकायतों का निपटान कम समय में करने और क्षतिपूर्ति निर्धारित करने के लिए स्थापित की गई है। उपभोक्ता अदालतों के कार्यक्षेत्र में उपभोक्ता वस्तुओं और सेवाओं के अलावा स्वास्थ्य, उपचार तंत्र, भवन निर्माण तंत्र, टेलीफोन, डाक, कुरिअर, विद्युत आपूर्ति, यातायात, परिवहन आदि सभी क्षेत्र शामिल हैं जिनका संबंध उपभोक्ताओं से होता है।

उपभोक्ता अदालतों की कार्यप्रणाली इस तरह बनाई गई है कि लंबी मुकदमेबाजी टाली जाए, वादी-प्रतिवादी खुद अपनी पैरवी करें और तीन महीने से एक साल के अंदर फैसला हो जाए। व्यवहार में उपभोक्ता अदालतों में भी मुकदमेबाजी की अनावश्यक प्रक्रिया हावी हो गई है और पूरे देश में लाखों उपभोक्ता शिकायतें अनिर्णीत पड़ी हैं। इस स्थिति से निपटने के लिए अधिनियम में संशोधन द्वारा उपभोक्ता अदालतों की व्यवस्था को ज्यादा सुदृढ़, कार्य-दक्ष और तेज बनाया जा रहा है। संशोधन के बाद जिला उपभोक्ता फोरम में बीस लाख रुपये तक के क्षतिपूर्ति की शिकायतें दर्ज कराई जा सकती हैं और राष्ट्रीय उपभोक्ता आयोग में एक करोड़ रु. और उससे ज्यादा सीमा की शिकायतों का निपटान कराया जा सकता है।

1.5 उपभोक्ता आंदोलन

भारत में उपभोक्ताओं द्वारा व्यक्तिगत और संगठित रूप में अपने वाजिब हकों की लड़ाई साठ के दशक में शुरू हुआ था जिसे विंटर ऑफ कंज्यूमर डिसकंटेंट या उपभोक्ता असंतोष का शीतकाल कहा गया था। उस समय पड़ोसी देशों द्वारा भारत पर हुए आक्रमण, सूखा और अकाल जैसी स्थिति और कृषि-उत्पादन में डांवाडोल स्थिति होने के कारण उपभोक्ता वस्तुओं की आपूर्ति में भारी कमी, निम्न गुणवत्ता की वस्तुओं का चलन, मिलावट, मुनाफाखोरी और उपभोक्ताओं के शोषण का बोलबाला था। उस समय अमरीका में उपभोक्ता संरक्षण सक्रियक राल्फ नाडार द्वारा चलाया गया उपभोक्ता आंदोलन बहुचर्चित हो चुका था। भारत में पहले महानगरों में और फिर धीरे-धीरे शहरों, कस्बों और अब ग्रामीण क्षेत्रों में भी गैर सरकारी स्वयंसेवी उपभोक्ता संगठन स्थापित

हुए हैं जिनकी संख्या फिलहाल पांच सौ से ज्यादा हो गई है। उपभोक्ता शिकायतों के निपटान की स्थिति यद्यपि संतोषजनक नहीं है किंतु उपभोक्ता आंदोलन जोर पकड़ चुका है। उपभोक्ताओं में व्याप्त उदासीनता, जागरूकता का अभाव, कार्यवाही की भावना की कमी और भाग्यवादी मनोवृत्ति के कारण उपभोक्ता आंदोलन पूर्णतः सशक्त नहीं हो पाया है।

साठ के दशक से बहुत पीछे मुड़कर देखें तो पता चलता है कि जब उपभोक्ता आंदोलन जैसी क्रिया की कल्पना भी न थी तो उस दौरान वर्ष 1930 में एक बुनियादी जरूरत नमक जैसी उपभोक्ता वस्तु पर लगाए गए कर के विरोध में महात्मा गांधी ने साबरमती आश्रम से डांडी तक पैदल चल कर नमक सत्याग्रह चलाया था जिसकी सफल परिणति से आंदोलन का रास्ता खुल गया था। दूसरा महत्त्वपूर्ण विरोध विदेशी वस्त्रों के खिलाफ प्रभावी हुआ था और मनपसंद खादी वस्त्रों को चुनने का अधिकार हासिल किया गया था। उपभोक्ता वस्तुओं के संबंध में हुए इन संघर्षों पर गौर फरमाएं तो महसूस होगा कि नमक सत्याग्रह वस्तुतः प्रथम उपभोक्ता आंदोलन था जिसके महत्त्व का आकलन वर्तमान और भविष्य की उपभोक्ता क्रियाओं के लिए मार्गनिर्देशक साबित हो सकता है।

गांधीजी के नमक सत्याग्रह से आज भी यह सीख ली जा सकती है कि उपभोक्ता मामलों के विषय में भी बिना कर्तव्य के अधिकार लूला होता है और बिना अधिकार के कर्तव्य लंगड़ा हो सकता है। कर्तव्य मुख्यतः विचार-प्रधान और अधिकार कल्पना-प्रधान होता है। कर्तव्य का स्थान अधिकार से ऊंचा होता है और इस कारण जब उपभोक्ता-अधिकार बने भी नहीं थे तो भी उपभोक्ता-संरक्षण की लड़ाई लड़ी गई थी। विडंबना की बात है कि आज उपभोक्ता अधिकार बढ़-चढ़ कर प्रदान किए गए हैं किंतु कर्तव्य भावना की कमी कायम है।

वर्तमान में केंद्र और राज्य सरकारों द्वारा उपभोक्ता संरक्षण संबंधी जनशिक्षा के कार्यक्रम और परियोजनाएं चलाई गई हैं। पांच सौ से भी ज्यादा उपभोक्ता संगठनों द्वारा उपभोक्ता-शिक्षा और मार्गदर्शन के प्रयास किए जा रहे हैं। इनका प्रभाव भले ही निर्णायक नहीं हो पाया है किंतु उपभोक्ता आंदोलन को सक्रिय रखने के लिए यह अपरिहार्य हैं। वस्तुतः उपभोक्ता-शिक्षा का तकाजा है कि इसके द्वारा आवश्यक वैज्ञानिक जानकारी का प्रसार हो। इस संबंध में उपभोक्ता संगठन प्रायः सक्षम नहीं हो पाए हैं।

सातवीं पंचवर्षीय योजना के दौरान उपभोक्ता संरक्षण हेतु वैज्ञानिक जानकारी फैलाने का एक अभिनव प्रयोग किया गया था। एक नियोजित कार्यक्रम के तहत केंद्र सरकार द्वारा 'कंज्यूमर प्रोटेक्शन थ्रू साइंस एंड टेक्नालाजी' यानी उपभोक्ता संरक्षण हेतु विज्ञान तथा प्रौद्योगिकी, नामक प्रायोगिक योजना

चलाई गई थी (इसके लिए नियुक्त किए गए कार्यदल में लेखक एक सदस्य थे)। इस प्रयोग का उद्देश्य वस्तुतः उपभोक्ता वस्तुओं के विज्ञान का विकास तथा प्रचार करने का मार्ग बनाना था। कालांतर केंद्र तथा राज्यों में उपभोक्ता संरक्षण प्रणाली का विस्तार और विकेंद्रीकरण होने के बाद उक्त प्रयोग को आगामी योजनाओं में बढ़ाया नहीं जा सका, यद्यपि निर्धारित लक्ष्य अभी भी दूर दिखाई देता है।

निष्कर्षतः आज की खाऊ उपभोक्ता (अप) संस्कृति को सुधारने और सतत् उपभोग की टिकाऊ संस्कृति कायम रखने के लिए स्वयं उपभोक्ताओं को अपने कर्तव्य निभाने होंगे। इसके लिए उपभोक्ता आंदोलन हेतु विज्ञान का प्रयोग करना होगा, उपभोग की वैज्ञानिकता को समझना होगा और उपभोक्ता वस्तुओं के विज्ञान का प्रचार करना होगा। अक्सर यह माना जाता है कि विज्ञान की बदौलत अनावश्यक वस्तुओं के उत्पादन और इनकी कृत्रिम आवश्यकता को बढ़ावा मिल रहा है। वस्तुतः उपभोक्ता संबंधी विज्ञान का मकसद यह है कि दैनिक उपयोग की वस्तुओं की गुणवत्ता, वास्तविक उपयोगिता, सुरक्षा तथा पर्यावरणीय प्रभावों के संबंध में सुधार हो, जागरूकता आए और इस प्रकार अनावश्यक उपभोग का वर्तमान रुझान स्वतःहतोत्साहित हो।

2
अनाजों का जनोपयोगी विज्ञान

अन्न सदियों से सभी वर्ग के लोगों का खाद्य पदार्थ रहा है जिससे शरीर को अधिकतम पोषण और ऊर्जा या कैलोरी प्राप्त होती है। गेहूं, चावल, मक्का, ज्वार, बाजरा, जौ और राई इन अनाजों में से गेहूं और चावल भोजन के प्रथम स्रोत हैं, जिनका भारत में उत्पादन सभी अनाजों के क्रमशः 33 और 61 प्रतिशत हिस्से के बराबर होता है, जबकि जई और राई विदेशी कृषि उत्पाद हैं। पुरातत्त्वज्ञों द्वारा प्राप्त अनाजों के पुरावशेषों से साबित होता है कि अनाज भारत की पांच हजार वर्ष पुरानी संस्कृति के साथी रहे हैं और धार्मिक अनुष्ठानों और परंपराओं का हिस्सा बने रहे हैं। अन्न हमारे सात्त्विक भोजन का हिस्सा है तथा शरीर और मन के एकत्व के लिए एक व्यावहारिक जरूरत के रूप में मान्य है। अतः अनाज जैसी प्रमुख उपभोक्ता वस्तु के विज्ञान का प्रसार करना सर्वथा जनोपयोगी होगा।

नन्हे, सुंदर, सख्त और सुडौल अनाज के दाने दरअसल गेरेमिनिॲस घास की श्रेणी के पौधों के फल हैं जिनकी संपूर्ण संरचना बारीकियों को छोड़ कर, लगभग एक समान होती है। सभी अनाजों के दाने आवरण, भ्रूण और भ्रूणपोष से बने होते हैं। इकहरा या दोहरा आवरण अन्न की रक्षक तथा रंजक पर्त है जिससे प्रत्येक अनाज को उसका विशिष्ट रंग प्राप्त होता है। भ्रूणपोष मुख्यतः स्टार्च और प्रोटीन से बना होता है, जबकि भ्रूण का अंश प्रोटीन और वसा का भंडार है। इन दोनों हिस्सों के बीच एक वरुथिका या स्कुटेलम नामक विभाजक रेखा होती है जो अंकुरण के समय खाद्य तत्त्वों को भ्रूणपोष से भ्रूण तक स्थानांतरित करती है। इसी वरुथिका के हिस्से में खनिज और विटामिन बी जमा होते हैं। अनाजों के अंकुरण, पोषण-मान, पिसाई, पक्वन, भंडारण आदि के संबंध में उक्त हिस्सों की अलग भूमिकाएं होती हैं।

2.1 रासायनिक संघटक

अनाजों के रासायनिक संघटक मुख्यतः कार्बोहाइड्रेट, प्रोटीन, वसा और

खनिज हैं। अल्पांश में विटामिन और एंजाइम भी अनाज में मौजूद होते हैं। रेशा या फाइबर अनाजों में मौजूद विशेष महत्त्व का संघटक है। अनाजों में सर्वाधिक मात्रा कार्बोहाइड्रेट की 65-78 प्रतिशत तक होती है, प्रोटीन 7-12 प्रतिशत, वसा 1-5 प्रतिशत, खनिज 1-2.5 प्रतिशत तथा रेशा 1-4 प्रतिशत होता है और शेष 12-15 प्रतिशत नमी का अंश। पोषण तथा सुपाच्यता की दृष्टि से अनाजों के संघटकों का वैज्ञानिक विवेचन विशेषतः अपेक्षित है।

कार्बोहाइड्रेट—पोषक तत्त्वों में प्रथम स्थान कार्बोहाइड्रेट या कार्बोज का है, यानी पाचन तंत्र रूपी इंजन को ईंधन का उपहार। जी हां, पूर्णतः सूखे यानी नमी रहित अनाज का 80 प्रतिशत हिस्सा यानी शरीर के लिए ऊर्जा का प्रारंभिक और प्रधान स्रोत कार्बोहाइड्रेट ही है। सामान्य अवस्था में उपलब्ध तनु या मंद अम्ल तथा क्षार में कार्बोहाइड्रेट का एक भाग घुलनशील होता है और दूसरा भाग अघुलनशील। रेशे का अघुलनशील हिस्सा सैलूलोज़, अर्ध-सैलूलोज़ या इनके मिश्रण से बना होता है जबकि घुलनशील कार्बोहाइड्रेट में मुख्यतः स्टार्च और अल्पांश में डेक्सट्रिन और शर्करा यानी ग्लूकोस, गेलेक्टोस, सुक्रोस, माल्टोस और रेफिनोस होते हैं। पोषण, सुपाच्यता और स्वास्थ्य की दृष्टि से घुलनशील तथा अघुलनशील कार्बोहाइड्रेट का उचित संयोग या संतुलन आवश्यक है।

प्रोटीन—शरीर में ऊतकों या टिशू की संरचना हेतु ईंट-गारा यानी प्रोटीन अनाजों का दूसरा महत्त्वपूर्ण पोषक तत्त्व है जो दरअसल शारीरिक प्रोटीन का निर्माणकर्त्ता है। चावल में न्यूनतम और गेहूं में उससे ज्यादा प्रोटीन होती है। अनाजों में विभिन्न प्रकार और गुणों वाली प्रोटीन होती है, यथा अलब्यूमीन, ग्लोब्यूलीन, प्रोलेमीन तथा ग्लूटेलीन, जो विभिन्न स्तर का पोषण और जायका पैदा करने के लिए जिम्मेवार हैं। अंतिम दो प्रकार की प्रोटीन आटा गुथने पर ग्लूटेन में बदल जाती हैं जो आटे को स्वादिष्ट और लोचदार बनाती है। ऐसे आटे से अच्छी रोटियां बनती हैं। अनाजों के भ्रूण में मौजूद प्रोटीन के जैविक गुण भ्रूणपोष की प्रोटीन से बेहतर होते हैं। कुल मिलाकर प्रोटीन शरीर के लिए आवश्यक अमीनो एसिड के मुख्य स्रोत हैं जो टिशू की संरचना करने के अलावा चयापचय की क्रिया हेतु आवश्यक तत्त्व हैं। इन दो प्रयोजनों की पूर्ति के उपरांत प्रोटीन ऊर्जा के स्रोत सिद्ध होते हैं। प्रोटीन द्वारा पोषण का स्तर इसके अमीनो एसिड की मात्रा और संघटन पर निर्भर करता है। मांस आदि में अमीनो एसिड अधिक मात्रा और संतुलित संघटन में पाए जाते हैं जबकि हर शाकाहारी खाद्य में सभी अमीनो एसिड मौजूद नहीं होते। अतः प्रोटीन की आवश्यक और संतुलित मात्रा एक से अधिक शाकाहारी खाद्यों-अनाज, दाल, मूंगफली, फल, सब्जी आदि के उचित मेल से प्राप्त की जाती है।

वसा—शरीर के लिए आवश्यक ऊर्जा की आपूर्ति हेतु कार्बोहाइड्रेट और

प्रोटीन यदि क्रमशः प्रधान और द्वितीयक स्रोत हैं तो वसा इसका सघन स्रोत है जो प्रत्येक की दोगुनी ऊर्जा देता है। प्रति ग्राम प्रोटीन और वसा से क्रमशः 4.1 तथा 9 कैलोरी ऊर्जा बनती है। साथ ही वसा में विटामिन ए, डी, इ और के घुलनशील होते हैं। शरीर में संचित वसा विशिष्ट अवस्थाओं में मुक्त रूप में प्राप्त होती है और शरीर के लिए रक्षक सिद्ध होती है।

अनाजों में वसा लिपिड के रूप में होती है जो विविध ट्राइग्लिसराड के मिश्रण होते हैं। गेहूं, चावल, मक्का और जौ में लिपिड या वसा क्रमशः 1.5,1.0,3.6 और 1.3 प्रतिशत तक होते हैं। पिसाई के समय आक्सीकरण होने पर अनाजों की लिपिड से अप्रिय स्वाद पैदा होता है। साथ ही भंडारण के समय जब सुप्त अवस्था में भी अन्न की श्वसन क्रिया कायम रहती है तो इससे उत्पन्न गर्मी, नमी और कार्बनडाइआक्साइड के असर से विकृति होती है और पोषक तत्त्वों का संघटन बिगड़ जाता है। सुरक्षित भंडारण हेतु अन्न को सुखाना और नमी को 12 प्रतिशत तक सीमित रखना तथा फफूंद एवं कीड़ों आदि से बचाना पोषक तत्त्वों को खराब होने से रोकने के लिए आवश्यक है।

अनाजों के वसा में उपस्थित लिनोलीक एसिड और लिनोलेनिक एसिड जो संक्षेप में लिन और लेन कहे जा सकते हैं, अनसैच्युरेटेड फैटी एसिड हैं, जो कोलेस्ट्राल-अवरोधक तथा स्वास्थ्यकर होते हैं। यह मांसाहारी भोजन में अनुपस्थित होते हैं। भारतीय शाकाहारी भोजन की औसत थाली में लिन और लेन जैसे वसा के यौगिक उचित मात्रा में मौजूद होते हैं जिससे औसत मनुष्य की वसा की आवश्यकता की पूर्ति हो जाती है। भोजन से प्राप्त कुल कैलोरी का 20-30 प्रतिशत हिस्सा वसा से प्राप्त किया जा सकता है जो स्वास्थ्य के नियमानुकूल है।

खनिज, विटामिन तथा एंजाइम-अनाजों में मुख्य पोषक तत्त्व कार्बोहाइड्रेट, प्रोटीन और लिपिड के रूप में वसा की उपस्थिति के अलावा औसतन दो प्रतिशत अतिरिक्त पदार्थ खनिज, विटामिन और एंजाइम होते हैं जिन्हें यद्यपि सहायक या उपसहायक संघटक माना जाता है, किंतु पाचन, चयापचय तथा रोग-प्रतिरोध में यह सूक्ष्म पुष्टिकारक पदार्थ अनिवार्य भूमिका निभाते हैं। खनिज के रूप में पोटेशियम, मैगनीशियम और कैल्शियम के फासफेट और सल्फेट तथा सूक्ष्म मात्रा में कॉपर, जिंक, मैंगनीज और आयरन अनाजों में पाए जाते हैं। फाइटीन के रूप में उपस्थित फास्फोरस एक अन्य खनिज है जो मात्र आंशिक रूप में अवचूषित होता है।

प्रायः सभी अनाजों में विटामिन बी अल्पमात्रा में मौजूद होते हैं, यद्यपि गेहूं, चावल और जौ में नाइसिन के रूप में यह ज्यादा मात्रा में होते हैं। तेलहनों में विटामिन ई ज्यादा होती है। एंजाइम के रूप में एमिलेस और लिपेस अनाजों के अंकुरण, भंडारण और चयापचय में सहायक भूमिका अदा करते हैं।

2.2 पाचन-अवचूषण

भोजन की पाचन क्रिया का अभिप्राय खाद्य पदार्थों में उपस्थित जटिल और अघुलनशील पोषक तत्त्वों को सरल और घुलनशील यौगिकों में विघटित करना है ताकि आंतों द्वारा इनका अवचूषण हो सके। पाचन की क्रिया मुंह में भोजन को चबाने के समय ही शुरू हो जाती है। अच्छी तरह चबाने पर भोजन के साथ लार मिलती है जिसमें उपस्थित अल्फा एमिलेस स्टार्च को सरल यौगिक डेक्सट्रिन में बदल देती है। आमाशय में भोजन पहुंचने पर इसमें अम्ल का समावेश होता है जिसके कारण स्टार्च की पाचन क्रिया रुक जाती है। अतः प्रारंभिक पाचन क्रिया से बची हुई स्टार्च का अंतिम पाचन छोटी आंत में होता है। आमाशय में हाइड्रोक्लोरिक अम्ल के अंतःस्त्राव से पेप्सिनोजन एंजाइम पेप्सिन में तब्दील होकर प्रोटीन को सरल पॉलीपेप्टाइड के रूप में पचाने में सहायक होता है। वसा की पाचन क्रिया आमाशय के निचले भाग में होती है। जहां वसा का मेल अन्य पोषक तत्त्वों और पाचक रसों से होता है जिससे वसा का विघटन शुरू होता है। ग्रहणी या ड्यूऑडेनम में भोजन के साथ अग्याशय या पेनक्रिआस से निकले रस और पैत्तिक लवण का मेल होता है जहां वसा अंततः वसा अम्लों और ग्लिसराल में विघटित होती है।

पाचन क्रिया द्वारा भोजन वसा-अम्लों, ग्लिसराल, ग्लूकोस, फ्रक्टोस और अमिनो एसिड आदि के घोल के रूप में बदल जाती है। छोटी आंत का क्षेत्रफल बड़ा होता है जहां पोषक तत्त्व अवचूषित होकर रक्त में प्रवेश कर जाते हैं। बचा हुआ अवशेष बड़ी आंत में पहुंचता है जहां शेष जल, विटामिन आदि का अवचूषण होता है और ठोस अपशिष्ट पदार्थ मल के रूप में बाहर निकलता है। अवचूषण के समय यकृत में पोषक तत्त्वों का प्रवेश होता है जो इन्हें अविषाक्त बनाने और एकत्र करने का कार्य करता है।

विचारणीय है कि अनाज और अन्य खाद्य पदार्थों में कीटनाशी रसायनों के अवशेषों की उपस्थिति विषाक्तता पैदा करने की ओर हावी है। मुख्यतः तीन श्रेणी, यानी क्लोरिनेटेड, आर्गेनो फास्फेट और कार्बेरिल कीटनाशक रसायनों का कृषि तथा पराकृषि में घड़ल्ले प्रयोग हो रहा है। गेहूं के आवरण पर चोकर की तिहरी सुरक्षा पर्त होने के बावजूद भी गेहूं रासायनिक-संदूषण से मुक्त नहीं रह पाया है। यही स्थिति अन्य अनाजों और कई खाद्य पदार्थों की है। भोजन के साथ प्रति दिन प्रायः 0.25 मिलीग्राम कीटनाशी रसायन हर उपभोक्ता के पेट में दाखिल होता है। खाद्य पदार्थ में कीटनाशी रसायन की पहचान और उससे सुरक्षा के उपाय अख्तियार करना उपभोक्ता संरक्षण का एक अभिन्न अंग है।

2.3 गेहूं के प्रकार और गुणवत्ता

गेहूं एक ऐसा उत्तम और लोकप्रिय अनाज है जिसके उत्पादन में भारत दुनिया का दूसरा बड़ा देश है जहां गेहूं की प्रति व्यक्ति उपलब्धि 67 किलोग्राम है। भारत में उत्पन्न ज्यादातर गेहूं रोटी के लिए उपयुक्त सख्त अंबर वर्णीय गेहूं-ट्रिटिकम एस्टिवम तथा मैकरानी गेहूं-ट्रिटिकम ड्यूरम किस्मों के हैं, यद्यपि क्लब गेहूं-ट्रिटिकम कॉम्पैक्ट की नस्लें भी पैदा होती हैं। गेहूं की कुल खपत का करीब 90 प्रतिशत भाग रोटी बनाने और शेष 10 प्रतिशत ब्रेड, बिस्कुट आदि के निर्माण में खपत है। इन उपयोगों के लिए गेहूं का वर्गीकरण कठोरता और मजबूती के आधार पर भी किया जाता है। स्टार्च और प्रोटीन जितना ज्यादा एक दूसरे से चिपके होते हैं उतना ही कठोर गेहूं होता है। इस प्रकार गेहूं की पहचान असाधारण कठोर श्रेणी, कठोर श्रेणी, मध्यम कठोर तथा नरम कठोर श्रेणीयों में की जाती है। कठोर गेहूं को पीसने पर अपेक्षाकृत मोटा किरकिरा आटा बनता है जबकि नरम श्रेणी के गेहूं से महीन आटा प्राप्त होता है। कठोर गेहूं में ज्यादा प्रोटीन होती है और यह केक, बिस्कुट आदि के लिए उपयुक्त होता है। रोटी या चपाती के लिए कठोर, मध्यम कठोर और सफेद रंग के गेहूं चुने जाते हैं। भारत में रोटी के लिए उपयुक्त गेहूं की किस्में प्रायः क्षेत्रीय नामों-पंजाब पीसी, एमपी सिहोर, खांडवा, लोकवन, एमपी शाही इत्यादि के रूप में जानी जाती है।

गेहूं का रासायनिक संघटन इनके प्रकार, मिट्टी और पर्यावरण पर निर्भर करता है। भारतीय गेहूं में नमी 10-16 प्रतिशत, स्टार्च 62-70 प्रतिशत, शर्करा 2-3 प्रतिशत, प्रोटीन 10-15 प्रतिशत, रेशा 2-2.8 प्रतिशत, वसा 1.5-2.0 प्रतिशत और राख 2 प्रतिशत तक होती है। अन्य अनाजों की अपेक्षा गेहूं में ज्यादा खनिज होते हैं। प्रति 100 ग्राम गेहूं में फास्फोरस औसतन 300, मैगनीशियम 140, कैल्शियम 40 और आयरन 8 मिलीग्राम की मात्रा में मौजूद होते हैं। गेहूं में विटामिन बी कॉम्पलेक्स अल्पांश में होते हैं जो पिसाई में ज्यादातर नष्ट हो जाते हैं। गेहूं में मौजूद प्रोटीन ग्लूटेन विशेष महत्त्व का संघटक है। जो आटा को लसीला और उभारने में सहायक होता है तथा मिठास पैदा करता है।

2.4 आटा की गुणवत्ता

ऐसा माना जाता है कि गेहूं की खासियत इसके आटे में है। क्या यह बात सच है और कितनी सच? यानी गेहूं का आटा पिसाएं और गुणवत्ता जानें। रोटी के लिए आमतौर पर पिसाया जाने वाला गेहूं कहरुबा या अम्बर वर्णीय, चकमाकी

कठोर और 8-10 प्रतिशत नमी युक्त होता है। पारंपरिक पत्थर की चक्की में पिसाई करने पर 95 प्रतिशत आटे का निष्कर्षण होता है और गेहूं के प्रायः सभी पोषक तत्त्व आटे में आ जाते हैं और अपाच्य सेल्यूलोज और फायटिक एसिड का अंश अलग हो जाता है। यानी गेहूं का पारंपरिक आटा न सिर्फ पौष्टिक संपूर्ण गेहूं का आटा होता है बल्कि बाजार में प्राप्त तैयार आटे से कहीं ज्यादा उत्तम। पत्थर की चक्की में पिसाई के समय तापमान ज्यादा नहीं बढ़ता और कम घर्षण की स्थिति में आटे में प्रोटीन और विटामिन पूरी मात्रा में उतर आते हैं, रेशा या फाइबर बरकरार रहता है और कम तापमान पर पोषक तत्त्वों का विघटन न होने से आटे का स्वाद, सुवास या फ्लेवर बढ़िया रहता है। ऐसे आटे में गुणकारी ग्लूटेन औसतन 8 प्रतिशत, रेशा 2.5 प्रतिशत, नमी 12 प्रतिशत, कुल राख 2.5 प्रतिशत, अम्ल में अघुलनशील राख 0.1 प्रतिशत और अल्कोहलीय अम्ल मान 0.1 प्रतिशत होती है। यानी ऐसा पारंपरिक आटा भारतीय मानक की विशिष्टियों के बराबर की गुणवत्ता वाला होता है जिसका कैलोरी मान 340 से भी ज्यादा होता है।

बाजारू तैयार आटा बड़ी और तेज स्टील रोलर में रासायनिक योगजों की उपस्थिति में गेहूं की चार-पांच पिसाई के बाद प्राप्त होता है जिसमें उच्च घर्षण और अधिक तापमान होने से पोषक तत्त्वों, अंकुर, विटामिन, रेशा एवं खनिजों की क्षति अवश्य होती है और फलतः ऐसे आटे में कृत्रिम विटामिन और खनिज मिलाए जाते हैं। आटे में मिठास के लिए जिम्मेवार किण्वन संबंधी डाइएस्टेटिक क्रिया ऐसे तैयार आटे में उतनी अपेक्षित मात्रा में नही होती जितनी पारंपरिक आटे में होती है। अतः रोटी के स्वाद के अनुसार भी इन दो प्रकार के आटों को पहचाना जा सकता है।

2.5 मैदा, सूजी, दलिया

गेहूं से बनी यह तीनों वस्तुएं आटा मिलों में क्रमिक चरणों में कुटाई, पिसाई और छनाई से प्राप्त होती हैं। चुने हुए नम गेहूं (15-17 प्रतिशत नमी) को स्टील रोलर मिलों में चार चरणों में पीसने पर क्रमशः 30,65,75 और 80 प्रतिशत गेहूं की मात्रा आटा में बदल जाती है। वायु-पृथक्करण क्रिया द्वारा विविध परिमाण के प्रोटीन या ग्लूटेन से युक्त आटा अलग किया जाता है। चोकर रहित आटे को पुनः अति बारीक (250-270 माइक्रान साइज) पीसकर मैदा बनाया जाता है। मोटे टुकड़ों से बड़े और छोटे कणों वाली दलिया और रवा यानी सूजी बनती है। सूजी में अपेक्षित ग्लूटेन की मात्रा 6 प्रतिशत तक तथा नमी 12-13 प्रतिशत होती है और यह हलवा, लप्सी आदि बनाने के लिए उपयुक्त होती है। दलिया में पोषक तत्त्वों के साथ चोकर बरकरार रहता

है और दूध के साथ खीर के रूप में स्वादिष्ट और पोषक नाश्ता के लिए उपयुक्त है। इसे लेने से कब्ज से बचाव और उपचार तथा बृहदान्त्र या कोलन के रोगों के नियंत्रण में मदद मिलती है।

तीन श्रेणी के मैदा में ग्लूटेन क्रमशः 7,8 और 9 प्रतिशत तथा नमी 13 प्रतिशत होती है जबकि खनिज, विटामिन और चोकर प्रायः अनुपस्थित होते हैं। मैदा का उपयोग प्रायः तेल-घी और शक्कर के साथ होता है जिसके कारण कब्ज, पाचन की गड़बड़ी, मोटापा, मधुमेह, हृदय रोग, उंडुकपुच्छशोथ या अपेंडिसाइटिस और आंत में छेद होने संबंधी बीमारी डाइवर्टीकुलम तक होने की स्थिति का निर्माण होता है।

2.6 चावल की गुणवत्ता का पुनर्मूल्यांकन

चावल यानी देवताओं का भोजन, मांगलिक कार्यों का अक्षत, भगवद्गीता में भगवान कृष्ण द्वारा वर्गीकृत चार प्रकार के खाद्य पदार्थों भक्ष्य, भोज्य, लोह्य और चोष्य हेतु मुख्य या सहायक संघटक के रूप में प्रयुक्त, सुपाच्य, सात्त्विक आहार, बुद्धिजीवियों का स्वल्पाहार, रोगियों का पथ्य, औषधीय खाद्य, तोषण (अघाने का संतोष) का स्त्रोत तथा कई अन्य विशेषण चावल के साथ जोड़े जा सकते हैं, किंतु विचारणीय विषय है चावल के गुणों की खोज खबर लेना।

चीन, जापान, कोरिया आदि देशों में उत्पन्न-चावल की अपेक्षा भारतीय चावल की किस्में कहीं ज्यादा मात्रा में और बेहतर गुणवत्ता की हैं। लंबे-पतले सुंदर दानों वाला सुगंधित सुवासित तथा स्वादिष्ट भारतीय बासमती चावल दुनिया में बेमिसाल गुणवत्ता का चावल है। विविधता में एकता दर्शाने वाले विविध प्रांतों में एक से बढ़कर एक अच्छी गुणवत्ता वाले चावलों की किस्में पैदा की जाती हैं। बासमती, देहरादून, परिमल, मसूरी, अंबामोहर, दुबराज, सूरती, पोलम, आईआर चावल आदि सैकड़ों क्षेत्रीय नामों से बाजार में चावल उपलब्ध हैं जिनमें लसलसाहट और मीठा स्वाद पैदा करने वाला संघटक ग्लूटेन विभिन्न मात्रा में मौजूद होता है। चावलों में सर्वाधिक विविधता को देखते हुए इनमें नमी 11-14 प्रतिशत, प्रोटीन 6-9 प्रतिशत, कार्बोहाइड्रेट 74-81 प्रतिशत, खनिज 1-2 प्रतिशत, रेशा 0.5-1 प्रतिशत और कैलोरीमान औसतन 345 पाई जाती है। प्रति 100 ग्राम चावल में कैल्शियम औसतन 12 मिलीग्राम, फास्फोरस 150, लोहा 2-28, थायामिन 105-210 और निकोटिनिक एसिड 1-2.5 मिलीग्राम होता है। इन चावलों का व्यापारिक वर्गीकरण इनकी लंबाई और चौड़ाई के अनुपात में लंबा, मध्यम लंबा और मोटा (अनुपात क्रमशः 3 सें.मी. से अधिक, 2.5-3 सें.मी. तथा 2.5 सें.मी. से कम) के रूप में किया गया है।

चावल में आठ प्रकार के अमीनो एसिड संतुलित अनुपात में होते हैं जिनके निरंतर प्रभाव से हृदय, फेफड़ों, मस्तिष्क, स्नायुमंडल, ग्रंथियों, नसों, अस्थिबंध, केश, चक्षु, त्वचा आदि पोषित होते हैं और शरीर का कायाकल्प तक हो सकता है। आध्यात्मविद मानसिक सुसंगति हेतु चावल के उपभोग को लाभदायक पाते हैं। प्रायः 98 प्रतिशत स्तर तक सुपाच्य होने वाला चावल शरीर में जल-संतुलन कायम रखने में भी सहायक होता है।

चावल में उपस्थित एंजाइम एमीलेस, प्रोजीस, लिपेस, आक्सिपेस, फेनोलेस आदि इसकी सुपाच्यता में सहायक होते हैं। मुक्त शर्करा (ग्लूकोस), सुक्रोस, फ्रक्टोस, रैफिनोस और डेक्सट्रिन की अल्पमात्रा चावल में होती है जो मीठा स्वाद उत्पन्न करती है। मूसल-ओखल क्रिया से धान की कुटाई करने और ऐसे चावल को सिर्फ आवश्यक मात्रा के जल में भाप या प्रेशर कुकर द्वारा पकाने पर चावल के अधिकाधिक पोषक तत्त्व शरीर को प्राप्त हो सकते हैं, अन्यथा मिल की कुटाई, पालिश, भूसी-चोकर और मांड़ में कई पोषक तत्त्व अलग या नष्ट हो जाते हैं। चावल के कार्बोहाइड्रेट में 75 प्रतिशत तक उत्तम गुणवत्ता की स्टार्च होती है। लंबे और अच्छे श्रेणी के चावलों के स्टार्च में एमीलोस की मात्रा 18 प्रतिशत तक और कुछ मोटे चावलों में नहीं के बराबर होती है। पके चावल से निकले मांड़ में कई एंजाइम, खनिज, विटामिन, एमीलोस आदि की काफी मात्रा होती है जो अंततः व्यर्थ हो जाती है। इस प्रकार हो रही पोषक तत्त्वों की क्षति को रोकने के लिए उपभोक्ताओं में खाद्य गुणवत्ता संबंधी जागरूकता पैदा करना जरूरी है।

2.7 बासमती चावल

लंबा, छरहरा और सुगंधित बासमती चावल भारत में विशेषतः पंजाब, हरियाणा और उत्तर प्रदेश में मात्र 6 लाख टन प्रति वर्ष की दर से पैदा होता है जिसका अधिकांश हिस्सा पश्चिम एशिया और अमरीका को निर्यात होता है, जहां इसे टेक्समती व्यापारिक नाम दिया गया है। बासमती की मूल किस्म 6 × 2 मिलिमीटर आकार की होती है जो पकने पर दोगुना आकार ग्रहण करती है। इसमें एसिटिल पाइरोलीन नामक फ्लेवर होता है जिससे चावल विशेष रूप से सुगंधित होता है। साथ ही बासमती चावल में एमीलोस और एमीलोपेक्टिन नामक दो स्टार्च खंड होते हैं जिनकी बदौलत यह पकने पर दोगुने लंबे और छिटके हुए होते हैं।

असली बासमती चावल की पहचान के लिए डीएनए फिंगरप्रिंटिंग की आधुनिक जांच विधि तैयार की गई है। इसके बावजूद कृत्रिम फ्लेवर रसायन, ग्लूकोस और टालकम चूर्ण के प्रयोग से ट्रम्बोल नामक यंत्र में पालिश द्वारा

नकली बासमती चावल तैयार किया जाता है, यद्यपि पकाने पर कृत्रिम सुगंध नष्ट हो जाती है और इसके नकली होने का राज खुल जाता है। विचारणीय है कि खाद्यान्न में कृत्रिम रंग, सुगंध या फ्लेवर आदि मिलाना अपमिश्रण समझा जाता है जो खाद्य मिलावट बचाव अधिनियम के तहत वर्जित और दंडनीय है।

2.8 उसना चावल

उसना या भुजिया चावल का प्रयोग पुराने समय से ही हो रहा है और वर्तमान में कुल चावल का 40 प्रतिशत हिस्सा उसना होता है। खासकर निम्न और मध्यम श्रेणी के जल्द टूटने वाले चावलों को उसना चावल के रूप में उपयोग में लाया जाता है। पारंपरिक विधि में धान को थोड़े समय के लिए पानी में भिगोने के बाद भाप में एक या दो बार गर्म किया जाता है और फिर इसे सुखा कर कूटा जाता है। अब इसकी व्यापारिक विधियां तैयार की गई हैं। ऐसी एक विधि में धान को 30^0 सेल्सियस तापमान पर 4-5 घंटे भिगोने के बाद इसे भाप में दबाव पर 15 मिनट गर्म करते हैं और सुखा कर कूटते हैं। इस प्रकार प्राप्त चावल मजबूत और कीट अवरोधी होते हैं। छिलके और भूसी में मौजूद खनिज और विटामिन भाप लगते समय चावल में प्रवेश कर जाते हैं। साथ ही कूटते समय भ्रूणपोष के पोषक तत्त्व नष्ट नहीं होते। पकाने पर उसना चावल खिला रहता है यद्यपि इसकी अप्रिय गंध और फीका रंग इसकी व्यापक स्वीकार्यता में बाधक है। किण्वन की क्रिया से उसने चावल की पोषकता में जो सुधार आता है। वह काफी पौष्टिक हो जाता है। उसमें चावल का रासायनिक संघटन नमी 13 प्रतिशत, प्रोटीन 8.5 प्रतिशत, वसा 0.5 प्रतिशत, कार्बोहाइड्रेट 77 प्रतिशत और खनिज 1 प्रतिशत, फास्फोरस 280, थायामीन 270, कैल्सियम 10, निकोटीन 4 और लौह 3 मिलीग्राम, प्रति 100 ग्राम में होता है।

2.9 इडली-डोसा का विज्ञान

चावल के सर्वाधिक लोकप्रिय व्यंजन इडली और डोसा बनाने में पाक-कला और विज्ञान दोनों की अपनी भूमिकाएं हैं। उत्तम प्रकार की स्वादिष्ट, सुपाच्य और पोषक इडली बनाने के लिए 2:1 के अनुपात में उसना चावल और छिल्का रहित उड़द की दाल को अलग-अलग 10 घंटे तक भिगा कर दाल को बिल्कुल बारीक और चावल को हल्का मोटा गीली अवस्था में पीस लिया जाता है। दोनों घोलों को मिला कर पानी से आवश्यक स्तर तक पतला बनाया जाता है। तैयार घोल को 30^0 सेल्सियस पर 16 घंटे तक किण्वन या फर्मेंटेशन के

लिए रखा जाता है जिससे इसमें आवश्यक खटास और उभार आता है। **घोल** में स्वादानुसार नमक मिला कर इसे इडली के छिद्रित पात्रों में डालकर भाप में 15-20 मिनट तक पकाया जाता है जिससे फूली हुई मुलायम स्वादिष्ट इडली तैयार होती है। इस मानक विधि के कुछ रूपांतर भी हैं जो व्यक्तिगत पसंद के अनुसार अपनाए जाते हैं।

उड़द दाल में मौजूद लसदार या म्यूसिलैजिअॅस विशेष अवयव जो अन्य दालों में नहीं होता, एक जटिल हाइड्रोकार्बन है जिसमें गेलेक्टोस और एरेबिनोस मुख्यतः मौजूद होते हैं तथा अल्पांश में गेलेक्टुरोनिक एसिड एवं रैमनोस होते हैं। इन लसदार रासायनिक संघटकों की क्रिया के फलस्वरूप घोल में अधिकाधिक कार्बनडाइऑक्साइड एकत्र होती है और किण्वन सही रूप में होने से मुलायम, फूली हुई और छत्तेदार संरचना की इडली बनती है। पिसाई के समय भी घोल में अधिकाधिक हवा कैद होती है जिससे पर्याप्त किण्वन और घोल में उभार आता है। उड़द दाल को भिगोने के समय ऐसे सूक्ष्मजैविक पदार्थ बनते हैं जो किण्वन में आधार-तत्त्व के रूप में क्रियाशील होते हैं। दरअसल उड़द के लसदार रसायन चावल के साथ मिलने से स्वकिण्वन क्रिया को बढ़ावा देने में सहायक होते हैं जिससे घोल की भौतिक तथा रासायनिक अवस्था में आवश्यक परिवर्तन होते हैं, अम्लीयता, गैर प्रोटीन आधारित नाइट्रोजन से आयतन बढ़ता है और घोल का पी एच मान 4.5 से 5 के बीच स्थिर होता है। यह परिवर्तन इडली की पोषकता और सुपाच्यता को बढ़ाते हैं, क्योंकि पाचन क्रिया के समय एंजाइम ज्यादा प्रभावी होता है।

डोसा के लिए चावल और उड़द दाल को 6:1 से 10:1 तक के अनुपात में मिलाकर समान बारीक अपेक्षाकृत पतला घोल बनाया जाता है ताकि इससे पतले डोसा मोटे तवे पर बनाए जा सकें। डोसा के घोल का किण्वन और उभार इडली के घोल की ही तरह होता है, किंतु डोसा के लिए उड़द दाल का प्रयोग अनिवार्य नहीं है। उड़द दाल की जगह स्वादानुसार चना दाल या मूंग दाल का भी प्रयोग हो सकता है। सिर्फ चावल या चावल के साथ मक्का या ज्वार के मिलावे का प्रयोग डोसा बनाने के लिए किया जा सकता है। लस और सुगंध पैदा करने के लिए डोसा के घोल में मेथी के कुछ दाने भी पीसे जा सकते हैं। इस प्रकार कुरकुरे डोसा बनते हैं। यदि डोसा के घोल में दाल कम मात्रा में या बिल्कुल न हो तो मोटा डोसा यानी उत्तपम बना सकते हैं।

2.10 बहुप्रयोजनीय मक्का

मक्का, मकई या मेज़ और अमरीका में कॉर्न नाम से प्रचलित यह अनाज खाद्य-आपूर्ति तथा पोषण में चावल और गेहूं के बाद तीसरे स्थान पर आता है

जो दरअसल, व्यापारिक स्तर पर स्टार्च के निर्माण हेतु सबसे बड़ा स्रोत है। उपभोक्ता वस्तु के रूप में मक्के का महत्त्व इसकी बहु प्रयोजनीयता में है। मक्के की रोटी, लावा या पॉप कॉर्न, नाश्ते का चूड़ा या कॉर्नफ्लेक्स, सूप, दलिया-लप्सी, भूना भुट्टा, स्वीट कॉर्न, कॉर्न सिरप, कॉर्न सुगर, मेज़ ऑयल, औषधीय डेक्सट्रिन इत्यादि काफी लोकप्रिय उत्पाद हैं।

भारत में उत्पन्न पीले या ललछौहें रंग का मक्का कार्बोहाइड्रेट और रेशा या फाइबर से समृद्ध होता है। इसमें 66 प्रतिशत कार्बोहाइड्रेट, 10 प्रतिशत प्रोटीन, 3.5 प्रतिशत वसा, 3 प्रतिशत रेशा और शेष नमी होती है। कार्बोहाइड्रेट का 74 प्रतिशत तक हिस्सा स्टार्च के रूप में होता है। इसमें 25 प्रतिशत से भी ज्यादा अंश एमीलेस का होता है। मक्के की कुछ किस्मों में 60 प्रतिशत एमीलोस होता है। मोमी किस्म के मक्के में उपस्थित स्टार्च प्रायः सौ प्रतिशत एमीलोपेक्टिन के रूप में होती है। अल्पांश में ग्लूकोस, फ्रक्टोस, सुक्रोस और रैफिनोस भी होते हैं।

मक्का में उपस्थित 11 प्रतिशत प्रोटीन में ग्लूटेलिन 24 प्रतिशत, अलब्यूमिन 16 प्रतिशत, ग्लोब्यूलिन 7 प्रतिशत, प्रोलैमीन 4 प्रतिशत और शेष अघुलनशील अंश होते हैं। प्रोटीन में आवश्यक अमीनो एसिड लाइसिन, ट्रिप्टोफेन आदि कम मात्रा में होते हैं जिससे मक्के की पोषकता गेहूं से कम होती है। मक्के की वसा ट्राइग्लिसराइड लिपिड के रूप में होती है। इसी कारण कार्न ऑयल हृदय के रोगियों के लिए पथ्य माना जाता है।

खनिज के रूप में प्रति 100 ग्राम मक्का में फास्फोरस 350, कैल्शियम10 और लोहा 5 मिलीग्राम होता है। मक्का में उपस्थित नायसीन या विटामिन बी आबद्ध रूप में होने से अनुपलब्ध होती है। चर्मग्राह या पैलाग्रा नामक रोग प्रायः उन लोगों को होता है जो मुख्यतः मक्का के भोजन पर निर्भर रहते हैं। वैसे मक्के की रोटी आसानी से पचती है और ऊर्जादायक होती है क्योंकि मक्के की कैलोरी संख्या लगभग गेहूं जैसी ही 345 तक होती है। कब्ज की शिकायत होने पर मक्के की रोटी, लावा, भुट्टा आदि पथ्य के रूप में देते हैं।

2.11 ज्वार, बाजरा और रागी

भारत में गेहूं के बाद मक्का और ज्वार की रोटी प्रायः समान परिमाण में खाई जाती है, जबकि बाजरा की खपत अक्सर सर्दियों में देश के सीमित स्थानों में होती है। मक्का की तरह ज्वार का उपयोग रोटी, लावा, भुट्टा, घुघुरी, ब्रेड, दलिया आदि रूपों में होता है। मक्का की अपेक्षा ज्वार में ज्यादा प्रोटीन और कम वसा होती है, जबकि कार्बोहाइड्रेट की मात्रा छह प्रतिशत ज्यादा होती है।

ज्वार का रासायनिक संघटन निम्न है : कार्बोहाइड्रेट 72 प्रतिशत,

प्रोटीन 11 प्रतिशत, वसा 2 प्रतिशत, फाइबर या रेशा 2 प्रतिशत, खनिज 2 प्रतिशत और शेष नमी की मात्रा। खनिजों में कैल्शियम, मैगनीशियम, पोटेशियम और लोहा प्रमुख हैं। कैलोरी की संख्या लगभग 340 होती है। ज्वार की स्टार्च में एमीलोस की मात्रा 28 प्रतिशत तक होती है। इसमें सुक्रोस 0.85 और ग्लूकोस तथा फ्रक्टोस प्रत्येक 0.01 प्रतिशत होते हैं। सुपाच्यता और जैविक महत्त्व की दृष्टि से ज्वार की प्रोटीन गेहूं की अपेक्षा बेहतर होती है, क्योंकि इसमें 47 प्रतिशत प्रोलैमीन और 31 प्रतिशत ग्लूटेलिन होती है। ज्वार की लिपिड में अनसैच्युरेटेड फैटी एसिड की प्रधानता होती है जो कोलेस्ट्राल नियंत्रण में सहायक है। यह रोचक तथ्य है कि ज्वार के उक्त गुणों के कारण महाराष्ट्र में यह सर्वाधिक लोकप्रिय है जहां ज्वार की रोटी के साथ बेसन की कढ़ी युक्त झुंका-भाकर नामक पोषक आहार विद्यालयों, सामुदायिक केंद्रों आदि में कम कीमत पर उपलब्ध कराया जाता है।

बाजरा मोटे अन्न के रूप में प्रायः आर्थिक रूप से कमजोर वर्ग द्वारा प्रयोग में लाया जाता है, यद्यपि इसमें पोषक तत्त्व कहीं ज्यादा होते हैं। यह सूखी जगहों में भी होती है और अन्न के अभाव में खाद्य-आपूर्ति में सहायक होती है। इसमें कार्बोहाइड्रेट 67 प्रतिशत, प्रोटीन 11.5 प्रतिशत, वसा 5 प्रतिशत, खनिज 3 प्रतिशत, फाइबर 1.5 प्रतिशत और शेष नमी होती है। खनिजों में कैल्शियम, फास्फोरस और लोहा प्रमुख है। फास्फोरस की मात्रा फायटीन के रूप में होने से बाजरा सुपाच्य नहीं होता और इसलिए बाजरा की रोटी दही या मट्ठा के साथ ज्यादा पसंद की जाती है जिनमें पाचक एंजाइम होते हैं। बाजरा का कार्बोहाइड्रेट अधिकतर स्टार्च के रूप में होता है जिसमें एमीलोस और एमीलोपेक्टिन की मात्रा क्रमशः 32 तथा 68 प्रतिशत होती है। वैसे बाजरा में कुछ विटामिन-थायामीन, रिबोफ्लेविन और नायसीन काफी मात्रा में होते हैं। साथ ही इसमें 1.5 प्रतिशत तक शर्करा की मात्रा रहती है जिसके कारण बाजरा की रोटी मीठी होती है।

रागी दरअसल अपने उत्तम पोषक तत्त्वों के लिए जानी जाती है। इसमें कार्बोहाइड्रेट 76, प्रोटीन 7, वसा 1.7, खनिज 2.2 प्रतिशत और शेष नमी होती है। इसमें कैल्शियम, फास्फोरस और लोहा की मात्रा मोटे अनाजों की अपेक्षा कहीं ज्यादा होती है। साथ ही रागी में विटामिन बी और पर्याप्त आवश्यक अमीनो एसिड होते हैं। इसकी प्रोटीन अधिकांशतः ग्लूटेलिन और प्रोलैमिन से बनी होती है। अपने सुपाच्य पोषक तत्त्वों के कारण रागी की रोटी नाश्ते में ली जाती है और इसकी लप्सी का प्रयोग शिशु आहार के रूप में होता है। यव्य या माल्ट बनाने के लिए रागी विशेष उपयुक्त है और रागी-माल्ट को कई पेय पदार्थों में डाला जाता है।

2.12 पथ्य अनाज जौ (बार्लि) और जई (ओट)

जौ अल्प मात्रा में उत्पन्न होने वाला सहायक अनाज है जो औषधीय गुणों के लिए जाना जाता है। रोटी के अलावा जौ का उपयोग माल्ट बनाने, साथ ही ज्वर, पाचन एवं मूत्र संबंधी रोगों आदि में भी किया जाता है। जौ में कार्बोहाइड्रेट 69, प्रोटीन 11.5, लिपिड 1.5, रेशा 4, खनिज 1.5, प्रतिशत और शेष नमी होती है। खनिज के रूप में प्रति 100 ग्राम जौ में कैल्शियम 25, फास्फोरस 215, लोहा 3 मिलिग्राम और विटामिन बी काम्प्लेक्स अल्पांश मात्रा में होता है। जौ में अल्पांश में विटामिन ए,डी और इ भी होते हैं। जौ की स्टार्च में एमीलोपेक्टिन और एमीलोस क्रमशः 81 तथा 19 प्रतिशत मात्रा में होते हैं। इसकी प्रोटीन में ग्लूटेलिन 41, प्रोलैमिन 38, ग्लोब्यूलिन 18 प्रतिशत और शेष एलब्यूमीन होता है। प्राचीन समय में जौ स्वास्थ्य सुधार हेतु लिया जाता था। जौ की प्रोटीन मक्का की अपेक्षा बेहतर होती है। ज्वर में जौ का सूप पथ्य है। वैसे विश्व में जौ का सर्वाधिक उपयोग माल्ट और बीयर बनाने के लिए किया जाता है। ग्लूटेन की मात्रा कम होने से जौ ब्रेड बनाने के लिए उपयुक्त नहीं है। जौ से बने माल्ट का सिरप बनाया जाता है जिसमें 45-55 प्रतिशत माल्टोस, कुछ मात्रा में डेक्सट्रिन, ग्लूकोस और प्रोटीन होती है। पोषक, सुपाच्य और तत्काल ऊर्जा देने वाला उत्पाद होने के कारण माल्ट सिरप बीमारी के बाद शीघ्र स्वास्थ्य लाभ हेतु पथ्य पदार्थ है।

मुख्यतः अमरीका, रूस और कनाडा में पैदा होने वाला जई सभी अनाजों में अधिकतम पोषक अनाज है जो अल्पांश में भारत में भी पैदा होता है। जई में 30 प्रतिशत तक छिलका-भूसी होती है जिसे बमुश्किल अलग किया जाता है। इस प्रकार प्राप्त जई के आटा (भारतीय) में 63 प्रतिशत कार्बोहाइड्रेट, 14 प्रतिशत प्रोटीन, 7.5 प्रतिशत वसा, 2 प्रतिशत राख और शेष नमी होती है। इसमें विटामिन बी काफी परिमाण में पाई जाती है। जई-आटा की लप्सी सुबह के नाश्ते के लिए विशेष रूप से उपयुक्त है जिसका भारत में चलन इसकी ऊंची कीमत के कारण नहीं बढ़ पाया है।

2.13 ब्रेड के कलेवा का विज्ञान

एक अच्छे दिन की शुरुआत अच्छे कलेवा से होती है। सुबह के कलेवा में संकर कार्बोज और प्रोटीन के सुमेल से चयापचय की क्रिया का नियमन सही ढंग से होता है, दिन की शुरुआती ऊर्जा की आपूर्ति में एड़ लगती है और रात्रि की स्थिरता के बाद क्रियाशील बने रहने का भरोसा मिलता है। अनाज-आधारित कलेवा दूध और फल के साथ लेने पर शरीर में शर्करा की वृद्धि धीरे-धीरे होती

है और इस प्रकार ग्लायकेमिक इंडेक्स सही रहता है। दलिया, फुलका, जई या ओट, वाष्प-पक्व इडली, ढोकला और ऐसे अन्य किण्वन से बने व्यंजन, अंडा, दूध, फल इत्यादि कलेवा में लेने से चयापचय और रक्त-शर्करा का अपेक्षित रूप से नियमन होता है ताकि दोपहर के भोजन तक ऊर्जा की कमी से थकावट नहीं महसूस होती। सुबह कलेवा न लेने से या अनुपयुक्त कलेवा लेने से पाचक रसों के स्त्राव में विनियमन, अम्लीयता और गैस का निर्माण होता है, भूख समय से नहीं लगती और भोजन की दैनिक खुराक में अंतर बनाए रखने में बाधा आती है तथा इस प्रकार मधुमेह के लिए उपयुक्त स्थिति बनती है।

व्यस्त या तनावपूर्ण रहन-सहन और शहरी जीवन की अनियमितताओं के चलते आज रुझान झटपट कलेवा और फास्ट-फूड की ओर है जो बहुधा जंक-फूड साबित होता है। तमाम शहरियों को आज बिना ताम-झाम या झंझट के चलते झटपट नाश्ते की दरकार होती जा रही है। पिजा और नूडल जैसे कलेवा खासकर बच्चों की पाचन प्रणाली पर सीधा आघात करते हैं। इस प्रकार एक रोगोन्मुख पीढ़ी की नींव पड़ रही है। देश के कोने-कोने में फैल रहे तथाकथित पिजा-हट और इसके लिए किए जा रहे सशक्त प्रचार से जो अनिष्टकर स्थिति बन रही है उससे चिंतित होकर स्वास्थ्य विशेषज्ञों ने चेतावनी दी है कि रक्त विकार, मधुमेह और हृदयविकार जो प्रायः पचास वर्ष की आयु के बाद होते हैं, युवावस्था से ही शुरू हो सकते हैं।

फिलहाल नाश्ते में रोटी की जगह डबल रोटी या ब्रेड का बोलबाला है। दरअसल बिना झंझट किए कोई सही कलेवा न मिल पाने की स्थिति में ब्रेड ज्यादातर मजबूरी में चुनी जाती है, जबकि ब्रेड की पोषकता पर कोई ऐलान राष्ट्रीय स्तर पर नहीं हो पाया है। विचारणीय है कि ब्रेड जल्द संदूषित-संक्रमित या खराब होने वाला कलेवा है जो नमी और उष्मा के प्रभाव से जीवाणुओं की वृद्धि के लिए उपयुक्त सतह सुलभ कराता है। इसलिए ब्रेड अक्सर रोगकारक बैक्टीरिया का बसेरा बन जाती है और संदेह होता है कि ब्रेकफास्ट में ब्रेड है या बैक्टीरिया?

निर्माण और गुणवत्ता-ब्रेड की रासायनिक, जैविक तथा खाद्य-गुणवत्ता ब्रेड के मुख्य घटकों यानी गेहूं का आटा, खमीर, दूध, जल, शर्करा, लवण और सहायक संघटक यव्य या माल्ट, वसा, लासा या ग्लूटेन पर और निर्माण की गुणवत्ता पर निर्भर करती है। संघटकों की शुद्धता के अलावा निर्माण की तीन स्तरीय प्रक्रिया ब्रेड की गुणवत्ता के लिए जिम्मेवार है। शुद्ध संघटकों को सही अनुपात में लेकर अच्छी गुणवत्ता की लेई उभारना, खमीरीकरण द्वारा एयरेशन सुनिश्चित करना और उभरी हुई वातित लेई को सही ताप पर ठीक समय तक पकाना (बेकिंग) व सुखाना अच्छी ब्रेड के लिए आवश्यक है। उष्मा

के प्रभाव से बेकिंग के दौरान लेई का यों स्कंदन या कोएग्युलेशन होना अपेक्षित है ताकि पकी हुई ब्रेड की संरचना दृढ़ हो और दांतों और मसूड़ों में चिपके बगैर ठीक से चबाई जा सके। ब्रेड का यह अपेक्षित गुण अक्सर संतोषजनक स्तर पर नहीं होता।

कई बेकरी में ब्रेड-निर्माण की मानक विधि नहीं अपनाई जाती। लोई के निर्माण में ज्यादा खमीर के प्रयोग से तेज गरमी पर झटपट ब्रेड तैयार की जाती है जिसकी संरचना दृढ़ नहीं होती और स्वाद का अभाव होता है। मानक के अनुसार पकी हुई गर्म ब्रेड को 21^{0} से. तापमान तथा 80 प्रतिशत सापेक्ष आर्द्रता पर वायु के संतुलित प्रवाह द्वारा ठंडा करना होता है, किंतु झटपट विधि में ऐसा न होने से तैयार ब्रेड कम समय में खराब हो जाती है। ब्रेड के ऐसे कई नमूनों में फफूंद और कई प्रकार के बैक्टीरिया पाए गए हैं। वर्षा और ग्रीष्म ऋतु में ऐसे ब्रेड के बासी होने की संभावना होती है और इसे भूने बगैर खाना सर्वथा हानिकारक होता है।

आम धारणा और सामान्य अपेक्षा है कि बड़े कारखानों द्वारा निर्मित ब्रेड अच्छी या विश्वसनीय गुणवत्ता की होगी। जांच और निरीक्षणों से पाया गया है कि कच्चा माल और संसाधन कक्षों में कीटनाशी रसायनों का जमकर छिड़काव होता है, जहां ब्रेड के मुख्य पदार्थ और अन्य संघटक सामग्री खुले में पड़े होते हैं और उनमें कीटनाशी रसायनों का प्रवेश बेरोकटोक होता है। हकीकत यह है कि प्रायः सभी बेकरी में कीटनाशी रसायनों का उदार रूप से छिड़काव होता है। ऐसे हानिकारक रसायनों का गंतव्य उपभोक्ता का आमाशय न हो तो और क्या हो सकता है?

ब्रेड की किस्म–भारत में मुख्यतः तीन प्रकार की ब्रेड का निर्माण होता है–ह्वाइट ब्रेड, मिल्क ब्रेड, और व्हीट मील ब्रेड। कुछ कंपनियां आटा ब्रेड और ब्राउन ब्रेड नामों से भी ब्रेड बनाती हैं किंतु ज्यादातर ब्रेड में मैदे का ही प्रयोग होता है। ह्वाइट ब्रेड या मैदे की ब्रेड में गेहूं के मूल पोषक तत्त्वों की कमी के साथ ही विटामिन भी अनुपस्थित होते हैं जो प्रायः बाहर से मिलाए जाते हैं। ब्रेड में चोकर न होने से यह प्रायः कब्ज का कारण बनती है। ह्वाइट ब्रेड को ज्यादा सफेद बनाने के लिए कभी कभी ब्लीचिंग क्रिया या कृत्रिम श्वेत रंजकों तक का प्रयोग होता है। आटा ब्रेड या होल ह्वीट फ्लोर ब्रेड में गेहूं के पोषक तत्त्वों की मौजूदगी हो सकती है, किंतु ऐसा व्यवहार में नहीं होता, क्योंकि इसमें 60:40 के अनुपात में आटा और मैदा दोनों होते हैं। मिल्क ब्रेड भी मैदे की बनी होती है और गुणवत्ता संबंधी भ्रामक संदेश देती है। ब्राउन ब्रेड में अक्सर कैरामल रंजक का प्रयोग होता है, फिर भी यह प्राकृतिक या व्हीटमील ब्रेड के रूप में प्रस्तुत की जाती है।

स्वाभाविक है कि ब्रेड में संश्लेषित रसायनों के योग से इसकी गुणवत्ता

संदेह के घेरे में आ जाती है। विरंजीकरण हेतु क्लोरीन और रंजक के रूप में कैरामल का प्रयोग भले ही विषाक्त न हो किंतु लोई के अन्य घटकों के साथ इनकी अभिक्रिया होना सर्वथा संभव है जिस पर अनुसंधान की आवश्यकता है। साथ ही बेकरी इकाइयों में कीटनाशी रसायनों के भारी छिड़काव को देखते हुए ब्रेड में कीटनाशी रसायनों की अनुपस्थिति की जांच और प्रमाणीकरण सुनिश्चित करना जनस्वास्थ्य के हित में आवश्यक है।

विचारणीय है कि गांवों में भी ब्रेड का चलन बढ़ रहा है। बच्चे दूध-रोटी छोड़कर ब्रेड के लिए जिद करते हैं। किंतु गांवों में उपलब्ध ब्रेड की गुणवत्ता पहली नज़र में ही निम्न स्तर की पाई जाती है जिसकी पहली पहचान ब्रेड के धूसर मटमैले रंग और उसमें उपस्थित मिट्टी और तृण के कणों से हो जाती है। ब्रेड की संरचना से लेकर उसकी पोषकता, स्वच्छता, कैलोरी संख्या, अम्लीयता, स्वाद, गंध, जैविक गुणवत्ता इत्यादि अस्वीकार्य स्तर तक पाई जाती है। जाहिर है कि ग्रामीण अंचल में खाद्य गुणवत्ता पर जनशिक्षा के प्रसार और ब्रेड जैसे नए खाद्य पदार्थ पर गुणवत्ता-नियंत्रण की व्यवस्था फौरन होनी चाहिए। ब्रेड के ऐसे रोगकारक स्रोत का पाया जाना गांवों में ब्रेड के गंभीर परिणामों को रेखांकित करता है।

उपभोक्ता की पसंद निस्संदेह स्वच्छ और ताजी ब्रेड में होती है जिसकी पुष्टि ब्रेड की अल्कोहल-अम्लीयता से की जाती है। ब्रेड के लिए उपयुक्त ताजे आटे की अल्कोहल-अम्लीयता 0.03 से 0.04 प्रतिशत के बीच होती है जो पुराने आटे के संबंध में 0.5 या उससे अधिक होती है। ब्रेड के कई नमूनों की अल्कोहल अम्लीयता 0.98 से 1.08 प्रतिशत तक पाई जाती है जिसका मतलब है खराब आटा और मैदे का प्रयोग। ऐसी स्थिति में जानकार उपभोक्ताओं द्वारा ब्रेड का सेंसरी इवैल्युएशन यानी ब्रेड छू-दबा कर और नजदीक से देखकर जांच करना आवश्यक है। क्या ब्रेड की बनावट पके या अधपके ब्रेड की है, दृढ़ संरचना है या श्लथ, ताजी है या पुरानी, मिट्टी या खरपतवार से मुक्त है या नहीं, स्वाद स्वीकार्य है या नहीं, इत्यादि कारकों की जांच की जा सकती है।

2.14 उपभोक्ता मार्गदर्शन

1. यथासंभव घर में अनाज से बना नाश्ता, दूध, फल, अंडा इत्यादि के साथ लें। रोटी या फुलका सर्वथा सुपाच्य, पोषक और बैक्टीरिया रहित होता है। ब्रेड के लिए, जिसमें अक्सर बैक्टीरिया होती है, ज्ञात गुणवत्ता के स्वदेशी खाद्य के प्रति हीनभाव न रखें। ब्रेड के कई नमूनों में ई-कॉलिफार्म बैक्टीरिया की संख्या सुरक्षित 0-50 के मुकाबले लाखों की संख्या में पाई गई है।

2. खरीदने के पहले ब्रेड का सेंसरी इवैल्युएशन कर लें ताकि ब्रेड का दृढ़ या पका होना और ताजा होना सुनिश्चित हो। ब्रेड के पैकेट पर निर्माण तिथि और उपयोग की अंतिम तिथि जांच ले। आईएसआई चिह्नित ब्रेड को वरीयता दें। पैकेट पर शाकाहार खाद्य होने की सूचना या लोगो देख लें।

3. ब्रेड खरीदने के बाद उसे एक बंद पालीथीन, प्लास्टिक के ब्रेड-बाक्स या खाने की संदूक में सुरक्षित रखें और उपयोग की अंतिम तिथि तक इसे ग्रहण करें। नमी और उष्मा के प्रभाव से ब्रेड जल्द खराब होती है।

4. फफूंद लगने पर ब्रेड को फेंक दें और भूल कर भी उसे न खाएं। ताजे ब्रेड को भी यथासंभव भून कर ही खाएं। बची हुई ब्रेड को फ्रिज में रखने पर फफूंद की वृद्धि रुकती है किंतु बासी होने की क्रिया कायम रहती है फ्रीजर में रखने पर ब्रेड के बासी होने में रुकावट आती है। अल्यूमीनियम की पत्री में लपेट कर और वायुमुक्त कर ब्रेड को रखने से इसका भंडारण समय बढ़ाया जा सकता है, यानी नौ की लकड़ी नब्बे खर्च करना है तो घर में ब्रेड का स्टाक रखें। वरना झट खरीदें, पट खाएं। सबसे अच्छा तो यह होगा कि ब्रेड की जगह रोटी या फुलका खाएं।

5. ब्रेड की सही गुणवत्ता कायम रखने के लिए इसकी नियमित सूक्ष्मजैविक परीक्षा आवश्यक है जिसका अभाव है। साथ ही ब्रेड के मानक में सूक्ष्मजैविक विशिष्टियां अपर्याप्त हैं जिन्हें सुदृढ़ करना जरूरी है। जब तक खाद्य प्रशासन इन दो आवश्यकताओं की पूर्ति हेतु कार्रवाई नहीं करता तब तक ब्रेड ग्रहण करने के समय यह शंका बनी रहेगी कि नाश्ते में ब्रेड है या बैक्टीरिया?

6. भारत जैसे उष्ण-कटिबंधीय जलवायु वाले देश में ब्रेड जैसे खाद्य का जल्द खराब होना सर्वथा संभव है। ऐसे में बेकरी इकाइयों में ब्रेड के निर्माण की गुणवत्ता पर नियमित निगरानी रखना जरूरी है, जो फिलहाल नहीं के बराबर है।

7. बेकरी में कीटनाशी रसायनों के अवश्यंभावी छिड़काव को देखते हुए तैयार ब्रेड की रासायनिक परीक्षा जरूरी हो गई है। साथ ही ब्रेड के पैकेट पर 'कीटनाशी रसायनों से मुक्त', वक्तव्य को अनिवार्यतः छापने की व्यवस्था होनी चाहिए।

8. ब्रेड के पैकेट पर उपयोग की अंतिम तिथि के साथ भंडारण की उपयुक्त दशा की सूचना देना लाभदायक होगा जिसके लिए उपभोक्ता ब्रेड के निर्माताओं और खाद्य-प्रशासन से मांग कर सकते हैं।

अंततः उपभोक्ता में एक विवेचनात्मक जिज्ञासा होनी चाहिए ताकि वे निर्णायक रूप से सोचें कि ब्रेड क्यों खाएं, कौन सी ब्रेड खाएं और बेहतर विकल्प रोटी की जगह ब्रेड ही क्यों खाएं?

3

दालों की गुणवत्ता का पुनरावलोकन

प्रोटीन की पिटारी दालें, कार्बोज से रचाई दालें, लायसीन से नवाजी दाल। कैलोरी में अमीरी दालें, बेरीबेरी की बैरी दाल। स्कर्वी की दवाई दालें, शाकाहारियों की शोरबा दालें, रोटी, भात की जीवनसाथी दालें, घी की बघारी दालें, जन-जन की प्यारी दालें और ऐसे कई विशेषणों से दालों का बखान किया जा सकता है जिनके मूल में है दालों की गुणवत्ता के वैज्ञानिक विचार बिंदु। जी हां, दालें यानी लेंटिल्स, बींस और पीज। इन तीन सदस्यों का कुटुंब जिसके घराने में अरहर, उड़द, चना, मूंग, मसूर, मटर, कुल्थी, खेसारी, सेम, चौली, सोयाबीन, वगैरह सभी शरीक हैं और कश्मीर से कन्याकुमारी तक अनेकानेक व्यंजनों के संघटक के रूप में विविधता में एकता की साक्षी हैं।

भारत में विशेषतः निम्न आय वर्ग के बच्चों, महिलाओं और वयस्कों तक में अल्पपोषण तथा कुपोषण की चिंताजनक स्थितियां कायम हैं। प्रोटीन समृद्ध दालों पर कुपोषण दूर करने का बड़ा दारोमदार है। विकसित देशों में प्रति व्यक्ति प्रति दिन प्राप्त खाद्य आधारित ऊर्जा 3000-3500 किलो कैलोरी के मुकाबले भारत में खाद्य-कैलोरी की उपलब्धि 1800-2000 किलो कैलोरी है, जबकि औसत आवश्यकता 2800 है और 2000 से कम किलो कैलोरी अल्पपोषण का स्तर दर्शाती है जिससे एक चौथाई आबादी कुप्रभावित है। दालों से मिलने वाली कैलोरी में अनपेक्षित घटत के कारण खासकर शाकाहारियों को प्राप्त कैलोरी का 80 प्रतिशत हिस्सा अनाजों से मिलता है, जबकि स्वास्थ्य-रक्षक पोषक-तत्त्वों खनिज, विटामिन, एंजाइम आदि की दैनिक आपूर्ति अपर्याप्त रहती है। ऐसी स्थिति में प्रोटीन-कैलोरी-कुपोषण पैदा होता है जिसकी रोकथाम के वास्ते दालों और अन्य पोषक खाद्यों की गुणवत्ता का प्रयोजन-पूरक मूल्यांकन और गुणवत्ता में वृद्धि करना उपभोक्ता-संरक्षण संबंधी विज्ञान की एक कठिन चुनौती है।

3.1 दालों की विशिष्ट गुणवत्ता

औसतन दालों में उपस्थित प्रोटीन की मात्रा अनाजों के प्रोटीन की दोगुनी और बेहतर किस्म की होती है। विविध दालों में प्रोटीन की मात्रा 17-40 प्रतिशत के बीच होती है जबकि औसत मान 20 प्रतिशत होता है. छीम्बी या फलीदार दालों, सोयाबीन में 40 प्रतिशत तक प्रोटीन होती है जिसमें कार्बोहाइड्रेट और वसा भी समुचित मात्रा में होते हैं। प्रायः सभी दालों में कैल्शियम, फास्फोरस, नायसीन, थायमीन, रिबोफ्लेविन, कैरोटीन और लौह होता है। इस प्रकार दालें प्रोटीन-प्रधान संतुलित खाद्यान्न हैं और इनकी प्रोटीन मांस से बेहतर गुणवत्ता की होती है। किंतु दूसरी ओर दालों के संदूषित होने पर इनमें कुछ धीमे विषाक्त तत्त्व भी आ जाते हैं। कुछ उष्मा-परिवर्ती और उष्मा-स्थिर तत्त्व भी होते हैं जो प्रायः पोषण अवरोधक पाए जाते हैं। इन तत्त्वों के कारण अस्वास्थ्यकर लक्षण, अपच, उदर-वायु आदि पैदा हो सकते हैं। दालों के विज्ञान का उद्देश्य इनके लाभदायक प्रयोग को बढ़ाना है।

प्रोटीन—दाल की प्रोटीन में मुख्यतः ग्लोब्युलीन की प्रधानता होती है जबकि कुछ किस्मों में अलब्युमीन भी होती है। प्रोटीन की गुणवत्ता इसमें उपस्थित अमीनो एसिड के संघटन पर निर्भर करती है। सल्फर युक्त अमीनो अम्ल मेथिअनीन और ट्रिप्टोफान की कमी से दालों की गुणवत्ता में कमी आती है। इस लिहाज से मात्र सोयाबीन ही विश्वस्तरीय मानक गुणवत्ता की दाल मानी जाती है। अन्य अधिकांश दालों का अणुभार ज्यादा होता है और अणु जटिल रूप में होते हैं जिसके कारण सुपाच्यता को बट्टा लगता है। कुछ दालों में प्रोटीन के साथ कार्बोहाइड्रेट संश्लिष्ट होते हैं और पॉलीफेनाल तथा फायटिन के साथ भी प्रोटीन सम्मिश्रित होती है जिसके कारण दालों की सुपाच्यता कम होती है। दालों का अंकुरण इनके पाचक-पोषक गुणों को बढ़ाता है।

कार्बोहाइड्रेट—कार्बोहाइड्रेट में स्टार्च मुख्यतः शर्करा, रेशा और अनुपलब्ध श्रेणी के कार्बोहाइड्रेट अल्पांश में मौजूद होते हैं। दालों में मुख्यतः स्टार्च होता है। दाल की शर्करा ओलिगोसैकराइड के रूप में होती है जो बिना पची हुई दशा में आंतों के निचले भाग में पहुंच कर कार्बनडाइऑक्साइड, हाइड्रोजन और मिथेन जैसी गैसें पैदा करती हैं जिसके कारण शरीर पर दुष्प्रभाव पड़ता है। गौरतलब है कि दालों को भिगोने, अंकुरण, सहपक्वन आदि विधियों द्वारा समृद्ध और सुपाच्य बनाना सर्वथा संभव है।

लिपिड (वसा)—दालों में मात्र 1.5 प्रतिशत वसा लिपिड रूप में होती है जो बहुधा पालीअनसैच्युरेटेड या अति असंतृप्त अम्लों से बनी होती है। अधिक उष्मा तथा नमी की स्थिति में दालों के भंडारण के समय आक्सीकरण द्वारा बिसायंध फ्लेवर, प्रोटीन की घुलनशीलता में गिरावट और पोषण संबंधी

गुणवत्ता में कमी पैदा होती है। उचित भंडारण द्वारा आक्सीकरण क्रिया को रोकने पर उक्त अनपेक्षित परिवर्तन टाले जा सकते हैं।

खनिज—प्रायः सभी दालें कैल्शियम, मैगनीशियम, पोटेशियम, लोहा, जिंक और फास्फोरस के समृद्ध स्त्रोत हैं। अस्सी प्रतिशत फास्फोरस फायटीन के रूप में होने से खनिजों और प्रोटीन के साथ संश्लिष्ट होता है जिससे वे शरीर को अनुपलब्ध होते हैं। भिगाना, अंकुरण, किण्वन या फर्मेंटेशन, पक्वन आदि के जरिए फायटिन को अलग-थलग किया जा सकता है।

विटामिन—दालों में कैरोटीन के रूप में विटामिन 'ए' का अंश अल्पांश में होता है जबकि पर्याप्त नायसीन दो मिलीग्राम और थायमिन 0.5 मिलीग्राम प्रति 100 ग्राम में होते हैं। दालों में रिबोफ्लेविन और एसकार्बिक एसिड प्रायः नहीं के बराबर होते हैं। अंकुरण द्वारा विटामिन उत्पादन की क्रिया में आश्चर्यजनक वृद्धि होती है।

दालों में पोषक तत्त्वों के सुमेल होने के साथ ही अल्पांश में पोषण-अवरोधक सूक्ष्म तत्त्वों का कुमेल भी छुटपुट रूप में यदा-कदा पाया जाता है जो एंजाइम-बाधक, हानिकारक या अनावश्यक होते हैं तथा उचित उपचार द्वारा इन्हें दूर करना आवश्यक होता है।

3.2 दालों का रासायनिक संघटन

उल्लेखनीय तथ्य यह है कि प्रायः सभी दालों की बनावट या रासायनिक संघटन एक ही ढर्रे पर है, यानी प्रोटीन और कैलोरी संख्या की प्रचुरता और साथ में कार्बोहाइड्रेट, अल्पांश में वसा, खनिज, रेशा और कुछ विटामिनों का सुमेल है। अलग-अलग दालों, उनके प्रकारों तथा उत्पादन की दशाओं के अनुसार रासायनिक संघटन में कुछ भिन्नता अवश्य आती है। दालों का रासायनिक संघटन तालिका 1 में दिया गया है।

तालिका 1: प्रमुख दालों के प्रति 100 ग्राम भोज्य अंश में रासायनिक संघटक (ग्राम)

पोषक तत्त्व	अरहर	चना	उड़द	मूंग	मसूर	मटर	मोठ	कुल्थी	सोयाबीन	खेसारी
प्रोटीन	22.2	17.2	24.0	24.0	25.0	19.7	23.5	22.0	42.5	28.2
कार्बोहाइड्रेट	58.0	61.0	60.0	57.0	59.0	57.0	56.5	57.0	20.8	56.5
वसा	1.7	5.0	1.5	1.3	0.7	1.1	1.1	0.5	19.5	0.5
खनिज	3.5	3.1	3.5	3.5	2.1	2.2	3.4	3.5	3.5	2.4
रेशा	1.6	3.7	1.0.	4.2	0.7	4.0	3.5	5.5	3.7	2.4

→

→										
नमी	13.0	10.0	10.0	10.0	12.5	16.0	12.0	11.5	10.0	10.0
किलो कैलोरी	342.0	360.0	348	335	342	315	330	321	435	345
कैल्शियम	75.0	200.0	155	125	70	75	300	285	240	90
फास्फोरस	305.0	310.0	385	325	290	300	230	315	690	317
लौह	6.0	4.5	9.0	4.5	7.6	7.0	10.0	8.5	11.5	6.0
कैरोटीन	130.0	190.0	38.0	95	270	40.0	9.0	70.0	425	120
थायामीन	0.5	0.3	0.4	0.5	0.5	0.5	0.5	0.5	0.7	0.4
रिबोफ्लेविन	0.2	0.2	0.2	0.3	0.2	0.2	0.1	0.2	0.4	0.2
नायसीन	3.0	3.0	2.0	2.1	2.5	3.5	1.5	1.5	3.0	3.0
विटामिन सी	0.0	3.0	0	0	0	0	2.0	1,0	0	0

टिप्पणी : कैल्शियम, फास्फोरस,लौह,थायामीन, रिबोफ्लेविन, नायसीन तथा विटामिन सी मिलिग्राम में और कैरोटिन माइकोग्राम में।

उत्तम दाल कौन-सा—हर दाल के कुछ पृथक उपयोग और प्रादेशिक महत्त्व होने के कारण इनकी उत्तम श्रेणी का निर्धारण सार्थक नहीं होगा। कुछ प्रदेशों में अरहर की दाल को तो अन्य प्रदेशों में चना, उड़द या मूंग की दाल को सर्वोत्तम माना जाता है। दरअसल दाल का उत्तम होना उसमें मौजूद प्रोटीन की अधिकतम मात्रा, प्रोटीन के जैविक गुण, आवश्यक अमीनो एसिड का संघटन, खनिज, विटामिन तथा सुपाच्यता पर निर्भर करता है। इस आधार पर चना और उड़द को पोषण के क्रम में क्रमशः पहली और दूसरी श्रेणी में और मूंग, मसूर तथा सोयाबीन को तीन से पांच के क्रम में रखा गया है। अरहर जो अपने अच्छे स्वाद के लिए देश के अधिकांश भागों में सर्वाधिक पसंद की जाती है, छटे स्थान पर और कुल्थी सातवें स्थान की हकदार मानी जाती है। अन्य दालों में पर्याप्त प्रोटीन होने के बावजूद निम्न जैविक उपयोगिता के कारण वे अधोस्तरीय मानी जाती हैं। वैसे अंतर्राष्ट्रीय स्तर पर सोयाबीन अधिकतम प्रोटीन युक्त होने कारण प्रथम स्थान पर प्रतिष्ठित है।

खेसारी दाल मे पर्याप्त प्रोटीन और अन्य पोषक तत्त्व होते हैं और इसकी उत्पादकता भी ज्यादा है, किंतु इसमें अमीनो एलानाइन नामक विषाक्त पदार्थ की एक प्रतिशत मात्रा होती है जो पैरों में कलायखंज या लैथिरिज्म नामक लंगड़ेपन की बीमारी पैदा करती है। सामान्य मात्रा में खेसारी दाल को अनाजों के साथ लेने से लंगड़ेपन की बीमारी नहीं होती पाई गई है। ज्यादा मात्रा में मुख्यतः खेसारी दाल का आहार लेने पर लंगड़ेपन की संभावना बनती है। फिर भी एहतियात के तौर पर कुछ स्थानों में खेसारी दाल के उत्पादन और प्रयोग पर प्रतिबंध लगाया गया है।

3.3 दालों के पृथक गुण

दालों को गरीबों का गोश्त कहा जाता है जो एक अर्द्धसत्य से ज्यादा नहीं लगता। मांस अयोग्य खाद्य है जिसमें उन सभी पोषक तत्त्वों का सुमेल नहीं होता जो दाल और अनाजों में होता है। मांस से रक्त में कोलेस्ट्रोल की मात्रा बढ़ती है। भारतीय शाकाहारी भोजन की संतुलित थाली उपयुक्त पोषण प्रदान करने वाली थाली होती है। अतः यह खेद की बात है कि देश में दालों, खासकर अरहर की पैदावार में गिरावट आने और आबादी में वृद्धि होने के कारण प्रति व्यक्ति दाल की उपलब्धि साठ के दशक में प्रति दिन 64 ग्राम थी जो अब घटकर 40 ग्राम तक आ गई है, जबकि खाद्य एवं कृषि संगठन तथा विश्व स्वास्थ्य संगठन की परामर्श के अनुसार सभी को रोजाना 80 ग्राम प्रोटीन मिलनी चाहिए। भारतीय भोजन में प्रोटीन के अन्य स्त्रोतों की उपस्थिति को देखते हुए दालों की प्रति व्यक्ति प्रति दिन आपूर्ति 55 ग्राम हो सके तो यह एक व्यावहारिक लक्ष्य माना जा सकता है। इस लक्ष्य की प्राप्ति हेतु दालों की प्रोटीन से अधिकतम लाभ प्राप्त करने और इसके लिए दालों के पृथक गुणों को समझना आवश्यक है।

3.3.1 अरहर दाल

तूर दाल या रेड ग्राम या पीजिऑन ग्राम नामक दाल पानी में नमक, हल्दी और कुछ मसालों के साथ उबालकर गाढ़े मिलावे के रूप में पकाई जाती है। चावल और रोटी के साथ प्रचुर मात्रा में पकी हुई दाल का प्रयोग किया जाता है। स्वस्थ और ठीक हाजमे वाले व्यक्ति अरहर दाल के पतले घोल को एक सीमित मात्रा में अच्छी तरह पचा लेते हैं। अधिक मात्रा में गाढ़ी दाल लेने से यह फायदे की जबह नुकसान पहुंचाती है। कमजोर हाजमा वालों को पेट में अम्लीयता और गैस का शिकार होना पड़ता है। दाल के अणु सघन और भारी होते हैं जो कार्बोज से संश्लिष्ट होते हैं। साथ ही इसमें फायटीन और पॉलीफेनाल उक्त अणुओं के साथ जटिल सम्मिश्रण बनाते हैं जिससे दाल पच नहीं पाती। उचित संसाधन एवं पक्वन द्वारा दालों को सुपाच्य बना सकते हैं और इस प्रकार दालों की प्रोटीन आसानी से पचाई जा सकती है।

3.3.2 चना दाल

चना दाल यानी ग्राम या बेंगाल ग्राम या पी आदि नामों से लोकप्रिय यह दाल सर्वाधिक मात्रा में प्रयोग होती है। दाल के रूप में चावल, रोटी आदि के साथ ग्रहण करने के अलावा चना का प्रयोग फरसाण, मिष्ठान्न, स्वल्पाहार, छोले आदि के रूप में अधिक होता है। समझबूझ कर चने का सामान्य प्रयोग

सुपाच्य, पोषक और टॉनिक के जैसा होता है। चना कई औषधीय गुणों से युक्त है। मधुमेह, रक्ताल्पता और कमजोरी में चना पथ्य है। चना दाल में ट्रिप्टोफॉन और सल्फर युक्त अमीनो एसिड सीमित मात्रा में होती है और पाचन क्रिया में बाधा नहीं पहुंचाती। उपयोगिता के आधार पर चने की प्रोटीन बेहतर होती है। अनियंत्रित रूप में अधिक मात्रा में चना दाल ग्रहण करने से पेट में अम्ल, अपच तथा वायु का निर्माण संभव है। हींग और अदरक के साथ चना दाल पकाने पर सुपाच्यता बढ़ जाती है।

3.3.3 उड़द दाल

उड़द या ब्लैक ग्राम दरअसल मूंग दाल के कुल की होने के बावजूद मूंग से भिन्न गुणता की होती है। उड़द की दाल, चना और तूर दाल के साथ पका कर खाई जाती है या बिना किसी अन्य दाल के मिलावट से बनाई जाती है। यद्यपि कुछ लोग पंचमेल दालों को एक साथ पकाते हैं। सभी दालों की प्रोटीन की संरचना में रासायनिक संगति न होने से पंचमेल दाल का भोजन एलर्जी या प्रत्यूर्जता पैदा कर सकता है। चना अंकुरण हेतु सर्वाधिक उपयुक्त है जिसके द्वारा विटामिन बी और सी तथा कुछ पोषक तत्त्वों की वृद्धि होती है, जबकि उड़द के अंकुरण से फायटीन में अपेक्षित कमी आती है।

उड़द दाल में एक विशिष्ट म्युसिलेजियस यौगिक होता है जो उड़द में लसलसापन पैदा करता है। सही परिमाण में लासा होने के कारण उड़द का चावल के साथ प्रयोग इडली, डोसा आदि बनाने में उपयुक्त होता है। उड़द की प्रोटीन में आलब्युमीन और ग्लोब्युमीन 55 प्रतिशत तथा ग्लूटेलिन 25 प्रतिशत तक होते हैं जो उड़द को इसके पृथक गुण प्रदान करते हैं। उड़द में आक्जेलिक एसिड होने से यह वात और पथरी के संभावित रोगियों के लिए अपथ्य है। स्नायुपोषक होने के कारण उड़द दाल कामोद्दीपक होती है।

3.3.4 मूंग दाल

मूंग दाल या ग्रीन ग्राम दली हुई, साबूत या अंकुरित, इन तीनों रूपों में पका कर चावल, रोटी आदि से साथ ग्रहण करने के अलावा उड़द का पापड़ बनाने और सलाद तथा मिष्ठान्न, स्वल्पाहार आदि के रूप में प्रयोग में लाई जाती है। मूंग दाल सर्वाधिक सुपाच्य दाल है जिसका छिलका भी सुपाच्य होता है और अन्य दालों के छिलके जैसा बादी नहीं होता। वस्तुतः मूंग एक रेचक दाल है और पर्याप्त पोषक। मूंग दाल का रस रुग्ण व्यक्तियों को दिया जाता है। गर्भवती और दुग्धपान कराने वाली महिलाओं को मूंग दाल विशेष लाभ पहुंचाती है।

3.3.5 मसूर दाल

मसूर दाल या लेंटिल दरअसल चना और उड़द के बाद सर्वाधिक पोषक है जिसमें अंकुरण के बाद पोषक तत्त्वों में काफी इजाफा होता है। गर्म मसाले के साथ मसूर दाल पकाने पर यह विशेष रूप से स्वादिष्ट होती है और शादी-ब्याह में इसे परोसना शुभ माना जाता है। यह शीघ्र पकने वाली दाल है। मसूर दाल गर्म तासीर की मानी जाती है और इसके साथ सलाद और दही का प्रयोग विशेष लाभदायक होता है। इसमें कैल्शियम, फास्फोरस और लौह का सुमेल होने से पोषकता में वृद्धि होती है। मसूर और जौ से तैयार आटा पाचक और ऊर्जादायक होता है तथा रुग्ण व्यक्तियों को पथ्य के रूप में दिया जाता है।

3.3.6 मोठ दाल

मोठ दाल या टेरापी बीन मूलतः भारत में उत्पन्न दाल है जिसका प्रयोग दालमोठ बनाने में सर्वाधिक किया जाता है। मूंग की तरह मोठ भी अंकुरण हेतु सर्वाधिक उपयुक्त है, जिससे इसमें विटामिन तथा अन्य पोषक तत्त्वों की वृद्धि होती है। अंकुरित मोठ से बनी करी पौष्टिक होने के साथ स्वादिष्ट और कब्जनाशक होती है। सलाद में भी अंकुरित मोठ डाली जाती है। खनिज, कैल्शियम, फास्फोरस और लौहयुक्त होने के कारण यह औषधीय खाद्य बन जाती है।

3.3.7 कुल्थी दाल

कुल्थी दाल या हार्स ग्राम के संबंध में यथा नाम तथा गुण कहना ही ठीक होगा। जिस प्रकार उत्तर भारत में घोड़ों को भीगा चना खिलाया जाता है, उसी प्रकार दक्षिण भारत में उबली हुई कुल्थी घोड़ों और बैलों आदि को दी जाती है। कुल्थी कठोर संरचना की दुष्पाच्य दाल है और मजबूरी में मनुष्यों द्वारा ली जाती है। वैसे कुल्थी में प्रोटीन की मात्रा 22 प्रतिशत होने के कारण इसकी संभावित पोषकता कुछ कम नहीं होती। इसमें करीब एक मिलीग्राम लोहा होता है। उचित संसाधन के पश्चात प्राप्त कुल्थी के आटे से बने व्यंजन स्वादु होते हैं।

3.3.8 मटर दाल

मटर दाल बेहतर दालों के अभाव में अथवा जायके के लिए पका कर चावल, रोटी आदि के साथ खाई जाती है, यद्यपि मटर बादी होती है तथा लहसुन, हींग और अदरक के मेल के बगैर पचनीय नहीं होती। मटर का प्रयोग दाल के अलावा छोले, वैकल्पिक बेसन आदि के लिए भी होता है। अंकुरण के बाद

मटर अधिक पोषक और सुस्वादु हो जाती है। मटर में मौजूद लगभग 20 प्रतिशत प्रोटीन, खनिज और रेशा इसे प्रतिष्ठित खाद्यान्न की श्रेणी प्रदान करते हैं जिसमें इसके मनपसंद स्वादु का भी योगदान है।

3.3.9 लोबिया

यह काउ पी दाल की श्रेणी का अन्न है जिसका प्रयोग छोले के रूप में ही ज्यादातर होता है, यद्यपि यह सुपाच्य नहीं होती। अंकुरित लोबिया से बना छोला अधिक स्वादिष्ट और पोषक होता है जो पश्चिमी भारत में लोकप्रिय भोजन का हिस्सा है। लोबिया में प्रोटीन, कार्बोहाइड्रेट, खनिज, वसा, और रेशा की प्रतिशत मात्रा क्रमशः 24,55,1,3 और 4 तथा शेष नमी होती है। कैलोरी संख्या 325, कैल्शियम, फास्फोरस और लौह क्रमशः 80,415 और 1 मिलीग्राम के लगभग लोबिया में होते हैं। इसी प्रकार राजमा भी छोले के रूप में एक लोकप्रिय भोजन है जिसको अन्य दालों के साथ छुटपुट रूप में डाल कर पकाई जाती है। राजमा में 24 प्रतिशत तक प्रोटीन होती है जिससे यह भोजन के समृद्धीकरण में सहायक होता है।

3.3.10 सोयाबीन

सोयाबीन या सॉयबीन भी दाल है किंतु दाल से ज्यादा एक महत्त्वपूर्ण तेलहन है जिससे कोलेस्ट्राल की वृद्धि नहीं होती। सोयाबीन का भारत में प्रयोग सोयाबीन-बड़ी के रूप मे, अन्य दालों के साथ पकाने में, अन्य आटों को प्रोटीन से समृद्ध करने में और सबसे ज्यादा तेलहन के रूप में होता है। विदेशों में सोया के किण्वन या फर्मेंटेशन के बाद कई खाद्य और पेय पदार्थ बनाए जाते हैं। भारत में सोयाबीन से सदृश दूध/दही या एनालॉगस मिल्क बनाया जाने लगा है, किंतु मनपसंद फ्लेवर न होने से यह लोकप्रिय नहीं हो पाया है।

सोयाबीन में 21 प्रतिशत कार्बोहाइड्रेट के साथ इसकी दोगुनी यानी 42 प्रतिशत प्रोटीन होती है जो इसे कुपोषण-निवारण के रूप में आदर्श खाद्य बनाती है। सोयाबीन को 'मांस का सब्स्टिच्यूट' करार दिया जाता है, यद्यपि यह एक अयोग्य तुलना है। सोयाबीन में सन्निहित एक दर्जन पोषक तत्त्वों का संतुलित मेल मांस में नहीं होता जो कोलेस्ट्राल-वर्धक भी है। एक रोचक आकलन के अनुसार एक निश्चित क्षेत्रफल के चारागाह के प्रयोग से जितना मांस और उससे जितनी प्रोटीन प्राप्त की जा सकती है इतने ही क्षेत्र में सोयाबीन या गेहूं पैदा करने से क्रमशः 28 और12 गुनी ज्यादा प्रोटीन प्राप्त हो सकती है। स्वाभाविक है कि विश्व खाद्य एवं कृषि संगठन-एफ.ए.ओ.द्वारा सोयाबीन को प्रोटीन के सर्वोत्तम स्त्रोत का दर्जा दिया गया है।

3.4 दालों का समृद्धीकरण

दालों से दुष्पाच्य, हानिकारक एवं विषाक्त संघटकों को दूर या कम करने तथा दालों में अधिक पोषक तत्त्व पैदा करने की दृष्टि से उपयोग-पूर्व दालों को विशेष विधियों द्वारा उपचारित करने की विधियां तैयार की गई हैं। दालों के उत्पादन और भंडारण के दौरान प्राकृतिक संदूषण तथा रसायनों द्वारा प्रदूषण के चलते जिन हानिकारक तत्त्वों से दालें खराब या विषाक्त तक हो जाती हैं उनको भापसह-पात्र (आटोक्लेव) में उपचारित कर उष्मा के प्रभाव द्वारा दूर करने की विधियां बन चुकी हैं, यद्यपि इनके व्यापारिक प्रयोग का चलन नहीं हो पाया है। नियंत्रित किण्वन क्रिया द्वारा न सिर्फ प्रदूषक पदार्थ अलग होते हैं बल्कि दालों की पोषकता में आश्चर्यजनक इजाफा होता है। सोयाबिन के किण्वन से जायकेदार ऊर्जादायक उत्पादों के निर्माण में उत्साहजनक प्रगति हुई है।

पकाने के समय दालों को आधे घंटे पानी में भिगो कर रखना और अच्छी तरह धोकर कम से कम पानी में कुकर के अंदर पकाना वैज्ञानिक रूप से सही क्रिया है। ऐसा करने से कीटनाशी रसायन, पालिश की पर्त्त, चिपकी या घुली हुई गंदगी धुल जाती है। भिगोने से दालों में उपस्थित ओलिगोसैकराइड और फायटिक एसिड कम हो जाते हैं और दाल की गुणवत्ता सुधर जाती है। भिगोने के बाद दाल पकाने पर एंजाइम की जरूरी क्रिया में अवरोध पैदा करने वाले यौगिक नष्ट हो जाते हैं और दालों से होने वाली अपच और पेट में वायु का निर्माण कम हो जाता है।

बाजार में उपलब्ध ज्यादातर दालें बिना छिलके की और पालिश की हुई होती हैं। बिना पालिश की हुई अरहर की दाल भी उपलब्ध है जिसे बाजार की भाषा में ``मडी दाल'' कहते हैं जो स्वच्छ और स्वादिष्ट होती है। इस दाल का रंग थोड़ा मंद होने के कारण आम उपभोक्ता इसे घटिया दाल समझने की गलती करते हैं। कुछ व्यापारी नमी ओर गरमी से खराब हुई या घुन लगी पुरानी अरहर, चना, मूंग,मसूर आदि दालों को 'मेटानिल येलो' नामक कृत्रिम रंग से पालिश कर ताजे होने का धोखा पैदा करते हैं। मेटानिल येलो दरअसल कैंसरजनक और प्रतिबंधित रसायन है जिसका खाद्यों में प्रयोग खाद्य मिलावट बचाव अधिनियम के अंतर्गत दंडनीय है।

दालों का प्रभावी समृद्धीकरण इनके अंकुरण द्वारा होता है। दालों को रातभर भिगोने के बाद इसे छान कर एक पतले कपड़े या छिद्रिल बर्तन में यथासंभव अंधेरे जगह में रख देते हैं। समय-समय पर इसे पानी से नम करना होता है और इस प्रकार 48 घंटे में अंकुरित दाल तैयार हो जाती है। एक किलोग्राम दाल भिगोने पर छह-सात किलोग्राम अंकुरित दाल तैयार हो सकती

है। गौरतलब है कि दालों में विटामिन सी की उपस्थिति नगण्य या शून्य होती है, किंतु अंकुरण से दालों में एसकार्बिक एसिड के रूप में विटामिन सी की मात्रा में कई गुना इजाफा होता है। अंकुरण से दालों की जटिल प्रोटीन सुपाच्य और पोषक अमीनो एसिड, पेप्टाइड पॉलीपेपटाइड में परिवर्तित होती है तथा स्टार्च से पोषक मालटोस और डेक्सट्रिन बनते हैं। रिबोफ्लेविन और नायसिन जैसे विटामिन की मात्रा में वृद्धि होती है। अंकुरण के समय एंजाइमों की क्रिया से करामात हो जाती है और दालों की वस्तुतः कायापलट हो जाती है। आवश्यक है कि उपभोक्ता अंकुरित दालों के स्वाद से अभ्यस्त हों और इन्हें भोजन के साथ अवश्य शामिल करें। बेरीबेरी और स्कर्वी को दूर रखने में अंकुरित दालें पहरेदार साबित होती हैं।

3.5 दाल रोटी का विज्ञान

दाल-रोटी बहुसंख्यक आबादी की पहली पसंद का मुख्य भोजन है और गरीब-अमीर सभी की पहुंच का खाद्य है। रोटी-दाल वाली भारतीय भोजन की थाली से सभी का पोषण होता है। शरीर के लिए आवश्यक ऊर्जा या कैलोरी का ज्यादातर हिस्सा रोटी-दाल से मुहैय्या होता है। भूख लगी हो और घी के साथ रोटी-दाल खाएं तो अघाने का आंतरिक सुख मिलता है। शरीर के कायावर्धन में रोटी-दाल का भारी योगदान है। घी-दूध के साथ रोटी-दाल का प्रयोग आयु और तेज बढ़ाता है। विविध अनाजों और दालों की गुणवत्ता की वैज्ञानिक जाच कर लेने के बाद अब जरूरी है कि रोटी-दाल जैसे सम्मिलित भोजन को विज्ञान की तराजू पर तौला जाए।

पोषण के साथ रोटी-दाल सुरक्षा और विश्वारा की भावना को भी बढ़ावा देती है। रोटी-दाल में सत्कार, मैत्री और भाई-चारा उपजाने की जमीन ढूंढ़ी जाती है। वस्तुतः रोटी-दाल को भारत में प्रजातांत्रिक भोजन का दर्जा दिया जा सकता है। रोटी-दाल जैसे भोजन के इतने बड़े प्रयोजन हैं तो इसे समृद्ध करने के लिए विज्ञान को सन्नद्ध करना निस्संदेह आवश्यक है।

मनुष्य का पेट ऐसी कोई स्वयंचालित मशीन तो है नहीं जिसमें जो और जितना चाहो सब पच जाए। इस नाजुक 'रिएक्टर' को मात्र हितकर नियमानुकूल और मात्रानुकूल भोजंन ही मंजूर है, न कि असात्म्य भोजन या असमय भोजन या फिर शीघ्र में ग्रहण किया गया झटपट भोजन। जो भोजन सुखपूर्वक पोषण-तोषण प्रदान करे, उत्तम कोटि का भोजन है। रोटी-दाल सुख से खूब चबा कर खाया जाने वाला भोजन है, जो अन्य भोजनों की तरह दबा कर नहीं खाया जा सकता।

गेहूं का चुनाव—बाजरी, ज्वार, मक्का आदि मोटे अनाजों की रोटी को

नमक-मिर्ची के साथ ग्रहण कर करोड़ों लोग तसल्ली करते रहे हैं, किंतु अब पुरानी उपभोग-व्यवस्था के दिन लदते नज़र आ रहे हैं। अब रोटी के लिए बढ़िया गेहूं को ही स्तरीय अनाज माना जाता है जिसकी कई किस्में ईजाद की गई हैं जो विशेषतः रोटी के लिए उपयुक्त हैं। सख्त अंबरवर्णीय ट्राइटिकम सेटिवम कुल के गेहूं के कई क्षेत्रीय प्रकार-पंजाब पीसी, एम पी सिहोर, राजभोग, लोकवन इत्यादि पचासों किस्में रोटी के लिए उपयुक्त पाई जाती हैं। मध्यम और कमजोर संरचना के गेहूं की किस्में भी बाजार में प्रचलित हैं। प्रथम किस्म के गेहूं की रोटी की नम्य गुणवत्ता दरअसल पकाने के बाद अधिक समय तक टिकी रहती है, जबकि अन्य किस्मों के गेहूं की रोटी खुरदरी या रुक्ष होती है अथवा बनाने के बाद चीमड़ हो जाती है।

अच्छी रोटी के लिए गेहूं में 10-13 प्रतिशत ग्लूटेन युक्त प्रोटीन होनी चाहिए, ताकि ग्लूटेन के लासे से मुलायम-नम्य रोटी बने। ज्यादा ग्लूटेन होने से रोटी चीमड़ और चबाने में अप्रिय हो सकती है। गेहूं के आटे में एक प्रतिशत से कम प्रोटीन होने पर रोटी भुरभुरी हो सकती है। अच्छी रोटी वाले आटे की जल-शोषक क्षमता 65-68 प्रतिशत होती है, जबकि 60 प्रतिशत से कम होने पर रोटी कड़ी होगी। आटे की जल-शोषक क्षमता का आकलन तलछटीकरण मान की परीक्षा द्वारा किया जाता है। अच्छी रोटी के लिए तलछटीकरण मान 30-37 के बीच अपेक्षित है।

आटा बनाना—रोटी के लिए सही गेहूं की गुणवत्ता आटे में भी मौजूद रहे, इसके लिए पिसाई की विधि भी जिम्मेवार है। पत्थर के जांतों की चक्की में सामान्य गति पर गेहूं को मध्यम बारीक पीसने पर घर्षण और तापमान सीमित रहता है और गेहूं के प्रायः सभी पोषक तत्त्व विघटित या नष्ट हुए बगैर आटे में आ जाते हैं। भ्रूण में मौजूद प्रोटीन, वसा, खनिज, विटामिन तथा स्कुटेलम में निहित थायमीन आदि और भ्रूणपोष के विटामिन एवं फायटिक अम्ल प्रायः आटे में मौजूद रहते हैं। तेज रफ्तार की स्टील मिलों में जिनमें उच्च घर्षण और अधिक तापमान पैदा होता है, गेहूं के अंकुर, विटामिन, खनिज आदि की भारी क्षति होती है तथा लिपिड के रूप में मौजूद वसा के विघटन से विसायंध फ्लेवर आ सकता है। अच्छे आटे की डाईएस्टेटिक-क्रिया या रोटी में मिठास पैदा करने की क्षमता उच्च श्रेणी की होती है।

रोटी के लिए आटे का ताजा होना भी मायने रखता है जिसका आकलन निर्दिष्ट परीक्षा यानी अल्कोहल-अम्लीयता द्वारा होता है। ताजा पीसे गए आटे की अल्कोहल अम्लीयता 0.03 से 0.04 के बीच स्थिर होती है। लंबे भंडारण के बाद पुराने आटे की अम्लीयता 0.98 से 1.08 तक बढ़ती पाई गई है, जिसका अर्थ है रद्दी गेहूं या रद्दी आटा। प्राप्त आटे को देख, चख एवं सूंघ कर इसका सेंसरी इवैल्यूएशन करने पर इसके ताजे होने का अनुमान प्रायः

लग जाता है।

निर्माण-गुणवत्ता-रोटी की गुणवत्ता गेहूं या आटे की गुणवत्ता के अलावा रोटी बनाने की कला और वैज्ञानिक विधि पर निर्भर होती है। अच्छी रोटी मिठास युक्त स्वादु, सुवास युक्त, मुलायम और चबाने में आसान होनी चाहिए, न कि कड़ी या चीमड़। इसके लिए आटे के संघटकों में कम से कम 2.5 प्रतिशत प्राकृतिक शर्करा होनी चाहिए। आटे में 60-68 प्रतिशत जल मिलाकर अच्छी तरह गूनें और नम्य लोई बनाएं। तैयार लोई को मोटे गीले कपड़े से 30 मिनट तक ढ़क कर रखें ताकि लोई एकसमान विकसित हो। इस आधे घंटे के समय में लोई के अंदर आवश्यक क्रियाएं (डाईएस्टेटिक, प्रोटियोलायटिक एवं किण्वन) होती है। इस क्रिया के दौरान डाईएस्टेटिक एंजाइम और किण्वन अल्फा एवं बीटा दरअसल एमिलेस मंड या स्टार्च के साथ क्रिया करते हुए वह अपेक्षित शर्करा उत्पन्न करते हैं जिससे रोटी में मिठास आती है। पत्थर के जातों की चक्की में पिसे हुए ताजे आटे में एंजाइम सही सलामत रहते हैं और एंजाइमेटिक क्रियाएं सही परिमाण में होती हैं जिससे रोटी में मिठास और सुवास आती है।

रोटी के निर्माण संबंधी गुणवत्ता की दूसरी पायदान पर लोई को पतली गोल बेल कर मध्यम गर्म तवे पर तब तक रखना अपेक्षित है जब तक पर्याप्त निर्जलन और सेंकाई न हो जाए। फिर रोटी को पलट कर दूसरी ओर भी यही क्रिया होनी जरूरी है। तत्पश्चात इसे तवे पर ही कपड़े से दबा-दबा कर फुलाएं अथवा लौ के ऊपर 15-30 सेकंड तक फुलाएं ताकि रोटी की दो पर्तों के बीच भाप भर जाए और अंदर से रोटी भाप-पक्व हो जाए। दरअसल, सार्वभौमिक सत्य यह है कि रोटी बनाने और सेकने की सर्वोत्तम कला और स्वाभाविक शरीरजन्य हुनर महिलाओं में अंतर्निष्ट होते हैं। पुरुषों द्वारा बेली गई रोटी प्रायः टेढ़ी, तिकोनी या अवृत्ताकार होती है और फुलाने पर जली, पिचकी और चीमड़ हो जाती है। महिलाओं द्वारा बनाई गई रोटी प्रायः चमकीली, चिकनी व आकर्षक होती है, फ्लेवर मनपसंद होता है और टेक्स्चर घंटों तक कायम रहता है।

रोटी हवा में उष्मा के सीधे संपर्क में पकाई जाती है जिससे पक्वन की क्रिया उष्मा के संवहन या कनवेक्शन द्वारा और अल्पांश में विकिरण द्वारा होती है। पक्वन समय बहुत कम होता है और ऐसे में पोषक तत्त्वों का क्षय नगण्य होता है। दूसरी ओर रोटी को फुलाते समय उसमें उपस्थित कीटनाशी रसायन या जैविक अशुद्धियां शीघ्र ही विघटित होकर नष्ट हो जाती हैं। यह एक प्रशंसनीय तथ्य है कि रोटी या फुलका एक ऐसा खाद्य पदार्थ है जो पूर्णतः निर्जीवाणुक या स्टेराइल होता है जिसमें देर तक संक्रमण-संदूषण नहीं होता। रोटी में गेहूं के जर्म, ब्रान, इंडोस्पर्म आदि सभी के पोषक तत्त्व आ जाते

हैं जिससे पाचन–अवचूषण, पोषण और शौच–क्रिया का सुचारु रूप से नियमन होता है तथा वृहदांत्र में कैंसर होने की संभावना घट जाती है। रोटी आधारित भोजन द्वारा आवश्यक प्रोटीन का 60 प्रतिशत भाग और कुल कैलोरी का 60 से 80 प्रतिशत हिस्सा, कई विटामिन और खनिज प्राप्त होते हैं।

दाल—गौरतलब है कि दाल दरअसल रोटी की साथी है यानी दोनों की जोड़ी एक दूसरे के लिए बनी है। सामान्यतः दालों की प्रोटीन ग्लोब्यूलीन-प्रधान होती है, यद्यपि कुछ दालों में अलब्यूमीन भी होती है। दालों की प्रोटीन में गंधक मुक्त अमीनो एसिड मेथायानीन और ट्रिप्टोफेन की कमी तथा फेनिअलनीन का आधिक्य होता है। महत्त्वपूर्ण पोषक तत्त्व लायसीन भी दालों में प्रचुर मात्रा में पाया जाता है जिसकी उपस्थिति अन्य खाद्यान्नों में कम होती है। फलतः दाल और रोटी के मेल से प्रोटीन का मात्रात्मक और गुणात्मक संघटन पूर्णतः समृद्ध होता है। प्रतिकूल तथ्य है कि दाल से जुड़ी प्रोटीन सघन और भारी अणुओं से बनी होती है जो कार्बोज से संश्लिष्ट तक होते हैं जिससे दालें अधिक मात्रा में लेने पर आसानी से नहीं पचती। पक्वन विधि द्वारा यह कठिनाई काफी हद तक कम की जा सकती है। पानी में दालों को आधा घंटा भिगोने के बाद इसे लहसुन, हींग और अदरक के साथ भाप के दबाव पर प्रेशर कुकर में पकाएं और इसे घोट कर पतला करें। ऐसी दाल की सामान्य मात्रा लेना सुपाच्य होगा। ऐसी पकी हुई दाल को बार-बार ऊंचे तापमान पर देर तक गर्म न करें अन्यथा कुछ पोषक तत्त्व नष्ट हो सकते हैं। साबूत दालों को अंकुरण के बाद पकाने पर पोषण-मान और सुपाच्यता दोनों में भरपूर इजाफा होता है।

दाल में शुद्ध घी डाल कर ग्रहण करने से पोषण, शारीरिक क्षतिपूर्ति और कायावर्धन होता है, इससे रस-धातु, बल-वीर्य और पाचन-अग्नि बढ़ती है और मस्तिष्क तथा स्नायुमंडल पुष्ट होता है। रोटी-दाल के साथ सलाद और दही का प्रयोग इसे एक उत्कृष्ट भोजन बनाता है। रोटी-दाल दरअसल शाकाहार का सबल स्तंभ है जिसकी अच्छाइयों की ओर उपभोक्ताओं का आकर्षण बढ़ रहा है।

4

खाद्य तेलों पर उपभोक्ता मार्गदर्शन

खाद्य तेल वसा या फैट के समृद्ध भंडार हैं और मनुष्य को प्रचुर ऊर्जा या कैलोरी मुहैया कराने वाले सघन ऊर्जा के सुलभ स्रोत हैं। इसीलिए खाद्य तेल अक्सर वसा के पर्याय समझे जाते हैं। खाद्य तेल और वसा में भौतिक फर्क यह है कि खाद्य तेल 'द्रव-वसा' है, जबकि वसा 'ठोस तेल' है। रासायनिक रूप से खाद्य तेल ग्लिसरीन और कार्बनिक अम्ल फैटी एसिड के यौगिक हैं, यानी खाद्य तेल की वसा ट्राइग्लिसराईड यौगिक की बनी है। यह अलग बात है की कुछ खाद्य तेल, जैसे कि पामोलीन और नारियल का तेल निम्न तापमान पर यानी सर्दियों में अर्द्ध-ठोस या 'ठोस' तक हो जाते हैं। घी या देशी घी पशुओं से प्राप्त खाद्य-वसा है, जबकि तथाकथित 'वनस्पति-घी' पौधों से प्राप्त खाद्य-वसा है जो निम्न तापमान पर 'अर्द्ध-ठोस' या 'ठोस' तक हो जाते हैं। किसी भी खाद्य तेल, जैसे मूंगफली, नारियल, सरसों, तिल, सूर्यमुखी, सोयाबीन, कर्डी, पामोलीन, बिनौला आदि में स्वयं कोलेस्ट्राल मौजूद नहीं होता। पशु आधारित खाद्यों घी, दूध और उससे बनी अन्य उपभोक्ता वस्तुओं में कोलेस्ट्राल होता है। खुद मनुष्य के शरीर में जरूरी यौगिक के रूप में कोलेस्ट्राल मौजूद रहता है। कुछ खाद्य तेल रक्त में कोलेस्ट्राल बढ़ाने में सहायक होते हैं।

4.1 कोलेस्ट्राल विवाद

दोषपूर्ण रहन-सहन, गलत खान-पान, खराब आदतों तथा व्यस्त तनावपूर्ण जीवन के चलते मनुष्य के रक्त में कोलेस्ट्राल की मात्रा संतुलित मात्रा से ज्यादा हो जाती है जिसके कारण रक्त-धमनियों में अवरोध और उससे हृदय के रोग पैदा होते हैं। खाद्य-तेल रक्त में कोलेस्ट्राल की मात्रा को संतुलित स्तर पर रखने में सहायक होते हैं, जबकि खाद्य-तेल की जरूरत से अधिक मात्रा लेने से रक्त में कोलेस्ट्राल का स्तर आवश्यकता से ज्यादा हो जाता है। कोलेस्ट्राल सीमित मात्रा में शरीर की क्रिया हेतु आवश्यक है, किंतु असंतुलित

मात्रा की कोलेस्ट्राल हृदय-रोग का एक अतिरिक्त कारण बन जाता है।

खाद्य तेल को कोलेस्ट्राल जनित हृदय रोग के लिए दोषी करार देते हुए कई भ्रामक और आधारहीन धारणाएं फैलाई जा रही हैं जो परस्पर विरोधी हैं तथा जनस्वास्थ्य के अहित में हावी हैं। प्रायः ऐसी भ्रामक धारणाओं या कोलेस्ट्राल-विवाद की जड़ में व्यापारिक सरोकार जुड़ा होता है। कोलेस्ट्राल-विवाद बढ़ाने के वास्ते छद्म विज्ञान या स्यूडो साइंस का भी सहारा लिया जाता है। इस प्रकार मनुष्य के स्वास्थ्य हेतु खाद्य तेल आवश्यक होते हुए भी, इनकी खपत में गलत रुझान पैदा हो रहा है जिसे रोकने के लिए कोलेस्ट्राल-विवाद का वैज्ञानिक समाधान ढूंढ़ना जरूरी है।

4.2 खाद्य तेलों पर उपभोक्ताओं के प्रश्न

मनुष्य सदियों से गाय और भैंस के दूध से प्राप्त घी और मक्खन का भरपूर प्रयोग करता आया है। घी-मक्खन से मनुष्य आवश्यक उष्णता, ओज, रस-धातु, शक्ति और पौरुष-बल प्राप्त करता रहा है। घी-मक्खन से मस्तिष्क की पुष्टि में मदद मिलती रही है। आज घी की जगह वनस्पति घी और खाद्य-तेल का बढ़-चढ़कर उपयोग हो रहा है और कोलेस्ट्राल-विवाद के चलते साधन-संपन्न उपभोक्ता भी घी खाना भूलते जा रहे हैं। खाद्य तेल, वसा और कोलेस्ट्राल से जुड़े कई प्रश्न आज उपभोक्ताओं के दिमाग़ में दस्तक दे रहे हैं।

- कौन से ऐसे पोषक तत्त्व होते हैं खाद्य तेलों में जिसके लिए इन्हें लेना जरूरी या अनिवार्य है? क्या तेल की खपत अधिक मात्रा में की जा रही है?
- खाद्य तेल लेने के कुल प्रयोजन क्या हैं?कितना खाद्य तेल लें?
- कौन-सा खाद्य तेल सर्वोत्तम है, किसमें सर्वाधिक ऊर्जा होती है?
- खाद्य तेल से प्राप्त वसा के अलावा क्या कोई 'अदृश्य'खाद्य-वसा भी है जिसे हम रोजाना ग्रहण करते हैं?
- परिष्कृत तेल किस प्रकार साधारण खाद्य तेल से भिन्न है?
- खाद्य तेल में विषाक्तता कैसे आती है? कैसे होती है खाद्य तेल में मिलावट?
- खाद्य तेल में कितने प्रकार की वसा होती है? क्या हैं फर्क संतृप्त, असंतृप्त, बहु असंतृप्त या एकल असंतृप्त वसा में?
- खाद्य तेल, कोलेस्ट्राल और हृदय-रोग के बीच क्या संबंध हैं?
- किस तेल में व्यंजन तलें, कैसे तलें और किसमें न तलें?
- आखिरकार क्या है समाधान कोलेस्ट्राल-विवाद का?

जिस प्रकार अनाजों में कार्बोहाइड्रेट की प्रधानता है और दालों में प्रोटीन

प्रमुख पोषक तत्त्व है, उसी प्रकार तेलहनों में वसा अधिकतम अनुपात में मौजूद होती है। उदाहरणतः मूंगफली में वसा, प्रोटीन, कार्बोहाइड्रेट, खनिज और रेशा की मात्रा क्रमशः 40.5, 25, 26, 2.5 और 3 प्रतिशत तथा शेष नमी होती है। तेलहन जब तेल या वसा के रूप में बदला जाता है तो प्रोटीन आदि खली में ही रह जाते हैं। इस प्रकार तेल का प्रयोग मूलतः वसा द्वारा अतिरिक्त ऊर्जा प्राप्ति हेतु किया जाता है, यद्यपि कार्बोहाइड्रेट और प्रोटीन से भी ऊर्जा की आपूर्ति होती रहती है। खाद्य तेलों की खासियत यह है कि प्रायः सभी तेलों की कैलोरी संख्या एक समान यानी प्रति 100 ग्राम 900 किलो कैलोरी होती है या 9 किलो कैलोरी प्रति ग्राम। प्रोटीन या कार्बोहाइड्रेट से प्राप्त होने वाली ऊर्जा की 2.3 गुनी ऊर्जा खाद्य तेलों में मौजूद होती है।

खाद्य तेल की निर्धारित खुराक मनुष्य को रोजाना लेना आवश्यक या लाभदायक है, तेल अन्यथा स्वास्थ्य के लिए कोई हानिकारक वस्तु नहीं है। यह महज भ्रम है कि बढ़ते हुए धमनी संबंधी हृदय रोग के लिए मात्र खाद्य तेल जिम्मेवार है, या कि भारत में खाद्य तेल की खपत आवश्यकता से ज्यादा हो रही है। दरअसल, हकीकत उल्टी दिशा में है। विकसित देशों के मुकाबले भारत में खाद्य तेल की प्रति व्यक्ति सालाना खपत महज 10 प्रतिशत यानी 5 किलोग्राम ही है। खासकर बच्चों में कुपोषण का एक मुख्य कारण प्रोटीन और वसा की कमी है। विश्व स्वास्थ्य संगठन के अनुसार कुल आवश्यक ऊर्जा का 30 से 35 प्रतिशत हिस्सा खाद्य-तेल की ऊर्जा के रूप में होनी चाहिए और इसके लिए संतृप्त या सैच्युरेटेड एकल असंतृप्त और बहु असंतृप्त या पॉली अनसैच्युरेटेड फैटी एसिड ('प्यूफा') समान मात्रा में होने चाहिए। भारतीय चिकित्सा अनुसंधान परिषद की सिफारिश के अनुसार प्रत्येक भारतीय द्वारा प्रति वर्ष खाद्य तेल की खपत 20 किलोग्राम से कम नहीं होनी चाहिए। खेद है कि वर्तमान वास्तविक खपत उक्त न्यूनतम खपत की एक चौथाई या उससे भी कम है।

प्रयोजन खाद्य तेल के—सामान्यतः यह समझा जाता है कि खाद्य तेल का मुख्य प्रयोजन खाद्य वस्तुओं को तलने, भूनने या पकाने और स्वादिष्ट या सुग्राह्य बनाने तक ही सीमित है, किंतु खाद्य तेल के अनेक महत्त्वपूर्ण कार्य हैं। प्रमुखतः शरीर को अतिरिक्त ऊर्जा की आपूर्ति करना, विटामिन ए, डी, ई और के को घुलित रूप में शरीर में पहुंचाना, शरीर की क्रिया हेतु आवश्यक हारमोन-सदृश यौगिक प्रोस्टेग्लेंडिस के संश्लेषण को बढ़ावा देना, रक्त में कोलेस्ट्राल के अपेक्षित स्तर को बनाए रखना तथा खाद्य पदार्थों को स्वाद और आकर्षक रूप प्रदान करना इत्यादि खाद्य तेल के आवश्यक कार्य हैं। औसत मनुष्य के लिए रोजाना दो बड़े चम्मच खाद्य तेल लेना पर्याप्त है, यानी चार सदस्यों के एक परिवार के लिए 3 से 3.5 किलोग्राम खाद्य तेल प्रति माह लिया जा सकता है।

4.3 खाद्य तेलों का संघटन

भारत में सामान्यतः प्रयोग में लिए जाने वाले खाद्य तेल सूर्यमुखी, कर्डी, सोयाबीन और बिनौले के तेल बहु असंतृप्त वसा या प्यूफा श्रेणी के हैं। मूंगफली और तिल के तेल एकल-असंतृप्त वसा प्रधान हैं। नारियल और पामोलिन तेल संतृप्त वसा श्रेणी में आते हैं। मोटे अर्थ में संतृप्त होने का अर्थ सामान्य या शारीरिक तापमान पर वसा के अर्द्ध-ठोस या गाढ़ा होने से है। एकल/बहु असंतृप्त का अर्थ सामान्य तापमान पर द्रव अवस्था में होने से है, बल्कि सामान्य से भी जितने कम तापमान पर द्रव अवस्था बनी रहेगी उतना ही वह तेल असंतृप्त होगा। विविध खाद्य तेलों में मौजूद तीनों प्रकार की वसा की मात्रा तालिका 2 में दर्शायी गई है। इन तीनों प्रकार की वसा के कार्य भिन्न हैं किंतु इन तीनों के अपने महत्त्व हैं, जैसा कि आगे के भागों में भोजन में वसा के महत्त्व और खासकर भारतीय भोजन की थाली में वसा के चुनाव को रेखांकित किया गया है।

तालिका 2: विभिन्न खाद्य तेलों का औसत वसा-संघटन, प्रतिशत

भारत में प्रयुक्त खाद्य तेल	संतृप्त वसा	एकल असंतृप्त वसा	बहु असंतृप्त वसा (प्यूफा)		
			लिनोलिक	लिनोलेनिक	कुल असंतृप्त वसा
नारियल तेल	91	7	2	0	2
बिनौला तेल	26	19	55	0	55
मूंगफली तेल	19	49	32	0	32
पामोलिन तेल	45	43	12	0	12
सरसों का तेल	9	70	14	8	21
मकई का तेल	14	26	60	0	60
चावल-चोकर का तेल	17	47	36	0	36
कर्डी का तेल	9	13	80	0	78
तिल का तेल	17	43	40	0	40
सूर्यमुखी का तेल	10	35	55	0	55
सोयाबीन का तेल	15	24	53	8	61

4.4 अद्वितीय भारतीय शाकाहारी थाली

वसा का संश्लेषण स्वयं शरीर द्वारा भी किया जाता है, लेकिन कुछ प्रकार के वसा को छोड़कर जो मांसाहारी भोजन में भी नहीं होते जैसा तालिका 1 में दर्शाया गया है, बहु असंतृप्त वसा प्यूफा में दो प्रकार के वसा-अम्ल होते हैं जिन्हें 'एसेंशिअल फैटी एसिड' कहा जाता है। यह वसा-अम्ल लिनोलिक

तथा लिनोलेनिक शरीर के विकास और हृदय को स्वस्थ स्थिति में रखने के लिए आवश्यक हैं। तीसरा वसा-अम्ल ओलिक एसिड ज्यादातर जैतून के तेल यानी आलिव आयल में 75 प्रतिशत मात्रा में मौजूद होता है। मनुष्य अपने शरीर में ओलिक एसिड को और ज्यादा असंतृप्त कर लिनोलीक एसिड में बदलने में असमर्थ होता है, जो दरअसल सिर्फ शाकाहार में मौजूद होता है और इसीलिए इसे आवश्यक या 'एसेंशिअल' फैटी एसिड कहा जाता है। लिनोलेनिक एसिड ज्यादातर तीसी के तेल में 60 प्रतिशत तक और सरसों के तेल में 8 प्रतिशत मात्रा में मौजूद होता है। वैसे प्रायः सभी खाद्य तेलों में बहु असंतृप्त लिनोलीक एसिड 20-80 प्रतिशत की मात्रा में पाया जाता है, किंतु कर्डी में सर्वाधिक यानी 80 प्रतिशत तक होता है। कुसुम्भ नामक यह तेलहन उत्तर भारत में 'बर्रे' के क्षेत्रीय नाम से जाना जाता है जिसकी पैदावार में रुचि बढ़ने का कारण है तथाकथित 'हृदय-मित्र' खाद्य तेल के रूप में इसका बढ़ता हुआ प्रयोग। यही स्थिति तीसी या अलसी की है।

वसा अम्लों में एक और नाम आता है 'एराकिडोनिक' अम्ल का जो दूध, दही, मट्ठा आदि में होता है। इस एक वसा-अम्ल को छोड़ कर बाकी तीन सिर्फ शाकाहारी खाद्य पदार्थ में ही पाए जाते हैं। रक्त-सीरम में कोलेस्ट्राल को सीमित आवश्यक मात्रा में बनाए रखने में उक्त सभी एसेंशियल फैटी एसिड की सहायक भूमिका होती है। जो उपभोक्ता ''अति सर्वत्र वर्जयेत'' सीख की परवाह नहीं करते या अवमानना करते हैं और अधिकाधिक मात्रा में ऐसे खाद्य तेलों में तले हुए व्यंजन को लेने के आदी हैं जिनमें मुख्यतः सैच्युरेटेड या संतृप्त वसा होती है, उनके रक्त-सिरम में कोलेस्ट्राल-वृद्धि की क्रिया नहीं थम पाती। इस प्रकार धमनी-काठिन्य या 'आरटियोसक्रिरोसिस' शुरू होती है जिससे रक्त-प्रवाह में बाधा पड़ने के कारण हृदय-रोग हो जाता है। एंजियोप्लास्टी और बाईपास सर्जरी आदि उक्त रोग की शल्य-चिकित्सा के नाम है।

ज्ञातव्य है कि उक्त एसेंशियल फैटी एसिड जो शाकाहारी भोजन के अनिवार्य संघटक हैं 'अदृश्य वसा अम्ल' कहे जाते हैं। यह सर्वथा सुपाच्य होते हैं। सामान्यतः 40^0 सेल्सियस तापमान के नीचे पिघलने वाली वसा 98 प्रतिशत तक पचनीय होती है, जबकि इस तापमान के ऊपर पिघलने वाली वसा कम परिमाण और ज्यादा समय में पचती है। ऐसी वसा आंतों में देर तक रहती है, भोजन की पचनीयता में बाधक होती है और इस कारण भूख की घंटी देर से बजती है।

खाद्यान्न, सब्जी और दूध-दही से तैयार एक अच्छी भारतीय भोजन की थाली में उक्त वसा-अम्लों की कुल आवश्यक मात्रा का लगभग दो तिहाई हिस्सा मौजूद होता है और सिर्फ एक तिहाई हिस्से की पूर्ति हेतु उपयुक्त तेल की अल्प मात्रा लेना आवश्यक होता है। इसकी आपूर्ति मात्र 7 ग्राम मूंगफली

तेल, या 20 ग्राम पामोलिन या 12 ग्राम सरसों के तेल, या 5 ग्राम तिल के तेल या 4 ग्राम सोयाबीन तेल या फिर 3 ग्राम कर्डी तेल द्वारा की जा सकती है। ज्ञातव्य है कि उक्त एसेंशियल फैटी एसिड जिन्हें संक्षेप में 'लिन' और 'लेन' क़हा जाता है कुछ मछलियों में भी उपस्थित होते हैं जबकि गोश्त में अनुपस्थित रहते हैं। प्रति व्यक्ति प्रति दिन 8 ग्राम 'लिन' और 1 ग्राम लेन की आवश्यकता होती है। जो उपभोक्ता अपने ही भारतीय भोजन के प्रति हीन भाव रखते हैं और चायनीज भोजन, इटैलिअन भोजन आदि का अंधाधुंध सेवन करने की ओर दौड़ लगाते हैं वे भारतीय शाकाहारी भोजन की अद्वितीय गुणवत्ता को अपने दिमाग में अंकित कर लें। अगर दोगुनी गुणवत्ता का भोजन आधे दाम में मिलता हो तो विदेशी का मोह क्यों, जिसके साथ अस्मिता का सवाल भी जुड़ा है।

4.5 दुष्प्रचार द्वारा विमार्गदर्शन

खाद्य तेल, संतृप्त-असंतृप्त वसा और हृदय रोग, इन तीन कारकों के बीच का संबंध विज्ञापनों आदि में बहुचर्चित है। प्रचारित वक्तव्य दरअसल प्रायोगिक निष्कर्षों पर कम और सांख्यिकीय आंकड़ों या गढ़े गए कथनों पर कहीं ज्यादा आधारित होते हैं तथाकथित संबंध परस्पर विरोधी भी पाए जाते हैं जिसका फायदा उठा कर तथ्यों को तोड़-मरोड़ कर निर्माता अपने उत्पादों की बिक्री के लिए अर्द्धसत्य का सहारा लेते हैं और उपभोक्ता गुमराह होते हैं।

कोलेस्ट्राल, जिसे लेकर इतना हो-हल्ला होता है, दरअसल एक मोम सदृश पर्पटी जैसा होता है जो मानव कोशिकाओं की संरचना का अभिन्न अंग है और शरीर में कुछ निर्दिष्ट क्रियाओं में सहायक संघटक है। शरीर के लिए आवश्यक विटामिन डी का निर्माण करने, स्टीरायड हारमोन बनाने और पैत्तिक अम्ल या बाइल एसिड का उत्पादन तथा साथ ही स्वयं वसा के चयापचय हेतु कोलेस्ट्राल सर्वथा आवश्यक है।

चूंकि कोलेस्ट्राल की आवश्यक मात्रा का निर्माण प्रायः मनुष्य के शरीर में ही हो जाता है, इसलिए भोजन द्वारा अतिरिक्त कोलेस्ट्राल ग्रहण करना अनावश्यक होता है। कुछ हद तक कोलेस्ट्राल को घटाने या नियंत्रित करने की क्रिया यकृत या लिवर में जैव-संश्लेषण द्वारा होती है किंतु यह सीमा कुल मांग का 25 प्रतिशत से ज्यादा नहीं होनी चाहिए। रक्त कोलेस्ट्राल का मान 234 मिलीग्राम से ज्यादा होने पर रहन-सहन की आदतों के अनुसार इसकी अतिरिक्त मात्रा पर्पटी के रूप में हृदय से जुड़ी धमनियों में जमा होती है जिससे रक्त प्रवाह में बाधा आती है और दिल का दौरा पड़ सकता है।

कोलेस्ट्राल रक्त में अघुलनशील होता है, किंतु लिपोप्रोटीन में घुलनशील

होता है और धमनियों में जमे बगैर रक्त में प्रवाहित होता है। हां, कोलेस्ट्राल की घुलनशीलता वसा की असंतृप्तता पर निर्भर करती है। लिपोप्रोटीन दरअसल वसा और कोलेस्ट्राल के योग से बनती है और यह उच्च एवं निम्न घनत्व की अर्थात् दो प्रकार की होती है। पहले प्रकार में वसा की अपेक्षा प्रोटीन ज्यादा होती है और दूसरे प्रकार में प्रोटीन की अपेक्षा वसा ज्यादा होती है, यानी पहले प्रकार की विपरीत। पहले प्रकार द्वारा कोलेस्ट्राल का कोशिकाओं से जिगर में स्थानांतरण तथा बहिर्गमन होता है, जबकि दूसरे प्रकार द्वारा कोलेस्ट्राल को कोशिकाओं में भेजा जाता है और प्रतिकूल अवस्थाओं में यह धमनियों में जमता है। कुल कोलेस्ट्राल और उच्च घनत्व के लिपोप्रोटीन या एच डी एल का अनुपात 4.5 से ज्यादा होने पर दिल का दौरा पड़ सकता है। रक्त में एच डी एल की वांछित मात्रा 35 मिलीग्राम है। एच डी एल को 'अच्छा लिपोप्रोटीन' और एल डी एल को 'खराब लिपोप्रोटीन' कहते हैं।

संतृप्त श्रेणी के वसा-अम्ल दरअसल कोलेस्ट्राल के स्तर को बढ़ाने में सहायक माने जाते हैं। खासकर इस वर्ग के लॉरिक और पामिटिक नामक वसा-अम्ल जो क्रमशः नारियल और पामोलीन तेलों मे होते हैं, सबसे बड़े कसूरवार माने जाते हैं। एकल संतृप्त या मानो सैच्युरेटेड वसा-अम्ल द्वारा एच डी एल में कमी नहीं आती किंतु प्यूफा श्रेणी की वसा द्वारा एच डी एल और एल डी एल दोनों में कमी आती है। इस प्रकार मूंगफली और तिल के तेल वस्तुतः सूर्यमुखी व कर्डी तेलों से बेहतर होने चाहिए जिन्हें निर्माता 'हृदय-मित्र' तेल बताकर ऊंची कीमत पर बेचते हैं।

एक अन्य निष्कर्ष यह है कि प्यूफा श्रेणी की वसा द्वारा जितना कोलेस्ट्राल कम होता है उसके दोगुने परिमाण में यह संतृप्त वसा-अम्ल द्वारा बढ़ता है। अकेले प्यूफा-वसा का सेवन कैंसरजनक भी हो सकता है। निष्कर्ष, सीमित मात्रा में संतृप्त वसा भी अहानिकर है और असीमित मात्रा में बहुसंतृप्त वसा हानिकर। अतः आवश्यक है कि किसी भी प्रकार की वसा अधिक मात्रा में न ली जाए और क्रियाशील तथा तनावरहित जीवन व्यतीत किया जाए। यानी सिर्फ एक खाद्य तेल के बजाय दो या तीन खाद्य तेलों का संतुलित मिलावा इस्तेमाल में लाया जाए ताकि सैच्युरेटेड, मोनो अनसैच्युरेटेड और पाली अनसैच्युरेटेड वसा-अम्लों की आपूर्ति हो सके।

जिस भोजन में ज्यादा वसा और कम कार्बोहाइड्रेट होता है और ऐसा भोजन नियमित रूप से अधिक मात्रा में लिया जाता है तो इससे मोटापा और संबंधित बीमारियां पैदा हो सकती हैं, यद्यपि मोटापा जैविक कारणों और हारमोन-असंतुलन के कारण भी होता है। मोटापा होने पर ज्यादा वसा से युक्त भोजन की अधिक मात्रा लेने की इच्छा बढ़ जाती है और इस प्रकार मोटापा बढ़ने का दुष्चक्र बन जाता है। मोटापा संतृप्त या असंतृप्त सभी प्रकार

की वसा से बढ़ता है और इसलिए कोई भी खाद्य तेल 'मोटापा-अवरोधक' नहीं हो सकता। मोटापा से बचने का सही रास्ता है-'अति सर्वत्र वर्जयेत' का अनुपालन।

4.6 सरसों का तेल हानिकारक कैसे

सरसों के तेल में विषाक्त आरजीमोन तेल और धतूरे तक की मिलावट से कई जानलेवा हादसे हो चुके हैं और इसे रोकने के लिए परीक्षित सरसों के तेल को डिब्बाबंद या पालीथीन की थैली में बेचने की हिदायत दी गई है। किंतु इस तथ्य से अलग, क्या विशुद्ध सरसों के तेल के निरापद होने की गारंटी दी जा सकती है? सरसों के तेल में स्वास्थ्य हेतु लाभदायक वसा-अम्ल लिन और लेन क्रमशः 14 और 8 प्रतिशत तथा एकल असंतृप्त वसा-अम्ल 70 प्रतिशत तक होते हैं, जबकि हानिकारक माना जाने वाला संतृप्त वसा मात्र 1 प्रतिशत होता है। खाद्य तेल में तीनों प्रकार की वसा का मेल अपेक्षित है जिसमें लिन और लेन भी होने चाहिए। इस दृष्टि से सरसों का तेल स्वास्थ्य के लिए अच्छा होना चाहिए। लेकिन सरसों तेल के एकल असंतृप्त वसा-अम्ल में 'एरुसिक अम्ल' उपस्थित होता है जिसका चयापचय कठिन होता है और इससे हृदय के अतकों में वसा जमने के कारण 'लिपिडोसिस' नामक बीमारी हो सकती है। वनस्पति घी में सरसों के तेल के प्रयोग से उच्च गलनांक का संपृक्त वसा-अम्ल 'बेहेनिक एसिड' बनता है जो हानिकारक है। सरसों की कुछ किस्मों में एरुसिक-अम्ल कम मात्रा में या नही के बराबर होता है। ऐसी स्थिति में युक्तिपूर्ण यह होगा कि जांचे हुए सुरक्षित सरसों का तेल लें और इसकी कम मात्रा का प्रयोग करें।

4.7 घी विरुद्ध वनस्पति घी

कम होती हुई मानसिक तथा शारीरिक क्षमता, प्रतिरक्षक शक्ति में गिरावट, स्नायु संबंधी क्षीणता, ओज का अभाद आदि स्थितियों में घी लेने के फायदे भारत में सदियों से ज्ञात रहे हैं। दूध से दही और फिर मक्खन बना कर उसे धीमी आंच पर गर्म करने से 90^0 सेल्सियस तापमान पर उबाल आता है और नमी निकल जाने के बाद तापमान 120^0 सेल्सियस पहुंच जाता है। इस तापमान पर दही के अवशेष कण दुग्ध शर्करा या कैरेमल में बदलने लगते हैं जो भूरा होने पर मनपसंद खुशबू पैदा करता है। इसे मलमल के कपड़े या स्टील की छलनी में छान कर बंद पात्र में रखा जाता है। यह घी विशुद्ध, सुग्राह्य, नमीरहित और निर्जीवाणुक या स्टेराइल अवस्था में होता है और लंबे

समय तक खराब नहीं होता। इस विधि से 88 प्रतिशत घी मिलता है और इस घी में 99.5 प्रतिशत वसा होती है। दूध से सीधे मक्खन निकाल कर उसे घी में बदलने या किण्वित करने के बाद घी प्राप्त करने की औद्योगिक विधियों द्वारा क्रमशः 92 और 90 प्रतिशत घी मिलता है। स्वस्थ और क्रियाशील मनुष्य थोड़ी मात्रा में घी का सेवन करें तो घी के उक्त सभी लाभ उसे प्राप्त हो सकते हैं। गौरतलब है कि भारत में 40 प्रतिशत दूध का प्रयोग घी बनाने में होता है।

घी में मुख्यतः संपृक्त वसा, अल्पांश में एसेंशिअल फैटी एसिड और वसा-घुलित विटामिन होते हैं। भैंस के दूध से बने घी की अपेक्षा गाय के घी में संपृक्त वसा कम और असंपृक्त वसा ज्यादा होती है तथा लिन की मात्रा दोगुनी होती है। यद्यपि दोनो घी में कोलेस्ट्राल विषयक क्षमता एक समान होती है किंतु गाय के घी के पिघलने का तापमान कम होता है जो इसके बेहतर होने का सूचक है। दोनों प्रकार के घी और वनस्पति घी का तुलनात्मक संघटन तालिका 3 में दर्शाया गया है।

वनस्पति घी वस्तुतः 10-14 खाद्य तेलों के मिलावे का निकल-उत्प्रेरक की उपस्थिति में हाइड्रोजनेशन कराने पर अर्द्धठोस वसा के रूप में प्राप्त होता है जो संरचना और फ्लेवर में थोड़े से हद तक घी-सदृश होता है। वनस्पति घी में निकल-अवशेष 1.5 पी पी एम से ज्यादा होने पर धीमा या तेज कुप्रभाव डालता है। विचारणीय है कि वनस्पति घी को प्राकृतिक उत्पाद की श्रेणी में नहीं रख सकते, क्यो कि निर्माण के दौरान वसा-अम्ल कई परा वसा-अम्लों या ट्रांस फैटी एसिड में बदल जाते हैं, जो कई प्रकार की बीमारी, मधुमेह, हृदय रोग, प्रतिरक्षक शक्ति में गिरावट और कैंसर तक पैदा करने में सहायक पाए गए हैं। अवनस्पति घी एक अनावश्यक उत्पाद है जिसका उत्पादन करने की गलती सिर्फ भारत में की जाती है।

तालिका 3 : घी विरुद्ध वनस्पति घी का वसा-संघटन (प्रतिशत)

वसा के प्रकार	गाय का घी	भैंस का घी	वनस्पति घी
संतृप्त वसा	59.5	63.6	24.2
पामिटिक वसा-अम्ल	28.2	26.4	17.8
स्टीअरिक वसा-अम्ल	9.1	15.6	6.4
असंपृक्त वसा	40.5	36.4	75.8
ओलीक वसा-अम्ल	34.1	32.4	24.1
लिनोलिक वसा अम्ल	4.8	2.4	3.2
ट्रांस फैटी एसिड	-	-	47.3
पिघलने का तापमान, डिग्री सें.	28-42	32-44	-
कोलेस्ट्राल	0.3-0.4	0.3-0.4	-

4.8 वनस्पति घी विरुद्ध 'मारगरीन घी'

कई पश्चिमी और अन्य देशों में मक्खनसदृश मारगरीन का उपयोग प्रचलित है जो खाद्य तेलों, वसा और जल के पायसीकरण या इमल्सीफिकेशन से बनाया जाता है और स्वास्थ्य की दृष्टि से मक्खन का बेहतर विकल्प है। खास विधि द्वारा अहानिकर सोडियम मेथाक्साइड उत्प्रेरक का प्रयोग कर खाद्य तेलों से उपयुक्त गलनांक वाला एक विशिष्ट मारगरीन-सदृश उत्पाद बनाया जा सकता है जो वनस्पति घी का स्थान ले सकता है। वनस्पति घी के मुकाबले, 'मारगरीन घी' स्वास्थ्यवर्धक विकल्प है, जिसका निर्माण बढ़ाया जाना चाहिए।

4.9 सोयाबीन तेल

पारंपरिक रूप से उत्तर तथा पूर्व भारत में सरसों का तेल, पश्चिम में मूंगफली का तेल, मध्य भारत में सोयाबीन का तेल, और दक्षिण में नारियल का तेल इस्तेमाल किया जाता रहा है। किंतु तेल की उपलब्धि में कमी होने और भाव बढ़ने के कारण अपेक्षाकृत सस्ते सोयाबीन तेल और पामोलीन तेल की खपत बढ़ी है। प्यूफा वसा-अम्लों में समृद्ध सोयाबीन तेल,जो परिष्कृत रूप में इस्तेमाल किया जाता है, अधिकाधिक पोषक है, रक्त-शर्करा घटाता है, गांठ या ट्यूमर होने से रोकता है और प्लाज्मा-कोलेस्ट्राल भी घटाता है। संतृप्त वसा युक्त तेलों के साथ मिला कर इसका बेहतर प्रयोग होता है। स्वास्थ्यवर्धक लिन और लेन जैसे आवश्यक वसा-अम्लों की काफी मात्रा सोयाबीन तेल में होती है। वनस्पति घी, सलाद तेल, शिशु आहार, केक आदि में प्रयोग होने के बावजूद सोयाबीन तेल वस्तुतः तलने के लिए उपयुक्त नहीं है।

4.10 पामोलिन तेल

पामोलीन सबसे सस्ता तेल है जिसमें कैरोटीन के रूप में विटामिन 'ए' होता है। विश्व स्वास्थ्य संगठन द्वारा पामोलीन तेल लेने की परामर्श दी गई है। आयातित पामोलीन तेल परिष्कृत होने के बाद ही सुग्राह्य होता है। यह अर्द्ध-ठोस तेल है जो प्रायः मिष्ठान्न बनाने या तलने में ज्यादा मात्रा में खपता है। पामोलीन के स्वास्थ्यवर्धक होने का राज यह है कि इसमें संतृप्त वसा 45 प्रतिशत, एकल असंतृप्त वसा 43 प्रतिशत और बहु असंतृप्त वसा लिन और लेन 12 प्रतिशत का उपयुक्त मेल है।

4.11 बिनौले का तेल

बिनौले के तेल को दो बार रिफाइन करने के बाद उपयोग में लाया जाता है ताकि इसका गाढ़ा रंग और अप्रिय गंध दूर हो जाए। बिनौले के तेल में 'गॉसीपूल' नामक विषाक्त पदार्थ होता है जो रिफाइन करते समय अलग कर दिया जाता है। संपृक्त एकल असंपृक्त और बहु असंपृक्त वसा की मात्रा क्रमशः 26,19 और 55 प्रतिशत होने से यह संतुलित और स्वास्थ्यवर्धक खाद्य तेल है। बिनौले के तेल की एक खासियत यह है कि फरसाण तलने के लिए यह उत्तम पाया जाता है।

4.12 सूर्यमुखी तेल

भारत के शहरों व गावों में सर्वत्र सूर्यमुखी के तेल का बढ़-चढ़ कर प्रयोग हो रहा है। मात्र 10 प्रतिशत संपृक्त वसा और शेष 35 और 55 प्रतिशत क्रमशः एकल तथा बहु असंपृक्त वसा होने से सूर्यमुखी तेल स्वास्थ्य की परवाह करने वाले बहुतेरे उपभोक्ताओं की स्वाभाविक पसंद है, क्योंकि यह कर्डी की अपेक्षा सस्ता होता है। वैसे सूर्यमुखी के तेल में पूरी या अन्य चीज तलने के लिए खास उपयुक्त नहीं है।

4.13 किस तेल में कैसे तलें

कड़ाही में पूरियां आदि गहरे तलने पर उच्च तापमान होने से कई तेल हाइड्रोलाइजेशन क्रिया द्वारा विघटित और खराब हो जाते हैं। आक्सीकरण और पालीमेराइजेशन क्रियाओं द्वारा भी तेल का विघटन होता है और दो प्रतिशत तक वसा-अम्ल अलग होते हैं जिससे तले हुए खाद्य पदार्थों की गंध और सुवास खराब होती या बदल जाती है। वसा के विघटन से कई अन्य हानिकारक पदार्थ जैसे हाइड्रोपेराक्साइड, अल्डीहाइड, कीटोन आदि बनते हैं।

दुबारा या बार-बार इस्तेमाल की स्थिति में तेल गाढ़ा, चिपचिपा और गहरे रंग का हो जाता है। दरअसल, तेल में जितनी ज्यादा असंतृप्तता होती है उतना ही ज्यादा वह दुबारा इस्तेमाल में विकृत हो जाता है। कर्डी, सूर्यमुखी, सोयाबीन तेल आदि प्यूफा वसा-प्रधान होने से इनका उष्मा-स्थायित्व निम्नतर होता है। सकल असंपृक्त वसा वाले तेल (मूंगफली और तिल का तेल) पूरी आदि तलने के लिए बेहतर माध्यम हैं। किसी भी हालत में तेल को धुआं निकले के तापमान तक न गर्म करें और धीमी आंच पर कम से कम समय तक

ही तलें। बार-बार गर्म किए हुए उष्मा-विघटित तेल में एक्रोलीन नामक हानिकारक पदार्थ हो सकता है जो वृद्ध, बालकों और रोगियों की आंतों को नुकसान पहुंचाता है।

तले हुए खाद्य में जमा हुई तेल की मात्रा तेल के लसीलेपन या श्यानता, तली हुई सतह, तलने के समय और तापमान पर निर्भर करती है। तले खाद्य में वनस्पति घी, पामोलीन, सरसों और तिल के तेल की मात्रा ज्यादा मात्रा में प्रवेश करती है जबकि मकई और मूंगफली तेल की मात्रा अपेक्षाकृत कम। तलने के लिए तेल को बार-बार इस्तेमाल करने से तेल का गाढ़ापन बढ़ता है और खाद्य में ज्यादा चिपकता है। बहु असंपृक्त वसा वाले हल्के तेल कम चिपकते हैं किंतु ऊंचे तापमान पर यह विघटित होते हैं और बार-बार इस्तेमाल करने पर गाढ़े हो जाते हैं।

4.14 सुरक्षित पैकिंग

सामान्यतः खाद्य तेलों की बड़ी मात्रा उच्च घनत्व वाली पॉलीएथीलीन (एच डी पी ई) के ठोस डिब्बों में और कम मात्रा निम्न घनत्व की पॉलीएथीलीन (एल डी पी ई) की थैलियों में पैक की जाती है। यह प्लास्टिक पदार्थ अखाद्य श्रेणी के होने से इनके कुछ हानिकारक तत्त्व खाद्य तेल में रिस कर पहुंच जाते हैं। विशेष प्रकार के टेट्रापैक में पॉलीएथीलीन,अल्यूमीनियम की पत्री और कार्डबोर्ड की तीहरी पैकिंग होती है जिसमें तेल संदूषित हुए बगैर सुरक्षित रहता है। पॉलिएथीलीन टेरेफ्थलेट या 'पेट' के डिब्बे भी खाद्यतेल की पैकिंग के लिए सुरक्षित होते हैं।

तालिका 4: विभिन्न प्रकार की पैकिंग में खाद्य तेलों का भंडारण-स्थायित्व

पैकिंग सामग्री	भंडारण स्थायित्व (माह)
टिन के डिब्बे	24
ग्लास (एम्बर)	18
ग्लास (पारदर्शी)	12-16
पॉलीएथीलीन, एचडीपीई	3-6
पॉलीएथीलीन एलडीपीई	21 दिन
टेट्रा पैक	4-6

4.15 विक्रितिगंधिता (रैंसिडिटी)

प्रकाश, वायु और नमी के संपर्क में खाद्य तेल कम समय में खराब हो सकते

हैं। बेहतर होगा कि खरीदने के बाद खाद्य तेल का भंडारण स्टील के बंद डिब्बों में किया जाए और इसे संदूषित होने से बचाएं। इस प्रकार उत्पन्न विक्रितिगंधिता या बिसायंधपन तेल में पैकिंग के समय मिली हुई हवा और धातु के रूप में अशुद्धियों के कारण हुए आक्सीकरण की बदौलत होती है। प्यूफा श्रेणी के तेल में अपेक्षाकृत जल्द और ज्यादा बिसायंध होते हैं। गर्म दशा में भंडारण से खासकर सोयाबीन तेल का फ्लेवर खराब हो जाता है जो उसमें मौजूद लिनोलेनिक वसा-अम्ल के आक्सीकरण के कारण होता है।

4.16 सही चुनाव एवं बेहतर प्रयोग हेतु निर्देश

पूंजी और बाजार की दुनिया में व्यापारीकरण की बदौलत जिस सभ्यता का बोलबाला है उसमें उत्पाद विशेष पर सही सूचना के साथ उपभोक्ता को मार्गदर्शन कम दिया जाता है, विमार्गदर्शन ज्यादा। खाद्य-तेलों पर सही जानकारी और उपभोग में विवेक का प्रयोग करना तेलों के सही चुनाव और बेहतर उपयोग सुनिश्चित करने के लिए आवश्यक है। कुछ मार्गदर्शक निर्देश निम्नांकित है :

1. सामान्य भारतीय शाकाहारी भोजन में आवश्यक वसा अम्लों लिन और लेन की 70 प्रतिशत आवश्यक मात्रा अदृश्य वसा के रूप में मौजूद रहती है। अतिरिक्त वसा की आवश्यकता कम ही होती है। अतः प्रति व्यक्ति प्रति दिन 30 ग्राम खाद्य तेल से ज्यादा न लिया जाए।
2. अकेले प्यूफा श्रेणी के तेल पर ही न निर्भर रहें। प्यूफा के साथ एकल असंतृप्त और बहु संपृक्त वसा वाले तेलों के मिलावे का प्रयोग स्वास्थ्य के लिए बेहतर है।
3. किसी भी खाद्य तेल में कोलेस्ट्राल मौजूद नहीं होता। घी, दूध गोश्त, अंडा तथा अन्य पशु आधारित खाद्यों में कोलेस्ट्राल विविध मात्रा में मौजूद होता है। ऐसे खाद्य पदार्थों की उतनी ही मात्रा रोजाना लें, जिसमें कोलेस्ट्राल 300 मिलिग्राम से ज्यादा न हो।
4. खुले रूप में प्राप्त खाद्य तेलों में सस्ते खाद्य तेलों और अखाद्य-तेलों तक की मिलावट की आशंका रहती है। ऐसे तेलों में मिलावट की जांच करें (खाद्य मिलावट की जांच संबंधी अध्याय देखें)।
5. सभी खाद्य तेलों की कैलोरी संख्या लगभग एक किलो कैलोरी प्रति ग्राम है। कोई भी खाद्य तेल कैलोरी संख्या में 'हल्का' या 'भारी' तेल नहीं है। भ्रामक प्रचार से बचें।
6. तलने में कम चिपकने वाले खाद्य तेल प्यूफा श्रेणी के हो सकते हैं

जो दरअसल गहरे तलने के लिए उपयुक्त या सुरक्षित नहीं होते। 'हल्का' कहे जाने वाले ऐसे तेलों के भ्रामक विज्ञापनों से जागरूक रहें।

7. परिष्कृत या रिफाइंड डिब्बाबंद खाद्य-तेल पर ज्यादा भरोसा करें। परिष्करण से तेल रंगहीन, गंधहीन और सौम्य स्वाद हो जाता है, कुछ विषाक्त तत्त्व जैसे मूंगफली का एफ्लाटॉक्सिन खत्म हो जाते हैं, कीटनाशक रसायन अलग हो जाते हैं और ऐसा परिष्कृत तेल अपेक्षाकृत ज्यादा समय तक बिसायंध नहीं होता। वैसे परिष्करण द्वारा तेल के वसा-संघटन, कैलोरी संख्या और अन्य आधारभूत गुणों में कोई परिवर्तन नहीं होता।

8. तली हुई चीजें कम लें, वनस्पति घी से परहेज रखें, गहरा तलने के लिए एकल असंपृक्त और संतृप्त वसा वाले तेलों का मिलावा लें, प्यूफा तेलों से न तलें। तलने से बचे हुए तेल का बार-बार इस्तेमाल न करें।

9. खाद्य तेलों में प्रोटीन नहीं होती क्योंकि यह खली में चली जाती है। इस संबंध में भ्रामक विज्ञापनों से गुमराह न हों।

10. मिश्रित या खाद्यतेल में मात्र दो तेल 20:80 के अनुपात में एगमार्क चिह्न सहित बंद डिब्बे में बेचे जा सकते हैं, खुले रूप में नहीं।

5
सब्जी और फल, सदुपयोग तथा सर्वोत्तम लाभ

5.1 सब्जियां

स्वास्थ्य की रक्षा में सब्जियों की कितनी महत्त्वपूर्ण भूमिका है, जैसे, बीमारियों से बचाव स्वास्थ्य की रक्षा शरीर के विकास के लिए आवश्यक पोषक तत्त्वों के अलावा शारीरिक क्रियाओं को सुव्यवस्थित करने वाले कितने खनिज, विटामिन, एंजाइम, एसेंशियल अमीनो एसिड भरे पड़े हैं और सब्जियों की बदौलत भोजन कितना स्वादिष्ट, क्षुधावर्धक, रंगबिरंगा या सजीव हो जाता है, इन सब बातों का कमोबेस अहसास होते हुए भी अधिकांश उपभोक्ता सब्जियों का सदुपयोग करने और उनसे सर्वोत्तम लाभ पाने से रह जाते हैं।

बढ़ती हुई आबादी की मांग को पूरा करने के लिए रासायनिक उर्वरक तथा कीटनाशी रसायनों के बलबूते भारत में प्रतिवर्ष लगभग 10 करोड़ टन सब्जियां पैदा की जा रही हैं। सब्जियों के उत्पादन में परिणात्मक वृद्धि के साथ क्या गुणात्मक वृद्धि भी हो रही है, यह प्रश्न जनहित में विचारणीग है। संदूषण-संक्रमण-प्रदूषण की तिकड़ी के चलते सब्जियों में कीटनाशी अवशेष तथा अन्य विषाक्तता की मौजूदगी में हो रही बढ़त या कुल गुणवत्ता में गिरावट चिंता का विषय है।

उपभोक्ताओं के स्तर पर सब्जियों से संबंधित वैज्ञानिक जानकारी का प्रसार, सदुपयोग की सक्षम विधियों का प्रयोग और विविध पोषक तत्त्वों से अधिकाधिक लाभ उठाना वैज्ञानिक जागरूकता के इस दौर का एक तकाजा है। सब्जियों का रासायनिक संघटन, संसाधन, पक्वन में गुणवत्ता-नियंत्रण और इष्टतम उपयोग इन सब बातों की जानकारी सभी जागरूक उपभोक्ताओं को रखना जरूरी है। भारत जैसे शाकाहार-प्रधान देश में सब्जियां न सिर्फ पोषण के लिए जरूरी है, बल्कि इनके औषधीय प्रभावों से लाभान्वित होने और आनंद उठाने में भी इनकी खास भूमिका है। सब्जियों में प्रकृति-प्रदत्त पोषक संघटकों की समीक्षा तालिका-5 में देखें।

5.1.1 रासायनिक संघटन

कार्बोहाइड्रेट—कुछ सब्जियों को छोड़कर बाकी अधिकांश सब्जियों में कार्बोहाइड्रेट की मात्रा बहुत कम यानी 2-10 प्रतिशत के बीच होती है। सब्जियों में कार्बोहाइड्रेट, सेल्यूलोस, स्टार्च और शर्करा इन तीनों रूपों में होती है। हेमीसेल्यूलोस एवं पेंटोसंस सब्जियों की विशेष संरचना के लिए जिम्मेवार हैं। मुलायम और तरुण अवस्था में सब्जियों का कार्बोहाइड्रेट प्रायः शर्करा के रूप में और प्रौढ़ होने पर स्टार्च के रूप में होता है। कार्बोहाइड्रेट कम मात्रा में होने के कारण सब्जियां शरीर के वजन के नियंत्रण में सहायक होती हैं। आलू, शकरकंद, मटर, कुछ दानेदार सब्जियां या बींस में कार्बोहाइड्रेट अपेक्षाकृत ज्यादा या 22 प्रतिशत तक होता है।

प्रोटीन बाया अमिनो एसिड—अधिकांश सब्जियों में प्रोटीन अल्प मात्रा में यानी 0.3-3.0 प्रतिशत और शेष में 7 प्रतिशत तक होता है जो जैविक महत्त्व के अमीनो फैटी एसिड के रूप में होने से शरीर में प्रोटीन के संश्लेषण में मददगार होते हैं। वनस्पतीय-प्रोटीन दरअसल एंजाइम एवं एंटीबायोटिक का कार्य करते है और कई शारीरिक, चयापचय तथा आनुवंशिक क्रियाओं में योगदान देते हैं। यह प्रोटीन वस्तुतः अम्ल और क्षार दोनों रूप में कार्य करते हैं और शरीर में अम्ल-क्षार के संतुलन में सहायक होते हैं।

खनिज और विटामिन—सब्जियों में सर्वाधिक जैविक-सक्रिय खनिज दो प्रकारों में मौजूद होते हैं। अधिकांश खनिज धातुओं के लवण यानी धनायन या कैटायन रूप में होते हैं, जैसे-कैल्शियम, मैगनीशियम, सोडियम, पोटेशियम, लौह, तांबा, जस्ता, मैगनीज, मालीबडेनम आदि। ऋणायन या अनायन खनिजों में फास्फोरस, क्लोरीन, आयोडीन, सल्फर आदि शामिल हैं। दरअसल सब्जियों में कुल 70 से भी ज्यादा खनिजों की पहचान की गई है जिनमें से प्रत्येक के भिन्न-भिन्न कार्य हैं। इन खनिजों की कमी से शारीरिक वृद्धि में बाधा, भूख में गिरावट या अत्यधिक भूख, क्रियाशीलता में गिरावट, हड्डी की क्षीणता या आस्टियोपोरेसेस, असामान्य चाल या स्थिति, अवटुग्रंथि या थायराइड में खराबी, यकृत या लिवर के कार्य में गिरावट इत्यादि सैकड़ों खराबियां खड़ी हो सकती हैं।

सब्जियां विटामिनों का खजाना है जो शरीर की कई क्रियाओं के लिए उत्प्रेरक के रूप में प्रभावी होती हैं। इनमें से विटामिन ए, डी, ई और के वसा में घुलनशील होती हैं, जबकि विटामिन बी-1 या थायामिन, बी-2 या रिबोफ्लेविन, नायसीन या निकोटिनिक एसिड और विटामिन सी या एसकार्बिक एसिड जल में घुलनशील होते हैं। विटामिन ए, सी और ई विशेष रूप से एंटीआक्सिडेंट का काम करते हैं।

तालिका 5 : प्रमुख सब्जियों के प्रति 100 ग्राम भोज्य अंश में रासायनिक संघटक (ग्राम)

पोषक तत्व	पालक	चौलाई	मेथी	सोआ	पत्ता गोभी	फूल गोभी	गांठ गोभी	लोकी	ककड़ी	गाजर	करेला	बैंगन	भिंडी	टमाटर	आलू	प्याज
प्रोटीन	2.0	3.0	4.5	3.0	1.8	2.5	1.1	0.2	0.4	0.9	1.5	2.0	2.0	2.0	1.5	1.2
कार्बोहाइड्रेट	3.0	7.0	6.0	5.0	4.5	4.0	3.8	2.5	2.5	10.5	4.2	4.0	6.4	3.5	22.5	11.1
वसा	0.8	0.3	0.9	0.5	0.1	0.4	0.2	0.1	0.1	0.2	0.2	0.2	0.2	0.1	0.1	0.1
खनिज	1.9	3.6	1.5	2.[illegible]	1.5	1.0	0.7	0.5	0.3	1.0	0.8	0.3	0.5	0.5	0.0	0.4
रेशा	0.6	1.0	1.1	1.1	1.0	1.1	1.5	0.6	0.4	1.2	0.8	1.3	1.2	0.2	0.4	0.6
नमी	91.7	85.1	86	88.4	91.1	91.0	92.7	96.1	96.3	86.2	92.5	92.7	89.7	93.1	74.7	86.6
कि.कैलारी	27	40	50	38	28	30	20	12	13	48	20	25	35	23	98	51
कैल्शियम	73	800	395	190	40	35	20	20	10	80	20	12	65	20	10	47
फासफोरस	20	50	51	40	44	55	35	10	25	530	70	45	55	35	40	50
लौह	11	23	17	18	1.0	1.5	0.5	0.8	1.5	2.2	2.0	1.0	1.5	1.8	0.7	0.7
कैरोटीन	55.80	3564	2340	7180	120	30	20	–	–	1900	125	75	50	192	25	22
थायमीन	0.03	–	0.04	0.03	0.06	0.04	0.05	0.03	0.03	0.04	0.07	0.04	0.07	0.07	0.01	0.07
रिबोफ्लोविन	0.26	–	0.31	0.13	0.09	0.10	0.09	0.01	–	0.02	0.09	0.11	0.1	0.01	0.02	0.02
नायसीन	0.5	–	0.8	0.2	0.4	1.0	0.5	0.2	0.2	0.6	0.5	1.0	0.6	0.4	1.5	1.0
विटामिन सी	30	33	50	25	125	56	85	–	7	3	88	2	13	30	17	11

कैल्शियम, फासफोरस, लौह, थायमीन, रिबोफ्लेविन, नायसीन तथा विटामिन सी (मिलीग्राम) कैरोटीन (माइकोग्राम) में।

प्रत्येक वयस्क के लिए निर्धारित विटामिन की दैनिक खुराक निम्न है :

विटामिन ए	5000 आई.यू.
विटामिन डी	400 आई.यू.
विटामिन ई	30 आई.यू
विटामिन के	2 मि.ग्रा.
विटामिन बी-1	1.0-1.4 मि.ग्रा.
विटामिन बी-2	1.3-1.7 मि.ग्रा
नायसीन	14-20 मि.ग्रा.
विटामिन सी	60 मि.ग्रा.।

वसा एवं कैलोरी—अधिकांश सब्जियों में लिपिड या वसा अल्पांश या 0.1-1.0 प्रतिशत और कुछ में 1.7 प्रतिशत तक होता है, जो दरअसल अपरिष्कृत के रूप में मौजूद होता है। इसीलिए सब्जियों की कैलोरी संख्या 10-90 किलो कैलोरी प्रति 100 ग्राम भोज्य मात्रा में सीमित होती है, जिसके कारण शरीर के वजन के नियंत्रण में सहायता मिलती है। सब्जी की वसा कम होते हुए भी जैविक रूप से सक्रिय होती है और असंतृप्त होने से रक्त कोलेस्ट्राल के नियंत्रण में सहायक होती है।

नमी—सब्जियों के वजन का 70-95 प्रतिशत हिस्सा नमी के रूप में होता है जो हरी या पत्तेदार सब्जियों में सर्वाधिक होता है। हरी सब्जियों का मुरमुरापन या क्रिस्प होना कोशिकाओं में मौजूद जल की मात्रा द्वारा संभव होता है एवं इससे सब्जी ताजी रहती है। पुरानी या बासी होने पर निर्जलीकरण होता है और सब्जी ढीली पड़ कर निस्तेज दिखाई देती है।

सुवासवर्धक तत्त्व—सब्जियों में कुछ अवाष्पशील अम्ल होते हैं जो अपेक्षाकृत ज्यादा समय तक भंडारित अवस्था में भी बने रहते हैं। यह अम्ल साइट्रिक, आक्जेलिक, मेलिक और सक्सीनिक एसिड के रूप में होते हैं जिनके प्रभाव से सब्जियों में विशिष्ट सुवास या फ्लेवर कायम रहता है। दूसरी ओर सल्फर या गंधक युक्त कुछ वाष्पशील यौगिकों की बदौलत प्याज, लहसुन, फूलगोभी आदि में तेज सुवास बना रहता है।

सब्जियों में विविध रंगद्रव्य या पिगमेंट होते हैं जो इनके कच्चे या पके होने पर तथा खाद्य के रूप में पकाए जाने पर इन्हें भिन्न-भिन्न रंग प्रदान करते हैं। हरी सब्जियों में क्लोरोफिल, पीली या संतरे के रंग की सब्जियों में कैरोटिनायड और लाल रंग की सब्जी में फ्लेवोनायड नामक रंगद्रव्य होते हैं।

रेशा—रेशा सब्जियों का महत्त्वपूर्ण संघटक है जो 0.5-5.0 प्रतिशत तक होता है। रेशा अपरिपक्व दशा में सेल्यूलोस, हेमिसेल्यूलोस, लिगनिन, क्यूटिन, वैक्स या मोमी द्रव्य आदि के रूप में मौजूद होता है। पत्तीदार एवं हरी सब्जियों में रेशा प्रचुर होता है, जो पाचन-तंत्र को ठीक रखने में सहायक होता है।

कब्जियत दूर करने, अपेंडिसाइटिस और आन्त्रवृद्धि या हार्निया की रोकथाम, आंतों में क्षोभ या दाह रोकने, भोजन को अविषाक्त करने, बृहदांत्र या कोलन में कैंसर की संभावना को रोकने और कोलेस्ट्राल-नियंत्रण में सब्जियां प्रभावी भूमिका अदा करती हैं।

शरीर के ऊतक या टिशू क्षारीय होते हैं और इनकी क्षारीयता बनाए रखना चयापचय क्रिया के संचालन तथा आरोग्यता हेतु आवश्यक है। अधिकाधिक प्रोटीन के सेवन से ऊतकों का क्षारीयपन नष्ट होता है। वसा-आधिक्य के कारण भी क्षार अम्ल का संतुलन बाधित होता है। विशेषतः भोजन में गोश्त, अंडा आदि की प्रधानता होने पर क्षार की संचित राशि डांवाडोल होती है और ऐसे में सब्जियों का सेवन जरूरी और लाभदायक होता है। कुछ हरी पत्तेदार सब्जियों के विशेष गुण यहां रेखांकित किए जा रहे हैं।

5.1.2 विविध सब्जियां

पालक (स्पिनच)—पालक शामक या डिमल्सेंट, शीतलक, मूत्रवर्धक और रेचक होती है जिसका प्रयोग रक्ताल्पता या अनीमिया, कब्ज, अम्लीयता, रतौंधी, दंतक्षय, श्वास रोग आदि में लाभदायक पाया जाता है। सब्जी, सूप और सलाद के रूप में पालक पथ्य है। अल्प मात्र में आक्जेलिक एसिड होने के कारण पालक संधिवात और पथरी के रोगियों के लिए अपथ्य हो सकती है।

चौलाई (अमरंथ)—चौलाई, अमरंथ, 'चीनी-पालक', या 'बक व्हीट' आदि नामों से ज्ञात इस सब्जी में स्वास्थ्यवर्धक कार्बनिक अम्ल होते हैं और यह रक्त-शोधक है। आंखों की कमजोरी, श्वांस प्रणाली के संदूषण, सर्दी-जुकाम, कब्ज, प्रसूता में दूध की कमी, जलन और गरमी होना आदि स्वास्थ्य की समस्याओं में चौलाई का सेवन गुणकारी है।

मेथी (फेनुग्रीक)—मेथी खुशबूदार, मृदु या रेचक, शीतलक, वायुनाशक, कफनाशक, दर्दहर, रक्तवर्धक, ज्वरहर, शोथनाशक, रक्तशर्करा-नियंत्रक आदि कई गुणों से युक्त होती है। मेथी कामवर्धक और शक्तिवर्धक होती है।

सोआ (शेपू)—सोआ एक बूटी है जिसकी पत्तियां शाक के रूप में और बीज (डिल) औषधियां बनाने में इस्तेमाल में किए जाते हैं। यह कफ एवं वातनाशक है, इससे पेट की वायु दूर होती है, कब्ज एवं बवासीर में पथ्य है और प्रसूता स्त्रियों के लिए दुग्धवर्धक साबित होता है। रुचिकर सुवास युक्त होने से पालक के साथ सोआ का साग विशेष रूप से पसंद किया जाता है।

पोई (इंडियन स्पिनेच)—पोई, मयालू या बेंग नामक गूदेदार हरी पत्तियों वाला यह साग रक्त-शोधक और दर्दहर होता है। पोस्ते के साथ पोई का साग स्वादिष्ट, पोषक और कब्ज-नाशक होता है। पोई में भरपूर लौह होने से यह अन्य सागों के साथ बनाया जाता है।

चने का साग (बेंगाल-ग्राम)—चने की मुलायम पत्तियों में प्रचुर रेशा और लौह पाया जाता है, ताजी होने पर इनमें मैलिक और आक्जेलिक एसिड भी पाए जाते हैं। साथ ही विटामिन सी और कैल्शियम भी चने के साग में भरपूर मात्रा में पाए जाते हैं तथा इसकी कैलोरी संख्या लगभग 100 तक होती है। स्वादिष्ट और कब्जनाशक होने के साथ चने का साग क्षुधाकारी होता है।

सरसों का साग—सरसों या राई (मस्टर्ड) का साग लौह, कैल्शियम, फास्फोरस आदि तत्त्वों से समृद्ध हल्के तिक्त स्वाद की सब्जी है जो पालक के साथ मिलाए जाने पर स्वादिष्ट हो जाती है। सरसों का साग चर्मरक्तकर (रूबीफेशंट) होता है, यानी इसके सेवन से त्वचा पर रक्त की लाली का आभास होता है, गर्माहट आती है और साथ ही यह वातहर और दर्दहर भी है।

पत्तागोभी (कैबेज)—खनिजों और विटामिन से समृद्ध हरी पत्तीदार बंदगोभी या पत्तागोभी रक्तशोधक और बलकारक सब्जी है जो आंतों के श्लेष्मा या म्यूकस को साफ करता है। अल्सर में बंदगोभी पथ्य है। मोटापा घटाने में भी यह सहायक होती है। सलाद और भाप-पक्व रूप में बंदगोभी के अधिकाधिक पोषक तत्त्व प्राप्त होते हैं।

फूलगोभी (कॉलीफ्लावर)—फूलगोभी स्वाद और पोषण में उत्कृष्ट सब्जी है जिसमें प्रोटीन, कार्बोहाइड्रेट और विटामिन बी अच्छी मात्रा में पाए जाते हैं। कैल्शियम, लौह, मैगनीशियम, पोटेशियम, फास्फोरस आदि खनिजों से समृद्ध होने के कारण फूलगोभी एक प्रतिष्ठित सब्जी के रूप में ग्रहण की जाती है।

गांठगोभी (नोल कोल)—गांठ गोभी का जर्मन भाषा में अर्थ है शलजम की जड़ों वाली बंद गोभी या कैबेज। सामान्य सभी खनिजों और विटामिन से युक्त गांठ गोभी में प्रोटीन और कार्बोहाइड्रेट पाए जाते हैं जो सर्वथा सुपाच्य होने के साथ रुचिकर स्वाद प्रदान करते हैं।

लौकी (बोटल गोर्ड)—खनिज, विटामिन और रेशा से परिपूर्ण लौकी या घिया सुपाच्य, शीतलक और स्वादिष्ट सब्जी है जो रोगियों और कमजोर हाजमा वालों के लिए विशेषतः पथ्य है। दिल की तेज धड़कन 'टाकीकार्डिया' में लौकी उपशामक रूप में फायदेमंद होती है। लौकी में नान ग्लाइकोसाइडल संघटक होने से यह आमाशय के लिए रेचक-शोधक साबित होती है। लौकी मूत्रवर्धक और पित्तदोषहारी सब्जी है।

ककड़ी (कुकुम्बर)—मुख्यतः सलाद, रायता और सैंडविच में प्रयुक्त ककड़ी या खीरा ताजगी और ठंडक देने वाली सब्जी है जिसमें खनिज, लवण और विटामिन का संगम होता है। क्षारीय होने से यह पेट में गैस और अम्ल का शमन करती है तथा भूख बढ़ाती है। रक्त की क्षारीयता कायम रखने, मूत्र बढ़ाने, कब्ज मिटाने, रक्त में यूरिक एसिड की वृद्धि से उत्पन्न

संधिवात का उपचार करने, अल्सर को शांत करने आदि में ककड़ी पथ्य है।

गाजर (कैरट)—कैरोटीन के रूप में विटामिन ए और लौह से समृद्ध गाजर सब्जी के अलावा सलाद, रायता, जूस और सूप के रूप में सर्वाधिक प्रयोग में लाया जाता है। रक्तशोधक, अम्लनाशक, दंतरक्षक, कब्जनाशक आदि गुणों से युक्त गाजर तेज दवाओं से उत्पन्न विषाक्तता को भी घटाता है। गाजर के नियमित सेवन से रंग-रूप निखरता है।

करेला (बिटर गोर्ड)—तेज कड़वा स्वाद युक्त करेला, जिसे 'बॉलसम पिअर' भी कहते हैं, सुपरिचित औषधीय सब्जी है जिसका प्रयोग मधुमेह और वात के उपचार में व्यापक रूप से होता है। करेला टॉनिक, विरेचक, क्षुधावर्धक और उत्तेजक पदार्थ माना जाता है। खाज-खुजली में करेला पथ्य है।

बैंगन (ब्रिंजल)—बैंगन, ब्रिंजल या 'एग-प्लांट' उबाल कर, भून कर और तल कर खाई जाने वाली लोकप्रिय सब्जी है जिसके औषधीय गुण भी हैं। दांत-दर्द तथा यकृत शोथ में बैंगन पथ्य है। खनिज और विटामिन से युक्त बैंगन स्वादिष्ट और स्वास्थ्य-रक्षक सब्जी है।

भिंडी (लेडी-फिंगर)—भिंडी की सूखी सब्जी और रसदार करी दोनों अत्यंत स्वादिष्ट व्यंजन हैं जिनमें उपस्थित विशेष लासा या म्युसिलेज पदार्थ कामवर्धक माना जाता है। ज्वर, सर्दी-जुकाम, श्वेत-प्रदर या ल्यूकेरिया आदि रोगों में भिंडी पथ्य सब्जी मानी जाती है।

5.1.3 उपभोक्ता के लिए मार्गदर्शन

सब्जियों का चुनाव करते समय विचारणीय है कि इनके पोषण मान विविध किस्म, मिट्टी की उर्वरता, खादों का संतुलित प्रयोग, कीटनाशियों का सुरक्षित छिड़काव, जलवायु, उचित भंडारण और सही पक्वन विधि पर निर्भर करता है। वायु, जल, मिट्टी आदि के प्रदूषण से सब्जियां भी प्रदूषित होती हैं। फसल तैयार होने या सब्जियों के प्रौढ़ होने के पहले या देर से निकालने पर भी पोषक तत्त्वों में कमी या परिवर्तन होते हैं। सब्जी खरीदने, भंडारण, पकाने आदि के संबंध में कुछ दिशा निर्देशों का अनुपालन जरूरी है।

सही गुणवत्ता की सब्जी चुनना—देखकर, छूकर और दबाकर सब्जी का सेंसरी इवैल्यूएशन करें तो प्रायः मालूम हो जाता है कि सब्जी विकसित या प्रौढ़ है, क्षतिग्रस्त और रोगग्रस्त नहीं है, रंग और गंध सही है, ताजे गठन की है, कीटनाशी छिड़काव से संदूषित नहीं है और उच्च गुणवत्ता की है। ताजी सब्जियां ही खरीदें, बासी से परहेज रखें। निस्तेज हुई या कुम्हलाई, चुचकी या शिकनदार सब्जियां न खरीदें। आकार में असामान्य रूप से बड़ी या छोटी सब्जियां न लें जो कि जैविक असामान्यता युक्त हो सकती हैं। सब्जियों को उनकी प्राकृतिक दशा में ही स्वीकारें, कृत्रिम रंगों के घोल से दर्शाए गए

ताजापन के धोखे से बचें।

सब्जियों का सही भंडारण—यथासंभव सब्जियों को आवश्यकता से ज्यादा मात्रा में एक साथ न खरीदें ताकि अनावश्यक रूप से भंडारण न करना पड़े और गुणवत्ता कायम रहे। कुछ एंजाइम की क्रियाओं के कारण, बैक्टीरिया, फफूंद और घरेलू कीटों आदि की हरकतों के कारण, गरमी के कारण और भंडारण की अन्य अनुपयुक्त दशाओं के चलते सब्जी ढीली और बासी होने लगती है, पोषक तत्त्वों का क्षय होता है, कार्बोहाइड्रेट का किण्वन होने से प्रोटीन का जल-विघटन और विटामिन का आक्सीकरण होने से सब्जी के संघटन में गिरावट आती है। भंडारित सब्जियों में श्वसन क्रिया तेज हो जाने से जीवाणुओं द्वारा संक्रमण आसान हो जाता है।

घरों में सब्जियों का भंडारण पालीथीन की थैलियों, टोकरियों, रेती की सतह और फ्रिज में किया जा सकता है। सब्जियों को 28^0 सेल्सियस तापमान के ऊपर ज्यादा समय तक रखने से इनके खराब होने की गति तेज हो जाती है। ठंडे तापमान पर सब्जी के श्वसन की क्रिया घट जाने से सब्जी जल्द खराब नहीं होती। प्याज, कुम्हड़ा, आदि के सुरक्षित भंडारण हेतु निम्न आर्द्रता और गोभी, मूली, गाजर, हरे साग आदि के लिए 90-95 प्रतिशत आर्द्रता अपेक्षित है। पानी के छिड़काव से भंडार की आर्द्रता बढ़ाई जा सकती है।

सब्जियों को साफ रखना—कई सब्जियों की सतह पर प्रदूषक पदार्थ चिपके होते हैं। टमाटर आदि पर खनिज तेल में घुला कीटनाशी रसायन छिड़का हुआ होता है। गंदे नालों के पानी से उपजाई गई सब्जियों में जैविक प्रदूषण या जीवाणुओं का बसेरा होता है। कुछ सब्जियों को कृत्रिम रंग के घोल या संरक्षक रसायन से उपचारित किया जाता है। इन सब अशुद्धियों को साफ करने के लिए ताजे पानी से दो-तीन बार अच्छी तरह धोएं। बेहतर होगा यदि सदिग्ध अशुद्धियों को साफ करने के लिए सब्जी को एक लीटर पानी में एक चुटकी सोडा या पांच बूंद सिरका या विनेगार के घोल से धोएं ताकि कीटनाशी रसायन का पूरी तरह धुल जाना सुनिश्चित हो।

पकाने के लिए तैयारी—धुली हुई सब्जियों के यथासंभव बड़े टुकड़े काटें, सब्जी को पानी में भिगा कर न रखें, यथासंभव छिलका न निकालें या ऊपर से सिर्फ पतली पर्त हटाएं, काटने के बाद सब्जी को फिर से न धोएं और कटी हुई सब्जी को अनावश्यक रूप से ज्यादा समय तक न रखें, अन्यथा एंजाइम-क्रिया, आक्सीकरण और वायुमंडलीय क्रियाओं द्वारा कटी हुई सब्जी के पोषक तत्त्व खराब हो सकते हैं।

सही तरह पकाना—सब्जियों को भाप में या कम से कम पानी के साथ बंद बर्तन में पकाना बेहतर है। नमक मिले पानी में उबाल आने पर सब्जी को डालें तो विटामिन बी और सी का क्षय न्यूनतम होगा। सब्जी पकाने या गलाने के

लिए सोडा का प्रयोग न करें और इस प्रकार विटामिन, खनिज तथा अन्य पोषक तत्त्वों की क्षति को रोकें। हरे साग भाप द्वारा या बिना पानी मिलाए अच्छी तरह पकते हैं। सब्जी में अत्यधिक मसाले डालने से फायदा कम, नुकसान ज्यादा होता है। यथासंभव सब्जी को देर तक तेल में न भूनें ताकि पोषक तत्त्वों का विघटन न हो। खुले बर्तन में पानी के अंदर सब्जी पकाते समय उसे अनावश्यक रूप से अधिक न चलाएं ताकि उसके अंदर कम हवा प्रवेश करे और आक्सीकरण पर अपेक्षित नियंत्रण हो। सब्जी को आवश्यक स्तर तक मुलायम होने तक ही पकाएं, अत्यधिक न पकाएं। सब्जी को स्टील के बर्तन में पकाएं, अल्यूमीनियम के बर्तन में न पकाएं जो मृदु होने से घिस कर सब्जी में रिसता है और साथ ही अम्ल और क्षार से खराब होता है। घिसे हुए या अम्ल-क्षार से घुले हुए धातु के कण आंतों में क्षति तथा क्षोभ पहुंचाते हैं और हाजमा बिगड़ता है।

सब्जी परोसना और खाना—सब्जी पकने पर अविलंब इसका सेवन करना बेहतर रहता है। खुले में देर तक भंडारण से किण्वन, जैविक अपघटन आदि संभव है। पकी हुई सब्जी को पुनः बार-बार देर तक गर्म न करें, ताजा परोसें और बिना देर किए खाएं। हर वयस्क को रोजाना 280-350 ग्राम सब्जी खानी चाहिए, जिसमें 40 प्रतिशत हरी पत्तीदार साग, 30 प्रतिशत आलू या अन्य जड़ युक्त सब्जी और शेष 30 प्रतिशत अन्य हरी सब्जियों का हिस्सा होना चाहिए। इस प्रकार सब्जियों द्वारा सही पोषण, अम्ल-क्षार संतुलन तथा मलत्याग के नियमन में मदद मिलती है।

कब कौन सी सब्जी लेना—त्वचा के रोग, रतौंधी और वृद्धि-अवरोध में पत्तागोभी, पालक, सलाद-पत्ता, शकरकंद, गाजर,टमाटर तथा अन्य हरी सब्जियां पथ्य हैं। शक्ति की कमी और स्नायु संबंधी क्षीणता में पालक, पत्तागोभी, आलू,शलजम आदि पथ्य हैं। मसूड़ों और दांत का क्षय, भूख की कमी, कब्ज आदि में टमाटर, पालक, पत्तागोभी, फूलगोभी, ककड़ी, प्याज आदि लाभदायक हैं। सूखा रोग और हड्डी की कमजोरी में आलू, मेथी और पालक पथ्य हैं। मधुमेह और यकृत की कमजोरी में करेला, बैंगन, शिमला मिर्च, तुरई एवं मेथी पथ्य हैं। रक्त-कोलेस्ट्राल के आधिक्य में अनाज और तेल कम तथा हरी सब्जियां ज्यादा लेना लाभप्रद होगा।

5.2 फल, सर्वोत्तम आहार

कृषि-अनुकूल जलवायु रूपी प्रकृति का वरदान प्राप्त होने के कारण भारत में अनेकानेक सुमधुर शीतोष्ण-कटिबंध फल भरपूर परिमाण में पैदा होते हैं, रसीले, गूदेदार, रंगबिरंगे, लार टपका देने वाले फल जो सारी दुनिया में

प्रतिष्ठित हैं। पूछें कि दुनिया का सर्वोत्तम मधुर-स्वादिष्ट और पोषक तत्त्वों से सुसंपन्न आहार कौन-सा है तो सही उत्तर है-सुफलाम्।

भगवद्गीता में भगवान श्रीकृष्ण द्वारा रेखांकित खाद्य-पदार्थों—भक्ष्य, भोज्य, लोह्य तथा चोष्य इन चारों रूपों में प्रयुक्त फल सर्वोत्तम कोटि के खाद्य हैं जो वस्तुतः औषधि भी हैं और सात्त्विक भोजन के प्रमुख अंग। वेदों में फलों को 'देवताओं का भोजन' बताया गया है। दुनिया के अन्य धर्मों में भी फलों को 'ईश्वर का उपहार' माना गया है। पूजा-स्थलों, मांगलिक परिधानों आदि को फलों के चित्रों से सजाया जाता रहा है और पूजा पाठ में फलों का चढ़ावा प्रसाद के रूप में ग्रहण किया जाता रहा है। फल सचमुच में पवित्र खाद्य माने जाते रहे हैं।

खाद्य के रूप में फलों की विशिष्टता यह है कि इनमें विविध पोषक संघटक-विटामिन, खनिज, किण्वक या एंजाइम, शर्करा, रेशा इत्यादि समुचित मात्रा और अनुपात में उपस्थित होते हैं, सर्वथा सुपाच्य होते हैं. इनका स्वाद, सुवास या फ्लेवर और भीनी-भीनी महक अवर्णनीय होती है। फलों को ग्रहण करने पर तबियत प्रसन्न हो जाती है।

5.2.1 फलों के गुण

शर्करा, मिठास तथा सुवास—फलों में फ्रक्टोस या फलशर्करा के अलावा ग्लूकोस या द्राक्ष-शर्करा तथा सुक्रोस या इक्षु-शर्करा की सम्मिलित मात्रा और समुचित अनुपात यों होता है कि सापेक्षिक पैमाने पर फलों की मिठास सर्वाधिक यानी 173 अंक होती है, जबकि सामान्य या इनवर्ट शर्करा, सुक्रोस, ग्लूकोस, माल्टोस और लैक्टोस की मिठास का सापेक्षिक अंक क्रमशः 130, 100, 32 और 16 होता है जो दरअसल स्वाद-परीक्षकों द्वारा सेंसरी इवैल्यूएशन पर निर्भर होता है। सामान्य धारणा के विपरीत स्वाद के अनुभव की क्षमता बच्चों में सर्वाधिक और बुजुर्गों में निम्नतर होती है। अतः बच्चे बेहतर समझते हैं कि कितना ज्यादा मीठा होता है किसी फल का स्वाद। ज्ञातव्य है कि मिठास का अनुभव जीभ के आगे की नोक द्वारा होता है, जबकि पिछला हिस्सा और बगल के छोड़ क्रमशः कड़वापन और नमकीन तथा खट्टेपन का अनुभव करते हैं। स्वाभाविक है कि शिशुओं एवं बच्चों के लिए फल का ताजा रस एक आदर्श पथ्य है, यद्यपि ठंडे रस की अपेक्षा कुनकुने रस अपेक्षाकृत ज्यादा खट्टे लगते हैं, जबकि चाय-काफी ठंडी होने पर ज्यादा कड़वी लगती है।

फलों में कई सुवासवर्धक यौगिक होते हैं जो फलों को विशिष्ट सुवास या फ्लेवर प्रदान करते हैं। एक से अधिक सुवासिक यौगिकों के मेल से फलों में विशिष्ट सुवास पैदा होती है। कई अम्ल और उनके लवण और ईस्टर यौगिक, एल्डीहाइड और कीटोन, शर्करा और फेनाल-यौगिक तथा सुगंधित एरोमेटिक

तेल जो फलों में मौजूद होते हैं, सुवास पैदा करने के लिए योगदान देते हैं। दरअसल सुवास का अनुभव स्वाद, सुगंध, तापमान और मुंह में महसूस होने वाले तंतुओं के गठन का सम्मिलित प्रभाव है।

खनिज और विटामिन—फलों में खनिज और विटामिन की उपस्थिति, स्वाद और सुवास, फलों के उचित रूप से प्रौढ़ होने और स्थान विशेष की मिट्टी, जल और वायु तथा उर्वरक तत्त्वों पर निर्भर करता है। फलों में खनिज की मात्रा 0.5-2.0 प्रतिशत के बीच होती है, जो वस्तुतः सब्जियों में खनिजों की मात्रा चार प्रतिशत से काफी कम है तथापि कई फलों में सल्फर, फास्फोरस, लौह और कैल्शियम महत्त्वपूर्ण परिमाण में मौजूद होते हैं। सर्वाधिक कैल्शियम कैंथ (वुड ऐपल) में 130 और सूखी खजूर में 120 मिलीग्राम तक होता है जबकि आम, केला, अमरूद, संतरा, मुसम्बी, नीबू एवं पपीता में क्रमशः 15,17,10,27,40,70 एवं 17 मिलीग्राम होता है। इसी प्रकार विटामिन सी की मात्रा सर्वाधिक 600 मिलीग्राम आंवला में, 215 मिलीग्राम अमरूद में, 50 मिलीग्राम नीबू, मुसम्बी एवं पपाया प्रत्येक में और सेव में मात्र एक मिलीग्राम होती है। कैरोटीन या विटामिन ए की मात्रा खूबानी, आम, संतरा, पपीता, केला और सेब में क्रमशः 2160, 2740, 1100, 670, 80, 0.0 माइक्रोग्राम होती है। खनिज और विटामिन से समृद्ध होने के संबंध में दरअसल आम धारणा के विपरीत सेब की अपेक्षा अमरूद बेहतर फल है। कुछ मुख्य फलों का सांयोगिक संघटन नीचे दिया गया है।

फलों में प्रोटीन अल्पांश में तथा वसा नगण्य मात्रा में होती है, यानी क्रमशः 0.5-1.5 और 0.1-0.5 प्रतिशत। कार्बोहाइड्रेट की मात्रा औसतन 12 प्रतिशत, जबकि केला और आम में क्रमशः 28 और 17 प्रतिशत तक होती है। सब्जियों की अपेक्षा फलों का कैलोरी मान ज्यादा, यानी औसतन 55 किलो कैलोरी होता है। जबकि केला,सेब,अनार और सीताफल में क्रमशः 115,60,65 एवं 104 किलो कैलोरी होती है।

विचारणीय है कि फलों के पक्वन,पाचन,अवचूषण और पोषण संबंधी क्रियाओं में एंजाइम की निर्णायक भूमिका होती है। वस्तुतः एंजाइम जैविक उत्प्रेरक पदार्थ है जो विविध क्रियाओं को उत्प्रेरित कर उनकी गति को बढ़ाता है। रासायनिक संरचना में एंजाइम वस्तुतः ऐसे उत्प्रेरक श्रेणी के प्रोटीन हैं जिनकी सूक्ष्म मात्रा जैविक-क्रियाओं को अत्यंत तेज कर देती है।

5.2.2 विविध फल

सेब— 'रोजाना एक सेब खाएं, चिकित्सक को दूर रखें' नामक कहावत दरअसल सेब के औषधीय गुणों के कारण प्रचलित हुई होगी। सेब में खनिज, रेशा, कैल्शियम,विटामिन सी, फास्फोरस आदि के अलावा फ्रक्टोस, ग्लूकोस और

सुक्रोस होती है तथा एक औषधीय पदार्थ पेक्टिन भी पाई जाती है। पेक्टिन द्वारा गैलेक्टुरोनिक अम्ल बनता है जो शरीर के विषाक्त पदार्थों को दूर करने में सहायक है और प्रोटीन को विघटित होने से बचाती है। सेब का दूसरा संघटक मैलिक एसिड है जो पाचन प्रणाली, यकृत और मस्तिष्क की क्रिया हेतु सहायक है। सेब के ताजे रस के सेवन से रक्ताल्पता, कब्ज, मंदाग्नि, सिरदर्द, उच्च रक्तचाप, वात, दंतक्षय, कमजोर दृष्टि आदि के उपचार में लाभदायक पथ्य है।

बेल—नियंत्रित मात्रा में बेल के गूदे या रस का सेवन रेचक तथा शीतलदायक होता है। कब्ज और अतिसार दोनों में बेल पथ्य है और भूखवर्धक भी। अल्सर के उपचार में बेल का सेवन लाभदायक होता है। यजुर्वेद में वर्णित बेल का धार्मिक महत्त्व इसके औषधीय गुणों के अनुरूप है।

केला—आम जनता का फल यानी केला एक पोषक, सुपाच्य, ऊर्जादायक और सुलभ फल है जो दूध के साथ लेने पर एक संतुलित आहार होता है। अच्छे चयापचय तथा युवा अवस्था बनाए रखने में केले में उपस्थित इनवर्ट शर्करा और खनिजों का मेल प्रभावकारी होता है। वात, रक्ताल्पता, प्रत्यूर्जता या एलर्जी, गुर्दों की कमजोरी या पेशाब के रोगों में केला पथ्य खाद्य है।

आंवला—आंवला में सुपाच्य विटामिन सी की प्रचुरता, कैल्शियम, लौह, अन्य खनिज और विटामिन इसे आदर्श औषधीय फल की श्रेणी में रखते हैं जिसके सेवन से युवावस्था कायम रखने में सदियों से लाभ मिलता रहा है। आंवला के सूखे गूदे में 3000 मिलीग्राम से भी ज्यादा विटामिन सी होती है। आंवला से बना च्यवनप्राश लोकप्रिय टॉनिक है जिसमें मधु का प्रयोग होता है। स्वाभाविक है कि श्वांस रोग, दिल की बीमारियों, आंख की कमजोरी, वात, बालों का झड़ना, ओज की कमी आदि में आंवले का सेवन लाभदायक है।

जामुन—जामुन विशिष्ट स्वाद और औषधीय गुणों से युक्त लोकप्रिय फल है जिसमें एक विशेष शर्करा 'जांबोलीन' (ग्लूकोस) उपस्थित होता है। यह विशेष यौगिक दरअसल स्टार्च को शर्करा में बदलने में बाधक है ताकि रक्त में शर्करा की मात्रा संतुलित रहे। अतः मधुमेह में जामुन के फल और बीजों का सेवन एक दीर्घ परीक्षित उपचार है। जामुन में मौजूद अम्ल पाचक एंजाइम के निर्माण में सहायक होते हैं और यकृत की क्रिया को बढ़ावा मिलता है। बवासीर में भी जामुन का सेवन कष्टनिवारक साबित होता है।

नीबू—घर-घर में नियमित रूप से सर्वाधिक उपयोग में लाया जाने वाला नीबू मुक्त साइट्रिक अम्ल, प्राकृतिक शर्करा, विटामिन सी और कैल्शियम तथा फास्फोरस से समृद्ध फल है जो शर्बत के रूप में लेने से तुरंत ऊर्जा, शीतलता तथा भूख बढ़ाता है। सब्जियों या फलों के सलाद में नीबू का रस छिड़कने से रुचिकर चटपटा स्वाद का आनंद आता है। दाल, सब्जी, करी

आदि में नीबू का मेल इन्हें स्वादिष्ट, सुग्राह्य और सुपाच्य बनाता है। नीबू के छिलके में मौजूद वाष्पशील तेल पाचक, गैसहर और मूर्छानाशक होता है। दरअसल चरक और शारंगधर संहिताओं में कुल 18 रोगों में नीबू का प्रयोग पथ्य बताया गया है जिनमें स्कर्वी, अपच, उबकाई, विकृत स्वाद, कब्ज, अल्सर, सर्दी जुकाम, टांसिलाइटिस, मसूड़ों की सूजन, संधिवात, आंखों की कमजोरी, खूनी बवासीर, मोटापा, त्वचा का रूपरंग, सिस्ट आदि शामिल हैं। आवश्यकता से अधिक मात्रा में नीबू के सेवन से इसके क्षरीय लवण यूरिक एसिड को उदासीन कर तलछट का निर्माण करते हैं जो वृक्क या गुरदे में पथरी पैदा करने में सहायक होते हैं। अत्यधिक नीबू के सेवन से पाचन क्रिया सुधरने के बजाय कमजोर पड़ सकती है। नीबू को अधिक मात्रा में चूसने से दांतों की रक्षक पर्त दंतवल्क या एनैमल नष्ट होता है।

आम—कच्चे आम में आक्जेलिक, साइट्रिक और मैलिक इन तीन अम्लों का मेल होने से इसमें एक विशेष खटास होती है। इसमें पेक्टिन, विटामिन सी, बी-1, बी-2, नायसीन आदि होते हैं। आम में मौजूद भरपूर स्टार्च कालांतर ग्लूकोस, सुक्रोस व माल्टोस में बदल जाती है। पके आम में भरपूर शर्करा, टारटैरिक और मैलिक एसिड और अल्पांश में साइट्रिक एसिड होता है जो शरीर की क्षारीय मात्रा को संचित रखने में सहायक होते हैं। जबकि कच्चा आम स्तंभक और उत्तेजक-बल्य या टॉनिक के रूप में प्रभावी है, लू लगने और पित्तदोष में पथ्य है और स्कर्वी-अवरोधक है, पके आम के सेवन से शरीर का वजन बढ़ता है और नासूर से बचाव होता है। अधिक मात्रा में कच्चे आम के सेवन से गले में क्षोभ, अपच, अतिसार व उदरशूल होना संभव है। कच्चा आम खाने के तुरंत बाद पानी न पीएं अन्यथा रस के जमने या स्कंदन होने से पेट में क्षोभ या दाह बढ़ सकता है। आम के अधिक सेवन से कब्ज़, रक्तविकार, ज्वर तथा फोड़ा-फुंसी होने की संभावना बनती है।

संतरा—संतरा में विटामिन ए, बी और सी, तथा कैल्शियम का प्रचुर मेल इसे स्वास्थ्यवर्धक फल का दर्जा प्रदान करता है। साथ ही इसमें सोडियम, पोटेशियम, मैगनीशियम, कॉपर, सल्फर और क्लोरीन की मौजूदगी से यह रोग-अवरोधक फल की भूमिका अदा करता है। यह तुरंत पचनेवाला तथा ऊर्जा और ताजगी देने वाला फल है जिसके नियमित सेवन से दीर्घायु प्राप्त होती है। ज्वर, अरुचि, कब्ज, अस्थि-क्षीणता, दंत-क्षय, हृदय-रोग, कफ के जमाव, मुहांसे आदि में संतरा पथ्य है। संतरे का रस बच्चों, बूढ़ों और बीमार व्यक्तियों के लिए सर्वोत्तम पथ्य है।

पपीता—पपीता का कार्बोहाइड्रेट तत्काल पचनीय इनवर्ट शर्करा के रूप में होने से यह गूदेदार फल भूख से तृप्ति और ऊर्जा दोनों प्रदान करता है। यह न सिर्फ सुपाच्य है बल्कि अन्य खाद्य पदार्थों को भी सुपाच्य बनाता है। बढ़ते

हुए बच्चों तथा दुग्धपान कराने वाली माताओं के लिए यह आदर्श फल और टॉनिक दोनों है। पपीता में प्रोटीन-पाचक एक विशेष एंजाइम पपेन होता है जो अपनी मात्रा की दो सौ गुनी प्रोटीन की मात्रा पचा सकता है। शरीर में उपस्थित अन्य एंजाइम की क्रियाओं में पपेन के प्रभाव से एड़ लगती है जिससे ऊर्जा आपूर्ति और शरीर की वृद्धि में मदद मिलती है। पाचक पेप्सिन की कैप्सूल का व्यापारीकरण भी हुआ है। आंतों में क्षोभ, अग्निमांद्य, गोलकृमि या मल-सर्प, यकृत का सूत्रण या सिरोसिस, अनियमित रजोधर्म, गले में दाह व सूजन, प्लीहा-वृद्धि आदि रोगों में पपीता का सेवन लाभदायक पाया गया है।

अनार—सुपाच्य, पोषक, ताजगी तथा तुष्टि देने वाला अनार 'खाद्य-औषधि' के रूप में लोकप्रिय है और मशहूर कहावत ''एक अनार सौ बीमार'' को बखूबी चरितार्थ करता है। अनार का रस अथवा आसव-अरिष्ट पाचक, क्षुधावर्धक, अतिसार-अवरोधक, दंतक्षय अवरोधक, कृमि-नाशक, शोथहर, रेचक और यकृत, हृदय तथा गुर्दों की क्रिया में सहायक है। अनार में मौजूद अम्ल-शर्करा-खनिज का विशिष्ट मेल इसे ''खाद्य औषधि'' का दर्जा दिलाता है।

5.2.3 रसायन-पक्व फलों पर उपभोक्ता मार्गदर्शन

सारांशतः भारत में उत्पन्न होने वाले विविध फल (सुफलाम्) प्राकृतिक जलयोजक या हाइड्रेटिंग, मूत्रल या डाइयूरेटिक, क्षारकारक या अल्कलाइजिंग, खनिज-पूरक या मिनरलाइजिंग, सारक या लैक्सेटिंग तथा बल्य या टॉनिक के गुण-धर्म से युक्त हैं। फलों में विशिष्ट स्वाद, महक, पोषक गुण तथा उक्त औषधीय गुणवत्ता फलों के पूर्ण विकसित होने और स्वतः पकने पर, न कि बाह्य रसायनों की दखलंदाजी द्वारा कृत्रिम रूप से पकाए जाने पर उत्पन्न होती है। गहन बाजारीकरण के इस दौर में शहरों-महानगरों की बड़ी बाजारों से प्राप्त होने वाले फल प्रायः कृत्रिम विधियों द्वारा अथवा हानिकारक रसायनों की मदद से पकाए गए होते हैं। ऐसे रसायन-पक्व फलों की गुणवत्ता प्रायः अविश्वसनीय या घटिया होती है। ऐसे में फल-पक्वन क्रिया को समझना तथा रासायनिक हस्तक्षेप की हरकतों से सजग रहना एक जागरूक उपभोक्ता का कर्तव्य बनता है।

फलों में मौजूद विशिष्ट एंजाइम दरअसल क्रांतिक या क्रिटिकल महत्त्व के संघटक हैं। यह एंजाइम फलों के पकने के समय इनके ऊतकों को मृदु बनाने, हरे क्लोरोफिल को लाल, पीला या सुनहरा रंग में बदलने, विशिष्ट स्वाद के शर्करा का मेल उत्पन्न करने, रस-गूदा का निर्माण करने तथा खास महक-सुवास या फ्लेवर पैदा करने में सहायक होते हैं। फलों का पेक्टिन एक संयोजक के रूप में फलों की कोशिकाओं को एक साथ जोड़कर रखने में सहायक होता है।

पकने के समय फलों में एथिलीन यौगिक की मात्रा बढ़ती है और अंतिम सीमा तक पहुंच कर विनियामक हारमोन का काम करती है। फल पकने के समय विविध जीन का एथिलीन द्वारा सक्रियण होता है, पॉलीसैकराइड पदार्थ शर्करा में बदलते हैं और पक्वन क्रिया पूरी होती है। साथ ही उक्त क्रिया में क्लोरोफिल का विघटन होता है और पक्वन क्रिया पूरी होती है। साथ ही फल अपना विशिष्ट वर्ण यानी लाल, पीला, सुनहरा, बैंगनी आदि रंग प्राप्त करता है। फलीय अम्लों का भी विघटन एंजाइम की बदौलत होता है जिससे प्रत्येक फल में उसका विशिष्ट स्वाद उतरता है। पक्वन की इस प्राकृतिक क्रिया में फलों के संघटक-खनिज, विटामिन, कार्बोहाइड्रेट, प्रोटीन आदि पूर्ण मात्रा में यथावत बने रहते हैं।

फलों की बड़ी बखारों में सिगड़ी में कोयला सुलगा कर रख दिया जाता है जिससे अंदर की हवा गर्म हो जाती है और उसमें कार्बन मोनोआक्साइड/डाईआक्साइड गैसें भर जाती हैं। आम, केला आदि पकाने के लिए इन पर हानिकारक कैल्शियम कार्बाइड का सफेद चूर्ण छिड़क दिया जाता है जिससे एसिटिलीन गैस पैदा होती है। नमी की मौजूदगी में कुछ एसिटिलीन की मात्रा हानिकारक एसिटल्डिहाइड में बदल जाती है। इस प्रकार कच्चे फल ढीले होते हैं, कुछ अम्लीयता शर्करा में तबदील होती है तो कुछ खटास अवशेष रह जाती है। यह अधपका सा आधे-अधूरे स्वाद और अपूर्ण सुवास का फल होता है जिस पर यदा-कदा रसायन के कण भी चिपके रहते हैं। रसायन-पक्व फल बहुधा अपूर्ण स्वाद-सुवास और कम पोषण-मान के फल होते हैं जिनका सुरक्षित होना संदेहास्पद होता है।

सीधे एथीलीन गैस के प्रयोग से फलों को कृत्रिम रूप से पकाने की विधि प्रचलित है। प्राकृतिक या स्वतः पक्वन में फल में एथिलीन उत्पन्न होने से अंतर्जात क्रिया द्वारा फल पूर्णतः पकते हैं, किंतु बाहर से एथिलीन गैस भेजने से जो बहिर्जात क्रिया होती है उससे फल पूर्णतः नहीं पक पाते।

विचारणीय है कि एसिटिलीन दमघोंटू गैस है जिसकी वायु में मौजूदगी 20 प्रतिशत होने पर सिरदर्द, वमन, चक्कर और श्वास-अवरोधक असर पड़ते हैं और नशीला प्रभाव तक पड़ता है। एसिटिलीन और नमी के मेल से उत्पन्न एसिटल्डिहाइड रसायन के दीर्घकालिक प्रभाव से कैंसर तक की संभावना बनती है।

आम के टोकरों को खोलने पर कभी-कभी उसमें कैल्शियम कार्बाइड का पैकेट मिलता है जो आम को परिवहन के दौरान पकाने के वास्ते रखा जाता है। टोकरा खोल कर उसे झुक कर देखते समय एसिटिलीन गैस श्वास में घुस जाती है जिससे चक्कर और छाती में जकड़न आ सकती है।

विचारणीय है कि भारत में खाद्य मिलावट बचाव अधिनियम के अंतर्गत

फलों को कैल्शियम कार्बाइड रसायन से कृत्रिम रूप में पकाना वर्जित और दंडनीय है। यह उपभोक्ताओं की जिम्मेवारी है कि वे हानिकारक फल-पक्वन की क्रिया से सजग रहें।

कृत्रिम रूप से फल पकाने के लिए एक अन्य रसायन इथेफाम का भी प्रयोग किया जाता है जो दरअसल कृषि-कार्य में शाकनाशी या हर्बिसाइड के रूप में इस्तेमाल होता है। दरअसल, यह एक संक्षारक और हानिकारक रसायन है। कच्चे फलों को इथेफाम के गर्म घोल में भिगोकर बाहर बखार में रखा जाता है जिससे एसिटिलीन गैस पैदा होती है और फल कृत्रिम रूप से आंशिक तौर पर पके हुए हो जाते हैं। इस विधि में फलों में चटक पीलापन आता है जिससे फल के अच्छे पके होने का धोखा होता है। गौरतलब है कि शरीर में इथेफाम प्रवेश करने पर जहरीला असर पड़ सकता है जिसके उपचार हेतु एंटीडोट उपलब्ध नहीं है।

वैश्वीकरण के इस दौर में रसायन-पक्व फलों का निर्यात भी हो रहा है जिनके सुरक्षित होने की सूचना का अभाव है। सर्वोत्तम कोटि के भारतीय फल दुनिया भर में प्रतिष्ठित हैं तो ऐसे में संदिग्ध गुणवत्ता के विदेशी फलों से समझौता करना मात्र विदेशी से मोह का प्रतिफल हो सकता है। साथ ही आनुवंशिक रूप से परिवर्धित या जेनेटिकली माडिफाइड (जी एम) फलों, जैसे जी एम केला का भी बाजार में प्रवेश हो चुका है, किंतु इनके निरापद होने में विवाद और संदेह कायम है।

पारंपरिक बखारों, पाल, बड़े टोकरों आदि में अनुकूल ताप व नमी में फल प्राकृतिक रूप से पूर्णतः पकते हैं और इनमें पूरा स्वाद-सुवास, मिठास और पोषक तत्त्व होते हैं। फल जैसे सात्त्विक खाद्य को हानिकारक रसायनों की दखलंदाजी द्वारा दूषित करना सर्वथा अवांछनीय है। उपभोक्ताओं की जिम्मेवारी है कि वे रसायनों से कृत्रिम रूप से पके हुए चटक रंग-रूप वाले फलों से मोह न करें और स्वतः पके हुए अच्छे फलों को उनके नैसर्गिक रंग या स्वरूप में स्वीकारें।

6
भोजन के सहायक पदार्थ, विज्ञान की नज़र में

6.1 साधारण नमक

साधारण खाद्य-नमक यानी सोडियम क्लोराइड भोजन को स्वादिष्ट बनाने के लिए उपयोग में लाया जाता है, किंतु नमक की उपयोगिता इससे कहीं ज्यादा है। नमक में सोडियम, क्लोरीन और अल्पांश में पोटेशियम के आयन मौजूद होते हैं। हमारे शरीर के प्रायः सभी भागों में यह तीनों तत्त्व फैले होते हैं जिनका हिस्सा कुल खनिजों की मात्रा का क्रमशः दो, तीन और पांच प्रतिशत होता है। शरीर में तरल पदार्थों के आयतन, रसाकर्षण या आसमोसिस क्रिया तथा अम्ल-क्षार के नियंत्रण एवं संतुलन हेतु उक्त तत्त्वों का होना आवश्यक है। सोडियम और पोटेशियम स्नायु के आवेगों के परिचालन में भी सहायक होते हैं। सोडियम और क्लोराइड के आयन पाचक रसों, पित्त और पैनक्रिआस के रस में मौजूद होते हैं और कोशिकाओं के समूह ऊतकों में इनकी मात्रा स्थिर होती है। किंतु जब मांसपेशियां क्षतिग्रस्त होती हैं और पोटेशियम का क्षय होता है तो मांसपेशियो मे कमजोरी और पक्षाघात तक हो सकता है। आजकल हृदय रोगियों के लिए पोटेशियम से समृद्ध नमक का निर्माण किया जाता है, हरे पत्तेदार सब्जियां फल, दूध आदि लेने से पोटेशियम की आवश्यक मात्रा की पूर्ति हो जाती है। नमक की वास्तविक दैनिक खुराक छह-आठ ग्राम तक ली जाती है, यद्यपि औसतन पांच ग्राम नमक से हमारी आवश्यकता पूरी हो जाती है। असामान्य रूप से अधिक पसीना होने की स्थिति में औसत से ज्यादा नमक लेना आवश्यक होता है। ज्ञातव्य है कि भारत में साधारण नमक बाजार में अप्राप्य है।

6.2 आयोडीन नमक

भारत में साधारण नमक की जगह आयोडीन नमक का प्रयोग होता है जो एक विवादास्पद विषय है। शरीर में आयोडीन की कमी से घेंघा यानी ग्वायटर होने

की संभावना रहती है। शिशुओं में आयोडीन की कमी से मंदबुद्धि की संभावना बताई जाती है, यद्यपि मंदबुद्धि के प्रामाणिक कारण हैं-माता-पिता की सपिंडता, जन्मोपरांत मानसिक क्षति, हारमोन असंतुलन और दोषपूर्ण जीन। दूसरी ओर शरीर में आयोडीन के आधिक्य से भी गलगंड होता है जो दरअसल ज्यादा गंभीर होता है। चालीस-पचास वर्ष की आयु के बाद अवटु ग्रंथि या थाइराइड की अति सक्रियता के कारणों में आयोडीन का आधिक्य प्रमुख है। अवटु-विषाक्तता संबंधी यह बीमारी बड़ी गंभीर होती है। दूसरी विचारणीय समस्या यह है कि थाइराइड में पहले से यदि कोई असंतुलन या दोष है तो आयोडीन का नियमित प्रयोग उक्त बीमारियों को आमंत्रण देने जैसा हो सकता है।

आयोडीन के लाभालाभ को देखते हुए यह लाजिमी है कि आयोडीन नमक को अनिवार्य करने के पहले देश की पूरी आबादी में खाद्य-अखाद्य आयोडीन की कुल आपूर्ति का आकलन किया जाए और जहां भोजन में प्रचुर हो वहां आयोडीन नमक को अनिवार्य न किया जाए।

कई खाद्य पदार्थों जैसे मछली, पालक, अन्य समुद्री जीव तथा शैवाल में उपस्थित आयोडीन भोजन के साथ शरीर में प्रवेश करती है। सूखी मछली के आटे को खाने वाली मुर्गी के अंडों में आयोडीन हो सकती है। समुद्री घास खाने वाले पशुओं के दूध और मांस में भी आयोडीन की उपस्थिति संभव है। समुद्री तट के स्थानों में पैदा हुए खाद्यान्नों, सब्जियों एवं फलों आदि में भी आयोडीन पाई जाती है। पेयजल में आयडोफार्म विसंक्रामक का प्रयोग, आयोडीन युक्त दवाएं, ब्रेड के निर्माण में आयोडेट का प्रयोग आदि अनेक औद्योगिक स्रोतों से आयोडीन का अनिवार्य प्रयोग होने से नमक में प्रयुक्त आवश्यक आयोडीन की सही मात्रा का आकलन संदेह के घेरे में है।

विश्व स्वास्थ्य संगठन द्वारा जारी की गई और यूनीसेफ द्वारा समर्थित परामर्शी रिपोर्ट के आधार पर भारत में नमक का आयोडीनकरण अनिवार्य किया गया है ताकि रोजाना औसतन 150 माइकोग्राम (1000 माइकोग्राम = 1 मिलिग्राम) आयोडीन शरीर को नमक के जरिए प्राप्त हो। जिन समुदायों के दैनिक भोजन में आयोडीन बिल्कुल अनुपस्थित हो या कम मात्रा में उनमें नमक द्वारा आयोडीन की आपूर्ति की दैनिक मात्रा 50 माइक्रोग्राम से कम होने पर उनमें गलगंड होने की संभावना होती है।

नमक का आयोडीनकरण पोटेशियम आयोडाइड के योग से किया जाता रहा है किंतु कालांतर पोटेशियम आयोडेट का प्रयोग होने लगा। शरीर में पहुंचने पर आयोडेट का अवकरण होता है जिससे आयोडीन प्राप्त होती है। भोजन पकाने के समय भी अवकरण द्वारा आयोडीन का क्षय होता है। नमक मिले व्यंजन को भूनने या उबालने में क्रमशः 22 व 58 प्रतिशत आयोडीन का

क्षय होता है। विडंबना है कि आयोडीन जैसा विशिष्ट उत्पाद भी शुद्ध रूप में प्राप्त नहीं होता। आयोडीनकरण के वास्ते कुछ लोग सस्ते और हानिकारक सोडियम क्लोरेट या हाइपोक्लोराइट या ब्लीचिंग पाउडर तक का इस्तेमाल करते हैं जो खाद्य मिलावट बचाव नियमों के प्रतिकूल और दंडनीय है।

घटिया आयोडीन नमक की पहचान के लिए नमक के घोल में एक बूंद स्टार्च का घोल डालें और फिर हाइपोफास्फोरस अम्ल की एक बूंद। यदि घोल में अस्थायी या क्षणिक नीला रंग आए तो यह सही आयोडीन नमक (आयोडेट युक्त) होगा और ऐसा न हो तो घटिया, क्योंकि घटिया नमक में मौजूद क्लोरेट या ब्लीचिंग पाउडर उक्त क्रिया नहीं कर पाते।

6.3 उपभोक्ता मार्गदर्शन

नमक में सिर्फ 30 पी.पी.एम.मात्रा में डाले गए आयोडीन का मूल्य सिर्फ 25 पैसे प्रति किलोग्राम नमक की दर से बढ़ना चाहिए, किंतु आयोडीन नमक का दाम कई गुना ज्यादा वसूला जा रहा है। उपभोक्ता इस छलावे के खिलाफ कार्रवाई कर सकते हैं। समुद्री तट की आबादी के दैनिक भोजन में 170-260 माइक्रोग्राम आयोडीन पाई गई है। ऐसी आबादी आयोडीन के आधिक्य से होने वाले गलगंड से सावधान रहे। साथ ही आयोडीन की प्रचुर मात्रा वाले खाद्य पदार्थों के नियमित उपयोगकर्ता भी गलगंड की संभावना से सचेत रहें। आयोडीन नमक के सार्वभौम प्रयोग के दौरान संदिग्ध क्षेत्रों में आयोडीन के आधिक्य और कुप्रभावों पर सर्वेक्षण और जांच की मांग करें। उपभोक्ता के स्तर पर आयोडीन नमक लेने के पहले दैनिक भोजन में आयोडीन की स्थिति और थाइराइड संबंधी स्वास्थ्य के कारकों का मूल्यांकन चिकित्सक की मदद से कराएं। अन्य कारणों की अनुपस्थिति में यदि याददाश्त में असामान्य गिरावट आए, ध्यान केंद्रित न हो, शक्तिहीनता, भ्रम आदि हो तो यह हाइपोथाइराइडिज़्म होने का संकेत है, यानी नमक में आयोडीन की समीक्षा करने की जरूरत। निष्कर्षतः आयोडीन नमक की संभावित हानियों को देखते हुए व्यक्तिगत मूल्यांकन और सावधानी लेना आवश्यक है ताकि आयोडीन की कमी या आधिक्य इन दोनों के दुष्प्रभावों से बचाव हो सके।

6.4 भारतीय मसाले और उनके प्रकार

दुनिया में भारतीय भोजन गर्म, तीखे, चटपटे मसालों के लिए जाने जाते हैं। पश्चिमी देशों में 'इंडियन करी' का नाम सुनते ही जीभ ऐंठने लगती है। विदेशी पर्यटक भारत आने पर गर्म तीखे भारतीय मसालों से बने व्यंजनों के विविध स्वादों का जायजा जरूर लेते हैं। वैसे भारत के अधिकांश परिवारों में

पकाए जाने वाले भोजन में मसालों की मात्रा प्रायः सामान्य या कम होती है, तथा ऐसा मध्यम मसालेदार भोजन का स्वाद, सुवास और सुपाच्यता पश्चिमी भोजन की अपेक्षा कहीं बेहतर होती है।

भारत में सर्वाधिक प्रयुक्त और सामान्य जनता में लोकप्रिय मसालों में हल्दी, धनिया, लालमिर्च, लहसुन, हींग, सौफ, सरसों, जीरा, अजवायन, मेथी, अदरक, पुदीना, करी पत्ता, काली मिर्च, लौंग, इलायची, इमली आदि शामिल हैं। गर्म मसालों के रूप में जायफल, जावित्री, दालचीनी, तेजपत्ता आदि का व्यापक रूप से प्रयोग होता है। केसर या जाफरान विशिष्ट और महंगे मसालों की श्रेणी में आते हैं।

6.4.1 मसालों के प्रकार

प्रयोजन एवं प्रभाव के अनुसार मसालों को तीखे (लालमिर्च, कालीमिर्च, अदरक या सौंठ, सरसों आदि), सुगंधित फलदार (छोटी/बड़ी इलायची, जायफल, जावित्री, सौंफ, मेथी, सोआ, धनिया, अजवायन, काला जीरा, स्याह जीरा आदि), सुगंधित छालदार(दालचीनी, तेजपत्ता आदि), रंगीन (हल्दी, केसर आदि), तथा फलीय मसाले जैसे लवंग, इन पांच श्रेणियों में रखा जा सकता है। स्वाद, महक, सुवास, रंग पैदा करने के अलावा मसाले परिरक्षक, सूक्ष्मजीव-अवरोधक, आक्सिकरण-अवरोधी या एंटीआक्सिडेंट और पोषक तथा औषधीय गुणयुक्त होते हैं। मसालों की खासियत इनमें मौजूद सुगंधित एरोमेटिक तथा वाष्पशील यौगिकों अथवा स्थिर सुरभित तेलों, राल या रेजिन, अल्कोहल,फिनाल,ईस्टर,कार्बनिक अम्ल और सल्फर के यौगिकों आदि के विशिष्ट गुणों की वजह से जानी जाती है। प्रायः सभी मसालों में नमी, कार्बोहाइड्रेट, प्रोटीन,रेशा,खनिज,विटामिन और कैलोरी मान कमोबेस परिमाण में मौजूद होते हैं, यद्यपि यह निर्णायक संघटक नहीं होते। मसालों का प्रयोजन फीके स्वादहीन भोजन को चटक, स्वादिष्ट और मजेदार बनाना है।

6.5 मसालों के गुण व उपयोग

भारत 'मसालों का घर' है। भारत में मसालों की सर्वाधिक मात्रा उत्पन्न होती है और विश्व में हर वर्ष पांच लाख टन से भी ज्यादा मसालों के व्यापार में आधा हिस्सा भारत का है जो मसालों का सबसे बड़ा निर्यात है। भारतीय उपभोक्ताओं के लिए विविध मसालों के गुणों को समझना और सदुपयोग करना विशेषतः महत्त्वपूर्ण है।

सर्वाधिक महत्त्व के मसाले में हल्दी खनिज व विटामिन से युक्त रोगाणुरोधक,

दर्दहर और रुचिकर सुवास तथा सौंदर्यबोधक वर्ण का मसाला है जो सांस्कृतिक तथा धार्मिक अनुष्ठानों में अभिन्न रूप से उपयोग में लाई जाती है। 'करक्यूम' नामक पीत रंगद्रव्य और ओलियोरेजिन नामक सुरुचिपूर्ण सुवास से युक्त मांगलिक हल्दी प्रायः अधिकांश व्यंजनों के लिए प्रिय मसाला है जिनको यह आकर्षक रंग प्रदान करती है, उनमें शुद्ध महक घोलती है, आक्सीकरण अवरोधक गुण प्रदान करती है और हर व्यंजन में अपनी छाप छोड़ती है। शुभ-सौभाग्य के प्रतीक हल्दी का प्रयोग सुहाग के कुमकुम बनाने में भी होता रहा है।

सालाना दस लाख टन की मात्रा में उत्पन्न होने वाली लाल मिर्च की लगभग एक दर्जन किस्में कच्चे हरे और पके लाल, पीले, नारंगी रूपों में मसालों, सलाद, तड़का या बघार अचार-चटनी आदि रूपों में व्यापक रूप से प्रयोग में लाई जाती हैं। 'कैप्सेसिन' नामक तीखे स्वाद के अल्कलायड और कैरोटीनायड रंगद्रव्य से युक्त लाल मिर्ची में पर्याप्त वसा, लौह, कैल्शियम, विटामिन बी और फास्फोरस होता है। हरी मिर्च में यह सर्वाधिक 115 मिलीग्राम प्रति 100 ग्राम की मात्रा में मौजूद होता है और यह ठीक ही है कि भारतीय भोजन की थाली में एक-दो हरी मिर्च विराजमान होती है। लाल मिर्च में इसका तीखा संघटक कैप्सेसिन 0.1-1.8 प्रतिशत मौजूद होता है और अगर इसे पानी से 10,00000 गुना पतला करें तो भी तीखापन पहचाना जा सकता है। जाहिर है कि भोजन में अल्प मात्रा में लाल मिर्च का प्रयोग इसे चटक स्वादिष्ट बनाता है किंतु बिना हिसाब के अधिक मात्रा में लाल मिर्च युक्त भोजन लेने से कैप्सेसिन यौगिक उदर में जलन, क्षोभ और अम्लीयता पैदा कर सकता है, यानी दिन की शुरुआत खराब सुबह से हो सकती है।

पुराने समय में जब लाल मिर्च नहीं होती थी तो काली मिर्च से भोजन को तीखा और जायकेदार बनाया जाता था। अपने विशिष्ट गध्यग तीखेपन और मनपसंद सुवास के कारण काली मिर्च अधिकाधिक मसालों की जान है जिसे 'मसालों का राजा' भी कहते हैं। काली मिर्च में वाष्पशील ईथर, अर्क, सक्रिय तीखा यौगिक अल्कलायड, पिपेरिन, पिपेरिडीन, पिपेरेटाइन और चेविसीन तथा महकदार फ्लेवर-यौगिक (पीपर तैल) टरपीन हाइड्रोकार्बन होते हैं जिनकी बदौलत काली मिर्च को इसके विशिष्ट गुण तथा औषधीय प्रभाव प्राप्त होते हैं।

भारतीय भोजनों में प्रायः लहसुन-अदरक का योग होता है। अदरक में विशिष्ट हल्की तिक्तता पैदा करने वाला सक्रिय पदार्थ 'जिंजर तैल' होता है। जिसमें मनपसंद क्षुधावर्धक सुवास होती है। विटामिन थायमिन, रिबोफ्लेविन, नायसीन, एसकार्बिक एसीड और कैरोटीन से युक्त अदरक एक 'महाऔषधि' मानी जाती है जो पाचक, रेचक, उत्तेजक, दर्दहर, कफहर, कामवर्धक आदि गुणों से संपन्न है। दाल, सब्जी, रस, सूप, चटनी, अचार आदि सभी रूपों में अदरक और दवाओं में सूखी अदरक या सोंठ का प्रयोग होता है। अदरक के

साथ लहसुन के प्रयोग से पाचन में वृद्धि, गैसहर प्रभाव, रक्तशुद्धि, कोलेस्ट्राल कम करने की क्रिया आदि में होती है। लहसुन की अप्रिय गंध के कारण वैष्णवजन इससे परहेज करते हैं।

मेथी में लगभग 400 मिलीग्राम कैल्शियम, 17 और 52 मिलीग्राम क्रमशः लोहा तथा विटामिन सी, 8.5 प्रतिशत प्रोटीन एवं 1.5 प्रतिशत खनिज युक्त मेथी में सुगंधित सारतत्त्व से युक्त यौगिक होते हैं जो मेथी को एक भेषजीय मसाले का दर्जा प्रदान करते हैं। मेथी में हल्के कड़वे स्वाद और लासेदार प्रकृति का म्युसिलेज यौगिक होता है। उदरशूल, गैस, पेचिस, रक्ताल्पता, मधुमेह आदि अवस्थाओं में .मेथी का सेवन लाभदायक होता है।

सर्वसामान्य द्वारा नियमित रूप से उपयोग में लाए जाने वाले सुगंधित श्रेणी के मसालों में धनिया, जीरा और सौंफ तथा सुवास देने के लिए अजवायन, सोआ, हींग आदि लोकप्रिय मसाले हैं। धनिया में नीबू के छिलके और कपूर के पत्ते की मिलीजुली सी शुद्ध महक रुचिकर होती है। धनिया शीतलक, मूत्रल, वातहर, क्षुधावर्धक, पित्तहर, बाजीकर और टानिक है जिसका प्रयोग प्रायः सभी तैयार मसालों में और मुखवास के रूप में होता है। सौफ सुरभित, मीठा, गैसहर, क्षोभ-शामक, पाचक और कफनाशक मसाला और मुखवास है जिसका प्रयोग भोजनोपरांत आखिरी चर्वक पदार्थ के रूप में होता है। जीरा विशिष्ट महक और स्वाद से युक्त समृद्ध मसाला है जो पाचक, गैसहर, क्षुधावर्धक और उद्दीपक है। तैयार मसालों का अभिन्न अंग होने के साथ ही 'जलजीरा' के रूप में इसका व्यापक प्रयोग होता है। सोआ का उपयोग ज्यादातर मुखवास, औषधि, सूप, मिष्ठान्न, अचार-चटनी आदि में होता है। सुरभित सोआ गैसहर, ज्वरहर, दुग्धजनक, शीतलक, कृमिनाशक, हिचकी अवरोधक तथा उदरशूल-शामक है। अजवायन सुगंधित तैल से युक्त पाचक और गैसहर मसाला है जिसका प्रयोग अचार, सूप आदि में होता है। छिलका रहित अजवायन का प्रयोग चर्वक के रूप में करने से उच्च रक्तचाप के नियंत्रण में मदद मिलती है। हींग में गोंद, राल या रेजिन और गंधक का यौगिक होने से यह एक तेज गंध का मसाला है और गैसहर औषधियों का संघटक भी। पेट की ऐंठन, दर्द, गैस, जलंधर, ज्वर आदि में हींग का प्रयोग लाभदायक है। सरसों या राई के बीज में ग्लायकोसाइड के रूप में थायोसायनेट होता है जिसका स्वाद अचार में भरपूर उतरता है। छौंकने-बधारने आदि में सरसों का प्रयोग लोकप्रिय है।

गरम मसालों में दालचीनी, जायफल, जावित्री, तेजपत्ता, लवंग, इलायची इत्यादि समृद्ध और कीमती मसाले हैं जिनमें तेज महक और फ्लेवर होता है। वस्तुतः जावित्री व जायफल एक ही फल की छाल तथा गिरी के रूप में पैदा होते हैं। यह दोनों मसाले कामोद्दीपक माने जाते हैं और सभी गरम मसालों के संघटक होते हैं। जायफल उत्तेजक, गैसहर, स्तंभक और शोधहर होता है तथा

मधुमेह, कफ, दमा, मुंह के छाले आदि के उपचार में उपयोगी है। तेजपत्ता में तेज सुवास होने से इसका प्रयोग ज्यादातर छौंकने-बघारने और सरस फ्लेवर पैदा करने में होता है। लवंग बहुउपयोगी मसाला और औषधि है जिसमें 15 प्रतिशत वाष्पशील तैल होता है। लवंग दर्दहर, संवेदनहारी (ऐनस्थेटिक), गैसहर, अजीर्णनाशक और उत्तेजक होती है जिसका प्रयोग दांत के दर्द, गले की खराश, खांसी, टांसिल की सूजन आदि के उपचार में लाभदायक होता है। इलायची को 'मसालों की रानी' और 'भारत का राष्ट्रीय मसाला' कहा जाता है जो मुखशुद्धि तथा आतिथ्य हेतु सर्वाधिक प्रयोग में लाई जाती है। मधुर सुवास होने से इसे मसालों के अलावा मिष्ठान्न, खीर, दूध-मसाला, मुखवास, पान आदि में डालना नज़ाकत समझी जाती है। वैसे इलायची कीटाणुनाशक, पाचक और क्षुधावर्धक होती है। दालचीनी सुरभित,स्तंभक, उत्तेजक और समृद्ध भारतीय मसाला तथा औषधि है। छाल के रूप में दालचीनी में एक प्रतिशत तक वाष्पशील तैल होता है। मसालों का संघटक होने के अलावा दालचीनी का प्रयोग चाय-मसाला, फ्लेवर, मिष्ठान्न, दवाओं आदि में किया जाता है।

6.6 उपभोक्ता मार्गदर्शन

भारतीय मसालों की प्रकृति इनके संयमित या कम मात्रा में प्रयोग हेतु उपयुक्त है, जबकि इनका अधिक मात्रा में प्रयोग उदर-अम्लीयता और अपच आदि का कारण बन सकता है। मसालों को उनके साबूत और प्राकृतिक रंग-रूप में स्वीकारें। कुछ मसाले बदरंग या खराब होने पर हानिकारक रंगों के प्रयोग से उन्हें ताजा दिखाने का धोखा पैदा किया जाता है जो नियम-विरुद्ध और दंडनीय है। लवंग, इलायची इत्यादि के सत्त्वसार को आंशिक रूप से अलग करने के बाद बाजार में भेजा जाए तो यह भी खाद्य मिलावट बचाव नियमों के अनुसार दंडनीय अपराध है। सार-सत्त्व विहीन ऐसी लवग और इलायची आकार में चुचकी हुई दिखेगी। कुछ मसालों के चूर्ण में निरर्थक या हानिकारक तृण आदि मिलाए जाते हैं जो सर्वथा दंडनीय है। सौंफ, जीरा,धनिया आदि के साबूत दानों में तृण का आधिक्य भी मिलावट के अंतर्गत आता है। मसाले पुराने या खराब होने पर उनमें फंगस या अन्य जीवाणु आ जाते हैं जिनकी पहचान छूकर और देख कर हो सकती है। कृत्रिम रूप से रंगे हुए चटक रंग के मसालों से सावधान रहें। काली मिर्च में पपीते के सूखे बीजों की मिलावट से सावधान रहें। मसालों में मिलावट की जांच कुछ घरेलू विधियों द्वारा की जा सकती है जिसकी विस्तृत जानकारी खाद्य-मिलावट पर अगले अध्याय में दी गई है।

6.7 चाय और कैफ़ीन

एक प्याली चाय पी लेने पर थोड़ी सी ताजगी महसूस होती है। शक्कर और दूध के अलावा चाय के फांट में अन्य कोई पोषक तत्त्व नहीं होते। हां, चाय की पत्ती में लगभग 15 प्रतिशत प्रोटीन के अलावा मात्र आधा प्रतिशत स्टार्च, 25 प्रतिशत रेशा और 5-6 प्रतिशत राख अवश्य होती है किंतु यह सब अघुलनशील होने के कारण फांट में नहीं आ पाते। पत्ती में करीब 4 प्रतिशत तक कैफ़ीन होती है जो फाण्ट में मौजूद रह पाती है। एक कप सादा फांट पीएं तो ऊर्जा तुरंत मिले या ताजगी आ जाए, ऐसा नहीं होता। फांट में जो एक विशेष फ्लेवर या सुवास होता है, वह चाय की पत्ती में पॉलीफेनाल, सुरभित सार-तत्त्व और कैफ़ीन की मौजूदगी के कारण होता है। पत्तियां जितना ही कोमल या बेहतर होंगी उनमें रेशा व राख उतना ही कम होगा।

कहा गया है कि चाय के प्यालों पर क्रांतियां बरपती हैं जो दरअसल कैफ़ीन पिलाती हैं। यह भी कहा जाता है कि चाय के प्याले बुद्धिजीवियों के दिमाग़ के ताले खोलते हैं, किंतु होता यह है कि कैफ़ीन की बदौलत वे उनींद से उठकर अनिद्रा अवस्था में आ जाते हैं। छद्म प्रचार द्वारा कुछ अनावश्यक बातों का भी उपभोक्ता के दिमाग़ में प्रत्यारोपण किया जाता है, अन्यथा चाय से कोई जीवशक्ति नहीं प्राप्त होती। सामान्यतः चाय जरूरत से ज्यादा पी जाती है जिसके कारण उदर अम्लीयता, कोष्टबद्धता और भूख में कमी आती है तथा निद्रा की प्राकृतिक क्रिया बाधित होती है। बच्चों में यह प्रभाव बढ़-चढ़ कर होते हैं। यद्यपि उत्तेजक होने के कारण चाय क्षणिक स्फूर्ति या चिंतन-प्रवाह को अल्पांश में बढ़ाती है, हृदय को क्षणिक सक्रियता प्रदान करती है और मूत्रवर्धक साबित होती है, किंतु चाय का अधिक प्रयोग निस्संदेह हानिकारक होता है।

ज्यादातर कैफ़ीन चाय के पौधों के ऊपर की फुनगी और उसके नीचे की दो पत्तियों में मौजूद होती है। पत्तियों में वाष्पशील तेल या सार-तत्त्व होता है जो अल्कोहल, अल्डीहाइड, फेनाल और अल्पांश में वसा अम्ल से संघटित होता है। चाय का महत्त्व दरअसल इसी सुरभित संघटक और उत्तेजक कैफ़ीन की बदौलत टिका होता है। चाय में टैनिन या टैनिक एसिड नामक पालीफेनाल होता है जो गाढ़ा भूरा रंग पैदा करता है। दरअसल यह टैनिन पदार्थ संकोचन या कठोरता पैदा करने में सहायक होता है और स्वास्थ्य के लिए हानिकारक हो सकता है।

चाय बनाना—अधिकांश घरों, परिवारों, होटलों आदि में चाय गलत तरीके से बनाई जाती है। पानी, दूध, शक्कर और चाय की पत्ती को खूब उबाल-घोंट कर चाय तैयार करना आम प्रथा बन गई है। ऐसी चाय में अधिक

पालीफेनाल, टैनिन, अम्लीयता आदि होती है और कप में थोड़ी देर रखने पर ऊपर पपड़ी जम जाती है। यद्यपि ऐसी चाय में कड़वापन ज्यादा होता है किंतु अधिक दूध और शक्कर के प्रयोग से कड़वापन अवगुंठित रहता है।

सही ढंग से बनाई गई चाय की पहचान यह है कि उसमें कम से कम मात्रा में पॉलिफेनाल यौगिक उतरें, फ्लेवर उचित परिमाण में हो और चाय की सतह पर पतली पपड़ी न जमे। इसके लिए जरूरी है कि ताजा मृदु जल को उबाल बिंदु तक गर्म कर पोर्सलिन या चीनी मिट्टी के बर्तन में रखी हुई चाय की पत्ती में डालें और इसे ढक दें। एक चम्मच चाय की पत्ती के लिए 150 मिलीलिटर गर्म जल (85^0–100^0 सेल्सियस) का प्रयोग करें। इस प्रकार फ्लेवर और कैफ़ीन दो-तीन मिनट में फांट में उतर आते हैं। इससे ज्यादा समय तक उक्त तापमान पर रखने से फांट में टैनिन का कड़वापन बढ़ जाता है। इस प्रकार सही तरीके से बने व छने हुए फांट में उबला दूध और शक्कर स्वादानुसार डालें अथवा नीबू का रस डाल कर चाय का लुत्फ लें। मृदु जल की जगह भारी जल के प्रयोग से पालिफेनाल की क्रिया द्वारा तलछट या अन्य यौगिक बन सकते हैं जिससे चाय खराब हो जाती है। धात्वीय और खासकर पीतल और अल्यूमीनियम के बर्तन में चाय बनाने से अनावश्यक क्रियाएं हो सकती हैं और चाय के फ्लेवर में धातु का स्वाद मिल कर अप्रिय स्वाद उत्पन्न कर सकता है। चाय की तैयार थैली या टी-बैग से सही चाय बनाना आसान हो जाता है।

ठंडी या आइस टी बनाने का विकल्प दरअसल उत्तम नहीं है। इसके लिए चाय की पत्ती की दोगुनी मात्रा लेनी होती है। फांट को शीतल करने में टैनिन की तलछट आ जाती है। इस प्रकार धुंधली चाय बनती है। धुंधली चाय को कप में लेने पर मन प्रसन्न होने के बजाय उदास हो सकता है। झटपट चाय या इंस्टैंट टी भी विकसित की गई है जो बिना ताम-झाम के गर्म पानी डालने पर पीने के लिए तैयार हो जाती है, किंतु स्वादिष्ट न होने के कारण यह लोकप्रिय नहीं हो पाई है।

6.8 कॉफ़ी के गुण

कॉफ़ी या कहवा लोकप्रिय चाय के मुकाबले फिलहाल वर्ग विशेष का चुना हुआ गर्म पेय पदार्थ है जिसमें अपेक्षाकृत ज्यादा कैफ़ीन होती है, इसका स्वाद विशिष्ट होता है और प्रायः ज्यादा उत्तेजक भी। आश्चर्य है कि काफ़ी के बीजों को भून कर जब इसका चूर्ण बनाया जाता है तो 600 तक रासायनिक यौगिक झट से बन जाते हैं जो ज्यादातर अनावश्यक होते हैं। भूनने की प्रक्रिया का सही मानकीकरण न हो पाने से काफ़ी के हर प्याले में कुछ रहस्य घुला-मिला रहता है।

चाय की तरह कॉफी भी न कोई पोषण प्रदान करती है और न ही शरीर की किसी क्रिया के लिए आवश्यक है। हां, चाय के मुकाबले कॉफ़ी में कैफ़ीन ज्यादा और मुक्त अवस्था में होती है तथा इससे ज्यादा उत्तेजना मिलती है। भूनी हुई कॉफ़ी में कैफ़ीन, प्रोटीन, वसा, शर्करा और राख की औसत मात्रा क्रमशः 1.0,11.0,13.0,0.5 और 4.5 प्रतिशत होती है। कॉफ़ी में निम्न उबाल तापमान वाले गंधक के यौगिक होते हैं जो इसे विशिष्ट फ्लेवर प्रदान करते हैं। ऊंचे फ्लेवर की कॉफ़ी की मांग ज्यादा होती है। कॉफ़ी में फार्मिक एसिड और एसिटिक एसिड की प्रधानता होती है, जबकि क्लोरोजेनिक अम्ल भूनने के समय प्रायः न्यून हो जाते हैं। टैनिन या पालीफेनाल यौगिकों की उपस्थिति होने से काफ़ी में ज्यादा कड़वापन होता है। टैनिक एसिड कुछ धातुओं से क्रिया कर धातु के स्वाद पैदा करती है।

कॉफ़ी बनाना––कॉफ़ी के कद्रदानों की ख्वाहिश होती है कि कॉफ़ी खूब तेज स्वाद की यानी 'स्ट्रांग' बने। अतः अच्छी काफ़ी बनाने की पहचान यह है कि फाण्ट में अधिकाधिक कैफ़ीन और फ्लेवर यौगिक घुलें तथा टैनिन कम रहे। काफ़ी बनाने के लिए उपयुक्त बर्तन स्टील, ग्लास या पोर्सलीन हैं, मृदु जल का प्रयोग 85^0–95^0 सेल्सियस तापमान पर अपेक्षित है। इससे ज्यादा तापमान होने पर फ्लेवर घट जाता है और कड़वापन बढ़ जाता है। कॉफ़ी बनाने की कई विधियां प्रचलित हैं जिनमें काफ़ी के चूर्ण को गर्म पानी के संसर्ग में आवश्यक समय तक रखते हैं ताकि घुलनशील पदार्थ अधिक मात्रा में फांट में उपस्थित हों और फ्लेवर तेज हो। वैक्युअम काफ़ी, ड्रिप काफ़ी, परकोलेटर काफ़ी, एक्सप्रेसो कॉफ़ी, स्टीप काफ़ी आदि कई विधियां उपलब्ध हैं जिनका चुनाव काफ़ी के कद्रदान स्वाद संबंधी अपनी पसंद के अनुसार करते हैं। फिलहाल घुलनशील काफ़ी या इंस्टैंट कॉफ़ी का चलन बढ़-चढ़ कर है जिसे गर्म पानी में घोलकर दूध और शक्कर के साथ ग्रहण किया जाता है।

उक्त विधियों से तैयार काफी की प्रति प्याली या 150 मिलीलिटर में कैफ़ीन की मात्रा 3.5 से 7.5 प्रतिशत के बीच मौजूद रहती है। चार-पांच कप कॉफ़ी प्रति दिन पीने से 500 मिलीग्राम तक कैफ़ीन शरीर में प्रवेश करती है। इतनी मात्रा में या इससे ज्यादा कैफ़ीन के सेवन से अनिद्रा, अवसाद, अम्लीयता आदि से जुड़ी तकलीफें हो सकती हैं।

6.9 उपभोक्ता मार्गदर्शन

भारत दुनिया का सबसे ज्यादा चाय उत्पन्न करने वाला देश है जहां की चाय दुनिया के कोने-कोने में मानक विधि द्वारा ग्रहण की जाती है। अतः गलत तरीके से चाय का फांट बनाना या चाय का सदुपयोग न कर पाना हमारे लिए

विडंबना की स्थिति होगी। चाय की पत्ती को दाल या सब्जी की तरह उबालना एक गलत तरीका है, जबकि इसे देर तक उबालते रहना दूसरी गलती है। पत्ती को उबले हुए पानी में डालकर तीन मिनट तक ढक कर रखना और फिर उबला दूध तथा स्वादानुसार शक्कर मिला कर पीना चाय के सही फ्लेवर, अच्छे स्वाद और उचित मात्रा में चाय के यौगिकों के घुले होने की गारंटी दे सकता है, यानी चाय की हानियों को कम कर सकता है।

चाय के पत्ती की गुणवत्ता पर विशेष ध्यान देने की आवश्यकता है, क्योंकि पत्तियों की गुणतानुसार ग्रेड की सूचना उपभोक्ता को नहीं मिलती। साथ ही अधिकांश उपभोक्ता खुले रूप में बिकाऊ चाय की पत्ती खरीदते हैं जिसकी गुणवत्ता प्रायः संदेह के घेरे में होती है। चाय मे कोलटार डाई जैसे हानिकर रंगों का प्रयोग या इस्तेमाल की गई पत्ती, अन्य अनावश्यक वस्तुओं आदि की मिलावट और पत्तियों में बाहरी सुगंधित पदार्थों का मेल हानिकारक, अवैध और दंडनीय है। इसकी धरपकड़ उपभोक्ता स्वयं कर सकते हैं।

ज्ञातव्य है कि अच्छी गुणवत्ता पैदा करने वाली सक्रिय यौगिक पॉलिफेनाल और एंजाइम चाय की ऊपरी कोमल पत्तियों या फुनगी और उसके नीचे की दो पत्तियों में अधिकतम होते हैं। चाय की पत्तियों का श्रेणीकरण सही कारकों के आधार पर होना आवश्यक है, यानी सक्रिय यौगिक युक्त छोटी पत्तियों, बड़ी पत्तियों, टुकड़ों और चूर्ण के मिश्रण में प्रत्येक का अनुपात, पत्तियों में रेशा और राख का प्रतिशत (न्यून प्रतिशत यानी उच्च गुणवत्ता), प्रति 150 मिलीलीटर फाण्ट हेतु पत्ती की आवश्यक मात्रा तथा चख कर की गई जांच या सेंसरी इवैल्यूएशन द्वारा प्राप्त श्रेणी या ग्रेड की सूचना उपभोक्ता को दी जानी चाहिए।

6.10 शक्कर

शक्कर, शकर, शर्करा या चीनी मुख्यतः तीन रूपों, यानी अपरिष्कृत, परिष्कृत और सफ़ेद शक्कर के रूप में बनती है। अपरिष्कृत शक्कर में भूरे कण या क्रिस्टल होते हैं जिसमें करीब 97 प्रतिशत सुक्रोस अपेक्षित है। अपरिष्कृत शक्कर के विरंजीकरण से रिफाइंड शक्कर प्राप्त होती है जो कणों के आकार के अनुसार दो या तीन रूपों में अलग की जाती है। सफ़ेद शक्कर का निर्माण सीधे गन्ने के रस द्वारा सल्फर डाइआक्साइड गैस से सल्फिटेशन या गंधक-करण क्रिया के उपरांत होता है। इसमें लगभग 99 प्रतिशत सुक्रोस होती है। भारत में अधिकांश शक्कर की मात्रा सफेद शक्कर के रूप में होती है जिसका विविध व्यंजनों में सीधा प्रयोग होता है। कुछ मिष्ठान्न पदार्थों को बनाने में पिसी हुई शक्कर का इस्तेमाल होता है, यद्यपि बाजार में उपलब्ध पिसी हुई

तैयार शक्कर के नमूनों में स्टार्च, सोडा आदि की मिलावट पाई गई है। एक अन्य प्रकार की चाशनी-शक्कर या 'आइसिंग शुगर' का निर्माण किया जाता है जिसमें अधिकतम पांच प्रतिशत तक खाद्य-श्रेणी की स्टार्च मिलाई जा सकती है ताकि इस श्रेणी की शक्कर में सुक्रोस की मात्रा 95 प्रतिशत से अधिक हो। पेस्ट्री, मिष्ठान्न आदि में आइसिंग शुगर का प्रयोग किया जा सकता है।

उपभोक्ता के लिए परिष्कृत शक्कर की गुणवत्ता का सर्वाधिक महत्त्व है जिसका निर्धारण रासायनिक परीक्षणों के आधार पर किया जाता है। इस प्रकार परिष्कृत शक्कर में सुक्रोस कम से कम 99.8 प्रतिशत, रंग अधिकतम 50 अंक और नमी 0.05 प्रतिशत तक होनी चाहिए। निर्धारित गुणवत्ता की ऐसी शक्कर की चाशनी बनाने के लिए तापमान का मानकीकरण किया गया है। सिरप का निर्माण 110^0 से 120^0 सेल्सियस तापमान पर होता है जबकि बर्फी आदि बनाने के लिए 115^0 से. तक उबालना पड़ता है।$150-154^0$ से.पर कड़ी चाशनी बनती है, 160^0 से. पर चाशनी साफ बनावट की होती है और 170^0 से. तापमान पर कैरेमल का निर्माण होता है।

6.11 गुड़

गुड़ खास भारतीय उत्पाद है जो हमारे खान-पान का एक महत्त्वपूर्ण हिस्सा है और जिसके बिना भोजन अधूरा रह जाता है। वैसे कार्बोहाइड्रेट युक्त अनाजों, दालों आदि शाकाहारी पदार्थों से आवश्यक ऊर्जा शरीर को मिलती रहती है, किंतु गुड़ की उचित मात्रा भोजन में होना इसलिए आवश्यक है क्यों कि गुड़ से प्राप्त उष्णता से पाचकाग्नि में वृद्धि होती है और तत्काल ऊर्जा मिलती है। गन्ने के रस से बने गुड़ की अपेक्षा ताड़ या खजूर का गुड़ बेहतर माना जाता है क्योंकि इसमें ग्लूकोस की मात्रा ज्यादा होती है।

गन्ने के रस को 115^0-117^0 सेल्सियस तापमान पर आवश्यक समय तक उबालने पर अर्द्ध ठोस बनावट प्राप्त होती है जिसे ठंडा करने पर विविध आकार-प्रकार के गुड़ के ठोस टुकड़े बनते हैं। ऐसे गुड़ का रंग प्रायः भूरा होता है और इसमें सुक्रोस 80-85 प्रतिशत तक होती है। यद्यपि कुछ प्रकार की गन्नों के रस से बने गुड़ में लगभग 65 प्रतिशत सुक्रोस ही होती है। भूरे रंग के गुड़ को रसायनमुक्त गुड़ के रूप में प्रचारित किया जाता है।

अच्छी या विशेष गुणवत्ता के गुड़ के निर्माण हेतु सोडियम हाइड्रोसल्फाइट रसायन के प्रयोग से विरंजीकरण क्रिया कराई जाती है। इस क्रिया के लिए धान की भूसी से बने सक्रिय चारकोल का प्रयोग होता है। अच्छी गुणवत्ता का गुड़ हल्का पीला, अच्छी सुवास से युक्त और मनपसंद स्वाद का होता है तथा

अधिक भंड़ारण समय तक खराब नहीं होता। इसमें कार्बोहाइड्रेट 95, प्रोटीन 0.4, तथा वसा 0.6 प्रतिशत होती है और अल्पांश में विटामिन बी एक प्रति 100 ग्राम गुड़ में 109 किलो कैलोरी की ऊर्जा होती है।

गुड़ में इनवर्ट सुगर की मात्रा होने से यह आसानी से क्रिस्टलीय नहीं बन पाता, किंतु नम अवस्थाओं में गुड़ में भुकड़ी या मोल्ड पैदा हो सकती है और ऐसी दशा में गुड़ खाने योग्य नहीं रह पाता है। गुड़ को क्रमशः 120^0 तथा 130^0 सेल्शियस तापमान पर औटने से ढीली और कड़ी चाशनी बनती है जिससे मुलायम या कड़े मिष्ठान्न बनाए जाते हैं किंतु 150^0 सेल्शियस तापमान होने पर चाशनी अपारदर्शक हो जाती है और ठंडा होने पर भंगुर या ब्रिटल हो जाती है।

6.12 गन्ना

दुनिया में भारत सबसे बड़ा गन्ना-उत्पादक देश है, जहां वेदों के जमाने से ही गन्ना उपजाया जाता रहा है। घास श्रेणी का गन्ने का पौधा ऊर्जा का सबसे बड़ा और सस्ता स्त्रोत है। पहले गन्ने का उपयोग सिर्फ चूसने के लिए किया जाता था। आज भी कुल गन्ना उत्पादन का 10 प्रतिशत हिस्सा चूसने और ताजा रस पीने के काम आता है, 60 प्रतिशत गुड़ बनाने और 30 प्रतिशत शक्कर के निर्माण में खपता है। गन्ने का रस अत्यंत स्वादिष्ट और तत्काल ताजगी देने वाला पेय पदार्थ है। वैसे शरीर को जितने कार्बोहाइड्रेट की जरूरत होती है उसकी आपूर्ति खाद्यान्नों से हो जाती है, फिर भी अलग से ऐसी मीठी वस्तु लेने से पाचकाग्नि बढ़ती है। अच्छे स्वास्थ्य के लिए भोजन से मिलने वाली कुल दैनिक ऊर्जा का 55-75, 15-20, 10 और 10 प्रतिशत से कम हिस्सा क्रमशः कार्बोहाइड्रेट, असंतृप्त वसा, संतृप्त वसा और शक्कर के रूप में होनी चाहिए, जबकि 4 ग्राम नमक तथा 400 ग्राम फल एवं सब्जी का अंश दैनिक भोजन में शामिल होना चाहिए।

गन्ने के रस में 9-10 प्रतिशत कार्बोहाइड्रेट, 0.4-0.7 प्रतिशत खनिज और शेष जलीय अंश होता है। कैल्शियम, फास्फोरस और लौह अल्पांश में तथा विटामिन के रूप में थायमीन,रिबोफ्लेविन, नायसीन, बायोटीन, विटामिन-डी और पेंटोथैनिक एसिड भी गन्ने के रस में मौजूद होते हैं। एक ग्लास या 250 मिलीलीटर गन्ने का रस पीने से करीब 100 किलो कैलोरी ऊर्जा तत्क्षण प्राप्त होती है। इस रस के सेवन से पाचकाग्नि बढ़ने के साथ ही गुर्दों, हृदय, मस्तिष्क, आंखों आदि को मजबूती मिलती है। गन्ने का रस मूत्रवर्धक, कामवर्धक और पीलिया के उपचार में पथ्य है। गन्ना चूसने से दांत मजबूत होते हैं।

6.13 मधु

मधु या शहद प्रिय या प्रेमी का पर्याय है, प्रकृति का अद्वितीय उपहार है जो सही मायने में औषधि-खाद्य है और फ्रक्टोस, ग्लूकोस तथा सुक्रोस का ऐसा तैयार प्राकृतिक स्त्रोत है जिसे 20 वर्ष तक रखने पर भी खराबी नहीं आती। पुष्पों के मकरंद से मधुमक्खियों द्वारा चूसे गए इस मधुरस में फ्रक्टोस, ग्लूकोस और सुक्रोस क्रमशः 38,31 व 2 प्रतिशत, खनिज 0.3 प्रतिशत और शेष जलीय अंश होता है। 100 ग्राम मधु से 320 किलो कैलोरी ऊर्जा मिलती है। डेक्सट्रिन की मात्रा अल्पांश में होने के बावजूद इससे मधु सुपाच्य हो जाती है। इसके अलावा मधु में कैल्शियम, फास्फोरस, लौह तथा विटामिन सी और बी मौजूद होते हैं।

परीक्षणों से ज्ञात हुआ है कि मधु की मकरंद में कुल 22 अमूल्य अमीनो एसिड, 28 खनिज, 11 एंजाइम, 14 फैटी एसिड और विविध कार्बोहाइड्रेट होते हैं। व्यापारिक स्तर पर मधु के संसाधन पर उक्त कई पोषक तत्त्व कम या नष्ट हो जाते हैं। ग्रामोद्योग के विश्वसनीय स्त्रोतों से प्राकृतिक रूप से शुद्ध शहद प्राप्त होती है।

मधु लेने से शरीर के प्रायः सभी अंग लाभान्वित होते हैं। अधिकाधिक रोगों के उपचार में मधु लाभदायक अनुपान है। मधु अम्लनाशक, कब्जहर, गैसहर, रक्तवर्धक, निद्रादायक, कफनाशक, शक्तिवर्धक और कामोत्तेजक होती है। हृदय, श्वास प्रणाली, त्वचा, दांत और आंखों की क्रियाओं को मधु के सेवन से बल मिलता है।

6.14 नारियल

''कल्पवृक्ष'' कहा जाने वाला नारियल भारत में बहु प्रतिष्ठित वृक्ष है जिससे प्राप्त नारियल फल महत्त्वपूर्ण सह-खाद्य होने के साथ ही सांस्कृतिक-धार्मिक महत्त्व रखता है। सब्जी, चटनी, सांभर-दाल, मिष्ठान्न आदि में कच्चे नारियल का प्रयोग होता है जबकि सूखे नारियल से उत्तम कोटि का तेल प्राप्त होता है।

नारियल का पानी निर्जीवाणुक या स्टेराइल होता है और विशेषतः रोगियो के लिए सुरक्षित आदर्श पेय है। प्रति 100 ग्राम नारियल के पानी में कार्बोहाइड्रेट, खनिज, प्रोटीन तथा वसा क्रमशः 4,0.4,0.1 और 0.2 प्रतिशत होते हैं जबकि कैल्शियम, फास्फोरस, लौह तथा पोटेशियम क्रमशः 30.35, 0.05 व 310 मिलीग्राम की मात्रा में मौजूद होते हैं। इसमें एसकार्बिक एसिड 4 प्रतिशत तक मौजूद होता है जिससे विटामिन-सी की आपूर्ति होती है। विटामिन बी के रूप में नायसीन, बायोटीन, रिबोफ्लेविन, थायमीन, फोलिक एसिड,

पेंटोथीनिक एसिड आदि इसमें पाए जाते हैं। नारियल का पानी दरअसल टॉनिक और खनिज-जल के रूप में महत्त्वपूर्ण माना जाता है। नारियल के वृक्ष से प्राप्त ताड़ी स्वादिष्ट ऊर्जादायक पेय पदार्थ है जिसमें सुक्रोस 17 प्रतिशत तक और एसकार्बिक एसिड 30 मिलीग्राम तक होता है। किण्वन के बाद ताड़ी से मादक पेय पदार्थ बन जाता है जिसमें 4 प्रतिशत अल्कोहल होता है।

6.15 संश्लेषित मिष्ट

मधुमेह के उपचार, मोटापा रोकने, रोजाना ग्रहण की जाने वाली कैलोरी संख्या को कम करने अथवा स्वास्थ्य संबंधी बढ़ती हुई जागरुकता के फलस्वरूप शक्कर या सुक्रोस की जगह ऐसे संश्लेषित या शक्कर-रहित मिष्ट पदार्थों की ओर रुझान बढ़ रहा है जिनके कारण कैलोरी संख्या नहीं बढ़ती और साथ ही शक्कर के सदृश मिठास भी प्राप्त होती है। यह बात अवश्य है कि सुक्रोस में किसी लवण या तिक्त अथवा कसैले स्वाद के पुट के बिना 'शुद्ध-मीठा' स्वाद होता है। संश्लेषित मिष्ट पदार्थों को ग्रहण करने के बाद प्रायः हल्की कड़वाहट या अल्पांश में कसैले स्वाद का अनुभव होता है।

सापेक्षिक पैमाने पर मिठास के लिए सुक्रोस के 100 अंक होते हैं तो इनवर्ट शुगर 130, ग्लूकोस 32 और माल्टोस के सिर्फ 16 अंक होते हैं। कई संश्लेषित या वैकल्पिक मिष्ट पदार्थों का प्रयोग लंबे अरसे से होता आया है जिनमें सैकरिन बहुचर्चित है। इसके लंबे प्रयोग से कैंसर होने की संभावना के चलते सैकरिन कई देशों में त्याज्य हो चुकी है।

विविध संश्लेषित मिष्ट यौगिकों की मिठास का अंक सुक्रोस के सापेक्ष में तालिका 6 में दर्शाया गया है।

तालिका 6 : सुक्रोस के सापेक्ष में वैकल्पिक मिष्ट यौगिकों के मिठास का अंक

	मिष्ट पदार्थ	मिठास का सापेक्षिक अंक
1.	सुक्रोस	100
2.	सैकरिन (सोडियम लवण के रूप में)	54,000
3.	सोडियम साइक्लेमेट	3,500
4.	स्टीवियोसाइड (स्टीविया रिबाउदियाना)	16,000
5.	असपरटेम	20,000
6.	नियोहेस्परिडीन डाइहाइड्रोकलकोन	33,000
7.	एलिटेम	2,50,000
8.	थाडमेटिन	3,50,000
9.	एसीसल्फेस-के	20,000
10.	ग्लिसिरिजिन	5,000

मोटे तौर पर एक ग्राम शक्कर की जगह इसके एक बटा चार सौ भाग या मात्र 2.5 मिलीग्राम सैकरिन के प्रयोग से समान तीव्रता की मिठास मिल सकती है, यद्यपि यह 'शुद्ध मिठास' नहीं होगी। एसपरटेम से बना शक्कर-रहित मिष्ट पदार्थ एकल खुराक की गोलियों के रूप में विविध व्यापारिक नामों से बाजार में उपलब्ध है। इसकी एक गोली की मात्रा शक्कर की एक चम्मच की मिठास के समतुल्य है, जबकि इतनी शक्कर में मौजूद 20 कैलोरी के मुकाबले एसपरटेम के उत्पाद में सिर्फ 0.4 कैलोरी यानी 2 प्रतिशत ऊर्जा होती है।

एसपरटेम को 'शक्कर-मुक्त मिष्ठान्न', सौंदर्य प्रसाधनों (होंठलाली आदि), मुखशुद्धि हेतु कुल्ला करने के उत्पादों,कुछ औषधियों, पशु और मुर्गियों के आहार, जर्दा या अन्य तम्बाकू-उत्पाद (गुटका, पान मसाला आदि) और सिगरेट के टुर्रा तक में डाला जाता है। स्टीविया मूलतः पेरुग्वे में उत्पन्न होती है किंतु अब कर्नाटक, आंध्र प्रदेश, महाराष्ट्र और उत्तर प्रदेश में भी इस वनस्पति ('मधुपत्र', मीठा पौधा आदि नाम) की खेती होने लगी है। मिष्ट यौगिक स्टीवियोसाइड की मात्रा स्टीविया के सूखे पत्तों में 3 से 20 प्रतिशत तक होती है। स्टीविया के विविध प्रजातियों एस आर वी-123, एस आर वी-128 और एस आर वी-512 में मौजूद ग्लूकोसाइड की मात्रा क्रमशः 9-12, 2--29 और 10-15 प्रतिशत होती है स्टीविया से अग्न्याशय में मौजूद बीटा कोशिकाओं पर प्रभाव पड़ने से इंसुलिन के निर्माण में मदद मिलती है। दांतों में पायरिया, सड़न, कीड़े, आदि के प्रकोप को रोकने में स्टीविया सहायक है। स्टीवियां और अन्य कृत्रिम मिष्ट पदार्थों की खपत अंततः इनके मूल्य पर निर्भर करेगी जो फिलहाल आकर्षक नहीं है।

6.16 काजू-बादाम

भोजन के सहायक पदार्थों में काजू, बादाम आदि सूखे मेवे महंगे होने के कारण फिलहाल सामान्य उपभोक्ता की पहुंच के अंदर नहीं आते यद्यपि तथ्य यह है कि दुनिया में भारत काजू का सबसे बड़ा उत्पादक है और इसकी सर्वाधिक मात्रा का निर्यात करता है। खासकर काजू में मनभावन स्वाद और फ्लेवर होता है। भुने हुए रूप में प्रयुक्त होने के अलावा ऊंची गुणवत्ता के मिष्ठान्न में काजू प्रायः डाला जाता है। काजू में कार्बोहाइड्रेट, प्रोटीन, वसा, खनिज तथा रेशा की मात्रा क्रमशः 22,22,47, 2.5 तथा 1.5 प्रतिशत और शेष अल्प मात्रा में नमी होती है। साथ ही काजू में विटामिन ए और बी, कैल्शियम, फास्फोरस, लोहा, नायसीन आदि अच्छी मात्रा में होते हैं। काजू की प्रति 100 ग्राम मात्रा में लगभग 600 किलो कैलोरी ऊर्जा होती है।

काजू स्वादिष्ट होने के साथ सघन पोषकता का खाद्य पदार्थ है जिसकी

वसा मुख्यतः असंतृप्त वसा अम्लों के रूप में होती है। काजू के तेल में करीब 74 प्रतिशत ऑलीक ग्लिसराइड और 8 प्रतिशत लिनोलीक अम्ल होते हैं। काजू के फलीय रस में 12 प्रतिशत शर्करा होती है, अतः इसका प्रयोग शराब बनाने में भी किया जाता है।

काजू की अपेक्षा महंगा सूखा मेवा बादाम है जो अत्यंत पोषक-पुष्टिकर खाद्य है। इसमें मौजूद उच्च गुणवत्ता की प्रोटीन की प्रचुरता इसे समृद्ध खाद्य के दर्जे में रखती है। बादाम में कार्बोहाइड्रेट, प्रोटीन, वसा, खनिज व रेशा क्रमशः 11,21,60, तीन व दो प्रतिशत के करीब और शेष अल्प मात्रा में नमी होती है। कैल्शियम, फास्फोरस, लोहा और नायसीन क्रमशः 230,490,4.5,4.4 मिलीग्राम और विटामिन बी अल्पांश में होते हैं। बादाम की वसा प्रायः पालीअनसैच्युरेटेड श्रेणी की होती है और कोलेस्ट्राल के नियंत्रण में सहायक है। दूसरी ओर एक अति सघन खाद्य के रूप में बादाम की कैलोरी संख्या प्रति 100 ग्राम 670 किलो कैलोरी तक होती है जो शरीर का वजन बढ़ाने में योगदान देती है। रक्ताल्पता, कब्ज, त्वचा के रोग, शक्ति-क्षीणता आदि की अवस्था में बादाम का सेवन लाभदायक है।

6.17 अंडा

मुरगी और कुछ हद तक जल-मुरगी के अंडे व्यापक रूप से खाए जाने वाले सुलभ, पौष्टिक, सुपाच्य और शीघ्र बलदायक तथा धातु-पुष्टकर खाद्य हैं। अंडा दूध की भांति पूर्ण आहार है जिस पर आयुर्वेद की भी मुहर है। क्षीणरेतः सुकासेषु हृद्रोगेषु च, अण्डानि हितानि। धातुक्षय संबंधी रोगों में पथ्य अंडा पुष्टकर खाद्य है और क्षीण गर्भाशय वाली स्त्रियों के लिए विशेष लाभदायक असंसेचित या इनफर्टाइल रूप में होने से, जिससे चूजा नहीं बनता, अंडा दरअसल आगिषभोजी आहार नहीं होता। विविध खाद्य-रसों से युक्त न होने के कारण अंडा पाचक-रसों को उत्तेजित नहीं कर पाता जिसके कारण अंडे का पाचन आमाशय में अल्प तथा आंत में अधिक होता है। अंडे को पूरा उबालने पर (हार्ड ब्वायल्ड) इसकी प्रोट्रीन में परिवर्तन होने से यह हल्का दुष्पाच्य हो जाता है, अन्यथा अंडे का करीब 95 प्रतिशत अंश आंत में प्रचूषित हो जाता है और इस प्रकार अंडा से सघन ऊर्जा शीघ्र प्राप्त होती है।

मुरगी के अंडों में विविध आवश्यक अमीनो अम्लों से गठित लगभग 15 प्रतिशत सुपाच्य प्रोटीन, असंतृप्त या अनसैच्युरेटेड वसा-अम्लों से बनी हुई 12 प्रतिशत तक लिपिड वसा एवं लौह, फास्फोरस, कैल्शियम और सल्फर से युक्त एक फीसदी खनिज अंश होता है तथा अल्पांश में विटामिन ए, बी तथा डी भी। एक सामान्य अंडे से प्रायः 80 किलो कैलोरी ऊर्जा मिलती है।

तालिका 7 : मुरगी के अंडे के उपभोज्य अंश (दो भाग श्वेत ऐलब्युमिन तथा 1 भाग वसामय पीली जरदी) का औसत प्रतिशत संघटन

संघटक	पूर्ण अंडा	श्वेत ऐलब्युमिन	पीतक जरदी
प्रोटीन	13.5	10	17
वसा	10.5	0.05	30
राख (खनिज)	1.0	0.8	1.5
जल	74	88	49

ज्ञातव्य है कि अंडे की जरदी या योक में 250 मिलीग्राम तक कोलेस्ट्राल होता है जिसके कारण कोलेस्ट्राल-नियंत्रण की गरज होने पर पीली जरदी का अंश निकालकर या कम मात्रा में अंडा लिया जाता है। तथाकथित देशी मुरगी के 45 ग्राम से भी कम वजन वाले अंडे में (सामान्य अंडों का वजन 50-70 ग्राम) जरदी का अंश ज्यादा होने से कोलेस्ट्राल की प्रतिशत मात्रा भी ज्यादा होती है।

वैसे अंडे में मिलावट की संभावना नदारत होती है किन्तु बासी होने पर गरमी, सूक्ष्मजैविक संक्रमण आदि के कारण अंडे अनुपभोज्य स्तर तक खराब हो जाते हैं। भंडारण के समय जलीय अंश व कार्बनडाइआक्साइड की मात्रा में कमी तथा सूक्ष्मजैविक प्रभावों से गुणता में गिरावट का क्रम मुरगी द्वारा अंडा दिए जाने के बाद ही शुरू हो जाता है और इस प्रकार अंडे के वजन में कमी, रासायनिक विघटन, पोषक तत्त्वों का अपघटन या खराबी और अंततः दुर्गंध तक पैदा होती है। अतः ताजे अंडे ही खरीदें, यथासंभव फ्रिज़ में रखें और एक हफ्ते के अंदर इनका उपभोग करें। सही अंडों की जांच के लिए इन्हें प्रकाश के सामने घुमाकर देखें। अंडो में कोई दरार न हो, जरदी का अंश यथास्थान केन्द्र में स्थित हो, श्वेत अंश दृढ़ हो और अंडों में कोई अनावश्यक वृद्धि और किसी बाहरी वस्तु की उपस्थिति न हो। ताजा और सही गुणवत्ता का अंडा पानी में डूब जाता है जबकि खराब हुआ अंडा तैरता है।

6.18 मछली

भारत मे मीठे जल और समुद्री जल में पैदा होने वाली करीब ढाई सौ प्रकार की फ़िन-फिश या पतले छिलके की शल्कधारी मछलियों और शेल-फिश या कवकधारी मछलियों का उपभोग 3.5 किलोग्राम प्रति व्यक्ति प्रति वर्ष की दर से हो रहा है। शार्क, सैमॅन, मैकॅरॅल, बाम्बे-डक, रिबन फिश, पामफ्रेट, सोल, ट्यूना आदि समुद्री मछलियां और सार्डीन, मलेट, कैट फिश, पर्च, पर्लस्पॉट आदि मीठे जल की मछलियां (जिनके क्षेत्रीय नाम भिन्न हैं) सर्वाधिक

प्रयोग में लाई जाती हैं। बाम्बे डक, पर्च, कॉड, सोल आदि प्रकार की मछलियों में दो प्रतिशत तक वसा होती है, जबकि सैमॅन, सारडीन, ट्यूना और मैकॅरॅल मछलियों में पांच प्रतिशत तक वसा पांच प्रतिशत से ज्यादा वसा से युक्त मछलियों का गोश्त गाढ़े रंग का होता है। सफेद गोश्त की मछलियों में वसा अल्पांश में होती है। कुछ मछलियों में 25 प्रतिशत तक वसा होती है जिसे तेल के रूप में प्राप्त किया जाता है। मछलियों की वसा अधिकांशतः असंतृप्त या अनसैचुरेटेड श्रेणी की होती है।

फ़िन-फिश श्रेणी की मछलियों में सर्वाधिक 20 प्रतिशत तक प्रोटीन होती है, जबकि शेल-फिश में अपेक्षाकृत कम प्रोटीन। प्रायः सभी मछलियों में विभिन्न मात्रा में ग्लाइकोजन होती है। शेल-फिश में सर्वाधिक पांच प्रतिशत तक ग्लाइकोजन होती है जो एंजाइम की क्रिया से ग्लूकोस में बदल जाती है। विशेषतः शेल-फिश के मीठे स्वाद का कारण है इसमें 3-5 प्रतिशत ग्लाइकोजन का होना।

मांस की अपेक्षा मछली की बेहतर गुणवत्ता व स्वीकार्यता मछली में मौजूद खनिजऔर विटामिन की प्रचुर मात्रा के कारण होती है। मछली में कॉपर, सल्फर और फास्फोरस की मौजूदगी इसे स्वास्थ्यवर्धक खाद्य की श्रेणी में रखती है। साथ ही समुद्री मछलियों में लौह की ज्यादा मात्रा होती है, जबकि आयोडीन के लिए यह अनन्य स्त्रोत होती हैं। मछली के प्रति 100 ग्राम मांस में 0.01-0.5 मिलीग्राम आयोडीन होती है, यानी समुद्री मछली का नियमित सेवन की स्थिति में आयोडीन नमक के बजाय साधारण नमक लेना ही उचित है। मीठे जल की मछलियों में आयोडीन की मात्रा तीस गुना कम या अल्पांश में होती है। खनिजों के अलावा मछलियों मे सर्वाधिक विटामिन ए और डी होता है।

मछलियों की गुणवत्ता का शीघ्र अपघटन या खराबी और विषाक्त, प्रदूषण इनके लिए अभिशाप है जिसके कारण इनका निरापद होना सन्देह के घेर में होता है। समुद्री मछलियों के तमाम नमूनों में मेथिल गर्करी (शेल-फिश), ट्यूना, मैकॅरॅल और सार्डीन में हानिकर (एलर्जेंट) सारिअन पदार्थ, आइस्टर में पक्षाघात पैदा करने वाला आविष सैक्सिटाक्सिन और प्रदूषित जल स्रोतों से प्राप्त मछलियों में विषाक्त पॉलीक्लोरिनेटेड बाईफेनिल या पी सी बी रसायनों की हानिकारक मात्रा पाई गई है। जाहिर है कि खाद्य के रूप में मछलियों का उपयुकत होना औद्योगिक प्रदूषण के प्रभावी नियंत्रण, मछलियों के संरक्षण, गुणवत्ता की नियमित जांच तथा स्वयं उपभोक्ता की जागरुकता और विवेक पर निर्भर हे। अन्यथा मछली एक असुरक्षित खाद्य घोषित हो सकता हे। शायद इसीलिए संदेहास्पद अर्थ को ''फिशी मैटर'' भी कहा जाता है क्योंकि पानी से तुरंत प्राप्त स्वस्थ अप्रदूषित मछली में दुर्गंध नहीं के बराबर होती है, किन्तु

अपघटन या खराब होने पर बैक्टीरिया की क्रिया से दुर्गंधयुक्त ट्राइमेथिल अमीन और असंतृप्त वसा के आक्सीकरण से बिसायंध दुर्गंध या रैनसिडिटी पैदा होती है।

उपभोक्ता-सुरक्षा हेतु मछली जैसे प्रदूषित खाद्य को विश्वसनीय स्रोत से प्राप्त करना, इसकी जांच कराना, अच्छी तरह धोना और साफ करना, वसायुक्त अंश को यथासंभव अलग करना (वसा में अधिकांश प्रदूषक घुले रहते हैं), कीटनाशी रसायन के असर से मृत मछलियों को पहचानना, खराब हुई गाढ़े रंग के मांस वाली मछलियों से परहेज करना और दुर्गंध व भौतिक दशा के आधार पर सेंसरी इवैल्युएशन करना सर्वथा वांछनीय है।

7
दूध, बदलती गुणवत्ता की वैज्ञानिक जांच

क्षीरघृताभ्यासो रसायानानाम् श्रेष्ठतमः...

भारतीय चिकित्सा प्रणाली के जनक चरक के मतानुसार, जो आधुनिक विज्ञान के सर्वथा सम्मत है, दूध बलवर्धक एवं आरोग्यदायक पूर्ण आहार है जिसमें रस रक्तादि धातुओं का विवर्धन या वृद्धि तथा अंग-प्रत्यंग का विकास करने वाले संघटक प्रभूत परिमाण में उपस्थित होते हैं।

गाय, भैंस और बकरी का दूध सात्त्विक भोजन का अंग है जिसके सेवन से स्मृति, आयु में वृद्धि तथा रोगनिवारण में मदद मिलती है। यह मान्यता वस्तुतः प्राकृतिक रूप से प्राप्त शुद्ध दूध के लिए लागू होती है। वर्तमान औद्योगिक युग और उपभोक्ता (अप) संस्कृति के दौर में प्रदूषण, संदूषण, संक्रमण, अपमिश्रण या मिलावट तथा रासायनिक उपचार के चलते दूध की गुणवत्ता और विश्वसनीयता में हो रही गिरावट दरअसल दूध को अ-दूध बनाने की ओर हावी है। विशेषतः शहरी उपभोक्ता दूध की बिगड़ती गुणवत्ता से अवश्य कुप्रभावित हो रहे हैं। साथ ही दुधारू पशुओं के पराजीनी विकास यानी उनकी किस्मों में भारी फेरबदल और चारे की गुणवत्ता में हुए परिवर्तनों के चलते दूध की मूलभूत प्रकृति या गुणता में भी फर्क आए हैं। वर्तमान में दूध के गुणधर्म, प्रभाव और सुरक्षा सबंधी सारे कारकों की वैज्ञानिक जांच करना निस्संदेह जनहित का तकाजा है।

7.1 प्रामाणिक संघटन

दूध वस्तुतः जल में प्रोटीन (छेना) और वसा का एक प्राकृतिक अवयव है जिसके अन्य प्रामाणिक संघटक हैं-लैक्टोस के रूप में शर्करा, ऊष्माप्रेरित स्कंदक या कोऐग्यूलेंट, एलब्यूमिन, प्रोटीन, प्रतिजीव या एंटीबायटिक गुणों से युक्त एंजाइम या किण्वक यानी ग्लोब्युलिन, मुख्यतः कैल्शियम और फास्फोरस सहित खनिजों की मात्रा, क्लोराइड तथा विटामिन-ए, बी-काम्पलेक्स, सी और अल्पांश में विटामिन डी। प्रायः सभी प्रकार के दुधारू

पशुओं के दूध में शर्करा, प्रोटीन, वसा और खनिज की मात्रा क्रमशः 4.5-5.5, 3-4,3-6 तथा 0.7 प्रतिशत एवं 85-88 प्रतिशत जलीय अंश होता है। दूध के जलीय अंश के अलावा मौजूद समस्त संघटक 'कुल ठोस' अंश कहलाते हैं जो 11-14 प्रतिशत होने चाहिए। सामान्यतः व्यापारिक रूप में दूध की गुणवत्ता उसके सापेक्षिक घनत्व के साथ-साथ वसा की मात्रा पर आंकी जाती है, जबकि वसा के अलावा अन्य संघटकों का महत्त्व कुछ कम नहीं होता। स्त्री के दूध की अपनी ही अपरिहार्यता या अनिवार्य महत्त्व है, यद्यपि गाय के दूध की अपेक्षा इसमें कम प्रोटीन होती है। अन्य दूधों की गुणवत्ता एवं उपयोगिता के घटते क्रम में गाय और बकरी का दूध आता है, जबकि आखिरी क्रम संख्या में भैंस का दूध जिसमें वसा ज्यादा किंतु प्रोटीन कम होती है, यद्यपि प्रोटीन ज्यादा महत्त्वपूर्ण होती है। सौ ग्राम दूध में तकरीबन 120 मिलीग्राम कैल्शियम, 10 मिलीग्राम फास्फोरस, 0.2 मिलीग्राम लौह और कई विटामिन मौजूद होते हैं। दूध से औसतन प्रति 100 ग्राम 67 किलो कैलोरी ऊर्जा मिलती है। व्यावहारिक स्तर पर प्रतिदिन प्रत्येक मनुष्य द्वारा एक लीटर दूध ग्रहण करने पर कैल्शियम और फास्फोरस की लगभग कुल आवश्यक मात्रा मिल जाती है और साथ ही एक तिहाई प्रोटीन, एक चौथाई ऊर्जा, आठवां हिस्सा लौह तथा काफी विटामिन की आवश्यकता की पूर्ति होती है, यद्यपि यह निष्कर्ष अंततः विविध प्रकार के दूध की गुणवत्ता पर निर्भर करती है जिसके आंकड़े तालिका 8 में दिए गए हैं।

तालिका 8

विविध प्रकार के दूध का प्रतिनिधि संघटन ग्राम प्रति 100 ग्राम

दूध का प्रकार	जल	वसा	शर्करा	प्रोटीन	ठोस कण	खनिज	किलो कैलोरी
भैंस का दूध	84	7.0	4.5	3.5	16	0.03	67
गाय का दूध	87	4.5	4.5	3.9	13	0.03	60
बकरी का दूध	85	5.6	4.7	3.7	15	0.04	68

दूध की प्रोटीन मुख्यतः छेना या कैसीन और शेष तोड़ (दही का पानी) या सिरम प्रोटीन के रूप में होती है, यानी लैक्टोग्लोब्युलीन तथा लैक्टरब्यूमीन श्रेणियों की सिरम-प्रोटीन। दूध में कई एंजाइम होते हैं और विशेषकर गाय के दूध में करीब 25 एंजाइम अब तक पहचाने गए हैं जो दरअसल दूध निकालते समय पशु के स्तन के टिशू में पैदा होकर दूध में सांयोगिक रूप से प्रवेश करते हैं। धारोष्ण दूध की विशिष्टता इन एंजाइमों की बदौलत है जो शरीर की

क्रियाओं के लिए उत्प्रेरक साबित होते हैं। दूध निकालने के बाद जब इसका पाश्चुरीकरण किया जाता है तो कई एंजाइम नष्ट हो जाते हैं।

7.2 दूध के विशिष्ट गुण

कच्चा दूध अल्पांश में अम्लीय होता है, क्योंकि इसका पी एच 6.6-6.7 होता है और इस कारण कच्चे दूध के स्कंदन या कोऐग्युलेशन की संभावना रहती है। दूध निकालने के बाद प्रायः यह तुरंत उबाल कर रखा जाता है जिसके कारण दूध में मौजूद कार्बन डाइआक्साइड तथा ऑक्सीजन गैस बाहर निकल जाती है और इस प्रकार दूध का स्वाद बदल कर पके हुए स्वाद का अनुभव देता है।

दूध का सापेक्षिक घनत्व दूध के प्रकार के अनुसार 1.04 से ज्यादा या कम होता है। गाय के दूध का सापेक्षिक घनत्व लगभग 1.03 है। दूध में पानी की मिलावट होने पर सापेक्षिक घनत्व घट जाता है जो लैक्टोमीटर से नापने पर ज्ञात होता है। लैक्टोमीटर से दूध की मिलावट का अनुमान अवश्य होता है किंतु पुष्टि नहीं, क्योंकि विविध प्रकार के दूधों के बदलते संघटन के अनुसार शुद्ध दूध का सापेक्षिक घनत्व कम या ज्यादा हो सकता है।

दूध का औसत हिमांक-0.55^0 सेल्सियस होता है और दूध में मौजूद लैक्टोस और खनिज की मात्रानुसार यह-0.5 व-0.6 के बीच बदल सकता है। दूध में लैक्टोस और खनिज का प्रतिशत प्रायः स्थिर रहता है, अतः हिमांक में विशेष परिवर्तन नहीं होता। दूध में प्रति एक प्रतिशत जल का आयतन जोड़ने से हिमांक एक प्रतिशत घट जाता है। इस प्रकार से हिमांक के आधार पर इसमें पानी की मिलावट और मात्रा दोनों की पुष्टि की जा सकती है।

दूध निकालते या फेटते समय हवा के प्रवेश से इसमें झाग पैदा होता है। झाग दरअसल दूध के पृष्ठ तनाव के कम होने के कारण पैदा होता है। इस क्रिया में दूध की वसा निर्णायक भूमिका अदा करती है। गाय के दूध में कम वसा होने से यह भैंस के दूध की अपेक्षा फेटने पर कम झाग पैदा करता है। इस प्रकार दूध का वजन लेना आयतन निकालने के बजाय ज्यादा सही परिमाण दर्ज करता है।

पचनीयता—दूध सर्वाधिक पचनीय पदार्थ है जो मात्र डेढ़ घंटे में पूर्णतः पच जाता है। दूध की वसा, प्रोटीन और कार्बोज क्रमशः 99,97 और 98 प्रतिशत पचनीय हैं। दूध की सिरम-प्रोटीन में मौजूद लैक्टोग्लोब्युलिन और लैक्टलब्युमीन पचने व पोषण में उच्च गुणवत्ता के साबित होते हैं। दूध में वसा सूक्ष्म कणिकाओं के रूप में फैले होने के कारण आसानी से पच जाती है। दूध की शर्करा या लैक्टोस आंत में पहुंच कर ग्लूकोस और गैलेक्टोस में बदल

जाती है जिससे पाचन-अक्चूषण आसान हो जाता है। लैक्टोस से लैक्टिक अम्ल पैदा होता है जिससे आंतों में सड़न क्रिया पैदा करने वाले जीवाणु नष्ट हो जाते हैं।

दूध की स्वीकार्यता के लिए इसकी खनिज का क्षारीय होना जरूरी शर्त है ताकि दूध पीने से शरीर का क्षारीय स्राव बढ़े। साथ ही दूध में खट्टापन या अप्रिय स्वाद नहीं होनी चाहिए। उबालने पर दूध न फटे इसके लिए पी एच अनुकूल होना चाहिए। अनुकूल पी एच होने पर आंतों में स्थित जीवांश या फ्लोरा का संरक्षण होता है जो विटामिन की क्रिया और स्वास्थ्य के लिए महत्त्वपूर्ण है।

ज्ञातव्य है कि आमाशय में पहुंचते ही दूध से दही बनने लगती है, कार्बनिक अम्लों का अक्चूषण तुरंत शुरू हो जाता है और दूध के ठोस कण आंतों में पहुंचने पर वसा का शोषण वसा लसीका वाहिनी या लैक्टिकल द्वारा आसानी से होता है। दूध की स्वीकार्यता, भंडारण और पचनीयता के लिए इसके पी एच का अनुकूल होना सहायक होता है।

7.3 दुग्ध-संरक्षण

दूध में सूक्ष्म जैविक संख्या प्रति मिलीलीटर आयतन में एक से दो लाख के बीच होती है। दूध को सूक्ष्म जीवों द्वारा खराब होने से बचाने के लिए पाश्चुरीकरण विधि का प्रयोग किया जाता है। इसके द्वारा जीवाणु अपेक्षिक स्तर तक घट जाते हैं। पाश्चुरीकरण के लिए दूध को लगातार 30 मिनट तक 63^0 सेल्सियस तापमान पर रखा जाता है और फिर इसका शीघ्र शीतलन किया जाता है। ऊंचे तापमान 138^0-140^0 सेल्सियस पर मात्र दो सेकेंड गर्म करने पर भी दूध पाश्चुरीकृत हो जाता है। ऊंचे तापमान पर दूध के लाभदायक एंजाइम नष्ट हो जाते हैं। उच्च तापमान पर पाश्चुरीकृत दूध को वायुरुद्ध या हरमेटिक पैक के अंदर तीन महीने तक बिना खराब हुए सामान्य तापमान पर रखा जा सकता है।

गैर पाश्चुरीकृत दूध को, खासकर ग्रामीण परिवारों में, बार बार गर्म करना होता है। कुछ गृहणियां दूध में खाने का सोडा या सोडियम बाइकार्बोनेट एक चुटकी भर कर डाल देती हैं जो दरअसल परिरक्षक रसायन का काम करता है। स्वाभाविक है कि दूध में सोडा डाल कर रखने से इसके कुछ विटामिन नष्ट हो जाते हैं और कुछ हद तक स्वाद भी खराब हो जाता है।

7.4 अपमिश्रण (मिलावट)

दूध सर्वोत्तम आहार है किंतु सर्वाधिक अपमिश्रित उपभोक्ता वस्तु है। मिलावट

या अपमिश्रण के कारण स्वास्थ्य पर कई हानिकारक प्रभाव पड़ते हैं। दूध की कमी होने की स्थिति या मुनाफाखोरी की अनुकूल दशाओं में दूध में मिलावट की वारदातें प्रायः हावी होती हैं और यह काला धंधा गावों, कस्बों, शहरों या महानगरों में यानी सर्वत्र चलता है। अंधाधुंध मिलावट की स्थितियों में प्रायः यह सोचना पड़ता है कि दूध में पानी मिला हुआ है या पानी में दूध और किस प्रकार के पानी का इस्तेमाल हुआ है?

दूध में मिलाए जाने वाले अपमिश्रक पदार्थों में अस्वच्छ या अविश्वसनीय गुणता के जल से लेकर माड़ी, आटा, मलाईरहित दूध का घटिया पाउडर, रासायनिक परिरक्षक या प्रिजर्वेटिव पदार्थ और सरेस या जिलेटिन तक मिलावट के लिए इस्तेमाल में लाए जाते हैं जिनकी पहचान लैक्टोमीटर द्वारा नहीं हो पाती, बल्कि रासायनिक परीक्षा करनी होती है (खाद्य मिलावट संबंधी अध्याय देखें)। यह कितनी विडंबना की बात है कि देश में तथाकथित 'श्वेत क्रांति' होने के बावजूद दूध में हानिकारक पदार्थों की मिलावट के कारण उपभोक्ताओं को कुपोषण और बीमारियां झेलनी पड़ती हैं। दरअसल दूध बेचने के पहले दूध से मक्खन को आंशिक रूप से अलग कर लेना मिलावट का ही एक रूप है। दूध में उक्त किसी भी प्रकार की मिलावट करना मिलावट बचाव अधिनियम के खिलाफ दंडनीय अपराध है।

यद्यपि दूध में मिलावट की समस्या का प्रभावी निराकरण खाद्य मिलावट बचाव संबंधी नियमों को कड़ाई से लागू करने से संभव होगा किंतु उपभोक्ता स्वयं अपने स्तर पर सही जानकारी और घरेलू परीक्षा द्वारा अपना बचाव कर सकते हैं। माड़ी या माड़ी के जैसे अपमिश्रकों की जांच के लिए दूध के थोड़े से नमूने में एक-दो बूंद आयोडीन घोल (2.5 ग्राम आयोडीन क्रिस्टल तथा 3 ग्राम पोटेशियम आयोडाइड का 100 मिलीलीटर जल में घोल) डालने पर नीला रंग आना माड़ी या स्टार्च की मौजूदगी सूचित करेगा।

शुद्ध दूध का हिमांक -0.53^{0} से -0.56^{0} सेल्सियस के बीच स्थिर रहता है और सापेक्षिक घनत्व 1.03 पर। दूध के यह दो गुण उपभोक्ताओं और दुग्धशालाओं या डेयरी द्वारा मिलावट जांचने में मददगार होते हैं। शुद्ध दूध में दुग्धमापी या लैक्टोमीटर डालने पर यह 30 अंक दर्शाता है। प्रयोगशाला में दूध का हिमांक जांचने पर मिलावट की पुष्टि हो सकती है।

7.5 बिगड़ती गुणवत्ता

विशाल दुग्धशालाओं की स्थापना से जहां एक ओर मानक दूध की उपलब्धता आसान हुई है वहीं दूसरी ओर दूध के प्रकार या गुणवत्ता में अप्रत्याशित परिवर्तन या अधोगति भी हुई है। बाजार में पालीथीन की थैलियों में उपलब्ध

दूध के विविध नमूनों की नियमित जांच करने से दूध में रासायनिक या जैविक अशुद्धियों की उपस्थिति चिंताजनक स्तर पर पाई जाती है। अशुद्धियों के चलते संदूषण (कंटेमिनेशन), संक्रमण (जैविक इनफेक्शन), प्रदूषण (पोल्यूशन) आदि के कारण दूध की गुणवत्ता में आमूल गिरावट आती है, यानी यह कह सकते हैं कि दूध प्रायः अ-दूध सा हो जाता है।

दूध की गुणवत्ता में आमूल बदलाव के चलते कुछ नमूनों में एफ्लाटॉक्सिन, एंटीबायोटिक्स, कीटनाशी रसायनों के अवशेष, अन्य कृषि रसायन, बैक्टीरिया(बीजाणुनाशक या स्पोर फार्मिंग प्रकार), सोडियम कार्बोनेट, यूरिया आदि जैसे रासायनिक अपमिश्रक, गोजातीय रक्त या पीब इत्यादि की उपस्थिति संभव हुई है। जाहिर है कि यह अपमिश्रक पदार्थ पशु के चारे, जल, दुग्ध-उपचार की क्रियाओं,पशु-रुग्णता से यकृत में कैंसर, एंटीबायोटिक्स के कारण औषधि-प्रतिरोध या ड्रग-इम्युनिटी, कीटनाशी रसायनों से विषाक्तता और कैंसर, यूरिया और रासायनिक योगजों की बदौलत धीमी विषाक्तता तथा रक्त-अवशेष या पीब के कारण अनेक बीमारियों का खतरा हावी होता है। इन स्थितियों में आवश्यक हो गया है कि दूध-उद्योग और सरकार द्वारा दूध की जैविक-रासायनिक गुणवत्ता का व्यापक सर्वेक्षण और जांच की जाए तथा तद्नुसार मिलावट बचाव नियमों के अंतर्गत इन अशुद्धियों को भी अपमिश्रक की तालिका में रखा जाए।

तालिका 9 : दूध में संभावित जैविक अशुद्धियां तथा उनके कुप्रभाव

जैविक अशुद्धि/संक्रमक	कुप्रभाव/उत्पन्न रोग
C. perfringens (Welchii-TypeA)	उदरशूल, गैस, वमन, दस्त
Shiegella Sonnei	दण्डाणुज(बैसिलॅरी), अतिसार (शिजेलोसिस)
Staphylacococcus aureus	लार-वृद्धि, वमन,उदरीय ऐंठन,पेचिश प्यास,पसीना
entero-toxins, A,b,C,D,E	प्रणिपात-मूर्च्छा
streptococcus pyogenes	विषाक्तता गला खराशी, स्कारलेट ज्वर

खाद्य मिलावट बचाव नियमों में उक्त जैविक अशुद्धियों का जिक्र अनुपस्थित होने की स्थिति में दूध एक हानिकारक कॉकटेल की सूरत अख्तियार कर ले तो आश्चर्य नहीं होगा। ऐसी बिगड़ी हुई गुणवत्ता वाले दूध से बने मावा, घी, मक्खन, पनीर,रबड़ी, दही, मट्ठा, आइसक्रीम, श्रीखंड, चाकलेट, पेड़ा, बरफी, रसगुल्ले, रसमलाई, चमचम आदि में उक्त खतरनाक अशुद्धियों की मौजूदगी दूध की अपेक्षा ज्यादा मात्रा में हो सकती है। दूध की बिगड़ती हुई गुणवत्ता की कुछ और भी सूरतें हैं।

7.6 असावधानी के कारण मिलावट

पाश्चुरीकरण क्रिया द्वारा गैर बीजाणुक या स्पोर-फार्मिंग बैक्टीरिया, जिनके कारण दूध फटता या खराब होता है, खत्म हो जाते हैं, किंतु एफ्लाटॉक्सिन, एंटीबायोटिक्स, कीटनाशी रसायन, सोडियम कार्बोनेट/बाईकार्बोनेट (पी एच नियंत्रक यौगिक), यूरिया आदि पर कोई फर्क नहीं पड़ता, यदि यह सब दूध में अशुद्धियों के रूप में घुले हुए हैं। प्रायः पाश्चुरीकृत दूध घरेलू फ्रिज में 24 घंटे बाद खराब होना शुरू हो जाता है। ऐसी दशा में दूध यद्यपि खट्टा नहीं होता और फटता नहीं लेकिन दूध में मौजूद अन्य बैक्टीरिया के कारण दूध के थक्के बनने लगते हैं और दूध खराब हो जाता है।

पाश्चुरीकरण तथा शीतलन क्रियाओं के बाद भी दूध में शेष साइक्रोफिलिक बैक्टीरिया की वृद्धि होती है और इस प्रकार 24 घंटे बाद शून्य तापमान पर भी दूध में लस या तार आने लगता है और दूध का रंग और स्वाद खराब हो जाता है। दूध में उक्त खराबियां अनजाने में पड़नेवाली अशुद्धियों या मिलावट के कारण होती हैं।

दुग्धशालाओं में दूध में जानबूझ कर भले ही कोई मिलावट न की जाती हो, किंतु ऐसी कई विधियों या संसाधन का प्रयोग किया जाता है जिनके कारण दूध की गुणवत्ता में गिरावट आनी संभव है। उदाहरणतः परिरक्षण के दौरान हाइड्रोजन पराक्साइड का प्रयोग, चारे के साथ दूध में विषाक्त डायाक्सिन का प्रवेश, पनीर के निर्माण में ऐसे जामन या रेनेट का प्रयोग जो पशुओं की आंत से प्राप्त होता है। वैष्णवजनों की शिकायत है कि उक्त प्रकार का पनीर निरामिष न होकर आमिष होता है और इसकी सूचना पनीर के पैकेट पर दी जानी चाहिए। दुग्ध-उत्पादन में उछाल लाने और अतिरिक्त लाभ अर्जित करने के वास्ते दूधारू पशुओं को बी.जी.एच. (बोवाइन गोनडोट्राफिक हारमोन) नामक इंजेक्शन कतिपय दुग्ध व्यापारियों द्वारा दिया जाता है। इस इंजेक्शन के प्रभाव से स्तनशोथ या मैस्टाइटिस नामक बीमारी हो जाती है। दूध में रक्ताणु और पीब की मौजूदगी दरअसल इसी बीमारी का नतीजा है।

7.7 दुग्ध-प्रत्यूर्जता (एलर्जी)

कुछ विरले उपभोक्ताओं को जन्म से ही या कालांतर में दूध की शर्करा लैक्टोस के प्रति एलर्जी या प्रत्यूर्जता हो जाती है। ऐसे लोगों के शरीर में लैक्टेस फ्लोरोजीन हाइड्रोलेस की कमी होती है, अतःवे दूध ही नहीं बल्कि दूध से बने अन्य पदार्थों को भी नहीं पचा पाते। ऐसी स्थिति में कुपोषण, निर्जलीकरण और अस्थियों की कमजोरी हावी होती है। ऐसे लोगों को वैकल्पिक

पेय पदार्थ लेने की सलाह दी जाती है। भविष्य में प्रचलित होनेवाले ट्रांसजीनी दूध का भी विकास किया गया है जिससे उक्त प्रत्यूर्जता (अपच, गैस, दस्त, वमन, आदि) नहीं होती। हां, कृत्रिम दूध उक्त प्रत्यूर्जता का इलाज नहीं है।

7.8 कृत्रिम दूध

कुछ उद्यमी दुस्साहस के कारण तथाकथित 'कृत्रिम दूध' बनाने की जुर्रत करते हैं जिसे दरअसल दूध कह ही नहीं सकते। ऐसे अ-दूध का निर्माण यूरिया, साबुन या प्रक्षालक (डिटर्जेंट), खाद्य तेल और जल के साथ पायसीकरण या इमल्सीफिकेशन क्रिया द्वारा किया जाता है। पशुओं के शुद्ध दूध में कैसीन, लैक्टोस, कैल्शियम आदि पाए जाते हैं जिसका पायसीकरण प्राकृतिक रूप से पशु के थनों या मैमरी ग्लैंड में स्वतः होता है और समान बनावट का दूध तैयार होता है। कुछ ऐसी ही क्रिया कृत्रिम दूध की खातिर दूध के बर्तनों के अंदर की जाती है, यद्यपि ऐसा करना गैर कानूनी है।

कृत्रिम दूध में प्रयुक्त यूरिया वस्तुतः नाइट्रोजन का ऐसा यौगिक है जो प्रोटीन या दूध की प्रोटीन कैसीन जैसा नहीं है, बल्कि ऐसा यौगिक है जो अभोज्य और हानिकारक है। हकीकत दरअसल विपरीत है, क्योंकि शुद्ध दूध के पाचन-अवचूषण के बाद यूरिया अपशिष्ट के रूप में पेशाब के साथ बाहर निकलती है। अतः कृत्रिम दूध यानी अ-दूध सर्वथा हानिकारक, अपथ्य, अभोज्य, और त्याज्य है।

कृत्रिम दूध की जांच और धरपकड़ करना आसान है। जल-अपघटन या हाइड्रोलाइसिस के चलते जल में साबुन या डिटर्जेंट का घोल क्षारीय प्रकृति का होता है। अतः कृत्रिम दूध में लाल लिटमस पेपर डालने से इसका रंग नीला हो जाएगा। इसी प्रकार नारंगी रंग का लिटमस पेपर हरे रंग में बदल जाएगा। दूध में यूरिया की उपस्थिति का पता लगाने के लिए दूध के नमूने में यूरिएज नामक एंजाइम की एक गोली डालने पर यूरिया का विघटन होगा जिससे अमोनियम कार्बोनेट बनेगा और अमोनिया जैसी गंध पैदा होगी। लिटमस पेपर द्वारा इसकी क्षारीयता भी आंकी जा सकती है ताकि कृत्रिम दूध होने की पुष्टि हो।

7.9 सदृश-दुग्ध (डेरी व्हाइटनर)

कुछ देशों में 'सदृश-दुग्ध' या तथाकथित एनालागस फूड बनाए गए हैं जो असली खाद्य जैसे दिखते हैं किंतु असली न होकर संश्लेषित खाद्य होते हैं। चाय आदि के लिए दूध की जगह प्रयोग में लाया जा रहा डेरी व्हाइटनर भी

दूध नहीं बल्कि दूध जैसा है यानी ''सदृश-दुग्ध'' कहा जा सकता है। इसके निर्माण हेतु हाइड्रोजनेटेड वसा (वनस्पति घी) या खजूर के तेल के संज्ञात को जल में किसी संश्लेषित या प्राकृतिक पायसीकारक द्वारा उपचारित किया जाता है जिसके फलस्वरूप यह श्वेत दुग्धवर्णीय हो जाता है। इस प्रकार बने इमल्शन से सफेद पाउडर बनता है जो चाय आदि बनाने मे दूध की जगह डाला जाता है। दूध अप्राप्य होने की स्थिति में डेरी व्हाइटनर का इस्तेमाल शहरों के अलावा गांवों में भी बढ़-चढ़ कर हो रहा है, यद्यपि इसमें दूध की तरह लैक्टोस शर्करा नहीं होती। इसी प्रकार सोयाबीन या मूंगफली की वसा और प्रोटीन के पायसीकरण से प्राप्त दूध जैसा दिखने वाले पेय उत्पाद भी लैक्टोसरहित अ-दूध पदार्थ हैं। श्वेत-क्रांति होते हुए ऐसे पदार्थ का चलन एक विरोधाभास की स्थिति पैदा करता है।

7.10 भविष्य का पराजीनी दूध

दूधारू पशुओं में जीनों का प्रत्यारोपण कर उनके दूध में कुछ अतिरिक्त गुण पैदा किए गए हैं जिनके सेवन से कुछ रोगों से छुटकारा मिल सकता है। उदाहरणतः भेड़ों के दूध में मानव प्रोटीन अल्फा-1 एंटीट्रिप्सिन को समावेश कराना संभव हुआ है जो मनुष्य के फेफड़ों मे सिस्टिक फाइब्रोसिस नामक रोग के उपचार में सहायक है। एक दूसरे प्रकार के फैक्टर टी पी और पी नामक प्रोटीन ट्रांसजीनी पशुओं के दूध से प्राप्त किए गए हैं जो हीमोफीलिया के उपचार में उपयोगी हैं। जीन प्रत्यारोपण विधि से ऐसे पशुओं को तैयार किया गया है जिनके दूध में लैक्टोस की मात्रा बहुत कम होती है और यह पराजीनी दूध उन लोगों के लिए उपयुक्त होगा जिन्हें सामान्य दूध से एलर्जी है या उसे पचा नहीं पाते। ऐसी ट्रांसजीनी गाय भी विकसित की गई है जिसके दूध में मानव लैक्टोस होता है यानी भविष्य में ऐसे दुधारू पशु होंगे जिनके दूध की गुणवत्ता आवश्यकतानुसार बदली जा सकेगी।

7.11 दही, मट्ठा

दही एक ऐसा खाद्य पदार्थ है जिसके साथ हमारी सांस्कृतिक एवं धार्मिक परंपराएं जुड़ी हुई हैं। दही-मक्खन का प्रसंग आते ही भगवान श्रीकृष्ण ध्यान में आ जाते हैं जिनका इन वस्तुओं के साथ प्रेम सर्वविदित है। आज भी हम ग्वालों की दही के लिए तरसते हैं जो सही जामन द्वारा बनाई गई उत्तम स्वाद सुवास की पोषक-सुपाच्य दही होती है। ग्वालों की दही में अप्रिय खटास नहीं होती। अच्छी दही बनाने के लिए निर्माण-कला की वैज्ञानिकता को समझना-अपनाना

आवश्यक है। दही के लिए भैंस का दूध बेहतर है किंतु गाय के दूध का सही उपचार करने के बाद अच्छी दही बन सकती है। इसके लिए दूध में अधिक ठोस पदार्थ (13-18 प्रतिशत) होना जरूरी है। स्वच्छ उबले हुए दूध को लगभग 25° सेल्सियस तापमान तक ठंडा करने के बाद दूध में 0.5-1 प्रतिशत मात्रा में उचित जामन डालें। गर्मियों मे 0.5 प्रतिशत जामन डालकर 6-8 घंटे तक और जाड़े में 1 प्रतिशत जामन डालकर 10-14 घंटे रखें। इस प्रकार सामान्य अच्छे स्वाद यानी 0.7 प्रतिशत खट्टेपन की दही बनती है। दही में विशिष्ट गुण पैदा करने के लिए विभिन्न श्रेणी के जामन का प्रयोग आवश्यक है।

सामान्य खट्टी दही के लिए स्ट्रेप्टोकोक्कस क्रिमोसिस या स्ट्रे. लैक्टिस नामक जामन, सुवास या फ्लेवर के लिए ल्यूकोनास्ट्राक डेस्ट्रानिकम या ल्यू. सिट्राबोरस जामन और सामान्य अम्लता तथा अच्छे सुवास हेतु डाई एसिटोलैक्टिस नामक जामन अपेक्षित है। दक्षिण भारत में अधिक खट्टी दही पसंद की जाती है जिसमें एक प्रतिशत से ज्यादा खट्टापन हो। ऐसी खट्टी दही के लिए उक्त डाई एसिटोलैक्टिस कल्चर के साथ लैक्टोबैसिलस बुल्गैरिकस तथा स्ट्रेप्टोकोक्कस लैक्टिस, इन तीनों के मिलावे का प्रयोग किया जा सकता है। मीठी दही के लिए दूध को उबालने के पहले उसमे 3 प्रतिशत शक्कर मिलाई जाती है और स्ट्रेप्टोकोक्कस लैक्टिस नामक जामन से जमाया जाता है। विविध प्रकार के जामन तैयार करने के लिए संरक्षित जीवाणुओं के छोटे पैकेट निर्माण संबंधी विवरण के साथ उपलब्ध हैं। निर्धारित दूध में संरक्षित जीवाणु डालकर 10-12 घंटे तक 27-28° सेल्सियस तापमान पर रखना होता है। डेयरी में इन्कयूवेटर के अंदर जामन बनाया जाता है। मिट्टी के बर्तन में पानी रखकर या बर्तन पर कपड़ा लपेट कर क्रमशः गर्मी और सर्दी में जामन बनाया जा सकता है।

यथा सुराणाममृतं हिताय तथानराणां भुवि तक्रमाहुः, यानी दही-मट्ठा की तुलना अमृत से की गई है। आरोग्य रहने के लिए दही का सेवन वरदान स्वरूप है। दही सुपाच्य, स्वादिष्ट, पौष्टिक और क्षुधावर्धक होती है और कमजोर पाचन. अनिद्रा, पीलिया, असमय बुढ़ापा, दस्त और आंतों में कृमि होने की दशाओं में लाभदायक पथ्य है। दूध से अरुचि या एलर्जी होने पर दही लेने से दूध की समस्त पोषकता प्राप्त हो जाती है। उष्ण प्रदेशों या अधिक गर्मी के दिनों में दूध के बजाय दही का सेवन अपेक्षित है।

अच्छी जामन से अच्छी तरह जमाई गई दही को फ्रिज में 7-15 दिनों तक बिना खराब हुए रखा जा सकता है। स्वच्छ स्थान में बंद बर्तन के अंदर रखी गई अच्छी दही दो दिनों तक खराब नहीं होती। अधिक खट्टी दही को देर तक रखने से तेज अम्लीय दुर्गंध पैदा हो सकती है और ऐसी दही

दुष्पाच्य होती है।

दही से बने मट्ठे के सेवन से विशेष तृप्ति या तोषण का आनंद प्राप्त होता है। अच्छा मट्ठा बनाने के लिए दही में समान मात्रा में शीतल जल मिलाकर पूरी तरह से मथें ताकि मट्ठे में वसा की मात्रा लगभग 0.3 प्रतिशत रहे। तापमान अधिक होने और कम मथने पर वसा की मात्रा एक प्रतिशत से ज्यादा होगी जो अच्छे मट्ठे के लिए अनावश्यक है।

दही को पतले कपड़े में बांध कर दबाव द्वारा जल अलग करने के बाद जो ठोस दही या चक्का मिलता है उसमें पिसी हुई शक्कर और इलायची आदि का चूर्ण डालकर सुगंधित स्वादिष्ट श्रीखंड बनाया जा सकता है। दही से निकले जलीय अंश यानी दही के पानी में काफी खनिज, विटामिन और आवश्यक लवण होने से यह पोषक पेय पदार्थ है।

7.12 मक्खन-मारगरीन

प्रायः सभी उपभोक्ता ब्रेड पर मक्खन लगाने की ख्वाहिश रखते हैं। यही नहीं ख्वाहिश यह भी रहती है कि कई अन्य खाद्य पदार्थ भी मक्खनी हों। मक्खन हमारी परंपराओं में यों रचा बसा है कि भगवान कृष्ण को 'माखनचोर' के रूप में पूजा जाता है जिससे हम आनंद विभोर हो जाते हैं। परंपराओं के साथ विज्ञान का समन्वय भी हमारे आनंद को बढा सकता है।

बहुत पुराने समय से यानी 4000 वर्षों रो भी अधिक समय से दही को खूब मथकर मक्खन के अंश को अलग लेकर उसे धोकर स्वच्छ-शुद्ध मक्खन तैयार होता रहा है जिसमें यथासंभव दही का अवशेष नहीं रह जाता। कालांतर दूध से सीधे मलाई को निकाल कर इससे मक्खन बनाया जाने लगा। मक्खन में 80 प्रतिशत से ज्यादा वसा होती है जिसमे 40 प्रतिशत से ज्यादा वसा अम्ल या सैच्युरेटेड फैट होती है, यानी रक्त में कोलेस्ट्राल बढ़ाने का स्रोत।

बाजार में छोटे-बड़े पैकेट में उपलब्ध विविध ब्रांड की मक्खन सिर्फ मक्खन नहीं होती बल्कि कई कृत्रिम फ्लेवर, रंग, लवण और अन्य रासायनिक योगजों का मिलावा होती है। यही नहीं, ठीक से गिनें तो बाजारू मक्खन में जीवाणुओं की इतनी सघन भीड़ (100 ग्राम के प्रति पैकेट में 1100000000 ई-कॉलिफार्म) होती है कि ताज्जुब होता है कि मक्खन का पैकेट कहीं जीवाणुओं की पुड़िया तो नहीं है यानी मक्खन के एक बड़े पैकेट में मौजूद जीवाणुओं की आबादी भारत की कुल आबादी की बराबरी कर सकती है। यह जीवाणु कोई मासूम या निर्दोष जीव नहीं होते बल्कि डिसेंट्री, डायरिया, गैस्ट्रोइंटेरिटिस, टायफाइड, पैरा टायफाइड, ज्वर, विषाक्तता आदि तक उत्पन्न करने की काबिलियत रखते है। गौरतलब है कि निर्दिष्ट मानक के अनुसार मक्खन में

जीवाणुओं की मौजूदगी की सुरक्षित सीमा मात्र 5 जीवाणु प्रति मिली लीटर है। कुछ ब्रांड के मक्खन में फफूंदों की आबादी रोग उत्पन्न करने में सशक्त पाई जाती हैं। कुछ फफूंद माइकोटॉक्सिक होते हैं और यकृत के क्षय में सहायक होते हैं।

फ्लेवर—मक्खन में तेज मक्खनी फ्लेवर लाने के वास्ते इसमें डाईएसीटिल योगज डाला जाता है जो निर्दिष्ट सीमा 4 पी पी एम से ज्यादा होने पर सर्वथा हानिकारक है। मक्खन में स्वादानुसार 2.5-3.0 प्रतिशत नमक मिलाने की भी व्यवस्था है।

नमी—मक्खन में स्वयं की नमी होना स्वाभाविक है जो 16 प्रतिशत तक निर्दिष्ट की गई है, लेकिन प्रश्न यह है कि मक्खन में 50 प्रतिशत तक नमी का अंश कहां से आता है? आखिरकार अतिरिक्त नमी के योग से मक्खन में सूक्ष्म जैविक वृद्धि तो होनी ही है जिससे मक्खन में बासीपन का स्वाद आ सकता है।

अम्लीयता—मक्खन अम्लीयतानाशक खाद्य है तो स्वयं मक्खन में अम्लीयता की क्या दरकार है? मक्खन के निर्माण के पहले क्रीम की पूरी सफाई न होने या अधिक समय के भंडारण से अम्लीयता बढ़ती हुई पाई गई है, जबकि इसकी निर्दिष्ट सीमा 0.06 प्रतिशत तक ही स्वीकार्य है।

वसा—मक्खन में 80 प्रतिशत दुग्ध-जनित वसा का होना इसकी स्वीकार्य गुणवत्ता हेतु जरूरी है। कई नमूनों में वसा 60 प्रतिशत तक पाई गई है जो मिलावट और मुनाफाखोरी की करतूत है। अगर उक्त मात्रा 85 प्रतिशत हो तो खुश होने की जरूरत नहीं है। मक्खन में सिर्फ दुग्ध जनित वसा स्वीकार्य है, बाहर से मिलाई गई संदिग्ध प्रकार की वसा कदापि नहीं।

विटामिन ई—विटामिन ई सिर्फ वनस्पति तेलों की बपौती है, घी, मक्खन में विटामिन-ई की गुंजाइश ही कहां। कुछ ब्रांड के मक्खन में 35 मिलीग्राम प्रति 100 ग्राम तक विटामिन-ई पाई गई है जिसे विज्ञापनों में बढ़ा-चढ़ाकर बताया जाता है और अधिक पैसे वसूले जाते हैं। ऐसा तभी होता है जब उपभोक्ता में विज्ञान-साक्षरता का अभाव हो।

रैनसिडीटी—तेल पुराना होने पर रैनसिड हो जाता है, स्वाद-सुवास बिसायंथ या खराब हो जाता है। मक्खन में भी रैनसिड पाई जाती है। वसा के आक्सीकरण से पेराक्साइड बनते हैं जो कालांतर हाइड्रोपेराक्साइड और अंततः अल्डीहाइड में बदल जाते हैं। इसी कारण मक्खन में बिसायंध कुस्वाद आता है।

मारगरीन—मक्खन की जगह मक्खन जैसा दिखने वाला मारगरीन खाद्य-तेलों का जल के साथ पायसीकरण होने पर बनता है जिसमें 10 प्रतिशत सैच्युरेटेड फैट सहित कुल 80 प्रतिशत वसा होती है। इसमें ट्रांस-फैटी एसिड भी होते हैं जो हृदय रोग उत्पन्न करते हैं। मक्खन का एक दूसरा विकल्प दुग्ध

जनित वसा और वनस्पतीय वसा का मिलावा है जो 'बटर-स्प्रेड', 'मिक्स-स्प्रेड', 'लाइट बटर स्प्रेड' आदि भ्रामक नामों से प्रचारित होता है। ऐसे उत्पादों में अम्लीय अंश होने से इनका 'एसिड वैल्यू' निर्दिष्ट अधिकतम मान 0.5 के बजाय 0.98 तक पाया गया है, अतः इनके अप्रिय स्वाद से जीभ और गले में खराबी पैदा होती हैं। अतः मक्खन का ऐसा पैकेट न खरीदें जिससे तेल बाहर रिसा हो।

7.13 आइसक्रीम कहें या 'बर्फमलाई'

आइसक्रीम को किसी भी नाम से कहें, यह हैं नन्हे-मुन्नों की खिलती हुई मुस्कान। वैसे बच्चों के नाम पर बड़ों के हिस्से आइसक्रीम की कुल खपत का आधा से भी ज्यादा हिस्सा आता है। 'बर्फगोला' ('हिंगलिंश' में आइसगोला) का लुत्फ लेने में बच्चों के साथ बड़े भी पीछे नहीं रहते। कुल्फी (शंकु पात्र का नाम) या कुल्फी-बर्फमलाई खास कद्रदानों की कमजोरी है। गांव,शहर,गली,चौराहा सब जगह बर्फमलाई खाई जाती है किंतु कितने उपभोक्ताओं को इसमें बैक्टीरिया और पैथोजन की आबादी की जानकारी होती है या इसकी गुणवत्ता की खबर? निर्माण की अवस्थाओं, पैकिंग, पुनः पैकिंग, वितरण और उपयोग में कैसे होता है आइसक्रीम में संदूषण-संक्रमण? आइसक्रीम से विषाक्तता की खबरें क्यों आती हैं और क्यों होती है इसके खाने पर कभी कभी पेट में हलचल ?

आइसक्रीम शीत तापमान पर जमा हुआ डेयरी-उत्पाद है जिसमें मुख्यतः दूध या संघनित दूध के साथ मलाई-मक्खन, शर्करा, जल, कृत्रिम रंग और फ्लेवर, रासायनिक योगज यानी दृढ़ीकारक (स्टेबिलाइजर), पायसीकारक (इमल्सीफायर), परिरक्षक (प्रिजर्वेटिव) आदि रसायन होते हैं और हां, ढेर सारी वायु भी जो आइसक्रीम के अंदर इसे फुलाने के लिए प्रवेश कराई जाती है ताकि बर्फ जैसी जमी हुई स्थिति में भी आइसक्रीम मुलायम हो जिसे लोग गुप-चुप खा सकें।

घटक—अच्छी आइसक्रीम के लिए दूध पाश्चुरीकृत हो, शर्करा के रूप में जीवाणुओं से मुक्त सुक्रोस और फ्रक्टोस हो, विसंक्रमित फल, मेवे, चाकलेट (कोकाआ) आदि हों, मक्खन-मलाई स्वच्छ निर्जीवाणुक हो, वनिला और अन्य फ्लेवर वाले घटक निर्दिष्ट खाद्य श्रेणी के हों, इसमें सैकरिन न हो, खाद्य श्रेणी के ही रंग हों जिनकी मात्रा प्रति किलोग्राम सुरक्षित मात्रा 200 मिलीग्राम से ज्यादा न हो, प्रतिबंधित योगज और रंग की अनुपस्थिति हो, इसमें स्टार्च न हो या 5 प्रतिशत से कम हो, पायसीकारक के रूप में एस्टर या मोनो या डाईग्लिसराइड हो, स्टेबिलाइजर के रूप में ग्वार गम या कार्बाक्सी

मेथिल सेल्यूलोज हो (200 पी पी एम तक के ही अनुपात में), पेयजल विसंक्रमित हो और इसमें डाली जाने वाली वायु भी शुद्ध हो। सारांशतः आइसक्रीम के सभी घटक स्वच्छता की मानक शर्तों को पूरा करें, यह सर्वथा आवश्यक है।

आइसक्रीम के संघटकों का अनुपात इसके वांछित प्रकार के अनुरूप बदला जा सकता है किंतु कुल मिलाकर इसका सांयोगिक संघटन यों है: दुग्ध वसा-12, ठोस दुग्ध कण-11, शर्करा 15, प्रतिशत सुक्रोस एवं रासायनिक योगज, रंग आदि प्रत्येक अधिकतम 200 पी पी एम और शेष जल तथा वायु। फल, सूखे मेवे आदि डालने पर दुग्ध वसा और दूध के ठोस कणों में समानुपातिक कमी हो सकती है, तथापि दुग्ध-वसा का अनुपात 8 प्रतिशत से कम नहीं होना चाहिए।

निर्माण—बड़े कारखानों में विसंक्रमित पात्रों एवं उपकरणों में निर्जीवाणुक वातावरण में आइसक्रीम का निर्माण निर्दिष्ट किया गया है। सभी संघटकों का पाश्चुरीकृत मिलावा 4.5^0 से. तापमान पर ठंडा करने के बाद इसे 71^0 सेल्सियस पर 30 मिनट रखा जाता है और स्टरर या विलोडक की मदद से एक समान मिलाया जाता है। तत्पश्चात मिश्रण को 45^0 सेल्सियस पर 2 घंटे रखने के बाद इस मिश्रण में फेंटा जाता है। मिश्रण को -5.5^0 से. पर जमाने के बाद-34^0 सेल्सियस तापमान के कक्ष में दृढ़ीकरण के लिए रख दिया जाता है।

कुटीर उद्योग में आइसक्रीम के निर्माण हेतु पैडल युक्त बर्तन में मिलावे को डालकर एक अन्य प्रशीतक बर्तन में रखा जाता है जिसमें 6 भाग बर्फ और 1 भाग नमक होता है ताकि निम्न तापमान हो सके। पैडल चलाने पर मिश्रण एकरूप हो जाता हैं और हवा के प्रयोग से फूल जाता है। इस विधि से बनी हुई आइसक्रीम मानक स्तर की नहीं होती।

सुरक्षात्मक स्तर—आइसक्रीम पर बने भारतीय मानक में, जो ऐच्छिक है, संघटकों, उपकरणों और तैयार आइसक्रीम की गुणवत्ता तथा सुरक्षात्मक भंडारण, वितरण एवं प्रयोग संबंधी कारक निर्दिष्ट किए गए हैं। आइसक्रीम की सूक्ष्मजैविक गुणवत्ता का अपेक्षित स्तर निम्न है :

1. ई कोलीफार्म बैक्टीरिया संख्या (अधिकतर),	प्रति ग्राम-100
2. फीकल बैक्टीरिया की संख्या	शून्य
3. वायरस या रोगाणु	अनुपस्थित
4. फास्फेटेज परीक्षण	नकारात्मक

विषाक्तता—आइसक्रीम के घटकों और निर्माण की गुणवत्ता तथा तैयार उत्पाद का सुरक्षात्मक स्तर प्रायः मानक स्तर नहीं होता, भले ही यह बड़े कारखाने में या कुटीर उद्योग के स्तर पर बनाई गई हो। बची हुई या पिघली

हुई आइसक्रीम की दुबारा पैकिंग, कागज का कप और चम्मच या स्पैचुला का अस्वच्छ होना विषाक्त दशा तक के लिए जिम्मेदार होते हैं। फेरीवालों द्वारा बेची जाने वाली आइसक्रीम की सूक्ष्म जैविक गुणवत्ता प्रायः संदेह के घेरे में होती है। इनमें ई-कोलिफार्म की संख्या हजारों में होने के साथ फीकल बैक्टीरिया तक पाई जाती है जिसका संभावित स्त्रोत अस्वच्छ दूध और पानी तथा कर्मचारियों की व्यक्तिगत गंदगी है।

आइसक्रीम में मिलावट के तौर पर कृत्रिम शर्करा, अखाद्य श्रेणी के रंग व निम्न गुणवत्ता की स्टार्च की मौजूदगी पाई जाती है जिससे विषाक्त असर तक संभव है। आइसक्रीम के कुछ नमूनों में हेपटाइटिस तक के रोगाणु और एंटरो-टॉक्सिन जांच द्वारा पहचाने गए हैं जिनके कारण उदर-संक्रमण और गले की खराबी आमतौर से होती रहती है।

7.14 उपभोक्ता मार्गदर्शन

1. उचित प्रशीतन सुविधा के अभाव में विविध ठिकानों से प्राप्त आइसक्रीम की गुणवत्ता प्रायः संदेह के घेरे में होती है अथवा आइसक्रीम बासी अवस्था में होता है। 'फ्रोजेन-डिलाइट' या बर्फीला आनंद असुरक्षित साबित न हो, इसके लिए विश्वसनीय स्थानों से ही आइसक्रीम लें और इसके प्रयोग की अंतिम तिथि लेबल पर जांच लें।
2. सेंसरी इवैल्युएशन से सुनिश्चित करें कि आइसक्रीम बिगड़ी हुई अवस्था में फिर से पैक की गई, गंध व स्वाद में अप्रिय या पिघली हुई न हों। न बिकने पर आइसक्रीम यदि शून्य डिग्री से. तापमान के ऊपर पिघल गई हो और ठंडा कर फिर से पैक की गई हो तो यह अस्वीकार्य है।
3. उपयोग की अंतिम तिथि के भीतर यदि आइसक्रीम पिघल गई हो तो उसका तुरंत पाश्चुरीकरण होने पर ही उपयोग में लाई जा सकती है।
4. आइसगोला खाने के पहले यह सुनिश्चित करें कि इसमें खाद्य श्रेणी की बर्फ, शक्कर, साइट्रिक अम्ल और निर्दिष्ट रंग और सुवास डाले गए हों। आइसगोला में प्रायः सैकरिन का शीरा और अनिर्दिष्ट लाल रंग डाला जाता है जिसके कारण तानिका शोथ या मेनिंजाइटिस, नेत्र-विकार और गुर्दों में खराबी संभव है।
5. विश्वसनीय ब्रांड के आइसक्रीम या आई एस आई मुहर द्वारा प्रमाणित आइसक्रीम या घर में बने आइसक्रीम के उपयोग को ही प्राथमिकता दें।

8

स्वच्छ पेयजल तथा संबंधित वस्तुएं

8.1 सुजलाम्

रहिमन पानी राखिए, बिन पानी सब सून।
पानी गए न ऊबरे, मोती मानुस चून।।

स्वच्छ मीठे पेयजल की उपलब्ध राशि हर देश की अपनी धरोहर होती है। सुजलाम सुफलाम मलयज शीतलाम ... के रूप में वंदनीय भारत भूमि पर मीठे जल की थाती विशाल है जो कोटि-कोटि कंठों को सींचने के दौर में घड़ों, लोटों और अब प्यालियों में बंटती नजर आ रही है। सदियों पहले संत कवि रहीम ने पानी में आदमी की आबरू और सेहत दोनों के सही मतलब ढूंढ़े थे, जो अमूमन रिश्ते में आते हैं। आज पूरी दुनिया पर जल-संकट छाया हुआ है जिससे भारत अछूता नहीं है, यद्यपि मीठे जल की राशि के संबंध में हमारी हालत कई देशों की अपेक्षा बेहतर है। अब हम पुराने दौर में शायद लौट नहीं सकते किंतु आज की हालात में सिर्फ पानी की राशि ही नहीं बल्कि पानी की गुणवत्ता पर भी जोर देना वांछनीय है। अतः मरहूम कवि से क्षमायाचना के साथ निम्नांकित संशोधित संदेश देना प्रासंगिक व सार्थक है।

जल की गुणता राखिए, बिन गुणता सब सून।
गुणता गए न ऊबरे, मानुस आंत महीन।।

जी हां, सुजलाम्, सुफलाम् वाला हमारा देश 'नदियों का देश' है जहां हिमपात सहित 4000'घन किलोमीटर' वर्षा हर साल होती है। इसमें मौसमी वर्षा (जून से सितम्बर) का अंश 75 प्रतिशत है जिसका 90 प्रतिशत हिस्सा जल-संचय क्षमता की कमी के कारण व्यर्थ समुद्र में बह जाता है और तब तक बहता रहेगा जब तक नदियों को जोड़ने का प्रस्ताव अनिर्णय की गिरफ्त से छूट नहीं जाता।

स्थलाकृति के कारण उपभोज्य सतही जल की राशि वार्षिक पुनर्भरणीय भूजल संसाधनों (450 घन किलोमीटर) के अतिरिक्त मात्र 690 घन कि.मी. ही है। अनुपयोगी 588 घन कि.मी.उपभोज्य जल को छोड़कर वर्तमान में

5.52 घन कि. मी. उपभोज्य सतही व भूजल का प्रयोग हो रहा है, जो भारत की 112 करोड़ की आबादी के लिए अत्यल्प है। इस प्रकार 'सोने की चिड़िया' कहे गए देश की 45 प्रतिशत से भी अधिक आबादी की न्यूनतम जल-आपूर्ति की आवश्यकता (प्रति व्यक्ति प्रति दिन 3 लीटर पीने के लिए और 40 लीटर घरेलू काम के वास्ते) पूरी नहीं हो पा रही है।

मीठे जल की बची हुई सीमित राशि प्रदूषण और संक्रमण की चपेट में है। प्रत्येक वर्ष 22 मार्च को जब विश्व जल दिवस मनाया जाता है तो महसूस होता है कि पेयजल की उपलब्धि और गुणवत्ता सुनिश्चित करने का उदात्त लक्ष्य हर साल दूर खिसकता जा रहा है। पेयजल के विसंक्रमण की व्यवस्था अपर्याप्त होने से हर साल 50 लाख नागरिक जल-जन्य बीमारियों की चपेट मे आते हैं।

8.2 स्वीकार्य मानक

यह जानकर दुख होता है कि एक ओर संचय क्षमता की कमी से 90 प्रतिशत मीठा जल व्यर्थ समुद्र में बह जाता है और दूसरी ओर औद्योगिक तथा घरेलू अपशिष्ट जल का 90 प्रतिशत अनुपचारित हिस्सा मीठे जल में प्रवेश करता है। उदाहरणतः गंगा सफाई कार्य योजना के अंतर्गत बैठाए गए अपशिष्ट जल के तमाम उपचार संयंत्र रख रखाव के अभाव और विद्युत आपूर्ति की भारी कमी के कारण निष्क्रिय अवस्था में पड़े हुए हैं। जाहिर है कि यदि पेयजल के विसंक्रण का समयबद्ध लक्ष्य प्राप्त न हुआ और इसके स्वीकार्य मानक की उपेक्षा हुई तो विकसित देश होने की ओर अग्रसर भारत अविकसित देशों की तरह ही जलग्रसित आबादी का कुयश प्राप्त कर सकता है।

स्वच्छ पेयजल की आवश्यक मात्रा में उपलब्धि उपभोक्ता अधिकार का अंग है। जल आपूर्ति का लक्ष्य दरअसल जल की गुणवत्ता को स्वीकार्य स्तर पर कायम रखना होना चाहिए ताकि जल रोगाणुमुक्त, प्रदूषक पदार्थों से मुक्त और मनपसंद हो तथा पीने के अलावा भोजन पकाने, घरेलू कामों आदि के लिए उपयुक्त हो। इसके लिए जल की उच्च जैविक गुणवत्ता के कारक अनिवार्य रखे गए हैं जबकि भौतिक/रासायनिक गुणवत्ता के संबंध में लचीलापन है।

भारत में पेजयल के मानक केंद्रीय स्वास्थ्य मंत्रालय द्वारा लागू किए जाते हैं। यह मानक विश्व स्वास्थ्य संगठन द्वारा जारी किए गए हैं। 'पेयजल गुणवत्ता' को ध्यान में रखते हुए बनाए और अद्यतन किए जाते हैं। साथ ही भारतीय मानक ब्यूरो द्वारा पेयजल पर भारतीय मानक आई.एस. 10500-1983 जारी किया गया है। पेयजल के भौतिक, रासायनिक, जीवाण्विक, रोगाण्विक तथा रेडियो धर्मी विशिष्टियों में से प्रमुख आवश्यक गुण निम्नांकित हैं :

तालिका 10 : पेयजल के प्रमुख आवश्यक गुण

1.	आविलता या टर्बिडिटी-अधिकतम 2.5 जे टी यू
2.	रंग (प्लेटिनम-कोबाल्ट यूनिट) -5.0
3.	स्वाद तथा गंध-अप्रिय न हो, स्वीकार्य हो
4.	पी एव-7.0 -8.5
5.	घुलित ठोस-अधिकतम 500 मिलीग्राम प्रति लीटर
6.	फ्लोराइड व नाइट्रेट-क्रमशः 1.0 व 4.5 मिलीग्राम प्रति लीटर
7.	कैल्शियम - 75, मैग्नीशियम-30, लोहा-0.1 मिलीग्राम प्रति लीटर
8.	मैंगनीज, तांबा, जस्ता-प्रत्येक 0.05 मिलीग्राम प्रति लीटर
9.	पारा, सायनाइड, आर्सेनिक, सीसा-अनुपस्थित
10.	मलीय कोलिफार्म संख्या-शून्य
11.	ई-कोलीफार्म संख्या-10-30
12.	कुल अल्फा/बीटा सक्रियता-क्रमशः 3 व 30 पीको क्यूरी प्रति लीटर

8.3 रंग, गंध, स्वाद

आम उपभोक्ता पेयजल के सौंदर्यात्मक गुणों को अपनी ज्ञानेंद्रियों द्वारा परख कर इसे स्वीकारते हैं, किंतु इन बाह्य रूप से प्रगट गुणों को वस्तुतः जल के रासायनिक घटकों से जोड़ा जा सकता है और जल की रासायनिक गुणवत्ता संबंधी मार्गदर्शन प्राप्त किया जा सकता है।

पेयजल में किसी रंगीन छाया के होने का कारण उसमें या तो रंगीन कार्बनिक द्रव्यों जैसे ह्यूमस युक्त अवयव या फिर लौह, मैगनीज आदि जैसी धातुओं की उपस्थिति होती है। उद्योगों से निष्कासित रासायनिक रंजक (डाई) से मिश्रित बहिः स्त्राव भी मीठे जल के स्त्रोतों को रंगीन बनाते हैं। निर्धारित उपचारक विधियों से जल के रंग को 15 टी सी यू के नीचे दूर किया जाना नियमतः आवश्यक है ताकि रंग के साथ प्रदूषक पदार्थ भी सुरक्षित सीमा के अंदर हों। टू कलर युनिट 15 के रंगीन जल की पहचान शीशे की ग्लास में भरे पानी की पारदर्शिता देखकर की जा सकती है।

मनुष्य द्वारा स्वाद ग्रहण करने की क्षमता की तुलना में गंध पहचानने की क्षमता कहीं ज्यादा होती है, किंतु गंधरहित पेयजल भी घुलित पदार्थों की वजह से खराब स्वादयुक्त हो सकता है। वैसे पेयजल का स्वाद और गंध एक दूसरे के समपूरक हो सकते हैं। सामान्यतः स्वाद की उत्पत्ति अकार्बनिक पदार्थों की वजह से होती हैं और गंध का कारण कार्बनिक द्रव्य होते हैं। पेजयल की गुणवत्ता के खिलाफ सबसे ज्यादा शिकायतें स्वाद और गंध को लेकर की जाती हैं। प्रायः भूमिगत जल के साथ स्वाद और गंध की समस्या कम होती है किंतु जैविक अवयवों के कारण सतही जल या नल के पानी मे अप्रिय स्वाद या

गंध हो सकती है। रंग और तलछट की उपस्थिति में भी अप्रिय स्वाद या गंध पैदा हो सकती है और इनकी तीव्रता ऊंचे तापमान पर बढ़ सकती है। प्रति लीटर पेयजल में 0.156 मिलीग्राम से ज्यादा मुक्त क्लोरीन होने पर अप्रिय गंध का अनुभव हो सकता है।

लोहा, जस्ता, कैल्शियम, मैगनीशियम, सोडियम और पोटेशियम से अप्रिय स्वाद पैदा होती है, बशर्ते इनकी उपस्थिति प्रति लीटर जल में क्रमशः 0.04, 4.3, 100,30, 100 तथा 300 मिलीग्राम से ज्यादा हो। नलों में जंग लगने और इनकी दीवारों पर सूक्ष्म जैविक पदार्थों के जमाव से अक्सर अप्रिय स्वाद और गंध पैदा होती है। स्वाद और गंध की सुरक्षित सीमाओं की पहचान निर्धारित कंज्यूमर-पैनेल-परीक्षा द्वारा की जाती है।

8.4 घुलित ठोस तथा कठोरता

पेयजल में कुल घुलित ठोस-अशुद्धियां मुख्यतः अकार्बनिक पदार्थों-कार्बोनेट, बाईकार्बोनेट, क्लोराइड, सल्फेट, नाइट्रेट, सोडियम, पोटेशियम, कैल्शियम और मैगनीशियम के रूप में उपस्थित होती है। इनकी अधिकता में खराब स्वाद पैदा होता है और साथ ही जल कठोर हो जाता है। जल में घुले ठोस पदार्थों की मात्रा सामान्यतः प्रति लीटर 195 से 1100 मिली ग्राम तक पाई जाती है, किंतु स्वीकार्य मात्रा 900 से कम है। जलशोधन के दौरान घुले हुए ठोस का उपचार प्रायः नहीं हो पाता है। उपभोक्ता मार्गदर्शन हेतु तालिका 11 उपयोग में लाई जा सकती है।

तालिका 11 : कुल घुलित ठोस के आधार पर पेयजल की गुणवत्ता

उत्कृष्ट	300 मि. ग्रा./लीटर
अच्छा	300-600 मि. ग्रा./लीटर
साधारण	600-900 मि. ग्रा./लीटर
निम्न	900-1200 मि. ग्रा./लीटर
निम्नतम	1200 मि. ग्रा./लीटर से ज्यादा

विचारणीय है कि कई भागों में जल में घुले ठोस की मात्रा 1000मि. ग्रा./लीटर से ज्यादा और कुछ भागों में 1200 मि. ग्रा./लीटर से भी ज्यादा पाई जाती है जिसके कारण जल पीने के लिए हानिकारक होने के साथ ही धुलाई आदि के लिए भी अनुपयुक्त होता है। जल स्त्रोतों में प्रदूषण की रोकथाम और साफ जल के अतिरिक्त उपचार द्वारा ही घुलित ठोस को स्वीकार्य सीमा के अंदर रखा जा सकता है।

8.5 तलछट

जल में तलछट या आविलता (टर्बिडिटी) का कारण इसमें उपस्थित अघुलित पदार्थ, मिट्टी, गाद, प्लवक (प्लांक्टन), कार्बनिक कोलाइड तथा अन्य सूक्ष्मजैविक पदार्थ होते हैं। काई की उपस्थिति भी कई जल से स्त्रोतों के आविलता उत्पन्न करती है जिसके कारण अप्रिय गंध तथा कुस्वाद पैदा होता है और जीवाणुओं की वृद्धि होती है। आविलता की हानिकारक सीमा 5 एन.टी.यू. (नेफेलोमेट्रिक टर्बिडिटी यूनिट) निर्धारित की गई है किंतु जल के प्रभावी उपचार हेतु यह सीमा 1 एन.टी.यू. ही है। जलशोध के पश्चात भी पाइपों, टैंकों, आदि में अतिरिक्त आविलता पैदा होती है।

पेयजल स्त्रोतों को आविलता से मुक्त करने के लिए स्कंदन (कोऐग्युलेशन), अवसादन, (सेडीमेंटेशन) तथा निस्यंदन (फिल्ट्रेशन) विधियों का प्रयोग जल उपचार के समय किया जाता है। उपभोक्ता अपने स्तर पर पेयजल से आविलता दूर करने के लिए उपयुक्त छन्नों या सेरामिक फिल्टर या अन्य सुधरे हुए जल छन्नों का प्रयोग कर सकते हैं।

8.6 अम्लीयता/क्षारीयता

पेयजल सामान्यतः उदासीन होना चाहिए लेकिन इसमें कुछ अम्लीयता या क्षारीयता अक्सर आ जाती है जिसका मूल्यांकन पी एच मान द्वारा किया जाता है। पेयजल का स्वीकार्य पी एच 6.5-8.5 है, बशर्ते कि आपूर्ति प्रणाली में 7 से कम पी एच के कारण कोई प्रतिकूल असर न पड़े। पेयजल के उपचार के दौरान रोगाणुओं, जीवाणुओं और अन्य हानिकारक जीवों को दूर करने की प्रक्रिया अतिरिक्त पी एच से कुप्रभावित होती है। पी एच का संबंध संक्षारण क्रिया से भी है। अत्यधिक पी एच की स्थिति में जल का स्वाद हल्का कड़वा हो सकता है। शहरों के उपचारित नलजल में हल्की सी क्षारीयता हो सकती है किंतु स्वाद द्वारा इसकी पहचान नहीं की जा सकती है।

8.7 घुलित आक्सीजन

जल में घुलित आक्सीजन का प्रभाव लौह, मैंगनीज, तांबा और नाइट्रोजन तथा गंधक युक्त पदार्थों के बीच उपचयन-अपचयन यानी आक्सिडेशन-रिडक्शन क्रियाओं पर पड़ता है। 1 लीटर जल में 1 मिलीग्राम आक्सीजन होने से लौह का जितना भी संक्षारण होगा उससे 3.5 मिलीग्राम फेरस आयरन उत्पन्न हो सकता है। वैसे जल में पर्याप्त आक्सीजन न होने पर स्वाद

और गंध संबंधी शिकायतें पैदा हो सकती हैं। घुलित आक्सीजन कम होने की स्थिति में नाइट्रेट का नाइट्राइट में तथा सल्फेट का सल्फाइट में सूक्ष्मजीवी अपचयन होता है। उचित वितरण व्यवस्था द्वारा जल में यथेष्ट आक्सीजन की उपस्थिति सुनिश्चित की जा सकती है।

8.8 सूक्ष्म जीवाण्विक गुणवत्ता

मल आदि द्वारा जल का जीवाण्विक संदूषण बढ़-चढ़ कर हो रही जलजन्य बीमारियों का मूल कारण है। वैसे जलजन्य बीमारियों की चार श्रेणियां हैं (तालिका 12)। यह बीमारियां विविध प्रकार के सूक्ष्मजीवों की बदौलत पैदा होती हैं। जल में जीवाणुओं की अनुपस्थिति सर्वथा वांछनीय है। किंतु जल का संदूषण इतना व्यापक हो चला है कि व्यावहारिकता को ध्यान में रखते हुए पेयजल में इन जीवाणुओं की एक सह्य सीमा स्वीकार कर ली गई है। ई-कॉलिफार्म 10-30 तथा मलीय फीकल-कॉलिफार्म शून्य होनी चाहिए।

मलजल तथा ऐसे अन्य स्त्रोतों से संक्रमण के जरिए मुख्यतः यकृत-शोथ (हेपाटाइटिस) अथवा जठरांत्रशोथ (गैस्ट्रोइंटेरिटिस) फैलते हैं। इन रोगाणुओं के फैलने से अन्य बीमारियां जैसे श्वांस रोग, ज्वर, रैश, मस्तिष्कशोथ (मैनिंनजाइटिस) तथा हत्पेशीशोथ (मायोकार्डिटिस) आदि भी पैदा होती हैं।

तालिका 12 : जलजन्य बीमारियों की श्रेणियां

श्रेणी	रोग	बचाव
जलजन्य संक्रमण	सन्निपात, पांडुरोग, पेचिस आदि	जल गुणवत्ता में रोगाण्विक सुधार
जलप्रक्षालन जनित रोग	चर्मरोग स्कैबीज, आंख में ट्रैकोमा	शुद्ध जल का प्रचुर प्रयोग
जल-आधारित संक्रमण	कृमि-रोग गिनीवॅर्म	जलस्त्रोतों की सुरक्षा
जलकीट-जन्य रोग	मलेरिया, पीतज्वर	गंदे जल का जमाव रोकना

रोगाण्विक संक्रमण से बचाव करना सर्वाधिक प्रभावी उपाय है, वरना विशाल पेयजल स्त्रोतों का नियमित तथा विस्तृत परीक्षण और पूर्ण उपचार सुनिश्चित करना अत्यंत कठिन होगा। (तालिका 13)

तालिका 13 : रोगजनक सूक्ष्मजीवों से उत्पन्न जलजन्य रोग

रोगजनक सूक्ष्मजीव (पैथोजेनिक)	रोग
जीवाणु (सालमोनेला, शिगेला, वाइब्रियो-कोलेरा)	आंत्रज्वर (पैरा टाइफाइड, टाइफाइड), पेचिस, हैजा, जठरांत्र-शोथ
रोगाणु (इन्फेक्सस हेपाटाइटिस, पोलियो वायरस, एसीएचओ, कोक्साके)	पांडुरोग, पोलियो, जठरांत्र, शोथ
प्रोटोजोआ (ई.कोली, हिस्टोलिटीका, गिआर्डिआ)	अमीबा पेचिस, जठरांत्र शोथ, गियार्डियता
किक्विश कृमि (हेल्मिंथ)	जठरांत्रशोथ (चिपटे व गोल केंचुवा)

जीवाणुओं को पेयजल से अलग करने के वास्ते कई प्रकार के जलछन्ने बाजार में उपलब्ध हैं (विवरण पेयजल छन्नों के अंतर्गत आगे के अंश में)। इनके साथ मौजूद समस्याएं हैं-छन्नों की अविश्वसनीय गुणवत्ता, रख-रखाव उचित रूप से न होने पर लाभ के बजाय हानि, आम उपभोक्ता में इनके प्रति जागरूकता का अभाव तथा छन्नों की ऊंची कीमत होने से आम उपभोक्ता की पहुंच में न होना।

स्वच्छ-सुरक्षित तथा जीवाणु-रोगाणु दोनों से मुक्त घरेलू पेयजल प्राप्त करने के वास्ते सबसे फायदेमंद तरीका ब्लीचिंग पाउडर यानी क्लोरीन टिकिया द्वारा जल का विसंक्रमण करना अथवा जल को 15 मिनट तक उबालना है। जिन स्थानों में जल-संक्रमण की संभावना ज्यादा हो वहां घरेलू स्तर पर जल का क्लोरीनकरण बेहतर विकल्प है।

8.9 जल में विषाक्तता

विश्व स्वास्थ्य संगठन द्वारा विविध पेयजल स्त्रोतों में 128 रासायनिक प्रदूषक पदार्थ पाए गए हैं जिनमें से कई प्रदूषक, जैसे आरसेनिक, कैडमियम, क्रोमियम साइनाइड, सीसा, सेलेनियम, पारा तथा पॉली न्यूक्लियर एरोमेटिक हाइड्रोकार्बन विषाक्त होते हैं। अल्पांश में होने पर भी यह जहरीला असर डालते हैं। यह विषाक्त रसायन कृषि तथा औद्योगिक स्त्रोतों से मीठे जल स्त्रोतों में घुसपैठ करते हैं और इस लिए इनकी रोकथाम करना ही जल विषाक्तता रोकने का व्यावहारिक रास्ता है। संदिग्ध क्षेत्रों में नियमित रूप से जल-गुणवत्ता की मानीटरिंग करना जरूरी है।

ग्रामीण और शहरी इलाकों में कीटनाशी रसायनों का घरों, व्यापारिक प्रतिष्ठानों और उद्योगों में अंधाधुंध प्रयोग करने का नतीजा यह है कि सतही और भूमिगत जल में कीटनाशियों के अवशेष जमा हो रहे हैं जिनमें एल्ड्रिन,

डी.डी.टी., लिंडेन, क्लोरडेन, मेथाक्सीक्लोर, हेक्साक्लोरोबेंजीन और हेप्टाक्लोर आदि शामिल हैं। सार्वजनिक जल आपूर्ति प्रणालियों में जल को कीटनाशियों से मुक्त करने के लिए कुछ विधियां और संयत्र विकसित किए गए हैं, लेकिन इनकी ऊंची लागत और अव्यावहारिकता की वजह से इनका व्यापक प्रचार नहीं हो पाया है। अकेले उपभोक्ता के स्तर पर जल से कीटनाशी अवशेष अलग करना तकनीकी-आर्थिक रूप से साध्य नहीं है।

8.10 पेयजल में धातुएं

पेयजल में लोहा, तांबा, एल्युमिनियम, जस्ता और मैगनीज जैसी धातुएं पाई गई हैं। इन धातुओं की हानिकारक सीमा तक उपस्थिति के कई दुष्परिणाम हैं, अतः इनकी सुरक्षित सीमाएं निर्धारित की गई हैं। इन धातुओं को जल शोधन के समय जांचने और अलग करने की व्यवस्था नियमित रूप में लागू नहीं हो पाई है।

भारतीय ज्ञान परंपरा में ताम्र-पात्र शुभ, पवित्र और शोधक माने जाते रहे हैं। ताम्रपात्र में संचित जल स्वास्थ्य के लिए लाभदायक माना गया है। आधुनिक परीक्षणों से सिद्ध हुआ है कि ताम्र वस्तुतः जीवाणुनाशक है जिससे ताम्र-पात्र में संचित जल का जीवाण्विक संक्रमण नहीं होता। शोधित जल स्त्रोतों में तांबे की उपस्थिति 0.01-0.5 मिलीग्राम प्रति लीटर पाई गई है। जल में कार्बोनेट की उपस्थिति और इसके पी एच के अनुसार तांबे द्वारा उदर, यकृत और गुर्दों में ऊतकों का क्षय हो सकता है। हां, तांबा अधिक होने पर हानिकारक हो सकता है किंतु विषाक्त नहीं, क्योंकि तांबा एक प्रभावी वमनकारी वस्तु है। यह बात अवश्य है कि जल में प्रति लीटर पांच ग्राम तक तांबा होने से जल का स्वाद कषाय और अप्रिय हो जाता है। साथ ही यदि जल में तांबा ज्यादा हो तो घरेलू एल्यूमीनियम के बर्तन और जस्ते के बने घरेलू कल-पुर्जे ताबायुक्त जल द्वारा संक्षारण या कोरोजन से धीरे-धीरे खराब हो सकते हैं।

8.11 रेडियोधर्मी अशुद्धियां

पेयजल स्त्रोतों में रेडियोधर्मी विकिरण की बढ़ती हुई अशुद्धियां 'न्यूक्लियर इंडिया' या नाभिकीय शक्ति वाले भारत के लिए एक विडंबना हो सकती हैं। रेडियोधर्मी कचरे का सुरक्षित निपटान और जलस्त्रोतों का इनसे बचाव ही एकमात्र रास्ता है। अंतर्राष्ट्रीय उपभोक्ता अधिकारों में स्वस्थ पर्यावरण का अधिकार क्रांतिक महत्त्व का है। साथ ही उपभोक्ता वस्तुओं के चयन मे सुरक्षा का अधिकार भी लागू किया गया है। इन अधिकारों की रक्षा को सुनिश्चित

करने के लिए विश्व स्वास्थ्य संगठन ने पेयजल में रेडियोधर्मी विकिरण की निम्नांकित सुरक्षित सीमाएं निर्धारित की हैं जिनका अनुपालन जन स्वास्थ्य के हित में होगा।

कुल अल्फा सक्रियता	:	0.1 बी. क्यू प्रति लीटर जल
कुल बीटा सक्रियता	:	1.0 बी. क्यू प्रति लीटर जल

भारत में पेयजल के मानक और इनका अनुपालन फिलहाल विश्व स्वास्थ्य संगठन द्वारा निर्धारित मानकों, निर्देशों और अपेक्षाओं से पीछे हैं। सारांशतः स्वच्छ सुरक्षित पेयजल की आपूर्ति करना निरंतर और लंबे संघर्ष का विषय है।

8.12 ओजोनीकरण से जलशुद्धि

प्रयोगों से साबित हुआ है कि पेयजल स्त्रोतों में मौजूद कई रंजक अशुद्धियां दुर्गंध और कुस्वाद पैदा करने वाले यौगिक, मैंगनीज, लोहा तथा फीनॉलिक पदार्थ जैसे हानिकारक प्रदूषक ओजोन के प्रभाव से दूर किए जा सकते हैं। विकसित देशों में क्लोरीनीकरण के बजाय ओजोनीकरण क्रिया द्वारा जलशुद्धि का चलन बढ़ा है। ओजोन दरअसल क्लोरीन से बेहतर स्कंदक या कोएगुलेंट है। अतः जल में जठरांत्र बीमारी पैदा करने वाले जीवाणु ओजोन द्वारा नष्ट किए जाते हैं। पोलियो और हेपाटाइटिस के रोगाणु या वायरस ओजोन द्वारा नष्ट होते हैं। यदि पानी में प्रति लीटर 0.4 मिलीग्राम ओजोन कम से कम चार मिनट तक भी रहे तो पोलियो वायरस 1,2,3 सभी प्रभावी रूप से निष्क्रिय हो सकते हैं। कठिनाई यह है कि ओजोन का अर्द्ध-जीवन 8 पी एच पर मात्र एक घंटा होता है जो इतना कम है कि नगरीय जलशुद्धि एवं वितरण व्यवस्था में ओजोन की पूरी रोगाणुनाशक क्षमता उपलब्ध नहीं होती। इन सीमाओं के बावजूद सुधरी हुई तकनीकों की बदौलत अमरीका और यूरोप के कई देशों में ओजोनीकरण द्वारा जलशुद्धि में सफलता मिली है। आशा है कि भविष्य में भारत में भी ओजोन द्वारा जल शुद्धीकरण के प्रयास होंगे ताकि जल के अप्रिय गंध या कुस्वाद या बायोफाउलिंग को असरदार ढंग से दूर किया जा सके।

8.13 जल छन्नों द्वारा विसंक्रमण

घरेलू स्तर पर पेयजल के विसंक्रमण हेतु बाजार में कई प्रकार के छन्ने उपलब्ध हैं। जिनकी उपयोगिता और गुणवत्ता प्रायः संदेह के घेरे में होती है। शुरू में सेरामिक बेलन लगे जलछन्नों का प्रचार हुआ था। पोर्सलीन के बने खोखले बेलन या कैंडल जीवाणुओं को सूक्ष्म छिद्रों में प्रवेश करने से रोकते हैं किंतु रोगाणु फिर भी इन छिद्रों को पार कर सकते हैं। कुटीर उद्योग के स्तर पर

निर्मित बेलनों के गुणवत्ता की जांच का अभाव रहता है। छिद्र बड़े होने पर बेलन से जीवाणु पूरी तरह छन नहीं पाते। साथ ही प्रथम उपयोग के बाद बेलन के छेदों में घुसीं अशुद्धियों को ब्रश आदि से नियमित रूप से साफ करना आवश्यक होता है, जबकि आम उपभोक्ता ऐसा नहीं कर पाते और उन्हें शुद्ध छना हुआ जल नहीं मिलता। साथ ही ब्रश से घिस कर बेलन को साफ करने से इसके छिद्र बड़े हो जाते हैं जिनके अंदर से जीवाणु आसानी से बिना छने हुए निकल जाते हैं। कार्यालयों, अस्पतालों, विद्यालयों आदि सार्वजनिक स्थानों में लगे सेरामिक छन्नों की ठीक से सफाई सालों-साल नहीं होती और इनसे छना हुआ जल जीवाणुओं से युक्त होता है, यानी उपयोगकर्ता धोखे में रहते हैं।

सुधरे हुए सेरामिक बेलनों में चांदी की सूक्ष्म कणिकाएं जोड़ना जल विसंक्रमण हेतु प्रभावी होता है। ऐसे 'सिल्वर-इम्प्रिगनेटेड' बेलनों के दाम ऊंचे होने से यह लोकप्रिय नहीं हो पाए हैं। साथ ही बेलन में चांदी की कणिकाएं पर्याप्त न होने और ठीक से न जुड़ी होने की स्थिति में इनसे जल विसंक्रमण नहीं हो पाता। उपभोक्ताओं को सलाह दी जाती है कि यदि वे सेरामिक जल छन्ने खरीदें तो आई. एस. आई. चिह्न लगे छन्ने को वरीयता दें और देख लें कि बेलन की सतह सभी जगह समान व चिकनी हो तथा छिद्र सूक्ष्म हों। चांदी जड़े बेलनों की गुणवत्ता सुनिश्चित करें और इसकी गारंटी प्राप्त करें। बेलनों को पानी में उबाल कर और नर्म ब्रश से रगड़कर नियमित रूप से साफ करें। ऐसा न कर पाने की स्थिति में सेरामिक छन्नों का उपयोग अनावश्यक होगा।

सेरामिक छन्नों के बजाय अब आयोडीन आधारित तथा पराबैगनी विकिरण आधारित छन्नों का चलन बढ़ा है। आयोडीन छन्नों में पॉलीआयोडाइड युक्त स्टिरीन मैट्रिक्स और ट्रायोआयोडाइज्ड रेजिन का प्रयोग होता है जिससे जल का विसंक्रमण होता है, किंतु कुछ अवशेष आयोडीन छने हुए जल में रह जाती है। जल में ज्यादा आयोडीन होने पर ऐसे जल के नियमित सेवन से गलग्रंथि तथा हारमोन-असंतुलन जैसे गंभीर कुपरिणाम संभव हैं। वैसे क्लोरीन की तरह आयोडीन भी जीवाणुनाशक है और साथ ही कुछ हद तक रोगाणुनाशक भी। पानी में जरा भी तलछट या टर्बिडिटी होने पर आयोडीन की दक्षता शून्य तक हो जाती है जिसके कारण आयोडीन-छन्ना अनुपयुक्त होता है।

पराबैगनी विकिरण या अल्ट्रावायलेट पर आधारित छन्ने भी उपलब्ध हैं किंतु तलछट की अनुपस्थिति में ही प्रभावी हो सकते हैं। साथ ही अन्य शर्त यह है कि छाना जानेवाला जल नाइट्रेट, सल्फेट और फेरस आयरन से मुक्त हो। जल पर विकिरण क्रिया तीव्र और लंबे समय तक करनी होती है। इन छन्नों की दक्षता कायम रखने के वास्ते विकिरण की पर्याप्त मात्रा सुनिश्चित करनी

होती है और यू वी बल्ब को जल्दी जल्दी बदलना पड़ता है। पुराने बल्ब से जल पूरी तरह जीवाणुरहित नहीं हो पाता। विभिन्न जल छन्नों की तुलनात्मक गुणवत्ता तालिका 14 में रेखांकित है।

तालिका 14 : जलशुद्धि विधियां तथा छन्नों की तुलनात्मक गुणवत्ता

कार्य	सेरामिक	आयोडीन छन्ना	पराबैगनी छन्ना	क्लोरीन उपचार
जीवाणुनाशक दक्षता	अल्प	अपेक्षाकृत अच्छी	अच्छी	बेहतर
ऑक्सीकरण क्षमता	शून्य	अल्प	शून्य	ज्यादा
प्रदूषक छानने की क्षमता	शून्य	शून्य	शून्य	अंशतः
उपयोग में लाभ	सरल	सरल	दीर्घ प्रभावी	सरल
हानियां	विसंक्रमण अपूर्ण	अरुचिकर गंध/ स्वाद	अल्प प्रभावी	पी एच नियंत्रण जरूरी, दुर्गंध

8.14 गांवों के लिए उपयुक्त जलछन्ने

गांवों में भूमिगत जल आधारित नलजल व्यवस्था पहुंचने लगी है किंतु आपूर्ति बहुधा अविश्वसनीय होती है। गांवों में अधिकांश लोगों को कुओं के जल पर या हैंड पंप से प्राप्त भूमिगत जल पर निर्भर होना पड़ता है। कुएं के जल में घुलित या अघुलित जीवाण्विक तथा रासायनिक अशुद्धियों की अक्सर भरमार होती है (तालिका 15 देखें) गांवों में जलजन्य बीमारियों का प्रकोप पेयजल की अशुद्धियों के कारण ज्यादा हावी है।

तालिका 15 : गांवों में कुओं के पेयजल में रासायनिक अशुद्धता

रासायनिक अशुद्धता	उपस्थित मात्रा, पी. पी. एम.	स्वीकार्य सीमा, पी. पी. एम.
फ्लूराइड	1.5–16	1.0 से कम
लोहा	1.0–10	0.3 से कम
नाइट्रेट	100–400	50 से कम
घुलित लवण	1000–3000	1000 से कम

गांवों के लिए ब्लीचिंग पाउडर यानी कैल्शियम आक्सीक्लोराइड पर आधारित जल विसंक्रमण विधियां उपलब्ध हैं। उक्त पाउडर का प्रयोग, जिसमें 33 प्रतिशत क्लोरीन होती है, दो प्रकार के क्लोरीनीकरण यंत्रों में किया जा सकता है, यानी ड्रिप-क्लोरिनेटर तथा पॉट-क्लोरीनेटर यंत्र। एक 12 लीटर के मिट्टी के घड़े के मध्य में आधे सेंटीमीटर व्यास के दो छेद बनाए जाते हैं और उसमें 1.5 किलोग्राम ब्लीचिंग पाउडर और 3 किलोग्राम मोटी गीली रेत का मिलावा डाला जाता है। इसे एक पालीथीन की पन्नी से लपेट

कर ढक दें। इस घडे को कुएं के जल में दो फीट नीचे डुबा कर रखें। इस प्रकार 13000 लीटर युक्त कुओं का क्लोरीनेशन होता हैं जिससे प्रायः जीवाणुरहित जल मिलता है। बड़े कुवों में दो घड़ों वाला क्लोरीनेटर लगाया जा सकता है।

जल-संक्रमण की संभावना होने या बाढ़, भूकंप आदि के समय जल का क्लोरीनेशन क्लोरीन की एमप्यूल या टिकिया द्वारा किया जा सकता है। आधे ग्राम की क्लोरीन की टिकिया को बीस लीटर पानी में डाल कर आधा घंटे तक रखें तो पानी का विसंक्रमण पूरा हो जाता है।

8.15 क्लोरीन की अभिक्रिया

जल-विसंक्रमण में क्लोरीन सर्वाधिक उपयोगी, किफायती और लोकप्रिय रसायन-गैस है। क्लोरीन से सूक्ष्मजीव शीघ्र नष्ट हो जाते हैं। क्लोरीन दरअसल माइक्रोब पैदा करने वाले एंजाइमों को ही समूल नष्ट कर देती है। क्लोरीन उन प्रदूषकों को भी नष्ट कर देती है जो रंग और गंध पैदा करते हैं। इससे काई और अवपंक या स्लाइम का भी नियंत्रण होता है। कुछ ही रोगाणुओं पर क्लोरीन का असर कम पड़ता हैं। पानी में अघुलनशील ठोस पदार्थों, अमोनिया आयन तथा कार्बनिक द्रव्यों की उपस्थिति से क्लोरीन का प्रभाव घट जाता है,अतः विसंक्रमण हेतु पानी में प्रति लीटर 0.2-1.0 मिलिग्राम अतिरिक्त क्लोरीन डालना आवश्यक है।

क्लोरीन का रोगाणुनाशक प्रभाव जल के संपर्क में पैदा हुए हाइपोक्लोरस एसिड द्वारा होता है जो पुनः आयनीकरण द्वारा क्लोराइड आयन में बदल जाता है। यह दोनों ही हाइपोक्लोरस तथा क्लोराइड अंश जल विसक्रमण में क्रियाशील रहते है। इनकी क्रिया द्वारा एक सक्रिय रूप की आक्सीजन पैदा होती है जो जीवाणुओं को नष्ट करती है। दरअसल, विसंक्रमण हेतु क्लोरीन के अन्य यौगिक भी उपलब्ध हैं जिनसे प्राप्त होनेवाली क्लोरीन की मात्रा यों हैं, क्लोरीन-लाइम 33, उच्च हाइपोक्लोराइड 60-70, सोडियम हाइपोक्लोराइड 15-20 और कैल्शियम हाइपोक्लोराइड 70 प्रतिशत।

8.16 पोटेशियम परमैंगनेट

लंबे समय से भारत में कुएं के जल के विसंक्रमण तथा अन्य घरेलू कार्यों में विसंक्रमण हेतु पोटेशियम परमैंगनेट का प्रयोग होता रहा हैं। व्यापक रूप से उपयोगी यह विसंक्रमक रसायन सशक्त आक्सीकारक है जिसके कारण हैजा को छोड़कर अन्य रोगाणुओं के विनाश में यह प्रभावी नहीं होता है। व्यापक

रासायनिक तथा जैविक प्रदूषण के चलते फिलहाल पोटेशियम परमैंगनेट का विसंक्रमक के रूप में प्रयोग कम हो गया है और क्लोरीन युक्त यौगिकों का प्रयोग बढ़ा है।

ऋग्वेद में कहा गया है कि 'आप शिवा:शं स्योना सुहवा भवंतु', यानी जल हमारे लिए शिव, कल्याण, सुख तथा सौंदर्य का स्रोत हो। उक्त प्रार्थना में जल की शुद्धता की कामना सन्निहित है। रासायनिक तथा अन्य आधुनिक विधियां जल की शुद्धता कायम रखने में सहायक अवश्य हैं किंतु अंतत: जल को दूषित होने से बचाने में प्रत्येक उपभोक्ता का विवेक और भागीदारी ही अहम भूमिका निभाएगी।

8.17 खनिज जल और बोतलबंद पेयजल

वास्तविक खनिज जल प्राकृतिक झरनों या भूमिगत जल भंडारों से प्राप्त कर इसी स्थान विशेष पर जल से कोई रासायनिक क्रिया बगैर, बोतलों में भरा जाता है और उस पर आई एस आई चिन्ह द्वारा प्रमाणीकरण अनिवार्य होता है। खनिज जल का क्लोरीन द्वारा उपचार नहीं किया जाता बल्कि किसी गैर रासायनिक विधि, जैसे पराबैगनी विकिरण द्वारा उपचारित कर जीवाणुरहित किया जाता है। यानी खनिज जल की सही गुणवत्ता का प्रमाणीकरण स्थानीय स्वास्थ्य विभाग या किसी अधिकृत एजेंसी द्वारा तथा भारतीय मानक ब्यूरो द्वारा किया जाता है। ऐसा खनिज जल मनपसंद या स्वीकार्य स्वाद का होता है जो खाद्य श्रेणी की प्लास्टिक-बोतलों में स्वच्छ निर्जीवाणुक दशाओं में भरा जाता है। बोतल पर प्रमाणीकरण के तौर पर मानक संख्या आई एस-13428 तथा आई एस आई की मुहर लगाना अनिवार्य है।

खनिज जल का जीवाणुओं तथा रोगाणुओं से मुक्त होना अनिवार्य है, किंतु क्लोरीन इसमें नहीं होनी चाहिए। प्राकृतिक खनिज तेल में घुले हुए खनिज कैल्शियम, सोडियम, पोटेशियम तथा मैगनीशियम के सल्फेट मौजूद होते हैं। अनधिकृत तौर पर सामान्य पेयजल या कुएं के जल का क्लोरीन आदि द्वारा विसंक्रमण कर और बाहर से खनिज डालकर उसे प्राकृतिक खनिज जल बताकर प्रस्तुत किया जाता है। जांच के बाद ऐसे नकली खनिज जल में मुक्त क्लोरीन तथा असली खनिज जल से भिन्न संघटकों की मौजूदगी पाई जाती है जो इसके नकली होने का सबूत देते हैं। यह बातें तालिका 16 में रेखांकित तुलनात्मक मानक विशिष्टियों से ज्यादा स्पष्ट हो जाएंगी।

तालिका 16

सामान्य पेयजल तथा खनिज जल की तुलनात्मक विशिष्टियां

विर्निदिष्ट गुण	सामान्य पेयजल	प्राकृतिक खनिज जल
रंग, 'हेजेन' इकाई में, अधिकतम	10	अनिर्दिष्ट
गंध, विर्निदिष्ट परीक्षानुसार	स्वीकार्य (आपत्तिंरहित)	अनुकूल
स्वाद, विर्निदिष्ट परीक्षानुसार	अनुकूल, स्वीकार्य	अनुकूल, मनपसंद
तलछट, एन टी यू	10	5
पी. एच. मान	6.5–8.5	6.5–8.5
घुलित ठोस, मि.ग्रा./लीटर (अधिकतम)	500	1500
कठोरता, मि. ग्रा. कैल्शियम कार्बोनेट (अधिकतम)	300	अनिर्दिष्ट
लौह, मि.ग्रा.। लीटर, अधिकतम	0.3	0.3
कॉलीफॉर्म जीवाणु (अधिकतम)	10	शून्य

खनिज जल की बोतलों जैसा दिखने वाला विसंक्रमित सामान्य पेयजल भी बोतलबंद रूप में बेचा जा रहा है, जो रासायनिक रूप से उपचारित होता है और इसके लिए भी भारतीय मानक आई एस–14543 मार्गदर्शन हेतु जारी किया गया है, किंतु आई एस आई मुहर द्वारा प्रमाणीकरण अनिवार्य है। इसमें खनिज मिलाने या रसायन से उपचार करने पर पाबंदी नहीं है। लेबल पर उत्पाद के सभी निर्धारित विवरण देना आवश्यक है। जहां तक ऐसे बोतलबंद जल के औषधीय होने का दावा किया जाता है तो बिना किसी आधार के यह अस्वीकार्य है। ऐसे जल का कार्बोनेटेड होना या चमकदार पारदर्शक होना इसके सही होने की गारंटी नहीं देता, व्यापारिक आकर्षण जरूर होता है।

भारत में एक बड़ी आबादी भारी, खारे या अस्वच्छ पेयजल पर निर्भर करती है। फ्रांस की रानी मैरी अंतोनेत ने एक बार भूखों से कहा था कि उन्हें रोटी नहीं मिलती तो वे केक क्यो नही खाते ? भारत में अस्वच्छ पेयजल पर निर्भर आबादी से क्या यह कहा जा सकता है कि उन्हें पेयजल नहीं मिलता तो वे खनिज जल क्यों नहीं पीते? गौरतलब है कि अन्य महानगरों की अपेक्षा चेन्नई में बोतलबंद पेयजल था तथा कथित खनिज जल की बिक्री सर्वाधिक होती है। यह बात पेयजल आपूर्ति संबंधी नीतियों या सही कार्यक्रमों के निर्धारण हेतु मार्गदर्शक हो सकता है। फिलहाल बोतलबंद पेयजल/खनिज जल के प्रयोग को प्रतिष्ठा की बात न बनाई जाए।

8.18 पानी की प्लास्टिक बोतलें

बोतलबंद खनिज/पेयजल के व्यापारीकरण तथा घरेलू प्रयोग हेतु प्लास्टिक से

बनी बोतलों का व्यापक रुप से इस्तेमाल हो रहा है। यह बोतलें पालीएथिलीन टेरफ्थलेट (पेट), उच्च घनत्व के पालीएथिलीन (एच.डी.पी.ई.) पॉलिविनाइन क्लोराइड (पी. वी. सी.), निम्न घनत्व की पालीएथिलीन (एल. डी. पी. ई.), पालीप्रोपिलीन (पी.पी.) तथा पालीकार्बोनेट (पी सी) की बनाई जाती हैं। आरंभ में ज्यादातर पी वी सी की ही बोतलें बनती थीं, किंतु अब पेट को सर्वोत्तम माना जाता है। पेयजल या खनिज जल के संघटक पेट में कोई अभिक्रिया नहीं करते। शीतलपेय हेतु भी पेट के बोतल स्वीकार्य हुए हैं। घरों में जल भंडारण हेतु प्रायः पेट के बोतल प्रयोग में लाए जाते हैं। फलों का रस, बीयर, आदि पेट के बोतलों में उपलब्ध हैं। पेट से हानिकारक पदार्थ डाईएथिल एडिपेट (डेहा) रिसने का संदेह दूर किया गया है। दूसरी ओर पालीकार्बोनेट से बने बोतलों से हानिकारक बिस्फेनाल ए रसायन रिस सकता है जो शरीर के हारमोन में असंतुलन ला सकता है। पी पी तथा एच डी पी ई के बोतल खाद्य तेल आदि रखने के लिए सही पाए गए हैं। भारतीय मानक ब्यूरो ने प्लास्टिक बोतलों पर मानक आई एस-8588 जारी किया है और अपेक्षाएं निर्धारित की हैं।

प्लास्टिक बोतलों में रखा गया पानी बिना दूषित हुए सुरक्षित रहे, उसमें कोई गंध या स्वाद पैदा न हो, फंगस न बने, पानी बाहर न रिसे, मजबूत हो और लटकाने के लिए बना फीता उपयोग के दौरान टूटे न, ऐसे गुण प्लास्टिक की बोतल में होने आवश्यक हैं। साथ ही बोतल की ढक्कन सही बैठे, समतल सतह पर खड़ा रखने पर बोतल स्थिर रहे, उल्टा रखने पर पानी न निकले, 1.2 मीटर ऊंचाई से गिरने पर न टूटे और फीता पानी से तीन गुना वजन बिना टूटे हुए संभालने में सक्षम हो।

8.19 उपभोक्ता मार्गदर्शन

शीशा या स्टील के बर्तनों, बोतलों आदि में जल संचय करना सर्वोत्तम विकल्प है, प्लास्टिक की बोतल अगर दुबारा इस्तेमाल के लिए नहीं बनाई गई है तो इसका पुनः प्रयोग न करें। चौड़े मुंह की बोतल लें ताकि इसे साफ करना आसान हो। जीवाणु के जमाव को दूर करने के लिए बोतल को साबुन और कुनकुने पानी से नियमित रूप से धोएं। घिसे हुए या दरार पड़े बोतलों का प्रयोग न करें, इनमें जीवाणुओं का फैलना आसान होता है। शीशे की बोतलों में उपलब्ध पेय पदार्थों को वरीयता दें, इनका स्वाद ठीक बना रहता है। पालीकार्बोनेट से बोतलों का प्रयोग पेयजल हेतु न करें। पेयजल हेतु सुरक्षित हैं पी.पी., एचडीपीई तथा एल. डी. पी. ई. के बने बोतल। बोतल बंद पेयजल खरीदते समय उक्त सूचना प्राप्त करें तथा यह जांचे कि बोतल दुबारा

इस्तेमाल के लिए बनाई गई है या इस्तेमाल के बाद निपटान के लिए। वैसे दुबारा या लंबे समय तक इस्तेमाल के दौरान प्लास्टिक की बोतल की गुणवत्ता में गिरावट आना स्वाभाविक है। यह बोतलें ज्यादातर लघु या कुटीर उद्योग द्वारा बनाई या रीसाइकिल की जाती हैं जिनकी गुणवत्ता के नियंत्रण हेतु संगठित प्रयास की आवश्यकता है।

8.20 बर्फ का सुरक्षित प्रयोग

खासकर गरमियों में पेयजल में बर्फ डालकर पीया-पिलाया जाता है यद्यपि बर्फीले जल से प्यास नहीं बुझती, कुछ हानियां अवश्य होती हैं, क्योंकि बर्फ प्रायः संदिग्ध स्त्रोतों से प्राप्त होती है, शुद्धता का भरोसा नहीं रहता और इसका सुरक्षित प्रयोग नहीं हो पाता। भारत में बर्फ की खपत गत एक दशक में दोगुनी बढ़ी है। शीत प्रदेश होने के बावजूद अमरीका में बर्फ का प्रयोग सर्वाधिक मात्रा में यानी प्रति व्यक्ति प्रति दिन 100 ग्राम की होता है।

खाद्य गुणवत्ता मिलावट बचाव नियमों के अनुसार खाद्य श्रेणी के बर्फ का निर्माण निर्दिष्ट औद्योगिक संयंत्रों में मानक शुद्ध पेयजल के प्रयोग द्वारा विर्निदिष्ट स्वच्छता की दशाओं में किया जाना आवश्यक है। बर्फ में सूक्ष्म जैविक संदूषण-संक्रमण के बचाव हेतु सभी संयंत्रों, पात्रों तथा कर्मियों का निर्धारित स्वच्छ दशाओं में होना आवश्यक है जो संबंधित भारतीय मानक आई.एस.-5540 में वर्णित हैं। दुलाई, भंडारण और वितरण के दौरान बर्फ का निर्जीवाणुक स्तर बनाए रखना उतना ही आवश्यक है जितना कि पेयजल का।

बर्फ के कारखाने सड़क से हटकर सुरक्षित स्थान मे होने चाहिए, कर्मियों की नियमित डॉक्टरी जांच अपेक्षित है तथा तैयार बर्फ की सूक्ष्म जैविक परीक्षा करना अनिवार्य है। प्रभावी जांच या निगरानी न होने के कारण स्वच्छ निर्जीवाणुक बर्फ की आपूर्ति सुनिश्चित नहीं हो पाई है। बर्फ की ढुलाई और वितरण के दौरान कई कार्बनिक/अकार्बनिक अशुद्धियां बर्फ में दाखिल होती हैं। इसी कारण खराब बर्फ से संक्रमण होने या बीमार पड़ने की बुरी खबरें आए दिनों मिलती हैं। खासकर शादी-ब्याह, पार्टियों आदि में बर्फजनित संक्रमण के हादसे होना कोई अप्रत्याशित बात नहीं है।

एक भ्रामक धारण यह है कि बर्फ के टंडक से जीवाणु नष्ट हो जाते हैं। सच यह हैं कि बर्फ में जीवाणु न सिर्फ संरक्षण पा सकते हैं बल्कि उनका संवर्धन भी हो सकता है। सालमोनेला और ई-कॉलिफॉर्म जीवाणुओं से लेकर हेपाटाइटिस तक के रोगाणु बर्फ में पनाह पा सकते हैं और बहुगुणित संख्या में बढ़ सकते हैं। खासकर कई ग्रामीण इलाकों में प्राप्त बर्फ की गुणवत्ता का स्तर

काफी असंतोषजनक होता है। बर्फ के कारखाने अनुपयुक्त जगहों पर हैं, कर्मियों की स्वास्थ्य-परीक्षा का अभाव है और बर्फ की सूक्ष्म जैविक परीक्षा के इंतजाम नहीं के बराबर हैं।

रेलवे स्टेशनों, विद्यालयों, कार्यालयों आदि सार्वजनिक स्थानों पर गरमियों में बर्फ मिले पेयजल की व्यवस्था होती है किंतु बर्फ की गुणवत्ता संदेह के घेरे में होती है। घरों में भी बर्फ का प्रायः अनियंत्रित प्रयोग होता है। बर्फ को खाने-पीने की चीजों में डालने से तत्काल ठंडक तो मिलती है किंतु ठंडक स्थायी नहीं होती हैं। अधिक बर्फ के सेवन से दांतों की जड़ें हिलकर कमजोर हो जाती हैं, हाजमा खराब होता है, और गले में संदूषण का असर पहले ही हावी हो जाता है। ज्ञातव्य है कि खाने-पीने की चीजों का तापमान शरीर के तापमान से पांच सेल्सियस कम होना प्रायः उपयुक्त दशा होती है।

बर्फ मिले जल या शीतल पेय एक बार में जल्दी से पी जाने पर एक तापीय प्रघात होता है जिससे आंतों में उत्तेजना होती है, मितली या उबकाई हो सकती है और दिल की धड़कन बढ़ सकती है। बर्फ का पहला हमला शीत-प्रघात के रूप में दांतों पर होता है जिससे दांतों में दरारें आ सकती हैं या दंतभंग हो सकता है जो अन्यथा बुढ़ापे में होता है। दंतभंग से काटने चबाने में संवेदनशीलता झेलनी पड़ती है। बर्फ के नियमित सेवन से अंततः दांतों में क्राऊन या आवरण बैठाने की नौबत जल्द आ सकती है अन्यथा दंत-तंत्रिका के नष्ट होने पर दांत उखड़वाने पड़ सकते हैं। दांत पीसने या रगड़ने की बुरी आदत से उत्पन्न ब्रुक्सिज्म नामक रोग बर्फ की लत से भी हो सकती है।

बर्फ से संक्रमण की दूसरी कड़ी गले, नाक और कान में शुरू होती है। बर्फीला जल जब गले में प्रवेश करता है तो वहां की कोशिकाओं का द्रुत शीतन होता है और उनकी संक्रमण अवरोधी क्षमता घट जाती है। ऐसे में ऊपरी श्वसन अंग का संक्रमण होता है, श्लेष्मक यों कुप्रभावित होता है कि जीवाणुओं द्वारा आक्रमण आसान हो जाता है।

खान-पान में बर्फ का नियमित प्रयोग हमारी मूल संस्कृति का हिस्सा न होकर अंग्रेजी तौर-तरीकों की अधूरी नकल है जिसके अंतर्गत कलछी, चिमटा, चम्मच आदि से बर्फ की संभाल और स्वच्छता सुनिश्चित की जाती है। फिर भी बर्फ के रखरखाव की कुछ नियमावलियों के आधार पर निम्नांकित सावधानियों का अनुपालन लाभदायक होगा :

यथासंभव बर्फ का अनावश्यक प्रयोग टालें या विश्वसनीय स्त्रोत से बर्फ प्राप्त करें और प्रयोग के पहले स्वच्छ जल से धो कर कार्बनिक/अकार्बनिक अशुद्धियों को दूर करें। बर्फ को स्वच्छ निर्जीवाणुक पात्र में ढक कर रखें। खाद्य पदार्थ, रसायन या अन्य संदिग्ध पदार्थ जिन पात्रों में रखे जाते हों उनमें बर्फ न रखें। बाल्टी आदि बर्फ के पात्रों को खाली हो जाने पर यों उलटा रखें ताकि

पात्र अस्वच्छ सतह से छुए नहीं और निर्जीवाणुक बना रहे। बर्फ हाथ से नहीं बल्कि स्वच्छ कलछी से परोसें और संभाल कर रखें। बर्फ के इन पात्रों की नियमित सफाई करें ताकि इन पर फफूंद या गंदगी न जमे और रोगाणुओं को निमंत्रण न मिले जो अन्यथा बर्फ में भी फलते-फूलते हैं। घरेलू फ्रिज की बर्फ की ट्रे की नियमित सफाई करें और स्वच्छ पानी बदलते रहें वरना फ्रिज में भी संदूषण संभव है। याद रहे कि बर्फ में जीवाणु मरते नहीं बल्कि जीवित रहते और बढ़ते हैं। अतः बर्फ भी गुणता– नियंत्रण और सुरक्षित देख-रेख किए जाने का हकदार है।

8.21 कितना पानी पीएं

जितनी प्यास हो उतना पानी पीना स्वास्थ्य की सामान्य संहिता का अंग है, किंतु प्यास के कारणों की खोज-खबर रखना जरूरी है ताकि जरूरत से कम या ज्यादा पानी पीने की हानियों से बचा जा सके। हां, इसके लिए पानी के गुणों और शरीर में जल-संतुलन को भी संभालना पड़ेगा। इतिहास गवाह है कि जीवन जल के ऊहापोह में कायम रहा है। वयस्क मनुष्यों के शरीर के वजन का 60-70 प्रतिशत हिस्सा और शिशुओं में करीब 75 प्रतिशत अंश जल के रूप में होता है। पाचन, अवचूषण, रुधिर-प्रवाह, मलत्याग, शरीर की स्नेहक (लुब्रिकेटिंग) क्रिया और शारीरिक ताप नियंत्रण, सार्वभौमिक विलायक या सॉल्वेंट के रूप में रसाकर्षण क्रिया द्वारा स्वस्थ त्वचा, शरीर के वजन का नियंत्रण, गुर्दों के कार्य को आसान बनाने और पथरी के निर्माण से बचाने, शरीर का निर्जलीकरण रोकने, कब्ज से निजात पाने आदि के लिए शरीर में जल की अनिवार्य भूमिकाएं हैं। पानी का तापमान 4^0 सैल्सियस होने पर इसका घनत्व सर्वाधिक होता है, न कि हिमांक या 0^0 सेल्सियस पर, किंतु शीत जल के मुकाबले हिमांक पर बर्फ की तापचालकता चार गुनी ज्यादा होती है। जल प्रायः एकल अणु के रूप में न होकर तीन या चार अणुओं के बहुलक (पालीमर) रूप में पाया जाता है।

शरीर को आवश्यक जल की मात्रा खाद्य और पेय पदार्थो से बहिर्जात जल के रूप में तथा भोजन के चयापचय से उत्पन्न अंतर्जात जल के रूप में मिलती है। प्रति 100 ग्राम खाद्य पदार्थों से मिलने वाली अंतर्जात जल की मात्रा निम्न है, वसा-107 ग्राम, स्टार्च-55 ग्राम, प्रोटीन 41 ग्राम तथा अल्कोहल-117 ग्राम शरीर में जल की आपूर्ति तथा क्षय के बीच निरंतर संतुलन बना रहना जरूरी है। दैनिक जल आपूर्ति औसतन इन स्त्रोतों से होती है, पेय पदार्थ-1500 मि.ली., खाद्य पदार्थ-750 मि.ली., तथा उपचयन से 350 मि.ली. तक। दैनिक जलीय-क्षति गुर्दा, त्वचा, फेफड़ों और मल से

क्रमशः 1500, 650,350 तथा 100 मि.ली. की मात्रा में होती है। प्रति खाद्य–कैलारी 1 मि.ली., जल या प्रति औसत व्यक्ति 2500–3000 मि.ली. जल की आपूर्ति जीवित रहने के लिए जरूरी है, शरीर से मात्र 15–20 प्रतिशत जल का क्षय घातक हो सकता है। शिशुओं, रुग्ण व्यक्तियों, गर्भवती महिलाओं, खिलाड़ियों, मजदूरों आदि के शरीर में प्रायः धनात्मक जल-संतुलन अपेक्षित है, यानी जलापूर्ति की मात्रा जल के क्षय से ज्यादा होनी चाहिए। तेज गरमी, अधिक प्यास, खाद्य-वसा के आधिक्य आदि दशाओं में ऋणात्मक जल-तुलन होता है, यानी जल का क्षय इसकी आपूर्ति से ज्यादा होता है और साथ में लवण का भी क्षय होता है जिसके कारण अंशुघात या लू की स्थिति पैदा होती है।

सामान्य दशाओं में निम्न विलेय युक्त सामान्य भोजन, सामान्य शारीरिक श्रम और कम पसीना होने से सामान्य प्यास लगती है और प्यास बुझाने तक के लिए आवश्यक मात्रा में पानी पीया जाता है। प्यास लगने या बुझने की चेतना वस्तुतः अधश्चेतक या हाइपोथैलमस में होती है। यह प्यास का केंद्र तब सक्रिय होता है जब शरीर के द्रवों का परासरणी दबाव बढ़ जाता है। इस प्रकार उत्पन्न प्यास की अनुभूति स्वाभाविक होती है जो रोजाना औसतन ढाई-तीन किलोग्राम भोजन तथा पेयजल को ग्रहण कर पूरी होती है।

शरीर से अधिक स्वेदन, असामान्य जल निष्कासन, उल्टी, दस्त, चोट, घाव, शल्य क्रिया, जलने आदि कारणों से जल-असंतुलन होता है, प्यास बढ़ती है और जल की कमी सताती है। ऐसे में असामान्य जल-असंतुलन होने से सिर्फ भोजन-पानी से जल की पूर्ति नहीं हो पाती, बल्कि ग्लुकोस या सैलाइन घोल या द्रव-प्रोटीन हाइड्रोलिसेट सीधे रक्त में भेजा जाता है और जल संतुलन स्थापित होता है।

ग्रीष्म ऋतु में उघारे हुए बदन, खुले सिर, नंगे पैर या बिना छाते के प्यासे घूमने पर शरीर में जल और तरलता तथा स्निग्धता में भारी कमी आ जाती है, त्वचा की रक्तवाहिनियों का डायलेशन होता है, रक्तचाप गिरता है, दोहरी सांस, बेचैनी, और कमजोरी पैदा होती है जो मूर्छा और मौत का भी कारण बन सकती है। इस क्रिया को आम भाषा में लू लगना कहते हैं। इसके उपचार के लिए तत्काल जल और लवण की आपूर्ति तथा अम्ल-क्षार संतुलन लाना जरूरी होता है। अम्ल-क्षार संतुलन हेतु खाद्य व पेय पदार्थों के चयन के लिए क्रमशः क्षारीय राख और अम्लीय राख के खाद्य लेना तथा उदासीन राख के खाद्यों को भी शामिल करना जरूरी होता है।

डबल रोटी, केक, अन्न, अन्न-निर्मित खाद्य, पनीर, मछली, मांस आदि अम्लीय राख के खाद्य होते हैं। विविध फल, शहद,जैम, दूध, नारियल, बादाम और कुछ सब्जियां आदि क्षारीय राख के खाद्य हैं। मक्खन, खाद्य-

तेल, मलाई, मांडी, शक्कर, सिरप आदि उदासीन राख के खाद्य हैं। अपवाद स्वरूप नीबू कुल के फलों व टमाटर के सेवन से क्षारीय मूत्र बनता है क्योंकि सोडियम और पोटॅशियम के धनायन साइट्रेट जैसे क्षीण ऋणायन से जुड़े होते हैं जिनके आक्सीकरण द्वारा धनात्मक आयनों से युक्त अवशेष बनता है।

निर्णायक सिद्धांत यह है कि इतनी मात्रा में पानी पीएं जितने से प्यास बुझ जाए। अधिक पसीने या लू की स्थिति में जब लवण की कमी होती है, अतिरिक्त लवण लें जिसकी आपूर्ति फलों के रस, शर्बत आदि और ओ आर एस मिश्रण से की जा सकती है।

किसी सनक के रूप में अनावश्यक मात्रा में अत्यधिक पानी न पीएं। इस हालत में हो सकता है कि शरीर में ज्यादा जल एक साथ जमा हो जाए या बाहर न निकल पाए और उदर में पानी धीमा होने से नमक के बाहर निकलने की स्थिति पैदा हो। फलतः लवण की कमी से घातक स्थिति पैदा हो सकती है। अंततः मूर्छा और मृत्यु भी संभव है। अपने शरीर पर भरोसा रखें, निर्जलन या प्यास होने पर इसका स्वयं अनुभव होता है और पानी पीने के समय प्यास बुझने का एहसास भी। अतः सामान्य स्थितियों में अत्यधिक पानी न पीने की चेतावनी अपने शरीर से ही प्राप्त होती है।

9
खाद्य विषाक्तता तथा मिलावट की जांच

9.1 खाद्य विषाक्तता

गरीबी, भूख और अज्ञान को खाद्य-विषाक्तता की संभावना का कारण बताया जाए तो आश्चर्य होना स्वाभाविक है। खाद्य पदार्थों की बढ़ती हुई मांग और घटती हुई आपूर्ति के बीच चौड़ी खाई होने पर जनता अपनी सुरक्षा को ताक पर रखकर कोई भी खाद्य पदार्थ स्वीकारने को मजबूर हो जाती है, विशेषतः तब जब वह खाद्य-विषाक्तता की पेचीदगी से बेखबर रहती है।

दैनिक जीवन में उपभोज्य घरेलू वस्तुओं तथा विविध खाद्य पदार्थों के चुनाव, भंडारण, रख-रखाव, पक्वन एवं उपभोग में गलतियां होने के कारण हमारे भोजन में जैविक या रासायनिक प्रकृति की विषाक्तता उत्पन्न हो जाती है। खाद्य-विषाक्तंता आए दिनों होती रहती है जिसके कारण कई लोग जान गंवाते हैं या विकलांग और पागल तक हो जाते हैं।

खाद्य पदार्थों में जाने-अनजाने मिलावट या अपमिश्रण होने से भी इनकी गुणवत्ता में मिलावट, विषाक्तता या अन्य हानिकारक प्रभाव पैदा होते हैं। मिष्ठान्न, खाद्य, तेल, मसालों, पेय पदार्थ आदि में विषाक्तता होने से दुर्घटनाएं प्रायः होती हैं। प्रतिकूल अवस्थाओं में फसलों के अंदर कुछ विषाक्त अवयव उत्पन्न हो जाते हैं जिनसे किसान या सामान्य उपभोक्ता बेखबर रहते हैं।

भारत जैसे उष्ण प्रदेश में ऊंचे तापमान और अधिक आर्द्रता की दशा में इनके अलग या सम्मिलित कुप्रभाव से खाद्य पदार्थो के दूषित या संक्रमित होने की वारदातें होती हैं। कुछ खाद्य पदार्थों में संदूषण-संक्रमण के कारण रोगाणु और विषाणु तक प्रवेश कर जाते हैं। अज्ञान और जागरूकता की कमी के कारण तमाम उपभोक्ता भोजन में विषाक्तता के शिकार होते हैं। ऐसी स्थिति की चपेट में निर्दोष बच्चे भी आ जाते हैं और प्रायः जान गंवाते हैं।

अपमिश्रित या मिलावटी खाद्य तथा रासायनिक योगजों के कुमेल से, संसाधित खाद्य से धीमी विषाक्तता या रोगजन्य कुप्रभाव पड़ते हैं जो लंबे

समय के बाद ही पहचान में आते हैं। गर्भ में पल रहे शिशु भी ऐसी विषाक्तता से अछूते नहीं रह पाते।

9.2 विषाक्तता की संभावनाएं

दैनिक भोजन के लिए कई खाद्य व पेय पदार्थ विश्वसनीय तथा अविश्वसनीय दोनों स्त्रोतों से प्राप्त किए जाते हैं। इनसे विषाक्तता संबंधी संभावनाओं की समझ के लिए इन्हें चार श्रेणियों में रखा जा सकता है।

- सब्जियां, फल तथा इनके सदृश अन्य वनस्पतीय पदार्थ।
- दूध, घी, मक्खन, पनीर, दूध का पाउडर, खोआ और दुग्ध-निर्मित अन्य उत्पाद।
- पशु-आधारित आमिष खाद्य, मांस, अंडा, मछली इत्यादि।
- कार्बोहाइड्रेट प्रधान उत्पाद जिनमें खाद्यान्न व इनसे बने खाद्यों के अलावा शक्कर, गुड़, खांडसारी आदि शामिल है।

उपरोक्त खाद्य-श्रेणियों के स्थायित्व के अनुसार पुनः वर्गीकरण किया जा सकता हैं ताकि खाद्य-विषाक्तता के कारण एवं निवारण पर सही-सटीक निर्देश दिए जा सकें। खाद्य स्थायित्व के अनुसार खाद्य पदार्थ तीन श्रेणियों में रखे जा सकते हैं।

- नष्ट होनेवाले विकारीय उपभोज्य पदार्थ :-मांस, दूध आदि और इनसे बने अनेक पदार्थ
- अर्द्ध-विकारीय उपभोज्य पदार्थ :-सब्जी, फल और इनसे निर्मित खाद्य वस्तुएं
- स्थायी उपभोज्य पदार्थ :-शक्कर, नमक, आटा आदि

जाहिर है कि उपरोक्त वर्गीकरण सीमित व्यावहारिक अर्थ में ही उपयुक्त होगा। बाह्य कारकों-गर्मी, नमी, हवा आदि के प्रभाव से कई अविकारीय खाद्य पदार्थ भंडारण के दौरान विकारीय हो जाते हैं और उनके स्थायित्व का गुण घट जाता है। यह विडंबना की ही बात है कि कुछ अविकारीय या अर्द्ध-विकारीय खाद्यों को खराब या विकारीय होने से रोकने के लिए व्यापारिक क्षेत्र में इन पदार्थों में ऐसे कीटनाशी रसायन डाले जाते हैं या योगज, परिरक्षक आदि की हानिकारक मात्रा मिलाई जाती है जिसके कारण खाद्य सुरक्षित रहने के बजाय विषाक्त तक हो जाते हैं।

उक्त तथ्यों को ध्यान में रखते हुए खाद्य-पदार्थों में विषाक्तता के स्त्रोतों का ब्यौरा निम्न प्रकार प्रस्तुत किया जा सकता है :

1. खाद्य पदार्थों में प्राकृतिक रूप से उत्पन्न विषाक्तता
    - प्राकृतिक संक्रमण से उत्पन्न विषाक्तता

- खाद्य के असामान्य अवयवों से उत्पन्न विषाक्तता
- सूक्ष्म जैविक संक्रमण एवं विषाक्तता
- गैर सूक्ष्म जैविक संक्रमण एवं विषाक्तता

2. खाद्य पदार्थों में कृषि-उत्पन्न विषाक्तता
   - कीटनाशी रसायन, रासायनिक खाद अन्य कृषि रसायन
   - पौध-हारमोन के अवशेष
   - प्रतिजैविक (एंटीबायोटिक) पदार्थ
   - पॉलिएक्रिलिक श्रेणी के हाइड्रोकार्बन पदार्थ
3. खाद्य-पदार्थों में औद्योगिक प्रदूषण से उत्पन्न विषाक्तता
   - विषाक्त-त्रिकः पारद, कैडमियम और सीसा या लेड
   - पॉलिक्लोरिनेटेड श्रेणी के बाईफेनॉल
4. संसाधित खाद्य में विसंक्रमक पदार्थ एवं केमिकल एडिटिव
   - रासायनिक खाद्य-योगजों की विविध श्रेणी के उत्पाद
   - औद्योगिक विसंक्रमक पदार्थ : ताप, वाष्प, धुआं आदि के संसर्ग में उत्पन्न विषाक्तता, आकस्मिक संक्रमण, बर्तनों से संक्रमण तथा पैकेजिंग से उत्पन्न विषाक्तता।
5. खाद्य-मिलावट या अपमिश्रण
   - मिलावट से उत्पन्न विषाक्तता
   - कई वस्तुओं के मिश्रण (ब्लेंडिंग) से उत्पन्न विषाक्तता
6. प्रदूषित पेयजल तथा पेयजल मिश्रित खाद्यों में जलीय विषाक्तता

9.3 बचाव प्राकृतिक विषाक्तता से

कई पेय व खाद्य पदार्थों में हानिकारक तत्त्व, 1 पी पी एम से ज्यादा फ्लूराइड, 2 पी पी एम से ज्यादा सेलेनियम तथा 5 मिलीग्राम प्रति किलोग्राम की मात्रा से ज्यादा नाइट्रेट पाए जाते हैं। आलू में 'सोलानाइन' नामक विषाक्त पदार्थ 100 पी पी एम से ज्यादा होने पर विषाक्त प्रभाव डाल सकता है जो एक ग्लाइकोअल्कलायड है। बिनौले में 'गॉसीपॉल' नामक पिगमेंट 1.1 प्रतिशत से ज्यादा होने पर विषाक्त असर डालता है। कुछ स्थानों में हरी पत्तीदार सब्जियों में आक्जेलिक एसिड की मात्रा 0.5 प्रतिशत से ज्यादा होती है और नियमित सेवन के दौरान हानिकारक साबित होती है। सरसों और रेपसीड या तोरिया के तेलों में 45 प्रतिशत इरुसिक एसिड होने पर इसकी विषाक्तता हृदय पर हावी होती है। सोयाबीन में हेमाग्लूटिनीन और ट्रिप्सिन-निरोधक जैसे विषाक्त प्रोटीन हो सकते हैं। मशरुम की लगभग 80 किस्मों में कुछ प्रकार जैसे अमोनिता फ्लोडिस (मृत्यु का फरिश्ता) घातक होते हैं। कुछ खाद्यों में विटामिन

को नष्ट करने वाले तत्त्व पाए जाते हैं जैसे मछलियों में थायामिनेस, हरी सब्जियों में विटामिन-के अवरोधक तत्त्व, अंडों में बायोटीन-नाशक तत्त्व और सोयाबीन में विटामिन-डी नाशक प्रदूषक इत्यादि। बढ़ते हुए प्रदूषण-संदूषण के चलते प्राकृतिक खाद्यों में मौजूद विषाक्त तत्त्वों की तालिका लंबी खिंच सकती है।

कुछ मसालों-लवंग, सोंठ, काली मिर्च, जायफल आदि में जायका पैदा करने वाले संघटकों में जायका को नष्ट करने वाले या विषाक्त पदार्थ पाए गए हैं।

टैपियाका और कड़वी बादाम में सायनोजन नामक हानिकर पदार्थ हो सकते हैं। पत्तागोभी में गलग्रंथि में कुप्रभाव डालनेवाला 'ग्वाइट्रोजन' नामक हानिकर यौगिक हो सकता है। खेसारी दाल में पक्षाघात पैदा करने वाला विषाक्त 'बी.ओ.ए.ए.' नामक पदार्थ से भारी संख्या में उपभोक्ता पंगु होते रहे हैं। ओस्टर मछली के कई नमूनों में पक्षाघात पैदा करने वाला 'सेक्सिटॉक्सिन' और टयूना तथा सरडाइना मछलियों में 'सौरीन' टॉक्सिन पाए गए हैं।

9.4 प्राकृतिक संदूषण कितना

दूध, मांस,खाद्यान्नों आदि में कुछ सूक्ष्मजीवाणु उत्पन्न होते रहते हैं और द्विगुणित होते रहते हैं जिनसे अति विषाक्त पदार्थ पैदा होते हैं। जीवाणुओं के खत्म होने पर भी इनके आविष या टॉक्सिन खाद्य में ज्यों के त्यों बच जाते हैं और उबालने-पकाने के बाद भी नष्ट नहीं होते। गर्मी और उष्णता की स्थितियों में यह टॉक्सिन ज्यादा हावी होते हैं। 'बोट्यूलिनम' नामक टॉक्सिन तेज घातक होता हैं। 'एस्परजिलस-फलेक्स' से विषाक्त एफ्लाटॉक्सिन पैदा होते हैं जो संदूषित मूंगफली, बाजरी, मक्का आदि में पाए जाते हैं। 'ग्राम-निगेटिव' जीवाणु 'एडोटॉक्सिन' घातक विष पैदा करते हैं। सूक्ष्म जीवाणु के आविष के प्रभाव से वमन, दस्त, मरोड़ आदि व मृत्यु तक हो सकती है।

दरअसल घरों, होटलों आदि के वायु, पानी में रोगकारक जीवाणुओं की आबादी सहज उपजती है, जब भोजन खुला और नम-उष्ण दशा में देर तक रखा जाता है। इनके जानलेवा हमलों से बचने के लिए खाद्य-सुरक्षा के स्वर्णिम नियमों का अनुपालन अनिवार्य है।

9.5 जीवाणुजनित खाद्य-विषाक्तता से बचें

- खाद्यों के भंडारण, रख-रखाव और उपयोग में सुरक्षा के सही निर्देशों का सतर्कता से अनुपालन करने में ही खाद्य-विषाक्तता से बचाव की कुंजी है।

- खाद्यों को साफ कर फ्रिज में बिना ठूंसे हुए यों रखें ताकि उन पर ठंडी हवा प्रवाहित होती रहे। निर्धारित भंडारण-अवधि के अंदर ही इस्तेमाल करें। फ्रिज की सफाई और विसंक्रमण नियमित रूप से करते रहें।
- यथासंभव प्रेशर कुकर में भोजन पकाएं ताकि जीवाणुओं का क्षय और विसंक्रमण की क्रिया सुनिश्चित हो। मांस के बड़े-बड़े टुकड़े पकाने पर विसंक्रमण अंदर तक नहीं हो पाता। शीत-भंडारण के बाद अगले दिन भोजन को गर्म करने के बाद ही खाएं।
- बर्तनों से संदूषण-संक्रमण रोकने के लिए अच्छे घिसाई के पाउडर से बर्तनों को धोएं और स्वच्छ स्टील के बर्तनों का इस्तेमाल करें।
- रसोईघर, भंडार और भोजनकक्ष को कीटाणुओं आदि से मुक्त रखें। कीटनाशी छिड़काव में सावधानी रखें ताकि इसकी द्रव कणिकाएं या वाष्प किसी खाद्य के संपर्क में न आएं।
- फफूंद या जीवाणु से संक्रमित खाद्य या अत्यधिक पके हुए फल या लंबे समय तक भंडारित सब्जियों आदि का प्रयोग न करें। अंगूर, सेब, टमाटर आदि को लंबे समय तक खराब होने से बचाने के लिए व्यापारी खनिज तेल में मिले कीटनाशी रसायन का चिपचिपा घोल छिड़कते हैं जो पानी से धोने पर साफ नहीं होता। ऐसे विषाक्त छिड़काव को साफ करने के लिए एक लीटर पानी में एक चुटकी खाने का सोडा घोल कर या सिरका (विनेगार) के 5 प्रतिशत घोल से धोएं।
- फफूंद लगे खाद्य त्याज्य हैं क्योंकि पकाने पर भी विषाक्तता हावी हो सकती है। फ्रिज में भंडारण के पहले खाद्यों को धूप में सुखाने पर फफूंद से खराब होने की संभावना कम हो जाती है। फ्रिज में फफूंद के काले धब्बे दिखें तो इन्हें साबुन के घोल से तुरंत साफ करें। फफूंद लगे खाद्य को बाहर कूड़ेदान में तुरंत फेंकना या जलाना ही फफूंद नष्ट करने या घर में इनके फैलाव को रोकने का अचूक तरीका है। फफूंद लगे खाद्य को देर तक घर के अंदर न छोड़ें।

9.6 कृषि-विषाक्तता से बचाव

- कृषि उत्पादों में कीटनाशी रसायनों के अवशेष प्रायः मौजूद पाए जाते हैं जो कम परिणाम में होने पर भी संचयी विषाक्त प्रभाव डालते हैं। यह कीटनाशी किसानों और दूकानदारों द्वारा खाद्यान्नों आदि पर अंधाधुंध छिड़के जाते हैं। इन दोनों स्तरों पर सुरक्षित

छिड़काव का प्रशिक्षण देना और खाद्यों में कीटनाशी अवशेष की नियमित जांच करना आवश्यक है।

- ताजा कटा हुआ मांस ही खरीदें। पुराने कटे हुए मांस पर कीटनाशी छिड़काव होता है। ऐसे मांस को कदापि न खरीदें। कीटनाशी, रसायनों से उपचारित मछलियों से भी परहेज करें। मांस-मछली आदि से अधिकाधिक चर्बी निकाल फेंके, इसी में अधिकांश कीटनाशी रसायन धुली अवस्था में मौजूद रहते हैं। सड़ी हुई या खराब हुई जैसी बदबू वाले मांस-लीवर या कलेजी आदि का बहिष्कार करें। मांसाहार में विषाक्तता की संभावना सर्वाधिक होने से इनके चयन व प्रयोग में कड़ाई से सावधानी रखें। मांस का सेंसरी इवेल्युएशन (छूकर, दबाकर, सूंघकर) अवश्य करें।

9.7 औद्योगिक विषाक्तता से बचाव

उद्योगों से पैदा होने वाले या निष्कासित रसायनों में जो खाद्य वस्तुओं को दूषित या विषाक्त करते हैं, पी सी बी एच या पॉलीक्लोरिनेटेड बाई फेनाल्स, पारा, कैडमियम और सीसा प्रमुख विषाक्त पदार्थ हैं। जितना पी सी बी प्रदूषित जल स्रोत में उपस्थित होता है उसका एक लाख गुना भाग मछलियां अपने शरीर में सोख सकती हैं, जबकि विषाक्त पारा के संबंध में यह शोषित भाग 37,000 गुना तक होता है। मनुष्य की दैनिक खूराक में मात्र 0.3 मिलीग्राम पारा विषाक्त असर डाल सकता है। खाद्यान्नों को खराब होने से बचाने के लिए मेथिल मर्करी का प्रयोग फफूंदनाशी के रूप में किया जाता है, यद्यपि इसमें असावधानी के कारण खाद्य-विषाक्तता हो जाती है। कैप्सूल के रूप में उपलब्ध इस विषाक्त पदार्थ के दुष्प्रयोग से गांवों में कई लोगों की अकाल मृत्यु होती है।

कैडमियम भी खाद्य विषाक्तता की वजह होता है। कुछ मछलियों में कैडमियम की मात्रा तीन से चार मिलीग्राम प्रति किलोग्राम पाई जाती है। तीसरा औद्योगिक विष सीसा के रूप में है जो कुछ बर्तनों, पाइपों, कीटनाशियों से होकर खाद्य पदार्थों में पहुंच कर विषाक्तता पैदा करता है। इन आविषों से दूर रहने के लिए प्रदूषित जल से मछली न लें, मछलियों की रासायनिक जांच की मांग करें, मीठे जल स्रोतों में औद्योगिक मलजल आने से रोकने के लिए निगरानी बढ़ाएं और औद्योगिक स्थानों के इर्द-गिर्द प्राप्त मछली, मांस तथा अन्य खाद्य पदार्थ जैसे दूध आदि में प्रदूषकों की पहचान के लिए जांच कराएं।

9.8 संसाधित खाद्य-विषाक्तता से बचाव

संसाधित डिब्बाबंद खाद्य पदार्थों का चलन दिनोदिन बढ़ रहा है। इनमें विषाक्तता होने के कारण हैं-खाद्य योगजों के प्रयोग में असावधानी या आधिक्य, अखाद्य योगजों का प्रयोग तथा बर्तनों, उपकरणों आदि में मौजूद विषाक्तता से खाद्य पदार्थों का संसर्ग।

उपभोक्ता वस्तुओं के संसाधन में हजारों केमिकल एडिटिव खाद्य में डाले जाते हैं ताकि इनसे चटक रंग आए, खाद्य खुशबूदार हो और ज्यादा दिनों तक खराब न हो। पायसीकरण, खमीरीकरण, आर्द्रीकरण, किलेटीकरण, आक्सीकरण, अवकरण, परिरक्षण, पृष्ठीय-ग्रंथन, गाढ़ा बनाना, अम्लीकरण, दृढ़ीकरण, स्थिरीकरण, भंगुरता, चवर्णता, गोंदीयकरण, परिभासक बनाने आदी क्रियाओं के लिए 3000 तक योगज पनीर, मिठाई, काफी, चाय, डिब्बाबंद खाद्य, फास्ट फूड, जंक फूड या रद्दी खाद्य, कृत्रिम शीतलपेय, मांस, मछली, अंडा, खाद्यान्न, फल, सब्जी आदि में धड़ल्ले से मिलाए जा रहे हैं, यद्यपि इनमें से कई रसायनों का प्रयोग जो खाद्य को सजाने-संवारने हेतु बने हैं, सर्वथा टाला जा सकता है। स्वीकृत योगजों के प्रयोग की अधिकतम मात्रा एक किलोग्राम खाद्य में सिर्फ 200 मिलीग्राम तक ही स्वीकारी गई है किंतु व्यवहार में इससे ज्यादा मात्रा के योगज खाद्य पदार्थों में डाले जाते हैं जिसका नतीजा धीमी विषाक्तता के रूप में होता है।

खाद्य-सुरक्षा हेतु आई एस आई मुहर द्वारा प्रमाणित योगजों का ही प्रयोग अधिकतम 200 मिली ग्राम प्रति किलोग्राम की दर से करें। खाद्य-मिलावट बचाव अधिनियम के तहत सुरक्षा सुनिश्चित करें जिसके अनुसार निर्दिष्ट खाद्य योगजों का असुरक्षित मात्रा में प्रयोग और गैर-निर्दिष्ट योगजों का प्रयोग वर्जित व दंडनीय है।

परिरक्षक रसायनों जैसे कुछ योगजों को छोड़कर बाकी अनेक योगजों का प्रयोग अनावश्यक हानिकारक और त्याज्य है।

9.9 पैकेजिंग से विषाक्तता

पैकेजिंग खाद्य सुरक्षा हेतु वरदान है, किंतु यह अभिशाप भी साबित होता है। पैकेजिंग के लिए पालीथीन के अलावा अपशिष्ट लुगदी, व्यर्थ कागज, चिथड़े कपड़े, अस्पतालों के अपशिष्ट कपड़े आदि से बने कार्डबोर्ड के डिब्बों आदि का प्रयोग होता है जो हानिकारक और विषाक्त तक होते हैं क्योंकि इनमें सूक्ष्मजैविक और रासायनिक आविष हो सकते हैं। ऐसे संदिग्ध गुणवत्ता के डिब्बों में मिठाई, नमकीन, फल, बेकरी, तैयार भोजन, नाश्ता आदि रख कर बेचे जाते हैं जिनसे खाद्य में विषाक्तता आना महज सांयोगिक है। यथासंभव

विविध खाद्य पदार्थों को साफ सुथरे स्टील के डिब्बों में खरीदें। प्लास्टिक के डिब्बों में उपलब्ध खाद्य तेल, घी आदि को खरीदने के बाद स्टील के बर्तनों में पलट कर रखें। पुनर्चक्रित या फिर से इस्तेमाल किए गए पालीथीन से बने झोलों में हानिकारक तत्त्व हो सकते हैं जो खाद्य पदार्थों को संदूषित कर सकते हैं। बाजारु पालीथीन के बजाय स्वच्छ कपड़ों के पैकेट का प्रयोग खाद्य संदूषण बचाव में सहायक हो सकता है।

9.10 खाद्य सुरक्षा के 'स्वर्णिम नियम'

विश्व में संदूषित-संक्रमित खाद्य बढ़ती हुई बीमारियों का एक बड़ा कारण है, जिसे ध्यान में रखते हुए विश्व स्वास्थ्य संगठन द्वारा घरेलू और व्यापारिक खाद्य-सेवाओं में खाद्य-सुरक्षा के आधारभूत नियम निर्देशित किए गए हैं।

सुरक्षित रूप से संसाधित या डिब्बाबंद खाद्यों को प्राथमिकता दें जिनकी गुणवत्ता संबंधित संगठनों/विभागों/एजेंसियों द्वारा प्रमाणित की गई हो। प्राकृतिक अवस्था में गैर प्रमाणित खाद्यों को चुनने के पहले उनकी गुणवत्ता सुनिश्चित करें।

खाद्य पदार्थों को उचित रूप से पकाएं ताकि खाद्य का सभी हिस्सा कम से कम 70^0 सेल्सियस तापमान तक अवश्य गर्म हो और खाद्य अंदर से अधपका न हो।

खाना पकाने के बाद इसे उसी समय खाएं वरना देर तक बाहर रखे हुए भोजन का संदूषण होना संभव है।

बचे हुए खाद्य को गर्म करने के बाद फ्रिज में सुरक्षित रखें। बचे हुए खाद्य को पांच घंटे से ज्यादा रखने पर संदूषण की संभावना बढ़ जाती है।

पूर्व पके और भंडारित खाद्य को कम से कम 70^0 सेल्सियस तापमान पर गर्म करने के बाद ही इसका प्रयोग करें ताकि सूक्ष्म जैविक संदूषण, यदि हो, तो नष्ट हो जाए।

पकाए गए और गैर पके खाद्य का संसर्ग न होने दें ताकि परस्पर संदूषण की स्थिति का निर्माण न होने पाए।

संदूषण की संभावनाओं को कम करने के लिए भोजन पकाने के पहले और बीच में जब जरूरी हो हाथ ठीक से धो लें। रसोईघर के बर्तनों या उपकरणों को जीवाणुरहित अवस्था में लाने के लिए इनकी अच्छी धुलाई-सफाई सुनिश्चित करें।

खाद्य पदार्थों को बंद पात्रों में सुरक्षित रखें ताकि कीड़ों, चूहों आदि से इनका संसर्ग न हो पाए और जैविक संदूषण टाला जा सके।

शुद्ध सुरक्षित जल द्वारा ही भोजन पकाएं जो पेयजल के रूप में इस्तेमाल

में आता हो। आइसक्रीम जमाने या शिशुओं का आहार बनाने में सुरक्षित पेयजल का प्रयोग सुनिश्चित करें।

उल्लेखनीय है कि खाद्य सुरक्षा के उक्त नियम स्वाभाविक और आधारभूत प्रकृति के होते हुए भी खाद्य-सुरक्षा हेतु महत्त्वपूर्ण और अनिवार्य हैं। इन 'स्वर्णिम नियमों' के अनुपालन द्वारा खाद्य-संदूषण की अधिकाधिक संभावनाएं टाली जा सकती है। वैसे खाद्य-विषाक्तता की संभावनाएं असीमित हैं और प्रत्येक की खोज-खबर लेना प्रायः अव्यावहारिक है। किंतु उपभोक्ताओं में वैज्ञानिक जानकारी का प्रसार, जागरूकता की भावना का निर्माण, सक्रिय कार्रवाई के रुझान की मौजूदगी और विमार्गदर्शन से हट कर सही मार्गदर्शन की ओर प्रेरित करना स्वतः सुरक्षा हेतु ज्यादा प्रभावी रूप से कार्यसाधक साबित हो सकेगा।

9.11 खाद्य मिलावट

साठ का दशक भारतीय उपभोक्ता के लिए नसीहत का समय लेकर आया था जब विदेशी हमलों, सूखा और अकाल के कारण आम उपभोक्ता वस्तुओं में भारी कमी, मिलावट, मुनाफाखोरी और तंगहाली हावी थी। खराब गुणवत्ता वाले या मिलावटी खाद्य पदार्थों के खाने की मजबूरी के चलते खाद्य आधारित बीमारियां हावी हुईं। जितना नुकसान युद्ध में हुआ, वैसी ही हानि दैनिक जीवन में आम उपभोक्ता को झेलनी पड़ी। यही खास समय था जब मिलावट की गतिकी या डाइनैमिक्स खुलकर सामने आई और मिलावट बचाव हेतु विज्ञान सन्नद्ध करने की आवश्यकता महसूस की गई। साठ के दशक को दरअसल 'उपभोक्ता का शीतकाल' माना जाता है।

तब से अब तक बीते हुए लंबे समय में उपभोग का परिदृश्य कितना बदल गया, जंक-फूड, फास्ट-फूड, पैकेज-फूड, पिजा-हट इत्यादि देश के कोने-कोने में फैल गए। अनेकानेक छाप की अनेकानेक उपभोक्ता वस्तुओं की बिक्री में भारी होड़ देखी जाती है। खाद्य-पदार्थों के रंग-रूप, स्वाद, सुवास, पोषकता, सुरक्षात्मक कारकों आदि में काफी फेरबदल हो चुकी है। किंतु ध्यान दें कि एक फ्रांसीसी कहावत के अनुसार चीजें जितना ही अधिक बदलती हैं उतना ही वे बिना बदली हुई नज़र आती हैं। खेद है कि इतने लंबे समय के बाद भी खाद्य-मिलावट का जुनून मरा नहीं है, जिंदा है। मिलावट न सिर्फ उपभोज्य वस्तुओं में किसी रोग के जैसे मौजूद है बल्कि गैर उपभोज्य वस्तुओं में भी समाई हुई है। खाद्यान्न, खाद्य-तेल, मिष्ठान्न, पेयजल, वस्त्र, सीमेंट, पेट्रोल, डीजल, जहर, खून आदि में नई-नई मिलावटों की बू आती है। यहां तक कि जीवन-रक्षक दवाओं में भी मिलावट धरी जाती है किंतु मिलावटकर्त्ता

नहीं धरे जाते। विचारणीय है कि क्या आज विज्ञान उपभोक्ता के वास्ते संकटमोचक बन सकता है। तब नहीं तो अब यानी मुद्दत बीत जाने पर भारतीय मानक ब्यूरो द्वारा खाद्य मिलावट की जांच के लिए एक मानक विशिष्टि जारी की गई है, यद्यपि ऐसी वैज्ञानिक जांच दशकों से प्रचलित हो चुकी है।

9.12 मिलावट और इसकी हानियां

मिलावट बचाव अधिनियम तथा नियमों के अंतर्गत किसी खाद्य पदार्थ में मिलावट तब मानी जाएगी जब खाद्य विशेष निर्धारित गुणवत्ता या प्रकृति का न हो, खाद्य विशेष में कोई अन्य पदार्थ डाला गया हो जिससे इसकी गुणवत्ता निम्न या खराब हो या इससे स्वास्थ्य को नुकसान हो, खाद्य विशेष में सस्ती या घटिया वस्तु डाली गई हो जिससे उपभोक्ता को कीमत का नुकसान हो, खाद्य विशेष में अनिर्दिष्ट रंग या रासायनिक योगज अथवा निर्धारित अनुपात से अधिक मात्रा में निर्दिष्ट रंग या योगज डाला गया हो, खाद्य विशेष में कीड़ों, जीवाणुओं, रोगाणुओं, फंगस आदि से संदूषण-संक्रमण हुआ हो या कीटनाशी रसायन, आदि की हानिकारक मात्रा उपस्थित हो, खाद्य विशेष की ऊंची गुणवत्ता होने का धोखा देने के लिए इसमें अनिर्दिष्ट रंग या योगज डाले गए हों या खाद्य विशेष से उपयोगी घटक/सत्व निकाल लिया गया हो।

खाद्य पदार्थों में मिलाई जानेवाली वस्तुओं की तालिका लंबी है, जिनमें कुछ प्रमुख अपमिश्रक पदार्थ हैं रेती, ककड़-पत्थर, मिट्टी, टैलकम पाउडर, खड़िया मिट्टी, पानी, खनिज तेल, हानिकारक रंग, योगज व घोड़ों की लीद आदि। कुछ अपमिश्रक प्राकृतिक रूप से या अनजाने में या कुसयोग से खाद्य पदार्थ में मौजूद हो सकते हैं, फिर भी मिलावट के अंतर्गत आते हैं जैसे— कीटनाशी रसायन व अन्य कृषि रसायन, कीड़ों, चूहों आदि से उत्सर्जित मल आदि, डिंभक या लार्वा, पैकेज से रिसी हुई अशुद्धियां, पर्यावरण प्रदूषण से घुसी हुई अशुद्धियां आदि।

खाद्य-तेलों में आर्जिमोन, खनिज तेल, रेपसीड आदि तेल की मिलावट से पक्षाघात तथा विषाक्त प्रभाव पड़ सकते हैं। हल्दी, मिठाई, शर्बत, खराब हुई दालों आदि को मेटानिल येलो रंग से रंगने पर कैंसर होना संभव है। शक्कर के पाउडर या भूरा शक्कर,फरसाण आदि में सोडा की मिलावट से गले, भोजन की नली, आमाशय और आंतों की कोमल श्लेष्मा झिल्ली का संक्षरण या कोरोजन तथा उदर-रोग हो सकते हैं। शृंगार संबंधी उत्पादों में अनिर्दिष्ट कोलटार डाई और हानिकारक रसायनों के मेल से त्वचा में एलर्जी, दाग और कुरूपता आ सकती है व क्षति पहुंच सकती है। खड़िया मिट्टी की

मिलावट से अपच होती है। कीटों के अवशेष खाद्य पदार्थों में जीवाणु व रोगाणु स्थानांतरित करने में सहायक होते हैं। लाल मिर्च के पाउडर में अनिर्दिष्ट या प्रतिबंधित सूडान डाई के मेल से कैंसर होना संभव है। पेयजल में जीवाणुओं की मौजूदगी से विषाक्तता और जलजन्य रोग प्रायः होते हैं। दूध से वसायुक्त मलाई निकाल लेने से कुपोषण संभावित है। सूजी में लोहे व अन्य धातु के चूरे की मिलावट से आंतों और आमाशय में घाव या अल्सर हो सकते हैं। चना या मूंग के बेसन में खेसारी दाल की मिलावट से स्थाई रूप से लंगड़ापन आ सकता है। असुरक्षित रूप से भंडारित भोजन में जीवाणुओं के प्रवेश तथा संवर्धन से खाद्य-विषाक्तता तक हो सकती है। यह सब कुप्रभाव प्रायः धीमी गति से काफी समय बाद हावी होते हैं।

9.13 मिलावट की जांच

खाद्य पदार्थों में अपमिश्रकों की पहचान के लिए कई भौतिक तथा रासायनिक विधियां उपलब्ध हैं जो सामान्य उपभोक्ताओं द्वारा अथवा निर्धारित प्रयोगशालाओं द्वारा प्रयोग में लाई जा सकती हैं। खाद्य-मिलावट की जांच के लिए जिम्मेवार हैं स्थानीय नगरपालिका के स्वास्थ्य विभाग, खाद्य तथा औषधि प्रशासन, प्रमाणित खाद्यों के संबंध में भारतीय मानक ब्यूरो तथा कृषि उत्पाद अंकन/श्रेणीकरण विभाग 'एगमार्क' इत्यादि। गैर सरकारी कई उपभोक्ता संगठन, जैसे मुंबई में कंज्यूमर गाइडेंस सोसायटी ऑफ इंडिया, अहमदाबाद में कंज्यूमर एज्युकेशन व शोध केंद्र आदि अपने स्तरों पर परीक्षण कार्य करते हैं। खाद्य-मिलावट की परीक्षा तालिका 17 में दी गई है।

तालिका 17 : खाद्य-मिलावट की परीक्षा

खाद्य पदार्थ	अपमिश्रक	परीक्षा-विधि व सकारात्मक परिणाम
1. आयोडीन नमक	पोटेशियम आयोडेट	एक चुटकी आयोडीन नमक में पोटेशियम आयोडाइड के 10 प्रतिशत घोल की एक बूंद और हाइड्रोक्लोरिक अम्ल की एक बूंद डालने पर अम्बर रंग आता है।
2. दूध, दही, घी, मक्खन, खोवा आदि	मांडी(स्टार्च)	5-10 ग्राम खाद्य नमूने में टिंक्चर आयोडीन की एक बूंद डालने पर नीला रंग पैदा होता है।
3. घी, मक्खन,	वनस्पति घी	10 मि.ली. सांद्र हाइड्रोक्लोरिक अम्ल में एक चुटकी शक्कर घोलें और उसमें 10 मि.ली. पिघला हुआ नमूना डालें

			तथा हिला कर रख दें। उक्त घोल में दो पर्तें बनेंगी। निचली पर्त गुलाबी या लाल रंग की होगी।
4.	मक्खन,	कोलटार डाई	10 ग्राम मक्खन को गर्म कर नीचे जमे हुए पानी को अलग करें। जलरहित वसा को ईथर में घोलें और 1-2 मि.ली. हाइड्रोक्लोरिक अम्ल डालें और मिलाकर रख दें। इस प्रकार बनी दो सतहों में नीचे की तह गुलाबी रंग की होगी।
5.	दूध, दही	शक्कर	10 मि.ली. नमूने में 0.01 ग्राम रिसार्सिन और 1 मि. ली. सांद्र हाइड्रोक्लोरिक अम्ल डालें और उबालें तो लाल गुलाबी रंग आएगा।
6.	दूध	पानी	दूध में लैक्टोमीटर या दूधमापी यंत्र को डुबाएं। मिलावट होने पर यंत्र 30 अंक दिखाएगा। पुष्टि के लिए हिमांक या फ्रीजिंग तापमान निकालें। शुद्ध दूध का हिमांक-0.53 और-0.56 सेल्सियस के बीच होगा।
7.	खाद्य तेल	आरजिमोन का तेल	5 मि.ली. नमूने में 2 मि.ली. सांद्र हाइड्रोक्लोरिक अम्ल मिला कर गर्म करें और तेल की ऊपरी सतह अलग कर दें। नीचे के हिस्से में 1 मि.ली. फेरिक क्लोराइड का 10 प्रतिशत घोल डालें और गर्म करें। लाल भूरा तलछट या क्रिस्टल बनेंगे।
8.	खाद्य तेल	खनिज तेल	2 मि.ली. नमूने में 2 मि.ली. अल्कोहलिक पोटेशियम हाइड्राक्साइड का 3 प्रतिशत घोल डालें, उबालें और 10 मि. ली. पानी डालें। आविलता या टर्बिडिटी पैदा होगी।
9.	खाद्य तेल	एरण्ड (कैस्टर तेल)	नमूने को पेट्रोलियम ईथर में घोल कर नमक मिले बर्फ में ठंडा करें तो आविलता या टर्बिडिटी आएगी।
10.	शक्कर	रेती, खड़िया, गर्द	10 ग्राम नमून को 100ग्राम जल में घोलें और रख दें। अघुलित अशुद्धियां नीचे जम जाएंगी।
11.	शक्कर	लोहे का चूरा	नमूने के अंदर एक चुम्बक डाल कर

			फिराते रहें। लोहे का चूरा चुम्बक से चिपक जाएगा।
12.	गुड़	रेती, गर्द, खड़िया	गुड़ की थोड़ी सी मात्रा को जल में घोल कर रख दें। मिट्टी व अघुलित अशुद्धियां नीचे जम जाएगी।
13.	गुड़	मेटानिल येलो	थोड़ा-सा गुड़ पानी में घोलें, छान कर पानी से पतला करें और एक बूंद सांद्र हाइड्रोक्लोरिक अम्ल डालें। मैजेंटा लाल रंग आएगा।
14.	गुड़	धोने का सोडा	गुड़ में हाइड्रोक्लोरिक अम्ल की कुछ बूंदें डालें। गैस के बुलबुले बनेंगे।
15.	मिष्ठान्न	अल्यूमिनियम की	पन्नी को मिठाई से अलग कर उस पर हाइड्रोक्लोरिक अम्ल डालें। हाइड्रोजन के बुलबुले निकलेंगे (चांदी की पन्नी से क्रिया नहीं होती)। पन्नी को लौ से गर्म करने पर चांदी की पन्नी से चमकदार गोली बनेगी और अल्यूमिनियम की पन्नी से धूसर-काली राख बनेगी।
16.	मिष्ठान्न, आइसक्रीम शर्बत	मेटानिल येलो	नमूने को कुनकुने पानी में हिलाएं और सांद्र हाइड्रोक्लोरिक अम्ल डालें। लाल रंग आएगा।
17.	शहद	इनवर्ट, शक्कर	रुई की बत्ती को मधु में डुबाकर उसे लौ पर रखें तो यह शीरा (ग्लूकोस व फ्रक्टोस) बिना चटचटाहट से जलेगी। मिलावटी मधु चटचटाएगी, जलेगी नहीं। मधु को ईथर में घोलकर इसका सार भाग अलग करें और ईथर का वाष्पीकरण होने दें। शेष अंश में हाइड्रोक्लोरिक अम्ल व उर्ध्वपातित रिसार्सिनाल डालें। चटक लाल (चेरी रेड) रंग आएगा।
18.	खाद्यान्न, मूंगफली	फफूंदी	फफूंद से संक्रमित खाद्यान्न पिचके हुए व रंग उड़ा हुआ होगा, स्वाद खराब होगा और यह पानी पर तैरेंगे।
19.	गेहूं, बाजरी आदि	अर्गट (आविष फंगस)	अन्न पर काले धब्बे दिखाई देते हैं। नमक के 20 प्रतिशत घोल में डालने से अर्गट प्रभावित अन्न तैरते रहते हैं।
20.	खाद्यान्न, दाले	कीट, डिंभक,	लार्वा से ज्यादा प्रभावित होने पर खाद्यान्न में अप्रिय गंध व (लार्वा) स्वाद

			आ जाता है तथा यह पानी में तैरते है।
21.	आटा, बेसन, सूजी	रेती, कंकड़	कार्बन टेट्रा क्लोराइड के 5 प्रतिशत घोल में नमूने की कुछ मात्रा डालें। रेती कंकड़ नीचे बैठ जाएगा और शुद्ध नमूना ऊपर तैरेगा।
22.	आटा,बेसन, सूजी	खड़िया मिट्टी, अन्य कार्बोनेट	नमूने में गर्म हाइड्रोक्लोरिक अम्ल डालें, कार्बन डाई आक्साइड गैस के बुलबुले निकलेंगे।
23.	हींग	आटा, गम	पानी में हींग घुल जाती है, आटा बच जाता है। चम्मच में हींग पाउडर लेकर लौ के ऊपर रखें। शुद्ध हींग कपूर की तरह जल कर खत्म हो जाती है।
24.	गेहूं का आटा	मैदा, सूजी से बचा आटा	आटा गूंथने के लिए अधिक जल खपता है। रोटियां सेंकते समय फूट जाती हैं और स्वादहीन होती है।
25.	साबूत चना, मसूर	खेसारी दाल	देखने में खेसारी दाल गोल नहीं लगती। खेसारी दाल में हाइड्रोक्लोरिक अम्ल डाल कर 15 मिनट रखने पर भूरा रंग आता है।
26.	बिना छिलका की दालें	मेटानिल येलो	गर्म जल में नमूना डालने पर पीला रंग आता है। इसमें हाइड्रोक्लोरिक अम्ल डालने पर रंग पीले से लाल हो जाता है।
27.	लाल मिर्च साबूत	लाल डाई से रंगी हुई मिर्ची	रुई को खनिज तेल या पैराफिन तेल में डुबा लें और मिर्ची को गीली रुई से रगड़ें। रुई लाल रंग की हो जाएगी।
28.	हल्दी, मसाले पाउडर	मेटानिल येलो	एक चुटकी नमूना पानी में डाल कर हिलाएं। इसमें इतना पानी डालें कि यह प्रायः रंगहीन हो जाए। फिर सांद्र हाइड्रोक्लोरिक अम्ल कि कुछ बूंदें डालें। रंग लाल हो जाएगा।
29.	पाउडर मसाले	खड़िया मिट्टी	कार्बन टेट्राक्लोराइड के घोल में नमूना डाल कर हिलाएं। शुद्ध मसाला ऊपर तैरेगा तथा अशुद्धियां नीचे बैठ जाएंगी।
30.	केसर	मक्के की भूसी	केसर के टुकड़े जल्दी नहीं टूटते। पानी में अल्पांश में केसर डालकर हिलाएं और रंगीन जल अलग करें। इस क्रिया को दुहराते रहें। सिर्फ केसर से रंग आता है, बची हुई अशुद्धि रंगहीन होगी।

31.	दालचीनी	अमलतास की छाल	दालचीनी की सुगंध दरअसल मिलाई गई छाल से ज्यादा होती है जबकि मोटाई कम होती है।
32.	इलायची, लवंग	सत्व निकाला हुआ अंश	सूखी, पिचकी हुई, फंगस लगी और कम सुगंध की इलायची व लवंग सुवास रहित होती है।
33.	सरसों, राई	अर्जिमोन के बीज	अर्जिमोन के बीज अपेक्षाकृत ज्यादा काले, खुरदरे और असमान गोल होते हैं जो मैगनीफाइंग लेंस से स्पष्टतः पहचाने जा सकते हैं।
34.	काली मिर्च	सूखे पपीता के बीज	पानी में नमूना डालने पर पपीता के सूखे बीज तैरने लगते हैं, जबकि काली मिर्च नीचे के स्तर पर होती है।
35.	चाय पत्ती	रंगीन व्यर्थ पदार्थ	पानी से गीले हुए सोखते पर चाय की पत्तियां फैलाएं। सोख्ते पर गुलाबी या लाल धब्बे बनेंगे।
36.	कॉफी पाउडर	मांड़ीयुक्त खाद्य	काफी के घोल में पोटेशियम परमैंगनेट का अम्लीय घोल के अवशेष डाल कर रंगहीन बनाएं और फिर आयोडीन घोल की एक बूंद डालें। नीला रंग आएगा।
37.	कॉफी पाउडर	इमली, खजूर के बीज	सोडियम हाइड्रोक्साइड या धोने के सोडा के 2 प्रतिशत घोल में नमूना डाल कर हिलाएं। लाल रंग आएगा।
38.	एयरेटेड वाटर	अनिर्दिष्ट	मेटानिल येलो के 0.1 प्रतिशत घोल से उपचारित सूखे खनिज-अम्ल सोख्ते को नमूने में डुबाएं। रंग बैगनी हो जाएगा।

10
हानिकारक उपभोक्ता वस्तुएं : वैज्ञानिक विवेचन

प्रतिस्पर्धात्मक उपभोग के वर्तमान दौर में दुनिया अतिशय और अनावश्यक उपभोग के लिए लालायित है। अनुकरण के आधार पर यह भी खाओ, वह भी खाओ जो बिकता है सब कुछ खाओ की प्रवृत्ति से ग्रसित होकर खाऊ उपभोक्ता अपसंस्कृति की ओर अंधाधुंध दौर कायम है। इस स्थूल भावना में बहते हुए उपभोक्ताओं में हानिकारक वस्तुओं से परहेज करने का विवेक भी कुंठित होता जा रहा है। सतत् विकास तथा उपभोग की महती आवश्यकता की पूर्ति महज मौखिक या रस्मअदायगी के रूप में गौड़ बन कर रह गई है। मनुष्य स्थूलतः अविवेकपूर्ण उपभोक्ता के स्वरूप में नजर आता है। तमाम उपभोक्ता अनेकानेक हानिकारक वस्तुओं के उपभोग से कष्ट भोग रहे हैं जिसके कारण व्यक्ति, समाज और सारी मानवता त्रस्त-पस्त है। कुछ प्रमुख हानिकारक वस्तुओं के दुष्प्रभावों का उदाहरण प्रस्तुत करें तो विषय की गंभीरता का एक परिदृश्य परिलक्षित हो सकता है।

10.1 शराब या अल्कोहल, जरूरत सही वैज्ञानिक जानकारी की

विचारणीय है कि मद्यप (ड्रन्कॅर्ड) व्यक्ति यह जानते हुए कि वे जीने के लिए नहीं बल्कि मरने के लिए शराब कि घातक खूराक लेते हैं,अपने मन में शराब छोड़ने की इच्छा शक्ति नहीं रखते और इस प्रकार वे प्राणपीड़ा का आलिंगन करते हैं। लेकिन जो लोग मरने के लिए पीने की बात से इत्तफाक नहीं रखते, मद्यप होकर मानुस से अमानुस नहीं बनना चाहते और बखूबी जीकर समाज के ऋण से उऋण होने का दायित्व निभाना चाहते हैं उनके हित में शराब पर वैज्ञानिक विवेचन सविनय प्रस्तुत है।

शराब जो अपने जायके और नशा के लिए जानी जाती है, सक्रिय रसायन अल्कोहल से युक्त होती है। एथिल अल्कोहल उपभोज्य है जबकि मेथिल अल्कोहल विषाक्तता की हद तक अनुपभोज्य। शराब में अशुद्धि के रूप

में होने पर या अनजाने में मिले होने से मेथिल अल्कोहल घातक दुर्घटना का कारण बनता है।

पीनेवाले शराब के नशे और उसके अंजाम से क्यों न वाकिफ होंगे, किंतु ऐसे कितनों को इस हकीकत का इल्म होगा कि शराब सिर्फ नशा नहीं उत्पन्न करती बल्कि मर्जी हो या ना हो, तमाम कैलोरी शरीर में उड़ेल देती है जो भोजन से प्राप्त नियोजित कैलोरी के अतिरिक्त या बेहिसाब होती है।

आसवित शराब व्हिस्की, ब्रांडी, जिन और रम में सिर्फ सक्रिय रसायन एथिल अल्कोहल होने से इनकी कैलोरी संख्या प्रति 350 मिली लीटर 805 किलो कैलोरी होती है। एक ही बैठक में इतनी शराब पी जाना धुरंधर पीनेवालों की फितरत होती है। पाचन तंत्र की मदद बगैर अल्कोहल शरीर में अवशोषित हो जाता है। वैसे शरीर द्वारा अल्कोहल के तत्काल आक्सीकरण की क्षमता सीमित होती है। अतः शराब पीने के बजाय चुस्की के साथ ग्रहण की जाती है ताकि अवचूषण ज्यादा हो।

दूसरी किस्म की किण्वित फरमेंटेड/माल्टेड शराब वाइन और बियर में फलों, जौ आदि के पोषक तत्त्व कुछ मात्रा में होने से इनकी कैलोरी संख्या आसवित शराब व्हिस्की, ब्रांडी, जिन व रम से ज्यादा होती है, यानी प्रति 700 मिलीलीटर 300 किलो कैलोरी (बियर) तथा 560 किलो कैलोरी (वाइन)। आसवित एवं किण्वित श्रेणी की विभिन्न शराबों में भिन्न वाष्पशील रासायनिक योगज होने के कारण इनका वास सुवास अलग होता है। सिर्फ रूसी शराब वोदका में कोई वास, सुवास और रंग नहीं होता। काजू से बनी आसवित फेनी शराब और ताड़ी से आसवित ऐरॅक शराब अपनी विशेष देशी जायके और 'किक' के लिए पसंद की जाती है। इन शराबों में 35 प्रतिशत अल्कोहल रहता है, जबकि वाइन में 10–20 प्रतिशत, बियर में 4–5 प्रतिशत तथा भारत में बन रही वाइन में 4–5 प्रतिशत अल्कोहल होता है और प्रति 700 मिलीलीटर से 210 किलो कैलोरी ऊर्जा मिलती है। (देखें तालिका 18) वाइन के पक्ष में दलील दी जाती है कि इसे शराब न माना जाए और किराना दुकानों में इसकी खुली बिक्री हो, किंतु यह अतर्कसंगत बात है। अंततः कितनी मात्रा में अल्कोहल एक दिन या एक बैठक में शरीर के अंदर प्रवेश करती है, उस पर शराब का प्रकोप निर्भर करेगा। आखिरकार शराब में पोषण विहीन कैलोरी ही होती है, अतः शराब के साथ पोषक आहार न लिया गया तो कुपोषण अवश्यंभावी है।

तालिका 18 : विविध शराबों में अल्कोहल और कैलोरी

शराब के प्रकार	अल्कोहल, प्रतिशत	किलो कैलोरी प्रति100 मि.ली
बियर	4-5	40
वाइन	8-20	80
व्हिस्की	40-60	230
ब्रांडी	40-60	230
रम	40	230
जिन	60	230
फेनी	35	200
ऐरॅक	35	200

10.2 अल्कोहल में आसक्ति, पूर्वानुमान असंभव

कम, ज्यादा या बेहिसाब मात्रा में शराब पीने से हल्की उत्तेजना से लेकर सामान्य नशा और बेहोशी की नशा तक हो सकती है जिसमें मानसिक समन्वय तथा शारीरिक संतुलन नहीं रह जाता। नशे में स्वयं की क्षमता पर वास्तविकता से ज्यादा विश्वास होने का धोखा पैदा होता है जिसके कारण गलत निर्णय लेने, दुर्व्यवहार करने, दुर्घटना का शिकार होने और हिंसा पर उतारू होने की प्रबल प्रवृत्ति पैदा होती है जो नशा उतरने पर क्षणभंगुर साबित होती है। शराब से जो क्षणिक विश्वास, तनाव-मुक्ति, चाहत और सुख का अनुभव होता है (किंतु नशे के बाद सब कुछ ठीक उल्टा हो जाता है) उसे देखते हुए शराब के हिमायती यह मानते हैं कि रोजाना दो पेग शराब पीनेवाले को शराब खुश (डिलाइटेड), शुष्क (ड्राई) और दिव्य (डिवाइन) बनाती है। इस तीन डी का त्रिकोण प्रायः टूटता रहता है, लेकिन यह क्यों या कैसे टूटता है, बड़ा महत्त्वपूर्ण प्रश्न है।

अनुसंधान द्वारा निष्कर्ष निकाला गया है कि शराब की 'सुरक्षित' साबित होनेवाली खूराक यथार्थतः होती ही नहीं। हल्के नशे में भी गलत निर्णय और दुर्घटना संभव है। दरअसल, शराब के तेज नशे में मानसिक संतुलन खोने के अलावा भ्रम, अस्थिरता और उबकाई दबोच कर आती है तथा मूर्छा आ सकती है। संयोग से उल्टी कम नशे में तथा मूर्छा अधिक नशे में होती है और इसलिए पहले उल्टी हो जाने से मूर्छा की संभावना घट जाती है। अगर मूर्छा के बाद उल्टी आती है तो श्वांस-नली तथा फेफड़ों में मलीय पदार्थ भर जाने से सांस रुक सकती है। शराब से मृत्यु होने की यह एक जानी-पहचानी दशा है। अल्कोहल लेने के पहले या बाद में नींद की गोली लेने से मूर्छा को सहज निमंत्रण मिलता है जो श्वांस में अवरोध के साथ आती है। अल्कोहल के साथ

दस्त-अवरोधक दवाएं मेट्रो निडाजोल या इससे संबंधित दवा ली जाती है तो रक्त चाप जल्दी से गिर जाता है जो कई स्थितियों में घातक साबित होता है।

शराबखोरी मानव जाति के लिए एक अभिशाप है। काबिलेगौर है कि वे सभी जो पीना शुरू करते हैं, शराब से आसक्ति के शिकार नहीं होते। ऐसे तमाम लोग मात्र उत्सुकता के कारण, मित्रों से मित्रता निभाने की खातिर, तथाकथित ऊंचे समाज में उठने-बैठने से या फिर गोष्ठी, दावत आदि में थोड़ी पी लेते हैं, किंतु फिर भूल जाते हैं। हा, इनमें से कुछ लोग शराब को नहीं भूल पाते बल्कि उसके प्रति आसक्त हो जाते हैं। इस प्रकार शराब की लत गंभीर रूप धारण कर लेती है और ऐसे पियक्कड़ शराब पर निर्भर होने पर 'मद्यप' बन जाते हैं। कभी-कभार पीना आरंभ करने वालों में ऐसे कौन से लोग हो सकते हैं जिनके मद्यप होने का खतरा होता है, इसका पूर्वानुमान लगाना संभव नहीं हो पाया है। असावधान, अविवेकी, दुस्साहसी, परेशान आदि प्रकृति के लोगों का उक्त दशाओं में मद्यप होना संभव है किंतु आवश्यक नहीं और न ही इनके मद्यप-प्रकृति के संबंध में भविष्यवाणी ही की जा सकती है। चुनांचे इस विषय पर सामाजिक-मनोवैज्ञानिक ढंग से गहन शोध करने का तकाजा है। अगर भविष्य में किसी प्रकार की 'मद्यप जन्मकुंडली' बनाना संभव हुआ तो दुनिया में बहुत कम शराबी होंगे। तब तक मद्यनिषेध में ही समझदारी है।

10.3 मिथक या भ्रांतियां

तथाकथित प्रगतिशील लोगों की सुनें तो पीनेवाले आधुनिक विचारों के होते हैं और परहेज करनेवाले दकियानूसी। पार्टी आदि में न पीनेवालों के माथे पर चंदन का टीका खोजा जाता है, उन्हें उकसाया जाता है कि कम से कम जाड़े में तो पी लें, गर्मी आ जाएगी। यह न भ्रांति है, न मिथक, बल्कि कोरा अज्ञान है। अल्कोहल द्वारा त्वचा की रक्त-नलिकाओं का विस्फार या डाइलेशन होता है जिससे उनमें रक्त दौड़ कर दाखिल होता है और क्षणिक गरमाहट का एहसास होता है, अन्यथा शरीर से ताप-क्षय कायम रहता है। दरअसल, गर्मी की उम्मीद से शराब पीकर ठंडी में या निम्न तापमान पर असावधानी से रहने पर हाइपोथर्मिया हो सकती है जो कुछ लोगों के लिए घातक सिद्ध होती है। हां, यह जरूर है कि शराब से रक्तचाप बढ़ सकता है और हाइपोग्लाइकेमिया हो सकती है, अतः हृदयरोग और मधुमेह में शराब से इश्क जोड़ने के पहले चिकित्सकीय सलाह अनिवार्य है। यदि पीनेवाला भूख हड़ताल पर जाता है तो मस्तिष्क के क्षय होने की दशाओं का निर्माण होता है। पियक्कड़ के आमाशय

की दीवारों में क्षरण या इरोजन और रक्तस्राव की वजह से अल्सर होना स्वाभाविक है।

एक अजीबोगरीब भ्रांति यह है कि शराब से कामोत्तेजना या कामवृद्धि होती है। पुरुषों में यह धारणा मिथक के रूप में सदियों से पल रही है। यह अलग बात है कि शराब से होश न रहे तो लज्जा और विवेक नहीं काम करता और इसलिए अपराधी अक्सर अपराध करने के पहले खूब पी लेते हैं। दरअसल शराब के सेवन से पुरुषत्व कायम रखनेवाला हारमोन टेस्टोस्टीरोन का उत्पादन घट जाता है जिससे कामेच्छा में गिरावट आती है और अंदेशा यह होता है कि कहीं पियक्कड़ में स्त्री-सुलभ गुण तो नहीं आ रहे हैं। हो सकता है कि शराब से काम वासना का निर्माण हो किंतु कामशक्ति का क्षय तो होता ही है।

शराब के क्रांतिक या क्रिटिकल कुप्रभावों से शनैः शनैः यकृत (लिवर) या जिगर में सूत्रण या सिरोसिस बीमारी होती है जो लिवर को ले डूबती है और जब जिगर ही नहीं रहेगा जो जीवन कहां से बचेगा। दरअसल शराब की मार के घावों की निम्न फेहरिश्त देना उपभोक्ता मार्गदर्शन के हित में होगा।

- मनोभ्रंश या डिमेंशिआ और मनोविक्षिप्ति या साइकोसिस,
- यकृति-सूत्रण या सिरोसिस तथा कैंसर,
- बाह्य तंत्रिका रोग या पेरीफेरल न्यूरोपैथी,
- अग्न्याशय या पैनक्रिऑस में शोथ और दाह,
- शराब जन्य हृदय रोग अल्कोहलिक कार्डियोमायोपैथी,
- अस्थि-मज्जा में कमी और रक्ताल्पता,
- रक्त के थक्का बनने की क्रिया में बाधा, तथा
- हारमोन-असंतुलन इत्यादि।

10.4 शराब से मुक्ति

पियक्कड़ को शराब देना एकाएक बंद कर दें तो मनोविक्षिप्त, ऐंठन, मरोड़ आदि होगी और वह अशांत होगा तथा हिल जाएगा। शराब की दैनिक खूराक धीरे-धीरे कम करते हुए शरीर की पंचक्रिया कराना और चिकित्सक की देखरेख में लाक्षणिक इलाज करते हुए शराब से मुक्ति पाना न तो इतना कठिन है, न ही असंभव, बल्कि सर्वथा व्यावहारिक रूप से संभव है, बशर्ते कि मन में इच्छाशक्ति पैदा की जाए।

भारत के सभी प्रांतों में जगह-जगह सामाजिक न्याय और अधिकारिता मंत्रालय द्वारा नशामुक्ति केंद्र चलाए गए हैं। हर वर्ष 26 जून को मादक पदार्थों के दुरुपयोग एवं अवैध व्यापार के विरुद्ध अंतर्राष्ट्रीय नशामुक्ति दिवस मनाया

जाता है। शराब आदि के व्यसन से संयुक्त परिवार-व्यवस्था के टूटने, सामाजिक अपराध बढ़ने, यौन रोग, एड्स आदि में वृद्धि होने आदि के दुष्परिणाम विचारणीय हैं। शराब मुक्ति हेतु मनोवैज्ञानिक-सामाजिक चिकित्सा को अपनाना, व्यसनी के आश्रितों की समस्या पर ध्यान केंद्रित करना, सामुदायिक प्रतिक्रिया पैदा करना और जागरूकता का सृजन आदि प्रभावी उपाय के रूप में अपनाए जा रहे हैं।

10.5 सावधान, जारी है तम्बाकू का आतंकवाद

कैंसरजनक होने की हद तक रोगकारक संघटकों निकोटीन व इसके यौगिकों इत्यादि से युक्त तम्बाकू का प्रयोग इतना सर्वव्यापी और सार्वभौम हो गया है कि इसके घातक प्रभावों (दुनिया में हर साल तम्बाकू से संबंधित रोगों से 40 लाख लोग कुप्रभावित होते या मरते हैं, जिनमें 25 प्रतिशत भारतीय हैं) को देखते हुए इसे 'आतंकवादी' करार दिया जा सकता है। तम्बाकू की निकोटीन के विषाक्त कुप्रभाव जहरीले कीटनाशी रसायन फेनिट्रोथियन (घरेलू कीटनाशक छिड़काव का संघटक) की श्रेणी में आते हैं, यानी तम्बाकू का प्रयोग कीटनाशी रसायन ग्रहण करने के बराबर है, यद्यपि तम्बाकू द्वारा वही कुप्रभाव धीरे-धीरे पड़ता है। तम्बाकू को चूना-कत्था-सुपारी के साथ यों ही या पान में या पानमसाला और गुटका में डाल और चबाकर खाया जाता है, सिगरेट, बीड़ी, चिलम आदि के द्वारा जले धुएं के रूप में फेंफड़ों में लिया जाता है और सुंघनी के रूप में नाक से फेफड़ों तक खींचा जाता है।

तम्बाकू के बढ़ते प्रयोग के नियंत्रण हेतु एक कार्य ढांचे पर अंतर्राष्ट्रीय समझौता—'फ्रेमवर्क कन्वेंशन ऑन टोबैको कंट्रोल' (एफ सी टी सी) का गठन किया गया है। हर साल 31 मई को विश्व तम्बाकू निषेध दिवस मनाया जाता है। जागरूकता पैदा करने के इन तमाम प्रयासों के बावजूद तम्बाकू का आतंकवाद जारी है। तम्बाकू के कुप्रभाव से भारत में मुंह और गले में होने वाले फाइब्रोसिस और कैंसर एवं धूम्रपान से फेफड़े और श्वांसनली में कैंसर के दो लाख मरीज हर साल इलाज कराने आते हैं जिनमें बच्चे, महिलाएं और पुरुष सभी शामिल हैं। बीड़ी, सिगरेट, चुरुट, चिलम, हुक्का, तम्बाकू युक्त पान, गुटका, पानमसाला, तंबाकू युक्त मशेरी या दंत पाउडर, सूंघी जाने वाली नसवार में तंबाकू का प्रयोग, जो सभी रूपों में कैंसरजनक है, घटा नहीं है अपितु बढ़ता जा रहा है।

10.6 तम्बाकू छोड़ें कैसे

बीड़ी, सिगरेट आदि के धुएं से, निष्कासित कैंसरजनक बेंजोपायरिन की

बढ़ती हुई मात्रा (बीड़ी के धुएं में सिगरेट की अपेक्षा दोगुनी मात्रा) वायु में सर्वत्र फैलती है जिससे धूम्रपान करने वालों के अलावा आस-पास के लोगों पर भी कुप्रभाव पड़ते हैं और स्वच्छ पर्यावरण संबंधी व्यक्तिगत अधिकार का हनन होता है यानी तम्बाकू का पूर्ण निषेध हर हाल में सही है।

काबिलेगौर हकीकत यह है कि तम्बाकू के 80 प्रतिशत उपयोगकर्त्ता तम्बाकू को छोड़ना चाहते हैं किंतु बहुत कम ही लोग छोड़ पाते हैं। तम्बाकू से छुटकारा पाने के वास्ते प्रथमतः इसके अवगुणों से अवगत हों और तम्बाकू को छोड़ने की इच्छाशक्ति बनाएं। तम्बाकू को एकाएक छोड़ें, धीरे-धीरे छोड़ना संभव नहीं है। ऐसे खालीपन या उन स्थितियों में आने से बचिए जब तम्बाकू की तलब होती हो। स्वस्थ रहने के लिए व्यक्तिगत रुचियों-तैरना, घूमना, संगीत आदि का अभ्यास करें। तम्बाकू से बचे पैसे का हिसाब लगाएं। तम्बाकू से इस प्रकार बचे रहें, तम्बाकू की ओर थोड़ा सा भी झुकाव, तम्बाकू के व्यसन की ओर दुबारा खींच सकता है।

10.7 अपमान मान के पान का

पान (ताम्बूल, नागवल्लिका-संस्कृत, बेतोली-तमिल, तामाल-तेलुगू, पान-अन्य भारतीय भाषाएं) की बेलों से प्राप्त होने वाला प्रौढ़ पान का पत्ता हमारे लिए बड़ा हितकारी है, स्वास्थ्य हेतु लाभदायक है, मंगलकारी है, हानिकारक कदापि नहीं। देवताओं की पूजा-अर्चना, शादी-ब्याह, तिलक, नामकरण, यज्ञोपवीत समारोह, महिलाओं द्वारा हल्दी-कुमकुम का सांस्कृतिक आयोजन तथा सामान्यरूप से सद्भावना के आदान-प्रदान हेतु या सम्मान करने में मान के पान का प्रयोग सदियों से किया जाता रहा है। पान का पत्ता औषधीय है, पाचक, जीवाणुनाशक, सुरभित, मुखशुद्धिकारक तथा हल्का उत्तेजक पदार्थ है। पान में थोड़ा सा कार्बोहाइड्रेट, प्रोटीन, अल्पांश में वसा, ऊर्जा, विटामिन-ए, बी व सी तथा सुगंधित ऐरोमेटिक हाइड्रोकार्बन होते हैं। अन्य लाभदायक पदार्थों जैसे सौंफ, सोवा, जीरा, धनिया, तिल, गुलाब की सूखी पंखुड़ियां, मिष्ट मुलेठी या काला नमक से बने मुखवास के साथ पान का पत्ता खाना सर्वथा लाभदायक है। भोजन के बाद मुखवास के साथ पान का पत्ता खाने से यह पाचक, गैसहर, रक्तवर्धक और कफनाशक साबित होता है। (तालिका 19)

तालिका 19 : पान के पत्ते का सांयोगिक संगठन, प्रतिशत

कार्बोहाइड्रेट	6.1
प्रोटीन	3.1
वसा	0.8
विटामिन-ए	9600 आई यू
विटामिन-बी	31
विटामिन-सी	5
किलो कैलोरी	42

तालिका 20 : सुपारी का सांयोगिक संघटन प्रतिशत

कार्बोहाइड्रेट	47.2
प्रोटीन	4.9
वसा	4.4
खनिज	1.0
कैल्शियम	0.05
फास्फोरस	0.13
लोहा	1.5
नमी	31.3

पान के पत्ते जैसी पवित्र खाद्य वस्तु के यदि हमारे इतने गहरे सरोकार हैं तो इसमें हानिकारक, रोगकारक, कैंसरजनक पदार्थ,तम्बाकू, सुपारी या कत्था आदि डालकर हम क्यों खाएं? सुपारी या पुंगीफल (अरीका) में कैंसरजनक पॉलीफेनाल (टैनिन) होते हैं जो प्रायः फंगस से संदूषित होते हैं। फंगस के साथ एक अन्य कैंसरजनक प्रदूषक एफ्लाटॉक्सिन भी जुड़ा होता है। सुपारी का पुराना लगनेवाला फफूंदियाहा स्वाद इसके संदूषित होने का सूचक है। सुपारी का सेवन शरीर की धातुओं से ओज को विभक्त कर संधियों को शिथिल करता है, दांत खराब होते हैं और बुद्धि स्थूल बनती जाती है। सुपारी में ऐलकलायड भी पाए जाते हैं जिनमें अरिकोलीन अत्यंत क्रियाशील है, तेज क्षारीय तथा विषाक्त है, केंद्रीय स्नायुमंडल को नुकसान पहुंचता है, सिर के बाल झड़ते और बदरंग होते हैं। सुपारी में अन्य ऐलकलायड-आरिकेडीन, गुवेकोलीन, गुवेसीन आदि होते हैं। सुपारी की कच्ची भीगी गिरी यदि चबा ली जाए तो नशे के साथ सिर चकरा जाएगा और अंगघात भी हो सकता है। सुपारी से अंततः कार्सिनोमा या कैंसर हो सकता है। यदि सुपारी का टुकड़ा खांसी के साथ फेफड़े में पहुंच जाए तो क्षारीय प्रभावों से कोमल झिल्लियों पर तत्काल क्षरण-प्रभाव पड़ेगा। सुपारी का रस विरेचक अवश्य है किंतु तेज

रासायनिक क्रियाशीलता के कारण सुपारी एक निकृष्ट खाद्य वस्तु है। यहां तक कि यूरोपीय फार्मोकोपिया में सुपारी में मौजूद आरिकोलीन ऐलकलायड को विषाक्त रसायन की श्रेणी में वर्गीकृत किया गया है।

तालिका 21 : कत्था प्रतिनिधि संघटन प्रतिशत

		ग्रेड 1	ग्रेड 2	ग्रेड 3
1.	कटेचिन, अधिकतम	55	40	30
2.	सुखाने पर मात्रात्मक कमी, अधिकतम	12	12	12
3.	उबलते जल में अघुलिक मात्रा, अधिकतम	3	6	8
4.	कुल खनिज, अधिकतम	1.3	3.5	3.5
5.	विषाक्त पदार्थ, अधिकतम (पी.पी.एम.)			
	सीसा	2.5	2.5	2.5
	आरसेनिक	1	1	1
	तांबा	30	30	30
	जस्ता	50	50	50
	टिन	250	250	250

सुपारी में उक्त संघटकों के अलावा लॉरिक, मिरिस्टिक तथा ओलीक अम्लों के हानिकारक ग्लिसराइड (तालिका 20) भी होते हैं, यानी सुपारी अनेकानेक हानिकारक पदार्थों का भंडार है। इसीलिए चीन में सुपारी को कुत्तों, घोड़ों और अन्य घरेलू पशुओं के पेट में उत्पन्न हुए कृमि को मारने के लिए इस्तेमाल में लाया जाता है।

पान-सुपारी के साथ कत्था (तालिका 21) खाने से मुंह, पेट और आंतें सूखती हैं क्योंकि कत्था संकोचन पैदा करनेवाला पदार्थ है। पान में चूने के मेल से मुंह में जलन-क्षरण होता है, मुंह फटता है और लार उत्पन्न करने वाली ग्रंथियां कमजोर होती हैं। दरअसल पान के साथ सुपारी, चूना, कत्था और तम्बाकू का सम्मिलित प्रभाव व्यक्ति को कैंसर की तरफ अग्रसर करता है।

10.8 थूकना हानिकारक

हानिकारक संघटक सुपारी, तंबाकू, कत्था आदि को पान में मिलाकर लिए जाने पर उपयोगकर्त्ता इन्हें खाते नहीं, बल्कि बार-बार यत्र, तत्र, सर्वत्र थूकते हैं। थूकने का यह निम्नतर चरित्र क्षयरोग आदि संक्रामक रोगों के फैलने में सहायक होता है। मुंबई विश्वविद्यालय के पर्यावरण विज्ञान विभाग द्वारा पूरी की गई एक परियोजना, 'जनता द्वारा थूकने के कारण पर्यावरण पर कुप्रभाव'

से एक बड़ा आश्र्यर्यजनक किंतु खेदपूर्ण निष्कर्ष निकला है कि मुंबईवासी रोजाना 14.7 लाख लीटर थूक, यत्र तत्र सर्वत्र छोड़ते हैं। पूरे देश में पान की कितनी पीक थूकी जाती है और बेशुमार संक्रमण पैदा होता है, यह सोच कर ही दिल कांप जाता है।

भारतीय मानक ब्यूरो द्वारा पान की दूकानों को स्वच्छता से रख-रखाव करने के लिए एक मानक तैयार किया गया है किंतु पान के हानिकारक पहलू, थूकने की आदत और पान का बीड़ा बनाने और खाने संबंधी निम्नतर बातों को बिल्कुल छोड़ दिया गया है। तकाजा है एक ऐसा अभियान चलाने की जिससे पान को हानिकारक संघटकों के साथ खाने व पीक को थूकने पर रोक लगे यानी मान के पान का अपमान करने की निम्नतर आदत को रोका जा सके।

10.9 प्रशीतित (फ्रोजेन) मांस

पांच हजार वर्ष पुरानी संस्कृति वाला भारत मूलतः शाकाहारियों का देश रहा है। सदियों पूर्व बाहरी हमलावरों की घुसपैठ के फलस्वरूप तमाम लोग शाकाहारी बने रहने की यथास्थिति को बदलाव की शक्तियों से बचा नहीं पाए, और वे लोग जो धर्मांतरण की चपेट में आए, कालातंर में बदलाव से समझौता कर लिए। शाकाहारी से मांसाहारी होने का सिलसिला बढ़ता रहा, किंतु आज दुनिया भर में शाकाहार की अच्छाइयों में रुचि पुनर्जागृत हो रही है। वस्तुतः मनुष्य के शरीर की संरचना ही मांसाहार के लिए उपयुक्त नही हैं बल्कि शाकाहार के निमित्त बनी हैं जो शरीर-विज्ञान का एक अलग ही क्षेत्र है। आरंभ से ही मनुष्य के आध्यात्मिक विकास के लिए शाकाहार का निर्णायक योगदान रहा है। मांसाहार से जुड़े विविध कारकों की गहरी समझ स्वतः मार्गदर्शक साबित होगी।

अमेरिका में मांस की वार्षिक प्रति व्यक्ति खपत 65 किलोग्राम के मुकाबले भारते में यह संख्या मात्र 1.5 है। मांस में प्रोटीन की मात्रा 15-20 प्रतिशत होती है किंतु साथ में आवश्यकता से अधिक मात्रा में वसा, भरपूर कोलेस्ट्राल और चर्बी में घुले तमाम प्रदूषकों एवं आविषों का भारी जमावड़ा भी होता है जिसे स्वास्थ्य की दृष्टि से नजरअंदाज नहीं कर सकते।

जिस मांस की दुनिया भर में अधिकाधिक खपत होती है उसे नियततापी स्थलीय चौपाया पशुओं की पेशियों के रूप में जाना जाता है, जिनमें भेड़, बकरी, सूअर आदि प्रमुख हैं। इन पशुओं की पेशियों के अलावा इनके कलेजे, दिल आदि अंगों को भी मांसाहार के रूप में खाया जाता है। पश्चिम में गोमांस को बेहतर स्वादिष्ट खाद्य माना जाता है। मुर्गे का मांस अपनी ही नजाकत

रखता है जिसकी प्रतिस्पर्धा आजकल सूअर के गोश्त से भी है। इसके अलावा निम्न प्राणियों-कुत्ता, बिल्ली आदि के मांस के रसास्वादन लेने की खबरें कुछ देशों से मिलती हैं।

फिलहाल मांसाहार के परिदृश्य में भेड़ की पेशी मांस, गोमांस तथा सूअर के मांस की ही प्रधानता है। भेड़ के मांस में प्रोटीन, वसा, खनिज तथा नमी क्रमशः 18,13, 1 व 68 प्रतिशत, गोमांस में 23, 2.5, 1 व 73.5 प्रतिशत और सूअर के मांस में 19,4.5, 1 व 75.5 प्रतिशत होते हैं। प्रति 100 ग्राम मांस में इनकी कैलोरी संख्या क्रमशः 195, 115 व 114 किलो कैलोरी होती है। खाद्यान्नों के प्रोटीन की गुणवत्ता से मांस की प्रोटीन भिन्न होती है जिसमें कार्बोहाइड्रेट प्रायः अनुपस्थित होता है और खनिज तथा विटामिन के संबंध में भी खाद्यान्न अतुलनीय है।

बूचड़खानों में पशुओं का वध कर मांस प्राप्त करने के बाद मांस की गुणवत्ता में स्थायित्व हेतु प्राय : इसे कुछ समय रखने के बाद प्रयोग में लाया जाता है। गोश्त के खुदरा व्यापारी कटे मांस पर कीटनाशी रसायनों का छिड़काव कर खुली अवस्था में बेचने के लिए रखते हैं। ऐसा गोश्त हानिकारक और त्याज्य है।

आजकल प्रशीतित या फ्रोजन गोश्त का चलन बढ़ा है जिसे-12^0 सेल्सियस तापमान से ज्यादा ठंडक पर भंडारित किया जाता है। घरेलू फ्रिज के फ्रीजर में प्रायः-10^0 सेल्सियस तक की ठंडक होती है जिसमें गोश्त का सुरक्षित भंडारण-समय अपेक्षाकृत कम होगा। तालिका 22 में तीनों प्रकार के गोश्त के प्रशीतित भंडारण की अधिकतम अवधि रेखांकित है।

तालिका 22

विविध प्रकार के गोश्त के प्रशीतित भंडारण की समय सीमा (माह)

गोश्त का प्रकार	प्रशीतित भंडारण समय (माह) विविध तापमानों पर			
	-10^0 से.	-12^0 से.	-12^0 से.	-18^0 से.
गोमांस	7	8.5	12	17
सूअर का गोश्त	5.5	7	10	14
चिकन गोश्त	5	6.5	9	12.5

गोश्त के स्वतः विकृत होने की क्रिया वस्तुतः बूचड़खाने में पशुवध के समय से शुरू होकर पकाने तक जारी रहती है। प्रशीतन द्वारा स्वतः विकृति की क्रिया रुकती नहीं बल्कि धीमी हो जाती है। भंडारण के समय गोश्त का जैविक विघटन होता रहता है जिससे लैक्टिक एसिड बनता है और पी एच घटता है यानी गोश्त में अम्लीयता बढ़ती रहती है। खासकर गोश्त की वसा का जल

अपघटन क्रिया द्वारा विघटन होता है जिससे विसांयध फ्लेवर पैदा होता है। आक्सीकरण द्वारा विघटन के दौरान वसा का स्वाद और गंध खराब होती है और गोश्त में पीलापन आता है। अन्य प्रकार के गोश्त की अपेक्षा सूअर के गोश्त के विघटन की दर दोगुनी होती है। गोश्त के प्रोटीन के विघटन से विकृति होने पर गोश्त फूलता है और पी एच बढ़ता है यानी गोश्त क्षारीय होता है। जाहिर है कि प्रशीतत भंडारण का सही अवस्था में होना और भंडारित गोश्त की गुणवत्ता का ठीक होना यानी गोश्त का उपभोज्य होना सदैव संदेह के घेरे में होता है। प्रशीतित गोश्त के विपणन में भी भारी खामियां हैं। गोश्त के उपयोग की अंतिम तिथि अज्ञात होती है या सही नहीं होती। संसाधनन तथा भंडारण में व्यक्तिगत त्रुटियां और अपरिहार्य व्यवधान, उपकरण की खराबी, विद्युत आपूर्ति में निरंतरता का अभाव आदि कारक वस्तुतः प्रशीतित गोश्त को त्याज्य बनाते हैं, तथापि ऐसे विकृत गोश्त का उपभोग प्रयोगकर्त्ता की प्रकृति और विवेक पर निर्भर करता है।

10.10 शीतलपेय, विज्ञान की अवमानना

तथाकथित शीतलपेय सुक्रोस की चाशनी, कृत्रिम फ्लेवर, कृत्रिम रंग, अम्लकारक रसायन, कृत्रिम रंग, कृत्रिम स्वाद और महक, परिरक्षक रसायन, पायसीकारक रसायन, इत्यादि जैसे लगभग एक दर्जन रासायनिक योगजों या केमिकल एडिटिव, कार्बनडाइ आक्साइड गैस और 92-94 प्रतिशत जल का रासायनिक घोल है जिसे सिर्फ शीत तापमान पर रखने और ठंडी अवस्था में ही पीने के लिए रासायनिक क्रिया द्वारा बनाया गया है। शीतलपेय प्राकृतिक पेय पदार्थ नहीं है बल्कि संश्लेषित मिलावा या रसायनों का सम्मिश्रण है। शीतलपेय में स्वाद-सुवास और पोषक तत्त्वों से विहीन कैलोरी (प्रति सामान्य बोतल 80-120 कैलोरी) के अलावा फलों के रस की एक बूंद भी नहीं होती, जो बोतल पर प्रायः अप्रकट रूप में सूचित होता है। सही कहें तो शीतलपेय वस्तुतः रद्दी-खाद्य या 'जंकफूड' की श्रेणी में आता है और अतिरेक या 'सुपरफ्लुअॅस कंजम्प्शन' का हिस्सा है। शीतलपेय में डाले जाने वाले रासायनिक पदार्थ मात्र सीमित मात्रा में और सीमित समय तक उपयोग हेतु सुरक्षित पाए गए हैं, अधिक मात्रा में या लंबे समय तक या नियमित उपयोग के दौरान इनकी सुरक्षा संदेह के घेरे में होती है। वस्तुतः प्रत्येक कृत्रिम या संश्लेषित पेयजल के संघटकों तथा निर्माण का ब्यौरा यानी फार्मूला निर्माता द्वारा संरक्षित गोपनीय तथ्य है और व्यापक या तर्कपूर्ण रूप से देखें तो इससे उपभोक्ताओं को प्राप्त सूचना एवं सुरक्षा के अधिकार आदि की हानि होती है।

शीतलपेय को पीने के लिए आंखों में जो हलचल या मन में आकर्षण होता

है उसका कारण शीतलपेय का चमकीला रंग, पारदर्शकता, कृत्रिम स्वाद, ठंडक का क्षणिक अनुभव और आधुनिकता का लेबल हो सकता है। शीतलपेय के स्वाद-सुवास को पूरा संतुलित और रुचिकर बनाने में ही इसकी क्रांतिक सफलता का रहस्य छिपा होता है। इलेक्ट्रानिक माध्यमों से प्रसिद्धि-प्राप्त लोकप्रिय हस्तियों द्वारा शीतलपेय के सशक्त प्रचार (यद्यपि तथ्यहीन और अतिरंजित) में इसकी स्वीकार्यता और लोकप्रियता का राज है।

शीतलपेय के विज्ञान से आम उपभोक्ता की अनभिज्ञता या विवेचनात्मक क्षमता की कमी एक ऐसा सापेक्ष किंतु निर्णायक कारण है जिसके चलते उपभोक्ता शीतलपेय की गुणवत्ता की परवाह किए बगैर इसे सोमरस जैसा पीते हैं या यों कहें कि आक्रामक प्रचार और पुरअसर विक्रयकला द्वारा पीने के लिए प्रभावित किए जाते हैं। हां, यदि शीतलपेय से स्वास्थ्य पर होनेवाली हानियों का एकमात्र कारण उनमें हाल ही में पाए गए कीटनाशक रसायन के हानिकर अवशेष ही हैं, तो कह सकते हैं कि यह विज्ञान-भावना का अभाव और विज्ञान की अवमानना का प्रतिफल हो सकता है।

कोला श्रेणी के शीतलपेय में परिरक्षक रसायन बेंजोइक एसिड, सल्फर डाईआक्साइड और सल्फाइट हो सकते है, कोलतार आधारित कृत्रिम रंग और कैरामल से रंगे हो सकते हैं, कृत्रिम स्वाद के लिए कार्बनिक एस्टर और एल्डीहाइड यौगिकों की घुसपैठ से कृत्रिम स्वाद लाए जा सकते हैं, किंतु इन सारे रसायनों की गुणवत्ता वस्तुतः स्वास्थ्य अधिकारियों या मानक संस्थाओं द्वारा प्रमाणित न होकर निर्माता के निर्णय के एकाधिकार पर निर्भर करती है। कई शीतलपेय में कैंसरजनक पायसीकारक रसायन ब्रोमिनेटेड वेजीटेबल ऑयल या बी वी ओ की जगह एस्टर गम की अल्प मात्रा 100 पी पी एम में स्वीकारी गई है, लेकिन इसकी पूर्ण सुरक्षा की गारंटी नहीं हो पाई है। शीतलपेय में तीखा अम्लीय स्वाद लाने के लिए साइट्रिक एसिड के अलावा फासफोरिक एसिड, मैलिक एसिड, फ्यूमेरिक एसिड आदि डाले जाते हैं जिनमें दंतवल्क या इनैमल घुलनशील होने से यह दांतों के असमय क्षय का कारण बन सकते हैं। कोला-ड्रिंक में प्रति लीटर 200 मिलीग्राम कैफीन और 100 मिलीग्राम क्विनीन सल्फेट की मात्रा प्रायोगिक रूप से पाई गई है। कोला की छोटी बोतल में 50 मिलीग्राम कैफीन होती है और यदि एक दिन में दो बोतल कोला पेय पीया गया तो यह बच्चों और गर्भवती महिलाओं के लिए हानिकारक हो सकता है, पेट में अल्सर, स्तन कैंसर, मूत्र विकार, हृदय रोग आदि कैफीन के आधिक्य से हो सकते हैं। अधिक कोला पेय पीनेवाले किशोर बच्चे असमय वयस्कों जैसी कामुकता से कुप्रभावित हो सकते हैं। वयस्कों में अधिक शीतलपेय से मोटापा और मधुमेह की संभावना का निर्माण होता है। शीतल पेय में कार्बनडाईआक्साइड का प्रयोग अलग समस्या पैदा करता है। निम्न गुणवत्ता

की इस गैस में कार्बोनिल सल्फाइड की अशुद्धि हो सकती है जिससे गले और आंतों पर कुप्रभाव पड़ता है। शीतल पेय में कुस्वाद अक्सर उक्त अशुद्धि के हाइड्रोलाइजेशन से उत्पन्न हाइड्रोजन सल्फाइड के कारण होती है।

10.11 शीतलपेय से ग्रीष्मकालीन विषाक्तता

ज्ञातव्य है कि निम्न तापमान या हिमीकरण शीतलपेय की स्वीकार्यता हेतु जरूरी शर्त है। वायुमंडलीय तापमान पर शीतलपेय पीने से तत्काल अरुचि हो सकती है। भारत जैसे गर्म देश में, खासकर उत्तर भारत की गर्मियों में जब शीतलपेय की बोतलें परिवहन और भंडारण के समय 37^0 सेल्सियस या इससे अधिक तापमान पर कुछ हफ्तों तक धरी पड़ी रहती हैं और पीने के कुछ समय पूर्व ही ठंडी की जाती है तो ऐसी स्थिति में शीतलपेय में हाइड्राक्सी मेथिल फरफुराल (एच एम एफ) अधिक मात्रा में पैदा होता है जो भारतीय उपभोक्ताओं के चिंता का सबब हो सकता है। एच एम एफ रसायन के कुप्रभाव से स्नायुतंत्र, कोशिकाओं तथा प्रजनन प्रणाली पर कुठाराघात हो सकता है जिसके कारण ट्यूमर पैदा हो सकते हैं और आंखों की रोशनी भी जा सकती है। अमेरीका में 80 पी पी एम तक एच एम एफ स्वीकृत है किंतु उत्तर भारत की प्रचंड गर्मियों में जब शीतलपेय कई दिनों तक बाहर की गर्मी में रखा होता है, उक्त मात्रा 100 पी पी एम से अधिक हो सकती है। देश के कई गर्म स्थानों में जहां शीतलपेय की वितरण-शृंखला अपर्याप्त है और पीने के पहले इनकी बोतलें $40-48^0$ सेल्सियस तापमान पर कई दिनों तक प्रशीतक के बाहर पड़ी रहती हैं, एच एम एफ की मौजूदगी हानिकारक स्तर पर होती है।

निर्माण, वितरण और उपभोग के बीच की अवधि में स्ट्रेप्टोकोकाइ व एंटरोबैक्टर जीवाणु शीतलपेय की बोतल की ढक्कन के इर्द-गिर्द पैदा होते हैं और साथ ही कवक या फफूंद भी आश्रय पाते हैं जिन्हें इनकी दुर्गंध से पहचाना जा सकता है। शीतलपेय की बोतल को सीधे मुंह मे लगाकर पीने से उक्त जीवाणु गले और पेट में पहुंच कर संक्रमण पैदा करते हैं। इसके लिए शीतलपेय में मौजूद 4-क्लोरो-3-मेथिल फेनाल भी जिम्मेदार होते हैं।

खेद है कि जिस भारतीय संस्कृति में नीर-क्षीर विवेक की बात की जाती है, वहां सही फलीय पेय और हानिकारक शीतलपेय के बीच विवेकपूर्ण चुनाव नहीं हो पाता। शीतलपेय अनावश्यक और हानिकारक है। विज्ञान के इस युग में दैनिक उपभोग की वस्तुओं के विज्ञान की अवज्ञा सर्वथा हानिकारक साबित होगी।

10.12 भोजन में कृत्रिम रंग-रोगन आखिर क्यों?

खाद्य-सुरक्षा का एक स्वर्णिम नियम यह है कि यथासंभव खाद्य पदार्थों को उनके प्राकृतिक रंग-रूप में ही स्वीकारा जाए तथा बाहर से कृत्रिम रंग मिले खाद्यों से परहेज करें। खराब या बदरंग खाद्यों को ताजा दर्शाने के लिए अथवा किसी भी खाद्य को आकर्षक बनाने या ऊंची गुणवत्ता का धोखा पैदा करने के लिए उनमें चटक कृत्रिम रंग मिलाए जाते हैं या रंग-रोगन से उनकी पालिश की जाती है। बाजार में मिलने वाले शर्बत, फलीय रस, मक्खन, मुरब्बा, जैम, जेली, अचार, मिठाई, केक, फरसाणा, सौंदर्य प्रसाधन इत्यादि तमाम खाद्य पदार्थों में कृत्रिम रंगों का प्रयोग होता है। यह रंग दरअसल निर्दिष्ट खाद्य-श्रेणी के रंग होने चाहिए जिनका प्रयोग प्रति किलोग्राम खाद्य में 0.2 ग्राम से कम होना चाहिए। खाद्य श्रेणी के ऐसे निर्दिष्ट कृत्रिम रंग अथवा इनसे भी बेहतर प्राकृतिक खाद्य-रंग महंगे होते हैं जिसके कारण सस्ते हानिकारक कृत्रिम रंगों का प्रयोग धड़ल्ले से होता है। खराब दालों की पॉलिश के लिए कैंसरजनक मेटानिल येलो रंग तक का प्रयोग होता है। नकली केसर बनाने में भी इसी रंग को चुना जाता है। फिलहाल केवल आठ कृत्रिम खाद्य रंग खाद्य मिलावट बचाव अधिनियम के अंतर्गत स्वीकृत किए गए हैं।

तालिका 23 : स्वीकृत कृत्रिम खाद्य रंग

रंग	सामान्य नाम
लाल	पोंस्यू 4 आर, कारम्वाइसीन, एरिथ्रोसीन
पीला	टार्ट्राजीन, सनसेट येलो एफ सी एफ
नीला	इंडिगो कारमाइन, ब्रिलिएंट ब्लू एफ सी एफ
हरा	फास्ट ग्रीन एफ सी एफ

उक्त खाद्य-रंगों का प्रयोग सिर्फ निर्धारित खाद्यों के साथ प्रयोग हेतु निर्दिष्ट किया गया है और इन कृत्रिम रंगों तथा अन्य प्राकृतिक खाद्य रंगों का आई एस आई मुहर द्वारा प्रामाणीकरण होना अनिवार्य है, यद्यपि केसर और हल्दी को इस संबंध में छूट दी गई है। उक्त सभी रंग कार्बनिक यौगिक हैं। टाइटैनियम डाईआक्साइड को छोड़कर, जो चूइंग-गम में मिलाया जाता है, बाकी अकार्बनिक रंगद्रव्य (पिगमेंट) अखाद्य हैं। प्राकृतिक पदार्थों से प्राप्त या संश्लेषित रंग किसी भी खाद्य में डाले जा सकते हैं। हां, मक्खन में सिर्फ कैरोटीन व अन्नटो रंग और सोयाबीन-सॉस में कैरामल डालने की अनुमति दी गई है।

तालिका 24 : स्वीकृत प्राकृतिक रंग

रंग	रंगीन पदार्थ
पीला से लाल रंग	बीटा कैरोटीन तथा क्लोरोफिल के कुछ संजात (डिराइवेटिव)
हरा रंग	क्लोरोफिल या पर्णहरित
पीला रंग	रिबोफ्लेविन (लैक्टोफ्लेविन)
अंबर से भूरा रंग	कैरामल
पीला से नारंगी लाल	अन्नटो
पीला से नारंगी	केसर
नारंगी से लाल	हल्दी
नीला से लाल/पीला	कोकम तथा कुसुंभ (सैफ्लावर)

भोजन में मिलाए जानेवाले कृत्रिम रंगों की सुरक्षा का सही आकलन प्रायः व्यावहारिक नहीं है, भले ही रंग खाद्य श्रेणी के कृत्रिम रंग क्यों न हों। एक सर्वेक्षण के अनुसार उत्तर प्रदेश, बिहार और राजस्थान में रंग-रोगन मिले 70 प्रतिशत खाद्यों में प्रतिबंधित श्रेणी के रंग पाए गए (तालिका 25) जो विषाक्त होने से लेकर कैंसरजनक तक होते हैं।

तालिका 25 : खाद्य में प्रतिबंधित कृत्रिम रंग

1. मेटानिल येलो (पीत रंग)	2. रोडामाइन बी	3. ब्लू वी आर एस
4. ऑरमीन	5. ओरेंज 1,2	6. सूदान 2,3
7. कांगोरेड	8. मैलशीट ग्रीन	9. साइट्रस रेड 2
10. लैड क्रोमेट	11. फास्ट रेड-ई	12. ग्रीन एस
13. अमरथ		

हानिकारक रंगों से बचाव और सुरक्षा के तौर पर ध्यान देने योग्य बात यह है कि असामान्य चटक या चमकीले रंगों वाले खाद्य पदार्थों में प्रतिबंधित रंग होने का अंदेशा होता है। तिरंगी बर्फी या बहुरंगा केक या जगमगाते रंगोंवाली चूष-टिकिया, यह सभी खराब रंगों से सजाई गई होती हैं। निर्दिष्ट रंगों का शरीर में चयापचय या अवचूषण प्रायः नहीं के बराबर होता है, किंतु अनिर्दिष्ट हानिकारक रंग विषाक्तता की हद तक अभिक्रिया करते हैं।

10.13 खिलौने भी खतरनाक

कपड़ों की कतरने जोड़-मोड़ कर जब कोई मां एक प्यारी सी रंग-बिरंगी गुड़िया बनाकर अपने बच्चे के हाथ में रख देती है तो खुशी की लहरें उमड़-घुमड़ कर बच्चे को अपने आगोश मे समेट लेती हैं। खिलौने से प्राप्त खुशी पर

बच्चे का सहज अधिकार होता है। आज की भागमभाग जिंदगी में व्यस्त कामकाजी महिलाओं को इतना भी समय नहीं मिलता कि वे अपने बच्चों को जी भर प्यार करें। अक्सर इस कमी की भरपाई करने की कोशिश कीमती हाई-टेक खिलौने देकर की जाती है किंतु इनसे दो-चार दिन बच्चों का मनोविनोद भले ही हो जाए, भावनात्मक विकास नहीं हो पाता।

फिलहाल प्लास्टिक से बने खिलौनों का सर्वाधिक चलन हुआ है। कुछ प्लास्टिक-खिलौनों में हानिकारक प्लास्टिसाइजर यौगिक थैलेट आदि होते हैं जो लंबे समय में लिवर और गुर्दों का क्षय करते हैं। मां के इंतजार में जब बच्चा चिड़चिड़ा हो जाता है तो वह प्लास्टिक के खिलौने जोर-जोर से चबाता है जिसके कारण हानिकारक प्लास्टिसाइजर रसायन ज्यादा मात्रा में उसके पेट में दाखिल हो जाता है। बिना दांत के बच्चों के मुंह में जब मुलायम प्लास्टिक का 'टीथर' खिलौना डालकर फुसलाया जाता है तो भी उक्त रसायन खिलौने से रिस कर पेट में पहुंच जाते हैं। कुछ बच्चे खिलौने को खूब चूसकर इसके महीन टुकड़े तक निगल जाते हैं। इस संबंध में डिअेसिनोनिल थैलेट (डी आई एन पी) की सुरक्षा दरअसल जांच का विषय बना हुआ है। खिलौनों की सुरक्षा पर विदेशों में कई शोध-कार्य यूनीसेफ के सहयोग से हो रहे हैं, किंतु भारत में विदेशी जानकारी पर भरोसा कर प्लास्टिक के खिलौने तैयार किए जाते रहे हैं। लघु या कुटीर उद्योग द्वारा निर्मित प्लास्टिक के खिलौनों मे प्रयोग किए जा रहे रंग-रोगन की सुरक्षा भी संदेहास्पद है। कुछ खिलौनों का आकार-प्रकार सही न होने से यह बच्चों द्वारा निगल लिए जाते हैं और दम घुटने से उनकी मृत्यु तक हो जाती है। इस प्रकार खतरनाक खिलौनों की बदौलत बदनसीबी झेलनी पड़ती है।

10.14 उपभोक्ता मार्गदर्शन

1. चूसने वाले प्लास्टिक के खिलौनों की गुणवत्ता/सुरक्षा सुनिश्चित करें, अन्यथा इनसे परहेज करें।
2. खुले तार, कमानी या स्प्रिंग, मनका या बीड, डोरी आदि से बने खिलौनों से दुर्घटना संभव है, अतः इनसे सावधान रहें या परहेज करें।
3. गर्म होने वाले, पेंट लगे हुए, सुगंधित खिलौनों से सावधान रहें या परहेज करें, क्योंकि इनकी सुरक्षा संदेहास्पद होती है।
4. ज्वलनशील खिलौनों को बच्चों को न दें। भराई किए गए खिलौनों की सही-मजबूत सिलाई सुनिश्चित करें।
5. द्रव भरे खिलौने न खरीदें जिनमें मौजूद द्रव हानिकारक हो सकते

हैं और फटने पर मुंह के अंदर जा सकते हैं।

6. जोर की आवाज देने वाले और चिंगारी पैदा करने वाले खिलौनों से बच्चों को दूर रखें।
7. खिलौना खरीदते समय बच्चे की उम्र के अनुसार सही खिलौनों का चुनाव करें, खिलौनों के साथ दी गई सूचना और निर्देशों पर ध्यान दें तथा उपयोग के समय निर्देशों का पालन करें।

10.15 कामरसायनों के बढ़ते दुष्परिणाम

अस्सी के दशक में जब एक शिश्नोत्थानक या इरेक्टाइल औषधीय रसायन सिल्डेनाफिल साइट्रेट की खोज अमेरिका में हुई और इसका एक व्यापारिक नुस्खा. बाजार में आया तो उस समय भारत ने इसे अपने बाजार में आने की अनुमति नहीं दी। कालांतर में सिल्डेनाफिल साइट्रेट के 30 से ज्यादा भारतीय नुस्खे बाजार में आए और फिर उक्त विदेशी नुस्खे को भी भारतीय बाजार में लाने की अनुमति मिल गई। यह कामरसायन न तो काम की इच्छा को जागृत करने वाले हैं और न ही कामवर्धक। दरअसल, एलोपैथी चिकित्सा में कामवर्धक दवा का कोई स्थान नहीं है। सिल्डेनाफिल साइट्रेट के नुस्खे सिर्फ शिश्नोत्थानक हैं, यानी जिन लोगों को जन्म से हुए किसी शारीरिक दोष के कारण शिश्नोत्थान नहीं होता या कालांतर यह बीमारी पैदा होती है, उनमें शिश्नोत्थान पैदा करने के वास्ते यह दवा बनाई गई है। हां, अगर काम की इच्छा ही जागृत नहीं होती तो शिश्नोत्थानक दवा काम नहीं करती। यह दवा तेज और कई गंभीर हानिकारक सह प्रभाव डालने वाली होने के कारण इसका प्रयोग मात्र निर्धारित विशेषज्ञों यानी सेक्सोलॉजिस्ट, मूत्ररोग विशेषज्ञ (विनिअॅरोलॉजिस्ट), मनोचिकित्सक (साइकिआट्रिस्ट), अंतःस्त्रावी विशेषज्ञ (एंडोक्राइनोलॉजिस्ट) तथा त्वचारोग विशेषज्ञ (डर्माटोलॉजिस्ट) की लिखित सलाह पर ही किया जा सकता है। अतः निर्धारित विशेषज्ञ की सलाह या पर्ची के बगैर शिश्नोत्थानक सिल्डेनाफिल साइट्रेट के नुस्खों को खरीदना और बेचना कानूनन दंडनीय अपराध है। यह अलग बात है कि उक्त कानूनी नियम का धड़ल्ले उल्लंघन हो रहा है। तमाम युवक बिना डॉक्टरी सलाह के सिर्फ 'फन' की खातिर या उत्सुकता के कारण सिल्डेनाफिल साइट्रेट के नुस्खों का गलत इस्तेमाल कर रहे हैं और अपना यौन जीवन नष्ट कर रहे हैं।

यह निर्विवाद सत्य है कि स्वस्थ तन-मन द्वारा सर्वोत्तम वैवाहिक जीवन तथा सर्वाधिक यौनसुख प्राप्त होता है जिसके लिए कामरसायन अनावश्यक है। संभोग हेतु सभी ज्ञानेंद्रियों तथा कर्मेंद्रियों का स्वस्थ-सक्रिय होना आवश्यक है। त्वचा (स्पर्श), दृष्टि (नेत्र), जीभ (स्वाद), नाक (गंध) और कान (श्रवण)

तथा मुख (वाक), हाथ, पैर, पायु (मलद्वार) एवं उपस्थ (यौनांग) इन दस इंद्रियों व इनके स्वामी मस्तिष्क के सम्मिलित प्रयास से संस्पर्श, चुंबन, आलिंगन, प्राक्कीड़ा, संवाद (मौखिक, सांकेतिक), चित्रदर्शन, संगीत-नृत्यादि श्रवण क्रिया करते हुए रति क्रिया या संभोग का सर्वोत्तम सुख प्राप्त होता है। कामरसायनों से आरंभिक लाभ हो सकता है किंतु अंततः पुंसकत्व नष्ट होता है यानी बिना सोचे समझे डॉक्टर की सलाह बगैर कामरसायनों के दुष्प्रयोग नुकसानदायक हो सकता है।

सिल्डेनाफिल साइट्रेट की अभिक्रिया से अंधापन हो सकता है। ऐसे रोगियों के लिए जो हृदयरोग से पहले से पीड़ित हैं और निर्धारित दवाएं लेते हैं उनके लिए उक्त शिश्नोत्थानक दवा सर्वथा घातक सिद्ध हो सकती है। यकृत या जिगर सामान्यतः हानिकारक या विषाक्त प्रभावों को निष्फल करने के लिए जूझता है किंतु उक्त दवा से स्वयं लिवर का कार्य बाधित होता है। इसके सामान्य कुप्रभाव हैं-सिरदर्द, वमन, चक्कर, अनिद्रा, नाक बहना, हाजमा बिगड़ना, मुंह सूखना, आवाज बिगड़ना इत्यादि। यानी प्रायः सभी शारीरिक क्रियाओं में कुछ न कुछ व्यवधान आते हैं।

चिंता की बात है कि स्त्रियों में कामवृद्धि लाने के लिए या 'सेक्सुअल डिसफंक्शन' के उपचार स्वरूप कामोत्तेजक रसायन को बाजार में उतारने की तैयारी हो रही है। स्त्रियों में ठंडापन यानी फ्रिजिडिटी का कारण दरअसल कुसमय संभोग, भय, लज्जा, रतिक्रिया में अनभिज्ञता, कठोर पारिवारिक एवं सामाजिक बंदिशें, बुरे अनुभव, अनमेल विवाह, मासिकधर्म में गड़बड़ी आदि हैं, यानी प्रायः सामाजिक तथा मनौवैज्ञानिक कारण, जिसका इलाज किसी कामरसायन (स्त्री) से कैसे हो सकता है। कामांधता में यदि यह दवा ली जाती है तो गर्भ, प्रसव, भ्रूण-सुरक्षा, दुग्धपान, शिशुपालन, शेष यौनजीवन और पूरी संतति पर गंभीर दुष्प्रभाव पड़ सकते हैं। कामसूत्र के अनुसार स्त्रियों में कामेच्छा का अभाव बहुत ही विरल है, यानी लाखों में एक। रजोधर्म द्वारा भी स्त्रियों की कामेच्छा स्वतः और निरंतर आवेषित होती रहती है। स्त्रियों को कामेच्छा-वृद्धि हेतु कामरसायन की दरकार कैसे हो सकती है, जिसके कुप्रभाव से पूरी संतति के रोगग्रस्त होने का खतरा संभव है। इस गंभीर विषय पर खुलकर निःसंकोच विचार विमर्श होना आवश्यक है।

10.16 उपभोक्ता मार्गदर्शन

1. सिल्डेनाफिल साइट्रेट के नुस्खे सिर्फ शिश्नोत्थानक हैं, कामेच्छा (लिबाइडो) वर्धक नहीं है। लाख में से एक पुरुष को किसी शारीरिक दोष के कारण कामेच्छा होते हुए शिश्नोत्थान नहीं होता और उक्त

दवा का सेवन निर्दिष्ट विशेषज्ञ चिकित्सक की सलाह पर और देखरेख में करना जरूरी हो सकता है। बिना डॉक्टरी सलाह के मनमानी से सिल्डेनाफिल साइट्रेड के नुस्खे कदापि न लें।

2. कामवृद्धि एवं कामतुष्टि रूपी मृगतृष्णा सिल्डेनाफिल साइट्रेट की बदौलत शांत नहीं हो सकती। संभोग संबंधी भ्रम, अपरिपक्वता, अपराध व हीनता का भाव, अप्रकट भय, आत्मविश्वास का अभाव, घृणा, घबराहट, पीड़ा, शोक आदि संभोग में अक्षम्यता हेतु जिम्मेवार हो सकते हैं जिन पर विजय आत्मबल और चिकित्सकीय सहायता द्वारा प्राप्त हो सकती है। पत्नी के साथ किसी रमणीय हिल स्टेशन का भ्रमण कामोत्तेजक साबित हो सकता है।

3. वृद्धावस्था में जब कर्मेंद्रियां और ज्ञानेंद्रियां क्षीणता की राह पर होती हैं, संभोग क्षमता में कमी आना स्वाभाविक है। ऐसे में सिल्डेनाफिल साइट्रेट का प्रयोग करना गले में फांसी का फंदा लगाने जैसा होगा। यही बात हृदय के रोगियों के लिए भी लागू होती है।

4. आयुर्वेद के कामवर्धक फार्मूलों की बदौलत शुरू में कुछ लाभ किंतु अंत में उलटे प्रभाव होते देखे गए हैं। कई रसों, भस्म, बटी गुटिका आदि के गुणवत्ता नियंत्रण, मानक निर्माण और निरापद प्रभाव के संबंध में भारी अनिश्चितता की स्थिति कायम है। कई कामरसायनों में स्तंभक या नशीले द्रव्यों-भांग, अफीम और देशी फार्मूलों में गांजा तक का योग होता है। यह मानना कि इनसे साइड इफेक्ट नहीं होंगे, आधारहीन है।

5. अंतिम सलाह यह है कि जीवन के सुंदर उद्देश्यों की अनदेखी कर कामवृद्धि या कामतुष्टि की मृगतृष्णा की खातिर कामरसायनों के पीछे भागना स्वयं में फिजूल और व्याधिकारक होगा, जैसा कि संतकवि तुलसीदास ने श्रीरामचरित मानस में वैज्ञानिक रूप से सटीक सलाह दी है कि-

> काम वात कफ लोभ अपारा, क्रोध पित्त नित छाती जारा।
> प्रीति करहिं जो तीनउ भाई, उपजइ सन्यपात दुखदाई।

काम में आसक्ति वात रोग जैसा है, लोभ पुराने कफ जैसा है और क्रोध पित्त रोग जैसा। इन तीनों भाइयों (काम, लोभ, क्रोध) की प्रीति या कुमेल दुखदाई सन्निपात रोग जैसे दुष्परिणाम को जन्म देती है।

10.17 जंकफूड का विज्ञान

खाद्य के संबंध में आज एक 'रद्दी खाद्य पीढ़ी' या जंकफूड जनरेशन का निर्माण होना बड़ी चिंता का विषय है। रद्दी खाद्य, समय काटने वाले, स्वाद में लालच बढ़ाने वाले, झटपट तैयार होनेवाले, कैलोरी-आधिक्य से युक्त किंतु पोषण विहीन, अधिक तेल-घी, शक्कर और नमक से युक्त हानिकारक अथवा संदिग्ध प्रभाव के रासायनिक योगजों से युक्त और रंग-रूप में सजधज के साथ प्रस्तुत किए गए खाद्य पदार्थ हैं। यह संतुलित खाद्य नहीं हैं और इनके नियमित सेवन से बीमारी संभव है। इन्हें गाहे-बगाहे स्वाद-परिवर्तन हेतु थोड़ी मात्रा में लेने से हानि नहीं हो सकती, किंतु इच्छा के अनुसार पर्याप्त मात्रा में लेना या नाश्ते और भोजन की जगह लेना सर्वथा हानिकारक होगा। उदाहरणतः शक्कर आधिक्य वाली मिसरी या कैंडी, पेस्ट्री, चाकलेट, आइसक्रीम आदि, वसा-आधिक्य वाले पदार्थ खासकर हानिकारक संतृप्त (सैच्युरेटेड) वसा से युक्त बर्गर, इटालियन पीजा, समोसा, कचोरी आदि, नमक तथा वसा-आधिक्य वाली चीजें आलूचिप्स और इनके अनेक समरूप वेफर, रासायनिक योगजों से युक्त पदार्थ शीतलपेय, सोडा वाटर आदि यानी यह सभी उक्त पदार्थ रद्दी-खाद्य या जंकफूड कहलाते हैं।

कई रद्दी खाद्यों को हल्का बनाने या चिपचिपा होने से रोकने के लिए प्रायः बिनौले के तेल में मिले मिनरल आयल, पैराफिन आयल और चर्बी तक के मिश्रित तेल को बार-बार कई दिनों तक इस्तेमाल में लाया जाता है जिसके कारण जंकफूड के रद्दी होने की शंका प्राय : सही साबित होती है।

कुछ रद्दी खाद्यों में सहज रूप में जीवाणुओं का बसेरा होता है। इनमें आवश्यक विटामिन ए, बी, सी, डी और ई तथा खनिज नहीं होते एवं पोषक तत्त्व भी नहीं होते, बस शक्कर, नमक, वसा, कृत्रिम फ्लेवर और हानिकारक रसायन होते हैं। कैलोरी-आधिक्य होना रद्दी-खाद्य की खासियत है।

बच्चे प्रायः रद्दी-खाद्य में आसक्त हो जाते हैं जिसे अभिभावक रोक नहीं पाते। स्व-अनुशासन की कमी तथा सुविधा और सशक्त प्रचार जंकफूड के प्रयोग को अनावश्यक रूप से बढ़ाने में हावी हैं। वयस्कों को भी जंकफूड की आदत सी पड़ जाती है, जिसका कुपरिणाम मोटापा, हृदयरोग, मधुमेह आदि के रूप में हो सकता है।

जंक फूड के निर्माण में पोषण के नियमों की धज्जियां उड़ाई जाती है। भोजन से प्राप्त कुल कैलोरी संख्या का सिर्फ 25-30 प्रतिशत हिस्सा ही वसा के रूप में होना चाहिए, किंतु जंग फूड से 45-50 प्रतिशत कैलोरी शरीर में प्रवेश करती है। इनके सेवन से कैंसर होने की संभावना का भी निर्माण होता है।

उपभोक्ता मार्गदर्शन : विदेशी खाद्य, फ्रांसीसी, इटालियन, चीनी, थाई

आदि व्यंजनों के लाभालाभ और गुणवत्ता को समझे बगैर इनसे सम्मोहित न हों और इनके प्रयोग से बचें। स्वदेशी पोषक, समृद्ध तथा सुरक्षित खाद्यों के प्रति हीनभाव न रखें। भाप में पके खाद्य इडली, डोसा, ढोकला, भूने अन्न, मूंगफली, भींगे अंकुरित अन्न के रूप में लें। मुख्य भोजन के अलावा लिए गए सहायक खाद्यों में कैलोरी, नमक, शक्कर वसा व रसायनों की मात्रा का आकलन करें और आवश्यक मात्रा से ज्यादा न लें। जंक फूड स्वयं न लें और बच्चों को इनके सेवन से रोकने के लिए दृढता दिखाएं। जंक फूड के नियमित सेवन से बच्चों में आगे चलकर हृदयरोग, मधुमेह, मोटापा होने की नींव पहले से तैयार हो जाती है।

10.18 आनुवंशिकीय परिवर्धित (जी.एम.) खाद्य

एक वंशावली के प्राणियों के शरीर की जीन को दूसरी वंशावली के जीवों में अथवा एक पौधे या वृक्ष से दूसरे में जीन प्रत्यारोपित कर मनपसंद या बेहतर गुणवत्ता के पशु और बेहतर गोश्त या खाद्यान्न, फल सब्जी आदि प्राप्त करने के प्रयोग जब से सफल हुए हैं, ऐसे कई आनुवंशिकीय-परिवर्धित या जेनेटिकली माडीफाइड (जी.एम.) खाद्य बाजार में आ चुके हैं, किंतु इन पर जी एम फूड का लेबल नहीं होता और उपभोक्ता इनसे बेखबर रहते हैं।

इस प्रकार संभव है कि किसी जी एम खाद्य में गोमांस अथवा सूअर का जीन हो या अन्य किसी खाद्य में उस खाद्य वस्तु का जीन हो जिसे लेने से किसी उपभोक्ता विशेष में घातक एलर्जी अथवा अन्य गंभीर कुप्रभाव पड़ सकते हैं।

जी एम फूड का लेबल न होने पर इसकी पहचान सिर्फ अत्याधुनिक विधियों जैसे डी एन ए आधारित पी सी आर विधि या प्रतिरक्षण या इम्यूनिटी पर आधारित 'एलिसा' विधि द्वारा की जा सकती है जो उपभोक्ताओं की पहुंच के बाहर है। उक्त भय के कारण जी एम फूड की स्वीकार्यता अधर में है। कुछ संदेहास्पद जी एम खाद्यों के सेवन से विषाक्त प्रभाव, एलर्जी, एंटीबायोटिक दवाओं से प्रतिरोध, ट्यूमर और पर्यावरण की गुणवत्ता के क्षय का खतरा पहचाना गया है।

फिलहाल दुनिया भर में लगभग 50 जी एम खाद्य बाजार में उतारे गए हैं किंतु उन पर जी एम फूड का लेबल नहीं होता। इन जी एम खाद्यों में शामिल है : केला, सोयाबीन तथा सोयाबीन से बने विविध खाद्य-उत्पाद, मक्का तथा इससे बने खाद्य, बिनौला तथा बिनौले का तेल और खली, खमीर रैनेट जामन, एंजाइम, वृद्धिवर्धक हारमोन, विटामिन, मक्खन सदृश वनस्पतीय 'मक्खन' इत्यादि। इसके अलावा कुछ अन्य जी एम खाद्यों का विकास हो रहा

है जो शीघ्र ही बाजार में आ सकते हैं, जैसे-सेब, आलू, गेहूं, चावल, पपीता, कॉफी, गोभी इत्यादि। भारत में बिनौला के अलावा कुछ अन्य जी एम खाद्य उपलब्ध हो चुके हैं। जी एम मक्का, सोयाबीन और ज्वार का उपयोग संसाधित खाद्यों में किए जाने की अनुमति दी गई है किंतु जी एम लेबल लगाना आवश्यक नहीं है।

विडम्बना की बात यह है कि अंतर्राष्ट्रीय खाद्य-मानकों का निर्माण करनेवाला विश्वसंगठन 'कोडेक्स अलिमेंटेरियस कमीशन' जी एम खाद्यों पर लेबल लगाने के संबंध में स्वीकार्य संहिता या मानक तैयार नहीं कर पाया है। फिलहाल किसी जी एम खाद्य विशेष के संबंध मे संबंधित खाद्य विभागों द्वारा सूचना प्राप्त करना तथा सावधानी बरतना आवश्यक है।

10.19 हानिकारक वस्तुएं अंतहीन

व्यापक रूप से उपयोगी कुछ मुख्य हानिकारक उपभोक्ता वस्तुओं के संबंध में यहां विवरण दिए जा सके हैं, किंतु ऐसी हानिकारक वस्तुएं और उनके अनेकानेक हानिकर संघटक पदार्थ कई गुनी ज्यादा संख्या में हैं। इस तथ्य से निष्कर्ष निकलता है कि वर्तमान व भविष्य के उपभोक्ता परिदृश्य में हानियों और खतरों से बच कर सही उपभोक्ता वस्तुओं के उपभोग के वास्ते हर उपभोक्ता का 'विज्ञान साक्षर' होना अनिवार्य है।

विविध संसाधित खाद्यों सूप, नूडल, पीजा, चिकन, गोश्त, मछली, पनीर, चायनीज व्यंजन आदि के स्वतः के सुवास या फ्लेवर को बढ़ाने के लिए मोनोसोडियम ग्लूटामेट (एम एस जी) नामक रासायनिक योगज डाला जाता है, यद्यपि एम एस जी में खुद का कोई फ्लेवर नहीं होता। भारत में इसे 'चायनीज पाउडर' भी कहते हैं। एम एस जी की नियमित मात्रा शरीर में पहुंचती है तो सरदर्द, जलन, शरीर का लाल होना आदि कुप्रभावों से लेकर छाती में दर्द, दिल का दौरा, लिवर में कैंसर आदि तक हो सकते हैं। अतः अगली बार चायनीज रेस्तरां में कुछ खाने के पहले सोच लें।

चाय-काफी के अनिवार्य संघटक कैफीन की अधिक मात्रा भी सर्वथा हानिकर होती है। कैफीन बढ़-चढ़ कर शीतलपेय, चाकलेट, मिष्ठान्न आदि में तो डाली ही जाती है, पाउडर प्रोटीन, कोकोआ, प्रोटीन के सिरप, कफ सिरप, दवाओं आदि में अनावश्यक रूप में डाली जाती है, जबकि यह अनुपूरक खाद्य ज्यादातर बच्चों, बूढ़ों और रोगियों द्वारा ग्रहण किए जाते हैं।

प्रायः बच्चों को चाकलेट देकर खुश किया जाता है। भारत में बने कई प्रकार के चाकलेट में वनस्पति घी का प्रयोग होता है। चाकलेट में हानिकारक ट्रांस फैटी एसिड (टी एफ ए) की मात्रा मौजूद होती है। केक, चिप आदि में भी

भरपूर टी एफ ए होता है जिसके सेवन से खराब कोलेस्ट्राल बढ़ता है, हृदय के रोग होते हैं, रक्त के असामान्य थक्के बनते हैं तथा अन्य कई कुप्रभाव पड़ते हैं। कुछ विशेष काले रंग के चाकलेट में पॉलीफेनाल युक्त एंटीआक्सिडेंट होते हैं जो स्वास्थ्य के लिए लाभदायक होते हैं, लेकिन यह भी हो सकता है कि काले चाकलेट में भी टी एफ ए मौजूद हो। अधिकाधिक रूप में प्रयुक्त हो रहे हेयरडाई में यदि हानिकारक या असह्य सीमा तक फेनिलीनीडाईअमीन (पी पी डी) मौजूद है तो इससे एलर्जी, दाद, खुजली, आंखों में मोतियाबिंद और त्वचा में कैंसर तक हो सकता है। तथाकथित 'हर्बल डाई' में मेहंदी आदि के साथ पी पी डी भी रहता है, जिससे उक्त कुप्रभाव तो पड़ते ही हैं, दमा उभरने की भी संभावना होती है।

वस्तुतः प्रदूषण, संदूषण तथा संक्रमण के चलते खाद्य-विषाक्तता यों सर्व व्यापक हो चली है कि कोई भी वस्तु बिना संदेह के ग्रहण नहीं की जा सकती। इस बात को चंद जुमलो में यों कह सकते हैं : खाने में ज़हर घुला खाने का, मिलना दुश्वार है ज़हरमोहरा/कर्कट ने घेर ली हैं राहें सभी, खैर मनाए ए अपनी सदी!

11
सफाई और विसंक्रमण संबंधी उत्पाद

11.1 नए साबुन, नए अर्थ

बढ़ती हुई जनसंख्या, बढ़ते हुए प्रदूषण से बढ़ती मैल, सफाई-धुलाई में बढ़ती हुई विविधताएं तथा सौंदर्यवृद्धि में नवजागृत प्रतिस्पर्धा के कारण विविध एवं विशिष्ट प्रकार के साबुन, डिटर्जेंट, शैम्पू और सौंदर्यवर्धक उत्पादों की मांग दिनोंदिन बढ़ रही है।

भारतीय संस्कृति में नित्यप्रति प्रायः एक या दो बार पूर्ण नख-शिख स्नान करने की उदात्त परंपरा तथा शुचिता की आवश्यकता की दृष्टि से स्वच्छता संबंधी उत्पादों का महत्त्व बहुगुणित हो जाता है। प्राचीन काल में प्राकृतिक प्रक्षालक एवं शैम्पू के प्रयोग से ही व्यक्तिगत स्वच्छता सुनिश्चित की जाती थी। रीठा, शिकाकाई, पुतनी मिट्टी, मुलतानी मिट्टी आदि के प्रयोग से स्त्रियों के बाल इतने स्वच्छ, लंबे, घने और श्याम वर्ण के हो जाते थे कि महाकवि भी इन बालों मे सहज उलझते जाते थे।

वर्तमान में सतत सहज सौंदर्य के बजाय शृंगार अथवा मेकअप द्वारा दिखनेवाला अस्थायी सौंदर्य विश्वसुंदरी के ताजपोश हेतु कारगर साबित होता है। इसलिए आज साबुन को ब्यूटी साबुन बताकर प्रचारित किया जाता है।

महाराष्ट्र के संत तुकाराम ने कहा था कि तन और मन की स्वच्छता के लिए क्रमशः साबुन और सत्य का प्रयोग सर्वथा वांछनीय है। साबुन पर वैज्ञानिक जानकारी द्वारा तन के मैल और मन में पैठे साबुन संबंधी अज्ञान को सही साबुन के चुनाव द्वारा दूर किया जा सकता है। वरना निर्माता अपने ब्रांड के साबुन के संबंध में तथ्यहीन और अतिरंजित दावे करते हुए उपभोक्ताओं को भरमाते रहेंगे।

रसायनज्ञों के अनुसार 'सभी साबुन तो साबुन ही होते हैं, उनमें फर्क है तो रंग, महक और पैकिंग का'। लेकिन अब नाना प्रकार के साबुन बनने लगे हैं तो नए साबुन का नया अर्थ हो गया है। पारंपरिक रूप में साबुन तभी तक साबुन है जब तक उसका सक्रिय प्रक्षालक-यौगिक सोडियम कार्बाक्सिलेट

होता है जो वनस्पतीय तेलों से प्राप्त वसा-अम्लों का लवण है और जल में घुलनशील है। किंतु वर्तमान में साबुन शुद्ध नहीं रहा क्योंकि उसमें कृत्रिम प्रक्षालकों या डिटर्जेंट की घुसपैठ होने लगी है (डिटर्जेंट बिल्कुल ही साबुन नहीं होता)। साथ ही साबुन में अकार्बनिक फिलर जैसे पदार्थों का आधिक्य होने से साबुन की सुरक्षित गुणवत्ता पर प्रश्नचिह्न लग गया है।

निर्धारित अर्थ के अनुसार साबुन धुलाई का ऐसा उत्पाद है जिसमें न्यूनतम आठ कार्बन परमाणुओं से युक्त वसा-अम्लों के मिश्रणों के लवण सक्रिय पदार्थ के रूप में उपस्थित होते हैं, यद्यपि व्यवहार में वसा-अम्ल के कुछ अंशों के स्थान पर रेजिन-अम्लों का भी प्रयोग किया जाता है।

सफाई-क्रिया : साबुन का मूल कार्य शरीर और कपड़ों आदि से मैल साफ करना है। मृदु जल और मध्यम मृदु जल (क्रमशः 0-50 और 50-100 मिलीग्राम कैल्शियम कार्बोनेट प्रति लीटर) अर्थात् मृदु झील और नदी का जल एवं वर्षा के जल के साथ साबुन की क्रिया प्रभावी हो सकती है, किंतु कठोर जल (100-300 मिलीग्राम कैल्शियम कार्बोनेट प्रति लीटर) में साबुन की क्रिया से अघुलनशील साबुनी लसा के थक्के बनते हैं जिसके कारण साबुन मैल साफ करने में प्रभावी नहीं होता।

द्रव रूप में उपलब्ध साबुन (घोल) दरअसल साबुन न होकर द्रव-प्रक्षालक है। इसी प्रकार वसा अम्लों पर आधारित साबुन और प्रक्षालक के सक्रिय पदार्थ के मेल से बना साबुन भी वास्तविक साबुन नहीं है बल्कि इसे संयुक्त साबुन कह सकते हैं। इसीलिए सक्रिय पदार्थ सोडियम कार्बाक्सिलेट की उपस्थिति के आधार पर साबुनों को 'कुल वसा पदार्थ' या टोटल फैटी मैटर (टी एफ एम) के प्रतिशत के रूप में श्रेणीबद्ध किया जाता है।

स्नान के साबुनों में सर्वोत्तम श्रेणी के साबुन पूर्णतः वनस्पतीय वसा से निर्मित होते हैं और शृंगार-प्रसाधनों के वर्ग में आते हैं। ऐसे स्नान के साबुन में कम से कम 60 प्रतिशत और उससे ज्यादा टी एफ एम होना अनिवार्य है। टी एफ एम प्रतिशत साबुन के लेबल पर अंकित होना आवश्यक है। स्नान के साबुन की दूसरी श्रेणी के उत्पाद वनस्पतीय वसा और संश्लेषित सक्रिय पदार्थों के मेल से बनते हैं जिनमें न्यूनतम टी एफ एम 40 प्रतिशत हो सकता है, किंतु ऐसे साबुन औषधि तथा प्रसाधन संबंधी नियमों के अंतर्गत नहीं आते।

विविध प्रकार : स्नान के साबुनों की चार श्रेणियां हैं स्नान का सामान्य साबुन, शिशुओं के स्नान का साबुन, स्नान का पारदर्शक साबुन और जीवाणु अवरोधी या स्नान का औषधीय साबुन। साबुन के विज्ञापनों में उक्त श्रेणियों का तो उल्लेख नहीं होता, बल्कि निरर्थक या अज्ञात गुणवत्ता सूचक संदेश दिए जाते हैं जो सिर्फ लुभावने और भ्रामक होते हैं। ब्यूटी सोप, हेल्थ सोप, कांप्लेक्शन सोप, डीओडरेंट सोप, फ्रेशनेस सोप, हर्बल सोप और अब सुघड़

बनाने का दावा करनेवाले फेअॅरनेस सोप के रूप में विज्ञापन दिए जाते हैं।

पशुप्रेमी देश भारत में पशुओं की चर्बी से बने साबुन स्वीकार्य नहीं हैं, किंतु ऐसे विदेशी साबुन सूचना के अभाव में इस्तेमाल किए जा रहे हैं। वनस्पतीय वसा की कमी के कारण कम टी एफ एम वाले साबुन में सक्रिय प्रक्षालक पदार्थ मिलाकर बाजार में आने लगे हैं जो बेदिंग बार कहे जाते हैं। हां, द्रव साबुन एक अपवाद है जिसमें न्यूनतम 15 प्रतिशत टी एफ एम स्वीकार्य है। फिलहाल वनस्पति तेलों से बने साबुन जिनसे ज्यादा झाग पैदा हो और त्वचा मुलायम रहे, पसंद किए जाते हैं।

साबुन से त्वचा खुरदरी या खराब होने का एक कारण यह है कि स्नान के साबुन में 25-60 प्रतिशत तक अकार्बनिक भरावा या फिलर (खड़िया या पुतनी मिट्टी, टैल्कम आदि) डाले जाते हैं। सीमित मात्रा में फिलर डालना साबुन की दृढ़ संरचना के लिए जरूरी है किंतु मुनाफे की खातिर जब अधिक फिलर डाला जाता है तो इस्तेमाल के दौरान साबुन की एक चौथाई मात्रा (जिसमें फिलर जमा होता है) बच जाने पर इसकी प्रक्षालन क्षमता कम हो जाती है और इससे त्वचा खुरदरी होती है। टायलेट साबुन में फिलर की अधिकतम मात्रा 6 प्रतिशत से ज्यादा नहीं होनी चाहिए किंतु 'बेदिंग बार' साबुन के लिए फिलर की मात्रा निर्धारित नहीं की गई है। ऐसे कई साबुनों में प्रक्षालक या डिटर्जेंट के सक्रिय यौगिक की 10-15 प्रतिशत मात्रा हो सकती है जो सर्वथा हानिकारक है।

टी एफ एम तथा गुणवत्ता : साबुन का निर्माण जब वनस्पति तेलों और सोडियम हाइड्राक्साइड की क्रिया द्वारा होता है तो इस तरह उत्पन्न कच्चे साबुन में 80 प्रतिशत तक टी एफ एम होता है। सामान्यतः साबुन की मात्रा टी. एफ. एम. की 1.1 गुनी होती है। सफाई करने की क्षमता इसी टी एफ एम के कारण पैदा होती है। इसीलिए साबुन की उत्तम श्रेणियों में 60-76 प्रतिशत टी एफ एम की मात्रा निर्धारित की गई है, इससे कम होने पर 'बेदिंग बार' की श्रेणी आती है जो निम्नतर श्रेणी का साबुन है।

साबुन-रसायनज्ञों का मत है कि साबुन की पूर्व प्रचलित परिभाषा ही कायम रहे और उसी के अनुसार साबुन की दो या तीन श्रेणियां निर्धारित हों। वसा-अम्लों (तेलों से प्राप्त कार्बाक्सिलिक एसिड) के जल में घुलनशील लवणों के अर्थ में ही साबुन की गुणवत्ता परिभाषित होनी चाहिए। अकार्बनिक पदार्थों, प्रक्षालकों और पालीग्लाइकाल्स द्वारा तैयार साबुन वस्तुतः साबुन नहीं हैं और कई रूपों में हानिकारक है।

विशिष्ट साबुन : विशिष्ट श्रेणी में शिशुओं के साबुन के अलावा औषधीय साबुन, जड़ी-बूटी आधारित साबुन, पारदर्शक साबुन, कीटाणु नाशक साबुन (जर्मीसाइडल) आदि नामों से साबुन शामिल हैं। सच यह है कि सभी अच्छे

साबुनों से सफाई के साथ जीवाणु और दुर्गंध का खात्मा होता है, अतः उक्त दावे निराधार हैं और मात्र व्यापारिक प्रतिस्पर्धा के लिए प्रचारित किए जाते हैं।

मनुष्य की त्वचा ऐसा अंग है जिसमें साबुन के सक्रिय तत्त्व प्रवेश नहीं कर पाते, बल्कि सतह पर क्रिया होती है। यदि साबुन में किसी जीवाणुनाशक रसायन का योग हुआ है तो इसकी सूचना लेबल पर होनी चाहिए और साथ ही यह गारंटी कि ऐसे रसायन का त्वचा पर हानिकारक प्रभाव नहीं होगा।

कुछ प्राकृतिक पदार्थों–रीठा, शिकाकाई आदि में मृदु प्रक्षालन क्षमता अवश्य होती है क्योंकि इनमें सैपोनिन नामक पदार्थ होता है। तथाकथित हर्बल साबुन में कौन–सा प्राकृतिक पदार्थ कितनी मात्रा में होता है, इसकी सूचना नहीं दी जाती और इस कारण हर्बल साबुन संदिग्ध गुणवत्ता के हो सकते हैं।

शिशुओं के निमित्त बने साबुन की गुणवत्ता विचारणीय है। शिशुओं की त्वचा तरुण और कोमल होती है और इस पर जीवाणुओं का हमला और रसायनों के संक्षारक प्रभाव ज्यादा होते हैं। इसलिए जरूरी है कि शिशुओं के साबुन विरंजित साफ वनस्पति तेलों से बने हों और उनमें अतिरिक्त वसा या तेल हो। इन साबुनों में निकल, अन्य धातुएं, रोजिन, रंग और गंध अनुपस्थित होने चाहिए। बाजार में मिलनेवाले तमाम ऐसे साबुनों मे उक्त गुणों का अभाव होने के बावजूद यह शिशु–साबुन (बेबी सोप) के नाम से बेचे जाते हैं जिस पर एतराज होना स्वाभाविक है। मोटे तौर पर जिस साबुन में फिलर अधिक हों, या जिसमें अतिरिक्त वसा या तैलीय अवशेष न हों ऐसा साबुन शिशुओं के लिए अनुपयुक्त हो सकता है।

11.2 उपभोक्ता मार्गदर्शन

1. मात्र रंग, सुंगध, झाग और चटक आवरण पर न जाएं बल्कि टी एफ एम की अधिक या यथेष्ट मात्रा के आधार पर साबुन का चुनाव करें जिनकी प्रक्षालन–क्षमता ज्यादा हो।
2. साबुन का चुनाव क्षेत्र–विशेष में उपलब्ध जल की कठोरता पर निर्भर करता है। शुद्ध साबुन मृदु–जल के साथ ही पूर्ण प्रभावी होता है। कठोर जल के लिए कम या निर्धारित मात्रा में डिटर्जेंट के सक्रिय यौगिक मिले साबुन प्रभावी होंगे। प्रति लीटर जल में 100 मिलीग्राम से कम कैल्शियम कार्बोनेट होने पर यह मृदु–जल होता है और इसके लिए 60 प्रतिशत टी एफ एम का साबुन प्रभावी होगा।
3. पारदर्शक साबुनों में रोजिन और पॉलीग्लाइकॉल्स सात प्रतिशत से ज्यादा होने पर त्वचा पर कुप्रभाव पड़ सकते हैं, अतः ऐसे साबुनों से परहेज करें।

4. स्नान के समय औसतन आठ प्रतिशत साबुन का जमाव त्वचा पर होता है, जबकि मैल की सफाई (मुलायम बाथ-स्क्रबर के साथ) के लिए चार-पांच प्रतिशत की सांद्रता ही पर्याप्त होती है। अतः अधिक साबुन का प्रयोग अनावश्यक है, यद्यपि मैल को अच्छी तरह धोने के लिए स्क्रबर का प्रयोग अपेक्षित है। एक चौथाई साबुन बचने पर इसमें फिलर ज्यादा और साबुन का सक्रिय यौगिक कम मात्रा में रह जाता है। ऐसे बचे साबुन की ज्यादा मात्रा लगाने से ही मैल साफ होती है।
5. डिटर्जेंट के सक्रिय यौगिक से युक्त साबुन से स्नान के समय कई बार पानी से धोकर त्वचा साफ करें ताकि प्रक्षालक पूर्णतः धुल जाए, यानी ज्यादा पानी की व्यवस्था रखें और त्वचा पर संभावित कुप्रभावों से सचेत रहें।
6. तथाकथित औषधीय साबुनों में उपस्थित औषधीय पदार्थों के लाभालाभ को समझे बगैर इन्हें न खरीदें जो प्रायः अनावश्यक रूप से महंगे होते हैं।

11.3 प्रक्षालक (डिटर्जेंट) की गुणवत्ता कहां

निर्दिष्ट रासायनिक सक्रिय पदार्थों से निर्मित होनेवाले प्रक्षालक या डिटर्जेंट (टिकिया, पाउडर, द्रव) वसा-अम्लों से रहित धुलाई के उत्पाद हैं किंतु यह साबुन नही हैं। व्यापक अर्थ में सभी साबुन प्रक्षालक कहे जा सकते हैं किंतु कोई भी प्रक्षालक वस्तुतः साबुन नहीं है। वनस्पति तेलों से प्राप्त वसा-अम्लों का जल में घुलनशील सोडियम लवण ही साबुन है। एक शुद्ध वैज्ञानिक परिभाषा के अनुसार वे प्रक्षालक पदार्थ साबुन हैं जिसमें प्रमुख सक्रिय पदार्थ उन वसा अम्लों के मिश्रण हों जिनमें कम से कम आठ कार्बन परमाणु मौजूद हों।

उपभोक्ता की जानकारी के लिए प्रक्षालक या डिटर्जेंट कहा जानेवाला उत्पाद साबुन से अलग एक संश्लेषित रासायनिक पदार्थ है या ऐसे कई रसायनों की संधि है जो स्नान के लिए नहीं बल्कि कपड़ा आदि की धुलाई के निमित्त ही उपयुक्त होता है। डिटर्जेंट में उक्त संधि सक्रिय यौगिक और कुछ सहायक यौगिकों के रूप में होती है इस दृष्टि से डिटर्जेंट को 'साबुनविरहित प्रक्षालक' कहा जा सकता है।

प्रक्षालक से परिचय : अधिकांश संश्लेषित प्रक्षालक दो पृष्ठसक्रिय (सरफेसएक्टिव) रसायनों एल ए एस बी (लीनिअर एल्किल सल्फोनेट बेंजीन) अथवा ए ओ एस (अल्फा ओलीफीन सल्फोनेट) के साथ एस टी पी पी (सोडियम ट्राई पॉली फासफेट) योगज के मेल से बने होते हैं जिनमें निर्धारित श्रेणी के

कुछ झागकारक और पूरक रसायन समुचित मात्रा में मिले होते हैं ताकि अंतिम उत्पाद में संतुलन, स्थिरता तथा उच्च प्रक्षालन-क्षमता हो।

पृष्ठसक्रिय रसायन ही प्रक्षालक का सक्रिय घटक है जिसके अणुओं में वसारागी तथा जलरागी समूह होते हैं। वसारागी समूह द्वारा वसा या तैलीय मैल को अपनी ओर आकर्षित कर सफाई की जाती है, जबकि जलरागी समूह उक्त प्रकार से मुक्त हुई मैल को जल में घोलकर कपड़ों को मैलरहित करने में सहायक होता है। वस्तुतः किसी भी प्रक्षालक के रासायनिक संयोजन मात्र द्वारा उसकी प्रक्षालकता का आकलन नहीं हो सकता, बल्कि इसके लिए निर्धारित धुलाई-परीक्षा या 'यूजर टेस्ट' किया जाता है।

आज बाजार में विविध घनत्व, रंग, खुशबू और झाग-क्षमता के प्रक्षालक पाउडर और टिकिया उपलब्ध हैं जिनमें सफेदी पैदा करने वाले अतिरिक्त रसायन या व्हाइटनर भी डाले जाते हैं ताकि सफेद कपड़ों में ज्यादा सफेदी की चमक आए। अधिक, मध्यम और कम मूल्य या गुणवत्ता के प्रक्षालक पाउडर में सक्रिय पदार्थ की मात्रा क्रमशः 15-18, 11-14 और 8-10 प्रतिशत जबकि बट्टीवाले प्रक्षालक में 18-20, 14-16 तथा 12-15 प्रतिशत होती है। इनसे भी कम गुणवत्ता के सामान्य प्रक्षालक पाउडर में दरअसल सोडा ऐश की अधिकतम मात्रा होती है जिससे कपड़े जल्द खराब होते हैं।

संश्लेषित प्रक्षालक या डिटर्जेंट और साबुन में प्रमुख अंतर यह है कि डिटर्जेंट में वसानुरागी गुण उसमें मौजूद हाइड्रोकार्बन से प्राप्त होता है, जबकि जल में साबुन की क्रिया से अघुलनशील तलछट 'लाइम-सोप कर्ड' निकलती है जिसके कारण साबुन का क्षय होता है और मैल प्रायः कपड़े से पूरी तरह अलग नहीं होती। दूसरी ओर प्रक्षालक पर कठोर जल का कुप्रभाव नहीं पड़ता। डिटर्जेंट के साथ समस्या यह है कि इनके सक्रिय रसायनों के ज्यादा कुप्रभाव कपड़ों पर पड़ते हैं और सफाई-धुलाई के लिए साबुन की अपेक्षा कहीं ज्यादा पानी की खपत होती है, अन्यथा डिटर्जेंट के अवशेष कपड़ों में चिपके रह जाते हैं। डिटर्जेंट गर्म और ठंडे जल दोनों में समान रूप से प्रभावी है। धुलाई की मशीन से कपड़ा साफ करने के लिए उपयुक्त प्रक्षालक वे होते हैं जिनमें कम झाग पैदा हो। सिल्क और उनी कपड़ों की सफाई के लिए द्रव अथवा पाउडर-प्रक्षालक विशेषतः तैयार किए जाते हैं ताकि कपड़ों पर मृदु प्रभाव पड़े।

प्रक्षालक का चुनाव व प्रयोग : निर्माता अपने ब्रांड के डिटर्जेंट की गुणवत्ता को बढ़ा-चढ़ा कर अस्पष्ट दावा लेबल पर देते हैं जिसके आधार पर अच्छे डिटर्जेंट का चुनाव करना कठिन होता है। डिटर्जेंट में कितना सक्रिय-प्रक्षालक पदार्थ है जो अन्य घटकों के मेल से संतुलित व स्थिर अवस्था में हो, डिटर्जेंट की मात्रा कितने कपड़ों को धोती हैं, क्या जिद्दी दाग दूर होते हैं इत्यादि सूचना

देना आवश्यक है। साथ ही त्वचा पर कुप्रभावों की क्या संभावना है और किस प्रकार की सावधानी अपेक्षित है, इन सब बातों की जानकारी भी आवश्यक है। ऐसी सूचनाएं न देकर निर्माता वस्तुतः उपभोक्ता को प्राप्त सूचना एवं सुरक्षा के अधिकार आदि का उल्लंघन करते हैं।

सामान्यतः अच्छी धुलाई के लिए 10 लीटर पानी में 5 ग्राम डिटर्जेंट के सक्रिय यौगिक की जरूरत होती है जिसके आधार पर डिटर्जेंट की मात्रा का आकलन हो सकता है, बशर्ते कि सक्रिय यौगिक की प्रतिशत मात्रा लेबल पर अंकित हो। औसत गुणवत्ता के डिटर्जेंट में यदि सक्रिय यौगिक 10 प्रतिशत है तो अच्छी धुलाई-सफाई के लिए 10 लीटर पानी में 50 ग्राम प्रक्षालक घोलना होगा। डिटर्जेंट टिकिया को कपड़े पर घिसना होता है जिससे जरूरत से ज्यादा मात्रा खपती है और व्यर्थ होती है। जाहिर है कि कमीज का कॉलर, कलाईबंध या कॅफ, चड्ढी या अंडरवेअर की तली कांख को ढकने वाला कमीझ की बांह का हिस्सा आदि (जहां घनी या जिद्दी मैल जमी होती है) को साफ करने के लिए टिकिया उपयुक्त है।

11.4 उपभोक्ता मार्गदर्शन

1. सामान्यतः 15-18 प्रतिशत सक्रिय पदार्थवाले डिटर्जेंट पाउडर का इस्तेमाल करें जिसमें अन्य सहायक यौगिक संतुलित मात्रा में होने चाहिए। आई एस आई मुहर द्वारा प्रमाणित डिटर्जेंट ज्यादा विश्वसनीय होगा।
2. प्राप्त निर्देशों के अनुसार सिर्फ आवश्यक मात्रा में डिटर्जेंट का प्रयोग करें। त्वचा से डिटर्जेंट का संपर्क न्यूनतम होना चाहिए।
3. डिटर्जेंट का काम है कपड़े से रासायनिक क्रिया द्वारा मैल अलग करना, अतः कपड़े को पीटना-पटकना अनावश्यक है। धुले कपड़े से डिटर्जेंट अलग करने के लिए कम से कम तीन बार ताजे पानी से धोना जरूरी हैं।
4. जिस स्थान पर मृदु-जल उपलब्ध हों वहां साबुन से कपड़े अच्छी तरह धुल जाते हैं। कठोर जल से धोने के लिए डिटर्जेंट का ही प्रयोग करें।
5. जस्ते की सतहवाली बाल्टी का प्रयोग न करें अन्यथा कपड़ों में जंग की तरह के धब्बे पड़ सकते हैं।
6. कपड़े की घिसाई में सहायक कैल्साइट या सिलिकेट नामक घटक डिटर्जेंट-टिकिया में मौजूद होते हैं। त्वचा पर इनसे होनेवाली संक्षारक या घर्षण की क्रिया से सावधान रहें (रबड़ के दास्ताने

पहने जा सकते हैं)।

11.5 बर्तन-मंजाई के पाउडर

कपड़ों में 'सफेदी की चमत्कार' लाने के अलावा बर्तन-भांडी में 'शीशे जैसी चमक' लाने के वास्ते विविध रूपों में डिटर्जेंट के प्रयोग के वास्ते निर्माता बढ़-चढ़कर प्रचार करते हैं। गांवों में प्रायः अब भी राख-मिट्टी से बर्तन की घिसाई होती है किंतु शहरों में मंजाई के पाउडर का अनिवार्यतः प्रयोग होता है। जाहिर है कि इन उत्पादों की गुणवत्ता की जानकारी उपभोक्ता को न्यूनतम होती है। मंजाई पाउडर संबंधी उपभोक्ता मार्गदर्शन निम्नांकित हैं :

1. बर्तन साफ करने के लिए बाजार में उपलब्ध सिंथेटिक पाउडर में करीब 80 प्रतिशत अपघर्षी पाउडर, 0.8-3.0 प्रतिशत डिटर्जेंट और बाकी भरावे के रूप में निष्क्रिय पदार्थ होते हैं। उपरोक्त घटक क्रमशः घिसाई, सफाई और उपयोग की सुविधा बढ़ाने के लिए क्रियाशील होते हैं। पाउडर की रासायनिक अभिक्रिया को बढ़ाने के लिए इसमें योगज पदार्थ भी अल्पांश में होते हैं।
2. बर्तन की धुलाई में जिद्दी मैल निकालने के लिए मंजाई की टिकिया भी उपलब्ध है जिसमें डिटर्जेंट की ज्यादा मात्रा होती है और साथ ही यह त्वचा पर संक्षारक प्रभाव डालते हैं। बर्तन-धुलाई के द्रव-प्रक्षालक भी उपलब्ध हैं जिसमें प्राप्त अल्फा ओलोफीन सफ्लोनेट का 20 प्रतिशत घोल रहता हैं, यद्यपि यह महंगे और कीमती बर्तनों की सफाई के निमित्त बने होते हैं।
3. बर्तन की मंजाई-धुलाई के बाद डिटर्जेंट की अल्प मात्रा बर्तन से चिपकी रह जाती है। पूरी सफाई के लिए पांच बार धोना पड़ता है जो सामान्य प्रयोग में संभव नहीं होता। इस प्रकार बर्तन द्वारा करीब 50-70 मिलीग्राम डिटर्जेंट पदार्थ रोजाना हर उपभोक्ता के शरीर में प्रवेश करता है जिसके हानिकारक प्रभाव विचारणीय हैं।
4. लंबे समय तक अपूर्ण रूप से धुले बर्तनों के कारण शरीर में रोजाना प्रवेश होनेवाले प्रक्षालक-रसायन के कुप्रभाव से त्वचा के क्षय के अलावा पाचन क्रिया में बाधा, मुंह में छाले, जीभ की स्वाद-ग्रंथियों का मंद होना और कैंसर तक संभव है।
5. मंजाई के पाउडर में अशुद्धि के रूप में सल्टोन नामक रसायन और क्लोरीन-ब्लीच की अनुपस्थिति सुनिश्चित करना विशेषतः जरूरी है, जिनके कुप्रभाव गंभीर हो सकते हैं।
6. मंजाई के उत्पादों के बारे में निर्माता प्रायः आवश्यक सूचना नहीं

देते और न ही इनके उपायो में सुरक्षा संबंधी कोई मानक-निर्देश ही उपलब्ध होते हैं। ऐसी अवस्था में बचाव में ही सुरक्षा संभव है। उपभोक्ता को उत्पाद-विशेष के संबंध में सूचना, सुरक्षा आदि की मांग करने का हक है।

7. मंजाई के उत्पादों की न्यूनतम मात्रा का प्रयोग, बर्तन की बार-बार धुलाई, कपड़े से पोंछाई, हाथों की सफाई आदि करना ताकि बर्तन और हाथ रसायन से मुक्त हों, बचाव के उपाय हैं जो उपभोक्ता के स्तर पर संभव है।

11.6 शैम्पू में विशेष क्या?

टी वी चैनलों पर जिस गर्मजोशी से शैम्पू का प्रचार हो रहा है उससे यह भ्रम होता है जैसे शैम्पू महिलाओं की कोई बुनियादी जरूरत हो। जब आज की तरह के रसायन-आधारित शैम्पू उत्पाद नहीं हुआ करते थे तो भी प्राकृतिक रूप से केशमार्जित सुंदरियों के लंबे घने बालों में कवियों की कल्पनाएं उलझती-सुलझती थी। अब नग्न प्रदर्शन के युग में बालों को घोड़े के आयाल (गर्दन के बड़े लहराते बाल) जैसे लहराते हुए दिखाया जाता है और फिर इसकी सफाई-संभाल के वास्ते शैम्पू की अनिवार्य जरूरत का हवाला दिया जाता है। कपड़ा धोने के प्रक्षालक या डिटर्जेंट और बर्तन मंजाई के पाउडर के सक्रिय यौगिकों से पहचान उक्त अंशों में कराई जा चुकी है। क्या यही सब शैम्पू में भी होते हैं?

जी हां, संश्लेषित या सिंथेटिक शैम्पू भी मोटे तौर पर डिटर्जेंट के घोल के रूप में होते हैं जिनमें उपस्थित पृष्ठील सक्रिय रसायन ए ओ एस (अल्फा ओलोफीन सल्फोनेट), लॉरील सल्फेट और लॉरील ईथर सल्फेट हो सकते हैं। साथ ही साबुन-आधारित केशमार्जकों का भी निर्माण हो रहा है जो बहुधा नारियल के तेल पर आधारित होते हैं। उपरोक्त सक्रिय पदार्थों का चुनाव और उनकी सांद्रता आवश्यक परिमाण में झाग पैदा करने और तैलीय मैल साफ करने की दृष्टि से किया जाता है। शैम्पू में कई डिटर्जेंट पदार्थ संतुलित मात्रा में मिलाए जाते हैं ताकि अंतिम उत्पाद में अपेक्षित गुण हों।

शैम्पू में मिलाए जानेवाले घटक हैं, झागकारक रसायन, अनुकूल यौगिक, स्थिरीकारक व परिरक्षक (प्रिजर्वेटिव) यौगिक, श्यानता (विसकासिटी) सुधारक रसायन, प्रशामक, रंग, सुगंध आदि। शैम्पू उत्पाद या तो स्वच्छ पारदर्शक होते हैं या गाढ़े घोल के रूप में। यह 'शाकाहारी' या 'मांसाहारी' दोनों आधारों से युक्त हो सकते हैं। यह सामान्य बाल, तैलीय बाल या शुष्क बाल के लिए अलग-अलग बने होते हैं। पाउडर के रूप में भी शैम्पू उपलब्ध हैं। वस्तुतः

शिकाकाई साबुन की बट्टी मात्र साबुन नहीं, 'ठोस-शैम्पू' है।

शैम्पू का मुख्य कार्य बालों को मैलरहित करना है किंतु अब बहुप्रयोजनीय शैम्पू उपलब्ध हैं जो निर्माताओं के दावों के अनुसार बाल में कोमलता और चमक पैदा करते हैं या बाल-अनुकूलन की क्रिया करते हैं। कुछ शैम्पू बाल से रूसी हटाने और पोषण प्रदान करने वाले बताए जाते हैं। औषधीय या हर्बल शैम्पू भी बनने लगे हैं जो औषधीय गुणों के होते हैं। शैम्पू से संबंधित इन दावों की सच्चाई क्या है, इसकी वैज्ञानिक जांच अपेक्षित है।

क्रिया और सुरक्षा : शैम्पू का संबंध सिर के बालों और त्वचा दोनों से है। शैम्पू मुख्यतः महिलाओं द्वारा इस्तेमाल में लाए जाते हैं। औसतन 100000 बाल एक महिला के सिर पर होते हैं। प्रत्येक बाल एक मृत-ऊतक है जिसकी सजीव जड़ सिर की त्वचा के नीचे होती है। इनमें से 80000 से 90000 बाल सक्रिय वृद्धि के दौर में होते हैं जिनमें प्रोटीन-संश्लेषण होता रहता है। 1000-3000 बालों में कोशिकीय चयापचय उतार पर होता है और शेष बाल निष्क्रिय होने या झडने की अवस्था में होते हैं। रोजाना यदि 100 बाल झडते हैं तो कोई असाधारण बात नहीं है क्योंकि इनकी निरंतर भरपाई होती रहती है। सिर की त्वचा पर वसामय ग्रंथियों का जाल बिछा होता है जिनसे एक चिपचिपा वसामय द्रव निकलता रहता है।

इस द्रव में वसा-अम्लों के अलावा कुछ हाइड्रोकार्बन और कोलेस्ट्राल भी होते हैं। साथ ही सूक्ष्म जैविक संदूषण से त्वचा की रक्षा करना इसी द्रव का काम है। इस द्रव की प्रकृति अम्लीय होती है और क्षारीयता से संसर्ग होने पर प्रतिकूल असर पड़ता है। अगर ऐसा असर हुआ तो 7.5 पी एच से सामान्य अवस्था तक आने में एक घंटे का समय लगता है।

यह स्वाभाविक है कि शैम्पू प्रयोग से वसामय द्रव का क्षय न हो अन्यथा निरंतर प्रभाव की अवस्था में अत्यधिक द्रव बाहर निकल सकता है जिससे बाल चिपचिपे हो सकते हैं, कालांतर द्रव-निष्कासन में गिरावट आ सकती है और अंततः बाल मलिन हो सकते हैं, यानी बाल झड़ने का इंतजाम। खराब रूप से निर्मित कई शैम्पू के इस्तेमाल का यही नतीजा होता है।

शैम्पू के इस्तेमाल से बालों में जमा मैल व वसामय द्रव के अवशिष्ट पूर्णतः धुल जाने चाहिए और सिर की त्वचा मैल से मुक्त हो जानी चाहिए। इसकी पहचान यह है कि वसामय द्रव का अधिक बहाव न हो, त्वचा पर प्रदाह न हो, आंखों में क्षोभ या जलन न हो, इसके कोई भी घटक कैंसरजनक न हों और बाल की नैसर्गिक चमक बरकरार रहे।

शैम्पू द्रव इतना गाढ़ा हो कि हथेली पर ठहर सके और सिर की त्वचा और बालों में फैलाया जा सके। बालों और त्वचा की सफाई के बाद शैम्पू पूर्णतः धुल जाना चाहिए और इससे लसलसाहट जैसा फूहड़पन नहीं होना चाहिए।

इसकी आसान पहचान यह भी है कि भींगे बालों में कंघी लगाना आसान हो, बाल उलझें न और साथ ही सूखने के बाद मुड़कर घुंघराले या टेढ़े न बनें। ऐसा तभी होगा जब बालों के स्नेहक-कवच का पूरा सफाया न हो, अन्यथा बालों का वही नतीजा होगा जैसा कि संक्षारक डिटर्जेंट पाउडर का हाथों की त्वचा पर होता है।

शैम्पू में उपस्थित अनुकूल पदार्थ लेनोलिन, खनिज तेल, अंडे से प्राप्त वसा, सिलिकोन, रेजिन और कुछ अमोनियम यौगिक मैल की सफाई करने और बालों के नैसर्गिक वसा-कवच को बचाने की परस्पर विरोधी क्रियाओं में संतुलन रखते हैं। ऐसा न होने पर बालों में स्थैतिक विद्युत बनने और बालों के बिखरने की अवस्था पैदा हो सकती है। दूसरी ओर अनुकूलक रसायन त्वचा पर या बाल पर जमने नहीं चाहिए, अन्यथा बाल धूमिल पड़ सकते हैं।

विशिष्ट शैम्पू : साबुन प्रक्षालक और शैम्पू सभी एक जैसे होते हैं। फर्क बहुधा निर्माताओं द्वारा प्रचारित काल्पनिक गुणों में होता है। इस प्रकार आज बाजार में औषधीय शैम्पू, कंडीशनिंग शैम्पू आदि नामों के अनेक उत्पाद उपलब्ध हैं। यह उपभोक्ताओं की बुद्धि और विवेक पर निर्भर है कि शैम्पू के काल्पनिक गुणों के बहकावे में न आकर इनके वास्तविक संघटन और गुणों को समझें।

ज्ञातव्य है कि मानव-बाल मृत ऊतकों से बने हैं, अतः कथित बाल 'पुष्टिकारक रसायनों' द्वारा बालों को सजीव बनाने के दावे काल्पनिक नहीं तो और क्या हैं? बालों में अच्छी वृद्धि और चमक लाने के वास्ते अच्छी खूराक लेना और रोगमुक्त स्वास्थ्य अपेक्षित है, न कि काल्पनिक गुणों वाला साबुन या शैम्पू का प्रयोग। कुछ शैम्पू और बाल तेलों में विटामिन-ई डालकर बालों को पोषण प्रदान करने के दावे किए जाते हैं, लेकिन बाल और त्वचा विटामिन को सोखने और उसका चयापचय करने में सक्षम नहीं होते हैं।

हां, रूसी, जूं, त्वचा-संदूषण आदि को शैम्पू विशेष के प्रयोग से दूर करने के दावे के साथ उपलब्ध उत्पादों में कुछ विशिष्ट रसायन अवश्य डाले जाते हैं जिनके लाभालाभ दोनों का लेखा-जोखा करना जरूरी है। जीवाणुनाशकों में एक रसायन ट्राइक्लोसन या रिसार्सिनाल या सिर्फ फीनाल हो सकता है जो जूं आदि को नष्ट कर सकता है। ऐसे कुछ शैम्पुओं में कीटनाशी रसायन भी जाने-अनजाने में डाले गए होते हैं, जैसे संश्लेषित पाइरैथ्रायड या फेनीथ्रीन जो बहुधा घरेलू या कृषि संबंधी कीटनाशक कार्यों में प्रयोग में लाए जाते हैं। जूं और रूसी हटाने के वास्ते शैम्पू में सेलिनियम डाईसल्फाइड भी डाला जाता है जो लंबे समय तक प्रयोग करने की स्थिति में कैंसरजनक हो सकता है। दूसरी ओर जिंक पैराथिऑन को सेलिनियम डाईऑक्साइड की अपेक्षा सुरक्षित बताया जा रहा है किंतु प्रयोगों से यह सत्य साबित नहीं हो पाया है। इसी प्रकार शैम्पू में डाईआक्सेन

का प्रयोग भी कैंसरजनक साबित हो सकता है।

हर्बल कहे जाने वाले शैम्पू में कुछ प्राकृतिक प्रक्षालकों (शिकाकाई, रीठा आदि) के साथ कुछ परिरक्षक रसायन होते हैं जिनमें अशुद्धता के रूप में फार्मल्डिहाइड और पारा के यौगिक हो सकते हैं। बहुधा प्राकृतिक पदार्थों के साथ ऐसे विषाक्त संश्लेषित पदार्थों की सहक्रिया गंभीर रूप से घातक हो सकती है। ऐसे संदिग्ध हर्बल शैम्पू से अच्छा तो विश्वसनीय गुणवत्ता का शैम्पू होगा।

प्राचीन समय से केशमार्जन और बाल सौंदर्य हेतु शिकाकाई, रीठा, मेहंदी, भृंग, मेथी, ब्राह्मी, आंवला, पुतनी मिट्टी आदि का प्रयोग सुरक्षा के साथ होता रहा है। इनमें कोई संश्लेषित रसायन नहीं मिलाए जाते थे। शिकाकाई और रीठा की ठोस साबुन-बट्टी दरअसल शैम्पू है। इनके साथ कुछ संगत पदार्थों के मेल से पूर्ण गुणसंपन्न द्रव-शैम्पू भी तैयार होते हैं जिनसे मैल दूर होने के साथ जूं, रूसी आदि नष्ट होते हैं और बाल मुलायम एवं चमकीले बनते हैं। इनसे बालों का झड़ना भी रुकता है। फिलहाल बाजार में प्राप्त अनेकानेक शैम्पुओं की गुणवत्ता प्रायः अज्ञात है जिसके बारे में सूचना पाना उपभोक्ता का अधिकार है।

11.7 मंजन-दातौन का विज्ञान

शारीरिक सफाई के लिए मंजन-दातौन वस्तुतः क्रांतिक महत्त्व की वस्तुएं हैं जिनका संसर्ग सीधे मुंह तथा नाजुक श्लेष्मा झिल्ली से बनी मुंह की आंतरिक दीवाल से होता है जिसके अंदर दांत, मसूड़े आदि संरक्षित होते हैं। अतः मंजन-दातौन के विज्ञान का विवेचन स्थास्थ्य की दृष्टि से विशेष महत्त्व रखता है।

मजबूत और चमकीले दांत जो अच्छे स्वास्थ्य और दमदार व्यक्तित्त्व के परिचायक होते हैं, हम सभी की चाहत है। वैसे तो स्वास्थ्यवर्धक खानपान, स्वस्थ रहन-सहन और नियमित साफ-सफाई अच्छे दंत-स्थास्थ्य के लिए जिम्मेवार है, जिनमें विटामिन ए, बी-6, सी और डी तथा कैल्शियम, अल्पांश में क्लोरीन, फ्लोरीन, मालीबडेनम, ट्रिप्टोफेन आदि शामिल हैं। गाजर खाना, गन्ना चूसना, भोजन को खूब चबा कर खाना आदि क्रियाएं दांतों को मजबूत और चमकीला रखने में सहायक होती हैं। भोजन में मडुआ, बाजरी, जौ, पपाया आदि लेने से दांतों की सेहत ठीक रहती है। नीबू, पालक, पुदीना, प्याज, मधु, सेब आदि दंतरक्षक खाद्य हैं। दांतों की नियमित सफाई, हल्की मालिश और उक्त भोजन के मेल से दंतक्षय या मसूड़ों के रोग होने की संभावना न्यूनतम होती है और ऐसे में बेहिचक खिलखिलाया जा

सकता है।

आधुनिक जीवन में दंत समस्याओं का समाधान नाना प्रकार के चूर्ण दंतमंजन, टूथपेस्ट और अनेक प्रकार के टूथब्रश के जटिल चुनाव में ढूंढ़ा जाता है। परंपरागत नीम-बबूल की दातौन शहरों से प्रायः लुप्त हो चुकी है और अब गांवो में भी दातौंन की जगह टूथपेस्ट और ब्रश का चलन बढ़ रहा है। नए-नए उत्पादों के भ्रामक विज्ञापन से सही टूथपेस्ट और ब्रश का चुनाव कठिन हो गया है।

दातौन बनाम टूथब्रश : नीम या बबूल की परंपरागत दातौन भले ही दक्ष कूंची या ब्रश नहीं बन पाती किंतु इनसे उत्पन्न औषधीय सत्व पर्याप्त रूप से दांत की सफाई और विसंक्रमण कर पाते हैं। विशेषतः नीम का सत्व प्रक्षालक, परिमार्जक, जीवाणुनाशक, संदूषण अवरोधी तथा दांतों के लिए बलकारक साबित होता है यानी नीम के सत्व की गुणता इसके अदक्ष ब्रश की कमी की भरपाई कर देती है। बबूल का शोधक बलकारी टैनिन अंश व नीम के मारगोसिक अम्ल की ऊंची सक्रियता दांतों के लिए लाभदायक होती है। नीम के दातौन करनेवालों में दंतक्षय की समस्याएं प्रायः न्यूनतम होती हैं, बशर्ते इसका उपयोग नियमित किया जाए। दूसरी ओर टूथब्रश और टूथपेस्ट या पाउडर के विविध रासायनिक संघटक में आवश्यकता से अधिक प्रभाव डालनेवाले अपधर्मी पाए जाते हैं जिसके कारण नाजुक दंतवल्क या एनैमल कम समय में नष्ट होने लगते हैं तथा उघड़ी हुई या अनावृत्त स्नायु कुप्रभावित होती है। यह सिलसिला दंतक्षय तथा मसूड़ों के रोगों में परिणत होता है। नीम की दातौन से उक्त कुप्रभाव नहीं पड़ते और मुखवर्ती स्वच्छता भी होती है।

क्या है टूथपेस्ट : टूथपेस्ट के बारे में यह कहें कि इसमें हिमालय भरा हुआ है तो आश्चर्य होगा किंतु यह जानने पर कि हिमालय की पर्वत शृंखलाओं में काफी चूना-पत्थर भरा हुआ है, उक्त शंका का समाधान हो जाता है। टूथपेस्ट मे घिसाई करने वाले और परिमार्जक पदार्थ 40-90 प्रतिशत, प्रक्षालक यौगिक 2-5 प्रतिशत, जलग्राही-यौगिक, रंग, स्वाद अल्पांश में और शेष 20-30 प्रतिशत जल होता है।

दांतों की घिसाई-सफाई करने के वास्ते चूना-पत्थर से युक्त कैल्शियम कार्बोनेट का महीन चूर्ण या तलछट, डाईकैल्शियम सल्फेट, डाईहाइड्रेट, हाईड्रेटेड सिलिका, अघुलनशील सोडियम मेटाफासफेट या हाइड्रेटेड अल्यूमिना का प्रयोग टूथपेस्ट में किया जाता है। महीन मुलायम सूक्ष्म कणिकाओं के बजाय यदि उक्त घटकों के स्थूल, नुकीले या खुरदरे कण टूथपेस्ट में होंगे तो मसूड़ों और दंतवल्क को क्षति पहुंच सकती है।

प्रचार और विक्रय में वृद्धि हेतु जिस आधार पर निरामिष-पेस्ट का दावा किया जाता है वह शैल फासफेट खनिज से प्राप्त डाईकैल्शियम फासफेट

अपघर्षक है जो इस प्रकार के टूथपेस्ट में डाला जाता है। इस अपघर्षक का दूसरा स्रोत है मृत पशुओं की हड्डियां। विडंबना यह है तथाकथित निरामिष अपघर्षक प्रायः अशुद्ध होता है और आमिष समझा जानेवाला अपघर्षक ज्यादा शुद्ध और प्रभावी होता है। फिर भी पसंद अपनी, चुनाव अपना।

टूथपेस्ट में प्रक्षालक के रूप में प्रायः ए ओ एस (अल्फा ओलिफीन सल्फोनेट) या सोडियम लॉरील सल्फेट डाला जाता है जो दरअसल कपड़ा धोने के डिटर्जेंट में होता है और नियमित प्रयोग में त्वचा व खासकर मुंह की श्लेष्मा-झिल्ली के लिए हानिकर हो सकता है। एक दूसरे सक्रिय प्रक्षालक एल्किल बेंजीन सल्फोनेट को भी टूथपेस्ट में डाला जाता है किंतु यदि इसमें सल्टोन रसायन की अशुद्धि है तो यह कैंसरजनक हो सकता है। बंधनकारी योगज के रूप में कार्बाक्सी मेथिल सेल्यूलोज और जलग्राही यौगिक के रूप में सार्बिटाल, ग्लिसराल या ग्लायकॉल भी टूथपेस्ट में होते हैं जिनके कारण पेस्ट बंधी हुई, एक रूप, नम और नरम बनी रहती है और इसमे मिठास आती है। पेस्ट को रंगीन बनाने के लिए कोलतार रंगों का प्रयोग होता है। सूक्ष्मजैविक संदूषण न हो इसके लिए परिरक्षक रसायन भी डाला जाता है। सुवासित करने के वास्ते इसमें पिपरमिंट, पुदीना, लवंग, दालचीनी आदि के सत्व या संश्लेषित फ्लेवर आदि डाले जाते हैं। साथ ही दंत रोगों या मसूड़ों के क्षय को रोकने के लिए फ्लोराइड, स्ट्रांशियम क्लोराइड, क्लोरोब्यूटेनाल और फार्मल्डिहाइड रसायन डाले जाते हैं।

फ्लोराइड के लाभालाभ विशेषतः विचारणीय हैं। पश्चिमी देशों में पेयजल में फ्लोरीन का योग होता रहा है। भारत में भी 1000 पी पी एम फ्लोरीन डालने का निर्णय लिया गया था। हड्डियों की कमजोरी और दांतों में छेद होने से बचाने के लिए फ्लोरीन का प्रयोग आरंभ में आवश्यक माना गया था, किंतु भारतीय अनुमानों के अनुसार दांत की जड़ों, मसूड़ों और श्लेष्मा झिल्ली को पार कर फ्लोरीन रक्त में प्रवेश कर जाती है तथा उच्च सांद्रता पर हानिकर होती है या फ्लूरोसिस पैदा होता है। फिलहाल टूथपेस्ट में फ्लोरीन के यौगिक सोडियम फ्लोराइड डाला जाता है। विचारणीय है कि अच्छे प्रभाव हेतु फ्लोरीन के यौगिक जल में घुलनशील होने चाहिए किंतु विडंबना यह है कि कैल्शियम यौगिक की उपस्थिति में, जो अपघर्षक के रूप में डाला जाता है, अघुलनशील फ्लोराइड बनते हैं और फ्लोरीन अप्रभावी रह जाती है। दूसरी विडंबना यह है कि फ्लोरीन यौगिक जितना अधिक घुलनशील होगा उतना ज्यादा तीव्रता में इसके कुप्रभाव हावी होंगे। कुछ निर्माता 50 पी पी एम आयनिक फ्लोराइड डालते हैं और इससे सुरक्षा सुनिश्चित करने का दावा करते है किंतु कैल्शियम और अल्यूमीनियम की मौजूदगी में आयनिक फ्लोराइड भी ज्यादा सक्रिय नहीं रहता।

टूथब्रश : टूथब्रश के आकार-प्रकार, रंगरूप, गुणवर्धन आदि बड़ी तेजी से

बदल रहे हैं। यह सभी प्रायः नायलोन प्लास्टिक या टायनेक्स नायलोन के शूल या कड़े बाल से बने होते हैं। यह शूल, नियंत्रित मोटाई और कठोरता या मृदुता के होते हैं ताकि दांतों के बीच की खाली जगहों में जमा हुई जूठन निकाली जा सके। ब्रश का आकार-प्रकार या लंबाई, शक्ल अंडाकार, अर्द्ध-चतुर्भुजीय, टेढ़ा-मेढ़ा, समतल, ऊंचा-नीचा, तथाकथित संगीतमय, 'विद्युतीय' आदि रूपों में बनाया जाता है। दावा किया जाता है कि इनके शूल छोटी से छोटी अशुद्धियों को दांत से साफ करने योग्य होते हैं, दंतफलक की अचूक सफाई करते हैं और मसूड़ों की मालिश भी। कुछ ब्रश सफाई के लिए लचकदार बनाए जाते हैं ताकि दांतों व मसूड़ों पर हानिकारक प्रभाव न पड़े।

दरअसल, ब्रश की दक्षता और सुरक्षा जितनी प्रयोगकर्ता के कौशल पर निर्भर करती है उतना बनावट में मामूली अंतरों पर नहीं। जूतों को घिसने की तरह दांतों व मसूड़ों को ब्रश से घिसने पर सुरक्षा कैसे रहेगी? ऐसा ब्रश जो दांतों के ज्यादा क्षेत्रफल पर पहुंचे और क्षति न पहुंचाए उपयुक्त हो सकता है और जब तक इसके शूल उघड़ या बिखर न जाएं, तब तक इस्तेमाल में लाया जा सकता है। सामान्यतः मध्यम कठोरता के शूल, सफाई के ख्याल से सही होते हैं। मुलायम या सॉफ्ट ब्रुश से दांतों की पूरी मैल साफ नहीं हो पाती। मसूडों मे तकलीफ होने की दशा में मुलायम ब्रुश उपयुक्त होता है किंतु तकलीफ न होने पर मध्यम कठोरता का ही ब्रुश अपनाया जानी चाहिए।

11.8 उपभोक्ता मार्गदर्शन

1. नीम के दातून की आदत है तो टूथपेस्ट -ब्रश अपनाना जरूरी नहीं हैं, बल्कि कौशल, नियम और विवेक के साथ दातौन की वैज्ञानिक आदत बनाए रखें।
2. टूथपेरट की थोड़ी मात्रा का ही प्रयोग करें, दो-तीन मिनट तक सफाई करें, पेस्ट के झाग को गले के नीचे न उतरने दें और तीन-चार बार कुल्ला अवश्य करें। टूथब्रश द्वारा हल्के हाथ से दांतों को ऊपर-नीचे और वृत्ताकार रूप में घिसें, हाथ की कुहनी को कंधे के ऊपर रखें और दांतों को जूतों की तरह बेरहमी से न घिसें। रात्रि के भोजन के बाद दांत की सफाई विशेष लाभप्रद है।
3. किसी भी टूथपेस्ट से दांतों की चौबीस घंटे सुरक्षा सुनिश्चित नहीं होती। खाने-पीने के बाद अच्छी तरह कुल्ला करना प्रत्येक बार जरूरी है। मसूड़ों की अच्छी मालिश उंगली द्वारा ही हो पाती है।
4. टूथ पाउडर में भी टूथपेस्ट के संघटक होते हैं, किंतु कुछ उत्पादों मे फिटकरी भी होती है जिससे 4 पी एच तक अम्लीयता बढ़ती है

और इससे दंतवल्क का क्षय हो सकता है। किसी भी टूथपेस्ट या पाउडर का पी एच 6 से कम हो तो वह असुरक्षित और अस्वीकार्य होगा।

5. अधिकांश टूथपेस्ट सूक्ष्मजैविक परीक्षा में खरे नहीं उतरते, अतः पुराने टूथपेस्ट से बचें। हर्बल टूथपेस्ट के संघटक प्राकृतिक या संश्लेषित हैं, इसकी जांच करें और सावधान रहें।
6. मजबूत चमकीले दांतों और स्वस्थ मसूड़ों के लिए सफाई के अलावा अच्छे खाद्य व पेय पदार्थों (पूर्व वर्णित) को ग्रहण करें, मात्र महंगे टूथपेस्ट और टूथब्रश पर ही निर्भर न रहें। मुंह और श्वांस की दुर्गंध का उपचार इनके असली कारणों को दूर करने से ही होगी, न कि टूथपेस्ट और टूथब्रश द्वारा।

11.9 घरेलू कीटनाशक उत्पाद

घरों में कीट-पतंगा, कृमि, जीव-जंतु, मक्खी-मच्छर, तिलचटा, छिपकली, चूहों आदि हानिकारक जीवों की आबादी यों चिंताजनक रूप से बढ़ रही है कि घरों की कीटरहित सफाई करना एक विकट समस्या बन गई है। संगठित रूप से इनकी सफाई कराना एक व्यापारिक सेवा बन गई है जिनका शहरों में दिनोंदिन विस्तार हो रहा है। कीट-पतंगा की सफाई के लिए कई कीटनाशक रसायनों के छिड़काव का बढ़ती मात्रा में प्रयोग हो रहा है। यह रसायन विषाक्त होते हैं जिनका हमारे शरीर पर घातक कुप्रभाव पड़ सकता है। अतः कीटनाशक रसायनों की विषाक्तता तथा उपयोग के सुरक्षित तरीकों को समझना हर उपभोक्ता का सरोकार है।

घरों में रेंगनेवाले कीड़ों (तिलचटा, खटमल, चींटी, चींटा, दीमक या सफेद-चींटी इत्यादि) तथा उड़नेवाले कीड़ों (मक्खी, मच्छर, भौंरे इत्यादि) की हानियों से निजात पाने की समस्या का निराकरण सभी गृहस्थों या गृहणियों के लिए सर्वथा विचारणीय है। बाजार में विविध कीटनाशक, रसायनों और विलायकों के घोल छिड़काव के लिए उपलब्ध हैं। फर्श या सतह के ऊपर स्थान विशेष पर छिड़के जाने वाले कीटनाशी फार्मूले प्रायः 0.2 वर्ग मीटर या 2 वर्ग फीट क्षेत्रफल के लिए प्रभावी होते हैं। यह रसायन कीडों पर और उनके आस-पास के उक्त क्षेत्र के भीतर छिड़के जाने पर कीड़े इनके विषाक्त प्रभाव से पहले तो पंगु हो जाते हैं और फिर घातक प्रभाव के शिकार बनते हैं। दूसरी ओर घरों के अंदर वायु में छिड़कने या वाष्प फैलाने के लिए कीटनाशी छिड़काव और प्रधूमन के रूप में विशिष्ट उत्पाद उपलब्ध है। वायु में इनका छिड़काव एक स्थान तक सीमित न रह कर वायु के माध्यम से पूरे कक्ष में फैल

जाता है और सांस के द्वारा मनुष्य के फेफड़े में भी प्रवेश कर सकता है। अतः ऐसे छिड़काव से उड़ने वाले कीड़ों का नियंत्रण होता है। ऐसे फार्मूलों में सक्रिय रसायन कम विषाक्त रखा जाता है और बारंबार उपयोग के दौरान दीर्घकालिक कुप्रभाव/विषाक्तता का असर नहीं पड़ता, बशर्ते इसकी गुणवत्ता सही हो और इसका प्रयोग सावधानी से हो ताकि इसे सांस में जाने से रोका जा सके। पहली श्रेणी के सतह-विशेष पर छिड़के जाने वाले 'स्पॉट-स्प्रे' दीवारों, फर्श आदि की दरारों, आलमारी, सोफा, कुर्सी, पलंग आदि के अंदर की जगहों में छिड़कने के लिए सुरक्षित है किंतु हवा में छिड़कने के लिए अनुपयुक्त और सर्वथा खतरनाक है। कुछ कीटनाशी छिड़काव एरोसॉल के रूप में उपलब्ध हैं जिनसे कीटनाशी रसायन सूक्ष्म वाष्प कणिकाओं के रूप में निकलता है और उक्त दो प्रकार के छिड़कावों की अपेक्षा ज्यादा प्रभावी और साथ ही प्रयोग मे खतरनाक होता है। एरोसॉल छिड़काव फर्श पर, स्थान विशेष पर या घर के अंदर हवा में छिड़कने के लिए समान रूप से प्रभावी होता है, यद्यपि इसके सुरक्षित प्रयोग हेतु प्रशिक्षित होना आवश्यक है।

वायु में छिड़के जानेवाले कीटनाशी फार्मूला 'स्पॉट-स्प्रे' में या तो एक सक्रिय यौगिक पाइरेथ्रिन होता है या दो यौगिकों डेल्टामेथ्रिन व एलेथ्रिन अथवा पाइरेथ्रिन व पाइरेथ्रायड का मिश्रण होता है जिसके ज्यादा प्रभावी होने का दावा किया जाता है। सच तो यह है कि एक ही ज़हर कीड़ों को मारने में सक्षम है, एक से अधिक ज़हरों का मिलावा असंगत है जो प्रायः व्यापारिक प्रतिस्पर्धा के ख्याल से बनाया जाता है। 'स्पॉट-स्प्रे' में सिर्फ एक कीटनाशी होता है।

खाने-पीने की चीजों (खाद्यान्न उत्पाद, मिष्ठान्न, मांडीयुक्त उत्पाद, रोटी, ब्रेड, केक, गूंथा आटा आदि) में विषाक्त रसायन मिलाकर प्रलोभन द्वारा कीटनाश करना घरों के लिए विशेष उपयोगी होता है। तिलचटा के लिए बोरिक एसिड और चूहों आदि के लिए बैरियम कार्बोनेट या जिंक फाराफाइड कीटनाशक रसायन (विषाक्त) का प्रयोग होता है। प्रलोभक-कीटनाशी तैयार केक के रूप में भी उपलब्ध है। घरों में इनसे कोई विषाक्त दुर्घटना न हो इसके लिए विशेष सावधानी लेना अनिवार्य है। त्वचा में इनके संसर्ग से जलन तथा विषाक्तता भी संभव है।

उपयोग में सुरक्षा : किसी भी घरेलू कीटनाशक उत्पाद के लेबल पर इसके संघटक, हानियां, सावधानियां, उपयोग विधि, सुरक्षात्मक निर्देश आदि सूचित किए जाते हैं जिनका कड़ाई से अनुपालन करने पर ही सुरक्षा सुनिश्चित होती है। दुर्घटना होने पर प्रथम उपचार की सूचना भी उपलब्ध होती है और उपयोग के बाद खाली डिब्बे के निपटान की विधि भी। फर्श के ऊपर किसी स्थान विशेष पर छिड़काव हेतु बने उत्पाद 'स्पॉट स्प्रे' का घर या कार्यालय के अंदर वायु

में छिड़कने के लिए 'स्पेस-स्प्रे' के रूप में प्रयोग कदापि न करें अथवा यह विषाक्तता की वजह बन सकती है।

सुरक्षा हेतु कीटनाशक नियमों के अंतर्गत रंगों पर आधारित संकेत प्रणाली लागू की गई है। प्रत्येक कीटनाशी उत्पादों के लेबल पर निर्दिष्ट रंगीन संकेत छापना अनिवार्य है। एक वर्ग-आकार के ऊपरी त्रिभुज भाग में संकेतक या चेतावनी का चिह्न या शब्द होता है जबकि निचले उल्टे त्रिभुज में रंग द्वारा संकेत होता है। उक्त सुरक्षात्मक रंग-संकेत की व्यवस्था निम्नांकित है। (तालिका 26)

तालिका 26

कीटनाशी रसायनों के लिए सुरक्षात्मक रंग-संकेत की व्यवस्था

	विषाक्तता की श्रेणी	संकेतक शब्द	रंग-संकेत	मनुष्यों के लिए घातक सीमा
1.	अत्यंत विषाक्त	जहर (प्वायजन)	गहरा लाल रंग	कुछ बूंद से एक चम्मच तक
2.	अधिक विषाक्त	जहर (प्वायजन)	गहरा पीला रंग	1 चम्मच से एक औंस (30मि.ली.)
3.	मध्यम विषाक्त	खतरा (डैंजर)	गहरा नीला रंग	30-50 मि.ली.
4.	अल्प विषाक्त	सावधान (कॉशन)	तेज हरा रंग	500 मि.ली.से ज्यादा

11.10 घरेलू विसंक्रामक वस्तुएं

दैनिक क्रिया में हाथ धोने, रोगी के कपड़े धोने, कुल्ला करने, फर्श को जीवाणु रहित करने आदि विसंक्रामक प्रयोजनों के वास्ते राख, मिट्टी, साबुन, द्रव हस्त-प्रक्षालक, जीवाणुनाशक फार्मूलों आदि का प्रयोग घरों, कार्यालयों, अस्पतालों आदि में आवश्यक होता है। मिट्टी या राख से हाथ धोना अपर्याप्त है, जबकि साबुन या डिटर्जेंट से धोने पर घरेलू कीटाणु या जीवाणुओं का खात्मा हो सकता है। फिर भी जीवाणुओं की अंतहीन कतार होती है जिसके खात्मे के लिए विशेष विसंक्रामक उत्पाद उपलब्ध है। दरअसल बाजार में प्रतिजीवाणुक या एंटीबैक्टीरियल और रोगाणुनाशी या डिसइन्फेक्टेंट के रूप में लगभग 700 उत्पाद उतारे जा चुके हैं जो हैंडवाश आदि के नामों से ऊंची कीमत पर बेचे जाते हैं। इनकी संरचना, प्रयोग और सावधानी के प्रति उपभोक्ता की जागरूकता अपेक्षित है।

अधिकांश हैंडवाश में द्रव-साबुन या सिंथेटिक डिटर्जेंट का घोल, रंग, सुगंध और परिक्षक (प्रिजर्वेटिव) रसायन मिले होते हैं। कीमती हैंडवाश में फार्मलीन साइट्रिक अम्ल, ग्लिसरीन फार्मलीन, क्रोकोडाईएथनाल अमाइड, सोडियम

लॉरिल सल्फेट और ट्राईक्लोसन का संयोग होता है।

सामान्य हस्तप्रक्षालक दैनिक घरेलू प्रयोग हेतु पर्याप्त होते हैं किंतु विशिष्ट सेनिटाइजर या निर्जीवाणुक उत्पाद समस्त जीवाणुओं और रोगाणुओं दोनों का खात्मा करते हैं। किंतु इनके नुकसान भी हैं। पहला तो यह कि प्रयोगकर्ता अपनी कुल सफाई के प्रति गलतफहमी में रहते हैं और दूसरा नुकसान यह कि हानिकारक जीवाणुओं के साथ लाभदायक जीवाणु भी पूर्णतः नष्ट हो जाते हैं जिनके साथ मानव जीवन का संतुलन बना हुआ है। अतः जिन हैंडवाश का अस्पताल आदि में प्रयोग होता है उनका घर में प्रयोग अनावश्यक है।

सामान्यतः एंटीबैक्टीरिएल हैंडवाश सिर्फ जीवाणुओं का खात्मा करते हैं और डिसइन्फेक्टेंट उत्पाद जीवाणुओं के साथ रोगाणुओं (वायरस) का भी खात्मा करते हैं। बाजार में उपलब्ध कुछ ऐंटीबैक्टीरीएल उत्पादों पर डिसइफेक्टेंट का भी लेबल लगा होता है और इसके विपरीत भी सत्य है। एथिल अल्कोहल युक्त प्रक्षालक जीवाणु व रोगाणु दोनों को खत्म करते हैं किंतु हाथों को कष्टदायक स्तर तक सुखा देते हैं। एंटीबैक्टीरिएल प्रक्षालकों में यदि ट्राईक्लोसन मिला हो तो इसका प्रयोग न करें क्योंकि इनके लंबे प्रयोग से एंटीबायोटिक दवाओं की तरह की प्रतिरोधी बैक्टीरिया बन सकती है।

हाथजोड़ नमस्कार : संसर्गज संक्रमण संबंधी जीवाणु, रोगाणु, प्रोटोजोआ, पैरासाइट, फंगस आदि बहुतायत में त्वचा पर आश्रय पाते हैं और हस्तमिलाप या हैंडशेक द्वारा इनके फैलने और संक्रमण पैदा करने की संभावना रहती है। रक्त के अलावा पसीना इन रोगाणुओं का सुलभ वाहक होता है और रोगियों से हाथ मिलाना संक्रमण का कारण बन सकता है। कुछ सावधानियां निम्नांकित हैं :

1. भारतीय अभिवादन या हाथजोड़ नमस्कार की परंपरा प्रभावी, सुरक्षित और वैज्ञानिक है। नमस्कार की जगह हस्तमिलाप की पश्चिमी परंपरा न अपनाएं।

माला-तिलक, धोती-कुर्ता और नमस्कार का सम्मेल भारतीय भूषाचार का प्रतीक बन चुका है जिसका विदेशों में भी अनुकरण होता है। हाथजोड़ नमस्कार से सार्थक ऊर्जा का प्रसार होता है। अतः यदि कोई मित्र या विदेशी सज्जन हाथजोड़ नमस्कार करे तो उसी रूप में उसका स्वागत करें, हाथ मिलाना आवश्यक नहीं है।

2. संभावित संक्रमण की किसी भी स्थिति में जैसे अस्पताल, अन्य संक्रमित स्थल आदि की यात्रा या रोगी से भेंट के बाद साबुन से हाथ धोएं या अन्य हस्तप्रक्षालक का प्रयोग करें।

3. संक्रमण की विशिष्ट स्थितियों (क्षयरोग, सॉर्स रोग, हरपीज, कुष्ठरोग आदि) में अल्कोहल युक्त हस्तप्रक्षालक का प्रयोग बेहतर होगा।

4. शौचालय जाने के बाद, यात्रा के उपरांत, खाद्य पदार्थों के रख-रखाव के बाद, संदिग्ध पालतू पशुओं के संसर्ग के बाद और संक्रमण की ऐसी अन्य स्थितियों में हस्तप्रक्षालक द्वारा हाथों, उंगलियों के बीच की जगह, नाखूनों आदि की ठीक से सफाई करें।

11.11 मच्छर निवारक उत्पाद

मलेरिया निर्मूलन कार्यक्रम के होते हुए भी मलेरिया की वापसी एक कठिन समस्या है जिससे निजात पाने के लिए उपभोक्ता घरों में मच्छर निवारक विधियों-कीटनाशी कॉयल या कुण्डल, मैट या टिकिया, वेपराइजर या वाष्पकारक तथा क्रीम का नियमित रूप से उपयोग करने के लिए बाध्य हैं, यद्यपि यह विषाक्त कीटनाशक रसायनों से बने हैं और पूर्ण सुरक्षित नहीं होते। ऐसे उत्पादों की उपयोगिता तथा सुरक्षा के संबंध में उपभोक्ताओं को सूचित करना निर्माता, केंद्रीय कीटनाशक बोर्ड तथा संबंधित स्वास्थ्य विभागों की जिम्मेवारी बनती है। इनकी गुणवत्ता और सुरक्षा संबंधी कारकों से उपभोक्ता प्रायः अनजान होते हैं और ऐसी हालत में मच्छरनिवारक उत्पादों का चुनाव विज्ञापनों के आधार पर करना पड़ता है, यद्यपि इनके विज्ञापन जानकारी-रहित और भ्रामक होते हैं।

मच्छर अगरबत्ती (कॉयल) : मच्छर निवारक कॉयल जो अगरबत्ती की तरह जलाए जाते हैं, लकड़ी या सेल्यूलोज के दहनशील चूर्ण, चार प्रतिशत अनुपात में सक्रिय कीटनाशी रसायन, कवकरोधक रसायन तथा इन्हें इकट्ठे बांधने के लिए योजक या बंधक के रूप में मोम और रंग के मिलाने से बने होते हैं। बढ़ती हुई सक्रियता के आधार पर निम्न कीटनाशी रसायनों का प्रयोग होता है :

1. प्राकृतिक पाइरेथ्रिन (पाइरेथ्रम-पुष्प से प्राप्त),
2. संश्लेषित पाईरेथ्रायड या एलेथ्रिन
3. जैविक स्त्रोतों से निर्मित एलेथ्रिन तथा
4. 'एस-बायो' एलेथ्रिन

अनधिकृत रूप से कीटनाशी लिंडेन का भी प्रयोग कॉयल में पाया गया है जो मच्छर पर अल्प विषाक्त तथा मनुष्य पर अति विषाक्त प्रभाव डालते हैं। यह वर्जित हैं, इन्हें उपभोक्ता न खरीदें। कॉयल के लेबल पर संघटकों की सूचना देखें या निर्माता से ऐसी जानकारी की मांग करें जो उपभोक्ता संरक्षण अधिनियम के तहत उपभोक्ता का कानूनी अधिकार है। दरअसल यह कॉयल प्रायः लघु उद्योग के स्तर पर बनते हैं और इनकी गुणवत्ता संदेह के घेरे में होती है। उपभोक्ता संगठनों की मदद से इनकी जांच कराएं।

कॉयल में कीटनाशी पाइरेथ्रम चार प्रतिशत होता है जिसके सुलगने पर कीटनाशक वाष्प निकलती है जो मच्छरों पर प्रतिकर्षी (रिपेलेंट) तथा अवघाती (नॉक डाउन) क्रिया करती है। इस तरह मच्छर फौरन दूर भागते हुए मूर्च्छित हो जाते हैं। इसका गतिक सक्रियण 6-8 घंटे कायम रहता है जो लगभग 1500 घन फीट क्षेत्र के कमरे में मच्छर-निवारण हेतु पर्याप्त है। वाष्प की अम्लीयता और उग्र (एक्रिड) गंध मच्छरों पर प्रतिकर्षण क्रिया करती है। प्रयोगकर्ता को ऐसी खराब गंध का पता न चले इसके वास्ते एरोमेटिक पदार्थ डाले जाते हैं। दरअसल कॉयल में सुगंधियों को डालने से उपभोक्ता भ्रम में रहते हैं और इसे सांस में ग्रहण करने से हिचकते नहीं। कॉयल में सुगंधियों का प्रयोग अनावश्यक है।

पाइरेथ्रम में दरअसल पाइरेथ्रिन और साइनेरिन सक्रिय यौगिक होते हैं। यह अस्थिर यौगिक हैं, कॉयल सुलगने के बाद प्रायः विघटित हो जाते हैं और अप्रभावी, किंतु निरंतर प्रभाव की दशा में यह सर्वथा हानिकारक हैं। इनसे एलर्जी, वमन, सिरदर्द और केंद्रीय स्नायुमंडल में विक्षिप्ति आदि पैदा होती है।

कॉयल सुलगने पर टार पैदा होता है, जैसा कि सिगरेट के धुएं से निकलता है। साथ ही विषाक्त कार्बन मोनोआक्साइड गैस भी बनती है जिसके कुप्रभावों से बचने के लिए कमरे का हवादार होना जरुरी है। एक कमरे में एक ही कॉयल जलाएं और आधे घंटे तक खिड़की बंद रखें और कमरे के बाहर रहें। जरूरी हो तो 6 घंटे बाद दूसरा कॉयल जलाएं। कॉयल के धुएं में टार और नाइट्रोसो यौगिक मौजूद होते हैं जो कैंसरजनक भी हो सकते हैं, अतः निरापद विकल्पों को अपनाएं।

केंद्रीय खाद्य प्रौद्योगिकी संस्थान, मैसूर द्वारा नीम तथा अन्य जड़ी-बूटियो से हर्बल कॉयल बनाने की तकनीक विकसित की गई है और इसका व्यापारीकरण भी हुआ है। ऐसे कॉयल कितने प्रभावी और सुरक्षित होंगे यह परीक्षण का विषय है। वैसे निर्माता जड़ी-बूटियों के साथ अक्सर संश्लेषित कीटनाशी रसायन भी डाल देते हैं जिसके कारण न तो उत्पाद पूरा हर्बल कहा जा सकता है और न ही निरापद।

मच्छर निवारक टिकिया (मैट) : कॉयल के प्रयोग हेतु बिजली जरूरी नहीं है किंतु इसकी तीक्ष्ण क्रिया से आखों में जलन होती है गंध उग्र होती है, अतःइसकी स्वीकार्यता कम है। आजकल मैट या टिकिया ज्यादा लोकप्रिय है।

कागज की लुगदी में 4 प्रतिशत एलेथ्रिन कीटनाशी तथा स्थाईकारक यौगिक पाइपोरानिल ब्यूटाक्साइड 0.8 प्रतिशत की मात्रा में (कीटनाशी का पांचवां हिस्सा) मिलाकर 1 ग्राम की टिकिया के रूप में मैट का निर्माण होता है जिसमें 40 मिली ग्राम कीटनाशी होता है। मैट को विशेष हीटर में रखकर

सुलगाए जाने पर कीटनाशी वाष्प बनती है, जिससे मच्छर दूर भागते हुए मूर्च्छित होते हैं। हीटर में अर्धचालक युक्त उष्मा प्रतिरोधी तापमान-नियंत्रक होता है जो 150^0-160^0 सेल्सियस तापमान बनाए रखता है। कुछ जागरूक उपभोक्ता जलते हुए विद्युत-बल्ब के ऊपर मैट रख कर काम चलाते हैं, यद्यपि यह विधि सर्वथा अविश्वसनीय है।

मैट से प्रति घंटा 5-7 मिलीग्राम कीटनाशी एलेथ्रिन की वाष्प 6-8 घंटे तक निकलते हुए मच्छरों का निवारण करती है और एक रात की नींद के लिए पर्याप्त है।

1500 घनमीटर आयतन वाले कमरे के लिए एक मैट पर्याप्त है। आवश्यक हो तो 6 घंटे बाद दूसरी मैट जलाएं। मैट और कॉयल के प्रतिकर्षी (रिपेलेंट) मान तालिका 27 व 28 में देखें।

तालिका 27 : मच्छर निवारक कॉयल के प्रतिकर्षी (रिपेलेंट) मान
(दहन समय 1 घंटा, 62 % नॉक-डाउन)

कॉयल का नमूना	मिनटों में पलायन करनेवाले मच्छरों की संख्या का प्रतिशत				
	15 मिनट	30 मिनिट	45 मिनट	60 मिनट	120 मिनट
सर्वोत्तम कॉयल	80	84	93	94	94
मध्यम कॉयल	47	72	74	76	77
सामान्य कॉयल	40	65	68	70	70
निम्नतर कॉयल	3	18	21	21	24

तालिका 28
मच्छर निवारक मैट के प्रतिकर्षी (रिपेलेंट) मान मध्य दहन स्तर

मैट का नमूना	प्रभावित मच्छरों की संख्या % पलायन	प्रतिशत % मूर्च्छित
सर्वोत्तम मैट	68	37
मध्यम मैट	58	42
सामान्य मैट	46	53
निम्नतर मैट	9	-

11.12 मच्छर निवारक लिक्विडेटर (द्रव–वाष्पीकारक)

सम्हाल, सुविधा और सुरक्षा के ख्याल से एक बेहतर मच्छर निवारक विधि लिक्विडेटर या द्रव-वाष्पीकारक उपकरण उपलब्ध है, जिसमें 3.5 प्रतिशत सांद्रता

का प्रायः 35 मिलीलीटर कीटनाशी घोल रहता है। एक विद्युत हीटर द्वारा इस घोल के नियंत्रित वाष्पीकरण से कीटनाशी वाष्प फैलती है जो मच्छरों को दूर भगाते हुए उन्हें मूर्च्छित करती है। एक-डेढ़ महीने चलने वाला लिक्विडेटर स्वयंचालित रहता है। इसकी सबसे बड़ी खामी स्वयं इसकी अविश्वसनीयता है। निर्धारित वाष्पीकरण की दर में अनावश्यक वृद्धि विषाक्तता का कारण बन सकती है, जबकि वाष्पीकरण में कमी से मच्छर अप्रभावित हो सकते हैं।

लिक्विडेटर विधि में कीटनाशी घोल में सिर्फ एक यौगिक एलेथ्रिन ही होता है, इसमें किसी बंधक यौगिक या फंगीस्टैट आदि डालने की जरूरत नहीं होती। रोजाना एक कॉयल या एक मैट सुलगाने के झंझट से मुक्त है लिक्विडेटर का प्रयोग, किंतु बारहमासी बिजली का संकट होने से उक्त सारी विधियां (कॉयल को छोड़कर) विफल हो सकती हैं।

मच्छर अवरोधी क्रीम—मलेरिया पैदा करने वाली मादा मच्छर मनुष्य का खून चूसने के लिए अपने शिकार की खोज मनुष्य में विशेष गंध पैदा करने वाले पदार्थों से कर लेती है। इसलिए मनुष्य प्रायः मादा मच्छर का शिकार होता रहता है। तथाकथित मच्छर अवरोधी क्रीम में एन एन डाईएथिल बेंजामाइड प्रायः 10 प्रतिशत की मात्रा में होता है। शरीर के उघड़े या असुरक्षित भागों में क्रीम की अल्प मात्रा लगानी होती है जिससे मच्छरों पर प्रतिकर्षी (रिपेलेंट) प्रभाव दो-तीन घंटे रहता है। क्रीम को शरीर के सभी अंगों में नहीं लगाया जा सकता, अतः कार्बन मोनोआक्साइड स्वास में होने से मच्छर चेहरे पर आकर्षित होते हैं और हमला करते हैं। क्रीम का सक्रिय यौगिक आंखों या श्लेष्मा झिल्ली में प्रवेश करने पर हानिकारक साबित होता है। ऐसे क्रीम का प्रयोग अति प्रतिकूल स्थितियों में किया जा सकता है।

दरअसल, मच्छर निवारक क्रीम को कीटनाशी उत्पादों की श्रेणी से अलग एक प्रसाधन-सामग्री माना गया है और इसके निर्माण पर गुणवत्ता संबंधी नियंत्रण कम रखा गया है। जाहिर है कि मच्छर अवरोधी क्रीम का सर्वथा निरापद होना सुनिश्चित नहीं है।

मच्छर निवारक उपभोक्ता मार्गदर्शन—मच्छर से निजात पाने का सबसे मुफीद तरीका घरों और आस-पास की जगहों की सफाई रखना है ताकि मच्छरों के प्रजनन पर रोक लगे। अतः मच्छर निवारक रासायनिक छिड़काव व्यक्तिगत और सामूहिक दोनों स्तरों पर होना आवश्यक है।

2. मच्छरदानी का इस्तेमाल मच्छरों से पूर्ण बचाव का प्रभावी तरीका है। कीटनाशी रसायन परमेथ्रिन से उपचारित मच्छरदानी का भी प्रयोग विशेष स्थितियों में पूरा भरोसेमंद है।

3. मच्छर निवारक रासायनिक विधियों यानी कॉयल, मैट, लिक्विडेटर, क्रीम आदि का सुरक्षित प्रयोग उचित उपभोक्ता मार्गदर्शन के अनुसार करें

ताकि इनकी हानियों से सजग रह सकें।

4. पराबैगनी-दीप (बल्ब, ट्यूबलाइट) द्वारा उड़नकीटों का निवारण संभव है किंतु मच्छरों के लिए यह अल्प प्रभावी है तथा व्यवहार में असुरक्षित भी।

5. विद्युत-गुंजक या बजर द्वारा नर मच्छरों जैसी गुंजन उत्पन्न कर मादा मच्छरों को आकर्षित करने और निवारण करने की नाटकीय विधि अत्यल्प सफल हो पाई है।

6. मच्छर निवारक कीटनाशियों के वर्णात्मक छिड़काव की अपेक्षा जैविक विधियों का विकास करना अपेक्षित है। केरल स्थित वेक्टर रिसर्च इंस्टीट्यूट द्वारा विकसित हाथी मच्छर का भोजन ही मच्छर है किंतु हाथी मच्छर के परिनियोजन की फिलहाल प्रतीक्षा है।

12
विविध उपभोक्ता वस्तुएं (अखाद्य)

12.1 भारत का राष्ट्रीय ध्वज

भारत का निर्दिष्ट राष्ट्रीय ध्वज यानी तिरंगा झंडा भारत की सम्प्रभुता का प्रतीक है। तिरंगे झंडे में प्रत्येक नागरिक की आन-बान और शान है। अपने राष्ट्रीय ध्वज का पूर्ण सम्मान करना सभी भारतीयों का संवैधानिक कर्तव्य है और अधिकार भी। उच्चतम न्यायालय के निर्देशों के अनुसार निर्दिष्ट ध्वज संहिता का अनुपालन करते हुए राष्ट्रीय ध्वज को फहराना हर नागरिक का मौलिक अधिकार है, जो बड़े गौरव की बात है। देश की सम्प्रभुता, समृद्धि और सतत् विकास में ही हर उपभोक्ता की आस है।

स्वाभाविक है कि निर्दिष्ट ध्वज-संहिता का अनुपालन न करना और गलत ढंग से राष्ट्रीय ध्वज को फहराना या अन्य रूप में दुरूपयोग करना दंडनीय अपराध होगा। अमरीकी नागरिक और ब्रिटेनवासी अपने असंतोष को जाहिर करने या सख्त विरोध की खातिर भले ही अपने झंडे या यूनियन जैक को फाड़ें, जलाएं या निरादर करें, किंतु भारतीय ध्वज का निरादर कोई भी भारतीय नहीं कर सकता, न ऐसा करने के लिए वह स्वतंत्र है। यह हर भारतीय के गौरव का प्रतीक है। किसी जश्न के जोश में भी हम राष्ट्रीय झंडे का प्रयोग यों नहीं करेंगे जिससे श्रद्धा एवं शालीनता की क्षति हो।

निष्कर्षतः प्रत्येक भारतीय सर्वप्रथम भारत का नागरिक है और तत्पश्चात ही किसी समुदाय, धर्म और वृत्ति से संबंधित व्यक्ति होता है। अतः राष्ट्रीय ध्वज के सही प्रयोग हेतु इसकी बनावट के तकनीकी विवरण तथा ध्वज-संहिता से अवगत होना हर भारतीय के लिए आवश्यक है ताकि हम सही झंडों का चुनाव कर इन्हें प्राप्त कर सकें और सहीं ढंग से फहराएं।

12.2 राष्ट्र ध्वज का आकार एवं आयाम

भारत का निर्दिष्ट राष्ट्रीय ध्वज समकोणीय आयताकार बनावट का है जिसकी

लंबाई तथा ऊंचाई (चौड़ाई) के बीच 3:2 का अनुपात होता है। उक्त निर्दिष्ट अनुपात में राष्ट्रीय ध्वज निम्नांकित छोटे-बड़े आकारों में बनाया जा सकता है। (तालिका 29)

तालिका 29 : भारत के राष्ट्रीय ध्वज के मानक आकार एवं आयाम

ध्वज आकार संख्या	ध्वज के आयाम लंबाई	मिलीमीटर में चौड़ाई या ऊंचाई
1	6300	4200
2	3600	2400
3	2700	1800
4	1800	1200
5	1350	900
6	900	600
7	450	300
8	225	150
9	150	100

विविध उपयोग हेतु उक्त आकार के राष्ट्रीय ध्वज चुने जा सकते हैं। अति विशिष्ट व्यक्तियों (वी वी आई पी) के विमानों के लिए संख्या 7 (450×300 मि.मी.) के झंडे, मोटर-कार के लिए संख्या 8 (225 × 150 मि.मी.) के झंडे, और मेज पर रखने के लिए संख्या 9 (150 × 100 मि.मी.) के झंडे निर्दिष्ट हैं।

12.3 राष्ट्र ध्वज की बनावट

राष्ट्र ध्वज में बराबर चौड़ाई की और अलग रंगों की तीन आयताकार पट्टियां होती है। ऊपरी पट्टी का रंग केसरिया, निचली पट्टी हरे और बीच की पट्टी सफेद रंग की होती है। साथ ही सफेद पट्टी के मध्य में गहरे नीले रंग का 24 स्पोक से बना अशोक चक्र होता है। उप पट्टियों से बने होने से यह सभी पट्टियों को साथ जोड़े गए होते हैं और उनके किनारे अंदर के मोड़कर सिले जाते हैं।

सूत—भारतीय मानक 1-1968 के अनुसार ध्वजपट के निर्माण में प्रयुक्त सूत हाथ से कती हुई धुनी रूई का प्रयोग होगा जिसके ताने और बाने के लिए सूत की अनुमानित संख्या30 टैक्स × 2 (या न्यू मीटरिक 33/2) होगी। ध्वज पर के कपड़े को सादी बुनाई में हथकरघे पर बुना जाएगा। झंडे की ऊपरी और

निचली पट्टियों को क्रमशः निर्दिष्ट केसरिया और हरे रंग से यों समान रूप से रंगा जाएगा कि धारियां या रंगाई के दोष न हों। बीच की पट्टी को विरंजित कर पूर्ण सफेद रखा जाएगा। अशोक चक्र (24 स्पोक) गहरे नीले रंग में सफेद पट्टी के मध्य में स्क्रीन छपाई, सादी छपाई या स्टेंसिल से छपाई द्वारा छापा जाएगा। झंडा फहराने के लिए आवश्यक पटसन की डोरी, लकड़ी की गुल्ली और पीतल का तार उक्त भारतीय मानक के अनुसार बनाए जाएंगे। राष्ट्रीय झंडा रेशम या ऊन से बुनाई द्वारा भी बनाया जा सकता है।

12.4 ध्वज संहिता

भारतीय ध्वज 22 जुलाई 1947 के दिन अपने नियमित अस्तित्त्व में आया था और कालांतर में निर्दिष्ट नियमों के अनुसार प्रयोग में लाया जाता रहा है। राष्ट्रीय ध्वज मानकानुसार कर्नाटक खादी ग्रामोद्योग संयुक्त संघ, बेंगरी (हुबली) के तत्त्वावधान में बनाया जाता है। उक्त संघ का प्रतिनिधित्व करने वाली औद्योगिक इकाई, खादी डायर्स एवं प्रिंटर्स, मुम्बई को राष्ट्रीय ध्वज बनाने के लिए भारतीय मानक ब्यूरो द्वारा लाइसेंस दिया गया है।

भारत की ध्वज संहिता 26 जनवरी, 2002 से लागू है जिसके अनुसार निर्दिष्ट बनावट के ध्वज का विनिर्दिष्ट नियमानुकूल प्रयोग होगा। झंडे का केसरी रंग सदैव ऊपर रहेगा जो देश के लिए त्याग और बलिदान की भावना प्रेरित करता है। झंडे का हरा रंग सबसे नीचे होगा जो हरी-भरी धरती, वृद्धि और विकास का सूचक है। बीच का सफेद रंग शांति का प्रतीक है। सफेद पट्टी के मध्य में अशोक चक्र धर्म के नियम, गतिशीलता, शांति, परिवर्तन और प्रगतिशील रहने की प्रेरणा देता है।

राष्ट्रध्वज का जमीन, पानी व गंदी जगहों से स्पर्श नहीं होना चाहिए, इसमें कोई सामान न रखा जाए, किसी चीज को ढकने के लिए इसका इस्तेमाल नहीं किया जा सकता, किसी वस्त्र या परिधान आदि पर यह नहीं छापा जा सकता, या पोशाक के रूप में इसका इस्तेमाल नहीं होगा, विज्ञापन या प्रचार हेतु इसका दुरुपयोग नहीं होगा, इसके संबंध में कोई, भ्रम या गलतफहमी नहीं पैदा की जाएगी, इसका किसी प्रकार का नुकसान नहीं पहुंचाया जाएगा और इसका निरादर नहीं किया जाएगा।

राष्ट्रीय ध्वज आदर के साथ, उर्ध्वाकार रूप में फुर्ती से फहराया जाएगा और शिष्टाचार सहित धीरे से नीचे उतारा जाएगा। फहराने के बाद झंडे को विधिवत नमन या सलाम करना होगा। फहराने वाला व्यक्ति झंडे के दाहिनी ओर खड़ा होगा। वस्तुतः राष्ट्रध्वज संहिता के 31 अनुपालनीय निर्देश हैं जो विविध स्थानों तथा अवसरों पर राष्ट्रीय ध्वज के सही प्रयोग से संबंधित है।

12.5 सुहाग के सिंदूर का जनोपयोगी विज्ञान

भारतीय संस्कृति के अनुसार नारी की मांग में दमकता सिंदूर, ललाट में चमचमाती बिंदी, आंखों में काजल, पैरों में लाल इंगुर, हाथों में लाल मेहंदी और लट में महकते फूलों का गजरा, यह सब हमारी समृद्ध परंपरा के मंगल प्रतीक हैं। सच तो यह है कि नारी के उक्त प्रतीकात्मक आभूषण पुरुष को सम्मोहित करनेवाले अचूक लक्ष्य हैं। एक बार विदेश से आई एक विदुषी महिला ने अपनी दैनंदिनी में लिखा था कि भारतीय नारी बड़ी 'मिस्टिक' होती हैं, वह होंठों पर लगाई जाने वाली लाली या लिपिस्टिक को अपनी ललाट या मांग में लगाती हैं। जाहिर है कि ऐसा भ्रम बड़ा हास्यास्पद किंतु विचारणीय है। इस संदर्भ में इतना तो जरूर कह सकते है कि सिंदूर, बिंदी आदि यदि भारतीय नारी की छवि को 'मिस्टिक' बनाते हैं तो इन वस्तुओं का विज्ञान बेशक काबिलेगौर है।

मनोवैज्ञानिक अध्ययन के अनुसार नारी की मांग में श्रद्धा और विश्वास से लगाए जाने वाला सिंदूर के प्रभाव से आत्मविश्वास बढ़ता है, एकाग्रता आती है तथा मन-मस्तिष्क गतिमान होता है। सिंदूर-बिंदी में सौंदर्यवृद्धि की क्षमता तो होती ही है, इन्हें लगाने से एक दम-खम होने का एहसास होता है। सिंदूर-बिंदी से यदि नारी को गुह्य छवि प्रदान होती है तो कह सकते हैं कि यह एक ऐसी छवि है जिसमें कवि और शायर सदियों से उलझते रहे हैं और पुरुष बेसब्री से सम्मोहित होते रहे हैं। यह जितना सामाजिक तथ्य है उतना ही वैज्ञानिक सत्य भी। जाहिर है कि सिंदूर-बिंदी जैसी दैनिक इस्तेमाल की घरेलू वस्तुओं के गहरे सरोकार हैं और इनकी गुणवत्ता और सुरक्षा संबंधी कारकों को समझना और सुधारना बेशक अहमियत रखता है। दुर्भाग्य से उपभोक्ता वस्तुओं का परिदृश्य नकारात्मक अनुभवों से भरा पड़ा है जिसमें शायद ही कोई वस्तु प्रदूषण-संदूषण-संक्रमण से अछूती और पूर्णतः विशुद्ध रह पाई है। सिंदूर-बिंदी नारी के सौंदर्य और सामाजिक पहचान से जुड़े होने के कारण सद्यः महत्वपूर्ण हैं।

निम्न गुणवत्ता के सिंदूर—बिंदी की बदौलत होनेवाले दुष्प्रभावों की बुरी खबर प्रायः मिलती है। मांग या ललाट या त्वचा पर प्रत्यूर्जता या एलर्जी, जलन, सूजन, दाग-धब्बे पड़ने और गहरे संक्षारक कुप्रभाव तक की वारदातें घटिया सिंदूर-बिंदी की बदौलत होती रही हैं। यह विडंबना ही है कि नारी को सौंदर्य प्रदान करने वाले सिंदूर-बिंदी की बदौलत त्वचा पर दाह और कुरूपता के दाग पैदा होते हैं। इससे नारी सौंदर्य की समृद्ध संस्कृति का हनन होता है। चुनाचे विज्ञान की बदौलत सिंदूर-बिंदी जैसे प्रतीकात्मक आभूषणों की ऊंची गुणवत्ता बरकरार रखना एक सराहनीय कार्य होगा।

रासायनिक संघटन—सिंदूर का निर्माण सीसे या लेड के लाल यौगिक लेड आक्साइड के उपयोग द्वारा किया जाता है, जो दरअसल विषाक्त है और औषधि तथा शृंगार अधिनियम के अंतर्गत आयुर्वेद की औषधियों की तालिका में 'विषैले पदार्थ' के रूप में सूचीबद्ध किया गया है। इसी प्रकार द्रव बिंदी में संश्लिष्ट रंजकों या सिंथेटिक डाई तक का प्रयोग होता है। चूर्ण बिंदी या कुमकुम पारद या मर्करी के सल्फाइड जैसे विषाक्त रसायन का रूप हो सकता है, यद्यपि प्राकृतिक पदार्थों से भी इसका निर्माण हो सकता है। चेपदार बिंदी बनाने में ऐसे कृत्रिम गोंदीय पदार्थ का इस्तेमाल होता है जो त्वचा पर जलन पैदा कर सकते हैं। इसी प्रकार गिरि सिंदूर (मर्करी ऑक्साइड) भी विषाक्त पदार्थों से निर्मित होता है। ठीक यही स्थिति लाल इंगुर की भी हो सकती है जिससे पांव, एड़ी, और अंगुलियों का शृंगार किया जाता रहा है।

उक्त रसायन जिनसे सिंदूर-बिंदी आदि निर्मित होते हैं, औषधीय पदार्थ (विष) के रूप में सूचीबद्ध होने से इनकी सुरक्षा पर अलग से कोई बहस नहीं होती। इस नतीजे को मान लेने में जो बात नजरअंदाज कर दी गई है वह यह है कि औषधि का प्रयोग चिकित्सक की सलाह पर होता है किंतु शृंगार के रूप में-सिंदूर-बिंदी का प्रयोग स्वेच्छा से किया जाता है और इस प्रकार तमाम उपभोक्ता इनके विषाक्त गुणों से प्रायः बेखबर रहते हैं।

हानियां—सिंदूर-बिंदी का निर्माण प्रायः पारंपरिक घरेलू उद्यम के रूप में या कुटीर उद्योगों द्वारा या असंगठित रूप में होता है जहां गुणवत्ता नियंत्रण की व्यवस्था या परीक्षण की सुविधा उपलब्ध नहीं होती। कुछ स्त्रोतों द्वारा-सिंदूर-बिंदी में सुधार लाने का दावा किया गया है। बाजार में प्राप्त ऐसे कुछ नमूनों की जांच से सिद्ध हुआ कि तथाकथित सुधार की दिशा दरअसल उल्टी है। ऐसे चमकदार और खुशबूदार-सिंदूर और कुमकुम बने हैं जिनमें प्रकाश से चमकनेवाले प्रदीप्त रंजकों या फलूऍरसेंट डाई का इस्तेमाल होता है। इनमें पॉलीऐरोमेटिक हाइड्रोकार्बन जैसे हानिकारक पदार्थ होते हैं। डाई में इओसीन नामक रसायन होता है जिससे प्रकाशसंवेदी कुप्रभाव पड़ सकते हैं और त्वचा पर काले धब्बे पड़ सकते हैं। दरअसल, भारतीय मानक ब्यूरो द्वारा बिंदी पर एक मानक विशिष्टि जारी की गई है।

मानक के अनुसार उक्त सौंदर्य प्रसाधनों में विषाक्त सीसा की अधिकतम सीमा 20 पीपीएम निर्धारित की गई है। सिंदूर-बिंदी यद्यपि पेट में सीधे प्रवेश नहीं करते किंतु त्वचा के रंध्रों, आंखों तथा श्लेष्मा झिल्ली पर अवश्य कुप्रभाव डाल सकते हैं। स्त्रियों की मांग या सीमंत भाग एक कोमल मर्मस्थल है और माना जाता है कि यहां ब्रह्मरंध्र होते हैं। इस सीमंत भाग को घटिया सिंदूर-कुमकुम के कुप्रभावों से बचाना खास तौर से जरूरी है।

पुराने जमाने में हल्दी, वनस्पति-आधारित रंगों, नीबू के रस और कई

औषधीय द्रव्यों के मेल से बिंदी, कुमकुम आदि बनाए जाते थे जिनका स्त्री की मांग या सीमंत भाग पर कोई कुप्रभाव नहीं पड़ता था। ऐसे हर्बल उत्पादों में पुनः रुचि पैदा होना तो निश्चित नहीं है किंतु वर्तमान उत्पादों की गुणवत्ता में सुधार लाने की गुंजाइश जरूर है। सीसा के ऑक्साइड की अपेक्षा बैरियम सल्फेट से सिंदूर बनाना बेहतर और सुरक्षित विकल्प है।

अब नए जमाने के नए फैशन के अनुसार चेपदार बिंदी कई शक्लों (गोलाकार, तारों जैसी, तिकोनी आदि) और कई रंगों (लाल, गुलाबी, बैंगनी, काली, सफेद, हरी, नीली, नारंगी, पीली आदि) में बनने लगी है जो अलग-अलग मिजाज की महिलाओं की पसंद होती है। भारतीय बिंदी का भूमंडलीकरण होने लगा है, अतः उम्मीद की जा सकती है कि अंतर्राष्ट्रीय गुणवत्ता की बिंदी मुहैया हो सकेगी।

उपभोक्ता मार्गदर्शन—माथे पर बिंदी-सिंदूर की शोभा प्रायः आंखों में काजल बगैर अधूरी रहती है। भारत में सदियों से गाय के घी या तिल के तेल को मिट्टी के दीपक में जलाकर कार्बन के सूक्ष्म कण तैयार किए जाते थे जिससे पारंपरिक काजल बनाया जाता था। यह काजल मनपसंद, औषधीय प्रभाव युक्त और सुरक्षित पाया जाता था, क्योंकि वर्तमान में ज्ञात हुए तथ्यों के अनुसार इसमें कार्बन के नैनोकण होते थे। किंतु अब काजल का निर्माण मोमयुक्त पदार्थ, कज्जली, कपूर आदि के योग से होता है और हिदायत दी जाति है कि सीधे सूर्य का प्रकाश पड़ने या गर्मी की अवस्था में ऐसे काजल का प्रयोग टाला जाए। कुछ महिलाओं का रुझान सुरमा के प्रयोग की ओर होता है किंतु सुरमा में सीसे का सल्फाइड होता है जो सर्वथा हानिकारक है, इसके कुप्रभाव से रक्ताल्पता या अनीमिया हो सकती है। कुछ उपयोग कर्ता सुरमें को जीभ की लार पोंछकर गीला करने के बाद लगाते या फैलाते है जो विषाक्त साबित हो सकता है। सिंदूर-बिंदी का स्पर्श होंठों, आंखों, या किसी श्लेष्मा युक्त त्वचा से न होने दें और विषाक्त प्रभाव से बचें। सिंदूर-बिंदी भारतीय नारी के व्यक्तित्व को ऊंचा उठाने वाले ऐसे प्रतीकात्मक आभूषण है जो घर-परिवार या समाज में प्यार-अनुराग और प्रतिष्ठा उत्पन्न करने में सहायक होते हैं। अतः जरूरी है कि ऊंची गुणवत्ता के-सिंदूर-बिंदी का प्रयोग सावधानी और सुरक्षा के साथ किया जाए।

12.6 केशतैल व क्रीम

प्रातः स्नान के पहले तेल से शरीर की मालिश करना और स्नान के उपरांत बाल सुखाने के बाद बालों में तेल लगाना अच्छे स्वास्थ्य के लिए लाभदायक साबित होता रहा है। त्वचा और बालों में तेल की मालिश से त्वचा के छिद्र खुल

जाते हैं। त्वचा मृदु, नम्य, नम और चिकनी हो जाती है, बाल मुलायम और घने होते हैं तथा सजावट के अनुकूल बन जाते हैं। केशतैल का उक्त कार्य मृदुकारी या इमोल्युएंट के रूप में जाना जाता है। त्वचा और बालों को ढके हुई तेल की पतली पर्त त्वचा और बाल के रक्षक का कार्य करती है। केशतैल के अभाव में बाल प्रायः रुक्ष या शुष्क, भंगुर या भुरभुरे हो जाते हैं और टूटते या झड़ते हैं। तेल त्वचा के रंध्रों और बालों की जड़ों में गहराई तक पहुंचता है, जिससे त्वचा पोषित और अनुकूल होती है। तेल द्वारा किए जाने वाले उक्त विविध कार्यों के लिए आजकल अनेक उत्पाद बाजार में बड़ी तादात में मिल रहे हैं जिनकी गुणवत्ता और उपयोगिता के सबंध में सही वैज्ञानिक जानकारी का सर्वथा अभाव है, तथा खास कर महिला-प्रयोगकर्ता सिर्फ निर्माता के प्रचार और अतिरंजित दावों के आधार पर उक्त उत्पादों को ऊंची से ऊंची कीमत पर खरीदते हैं।

केशतैल के रूप में प्रायः नारियल के तेल और तिल के तेल का ज्यादा इस्तेमाल किया जाता है, जबकि कुछ लोग सरसों का तेल भी बालों में लगाते हैं। बेहतर प्रभाव के वास्ते फिलहाल जैतून और बादाम के तेल का ज्यादा प्रचार किया जा रहा है। इनमें ज्यादा विटामिन-ई होने का हवाला दिया जाता है, यद्यपि यह साबित नहीं हुआ है कि सीधे त्वचा द्वारा विटामिन-ई का किस प्रकार पोषण होता है। आंवला, ब्राहमी, भृंग आदि औषधीय तेलों के निर्माण में मुख्यतः तिल के तेल या नारियल के तेल का प्रयोग किया जाता है। इन तेलों में दरअसल विटामिन ई की मात्रा (17 मिलीग्राम प्रति 100 ग्राम) जैतून और अन्य तेलों की अपेक्षा ज्यादा होती है। यह बात अवश्य है कि तिल और नारियल के तेल के आक्सीकरण होने से अपेक्षाकृत कम समय में इनमें रैनसिडिटी पैदा होती है। खुशबूदार केशतैलों में आक्सीकरण-अवरोधक यौगज पदार्थों के मेल से इन्हें बिसांयध होने से बचाया जाता है।

व्यापारिक प्रचार द्वारा नारियल व तिल के चिपचिपे होने की बात कही जाती है जिसके कारण बाल उलझते हैं और बालों में कंघी लगाना असुविधाजनक होता है। इन तेलों को हल्का (पतला) बनाने के लिए इनमें 10 प्रतिशत पैराफिन तेल मिलाया जाता है। खनिज तेल से प्राप्त पैराफिन तेल का शुद्ध या हानिरहित होना सुनिश्चित नहीं होता। केशतैलों में मौजूद संश्लेषित सुगंधियों, द्रव पैराफीन आदि के सम्मिलत प्रभाव से सिरदर्द होना संभव है।

बाजार में उपलब्ध केशतैल मुख्यतः तीन श्रेणी के हैं। प्रथम श्रेणी के केशतैल में मात्र एक या एक से अधिक वनस्पति तेलों का मिश्रण होता है जिनकी गुणवत्ता प्राकृतिक तेलों के समतुल्य होती है। दूसरी श्रेणी के केशतैल वनस्पति तेलों तथा द्रव पैराफीन के मिश्रण होते हैं, जबकि तीसरी श्रेणी के केशतैल सिर्फ द्रव पैराफीन, खुशबू आदि के मिलावा के रूप में प्राप्त होते हैं

जिनमें कोई भी प्राकृतिक तेल नहीं होता। प्रथम श्रेणी के केशतैल से त्वचा और बालों को ज्यादा फायदा होता है और बाल तेल के सुरक्षित कवच से ज्यादा समय तक ढके रहते हैं।

दरअसल त्वचा स्वयं एक ऐसे तैलीय पदार्थों का निर्माण करती है जो त्वचा और बाल को मुलायम और लचीला रखते हैं। त्वचा की वसामय ग्रंथियों से सिबेम नामक वसा निकलती है जो स्वतः में केशतैल सदृश है। सिबेम के समतुल्य ही लेनोलिन नामक प्राकृतिक पदार्थ है जो त्वचा को मृदु बनाता है और इसे हेयर-क्रीम आदि में डाला जाता है। भेंड़ों के वसामय (सिबेशॅस) ग्रंथियों से भी सिबेम सदृश एक पदार्थ निकलता है जो बालों में एकत्र होता रहता है और बालों को साफ करने पर ग्रीज के रूप में मिलता है। इस ग्रीज को परिष्कृत करने से प्राप्त लेनोलिन का प्रयोग सौंदर्यवर्धक क्रीम आदि में सक्रिय पदार्थ के रूप में डाला जाता है। वैसे सिबेम और लेनोलिन में पूरी समानता नहीं होती। लेनोलिन वस्तुतः मोम सदृश है जबकि सेबम वसा, मुक्त वसा-अम्ल और हाइड्रोकार्बन से बना होता है। लेनोलिन से त्वचा पर एलर्जी जैसे कुप्रभाव हो सकते हैं, अतः इसे रासायनिक क्रिया द्वारा सुधारने का दावा किया जाता है।

केशतैल और क्रीम की गुणवत्ता की जांच के लिए इनके अम्ल मान, पेरोक्साइड मान तथा सूक्ष्मजैविक संदूषण की प्रयोगशाला में परीक्षा करना आवश्यक है। अम्लीयता का प्रायोगिक नतीजा निर्दिष्ट मान से ज्यादा होने का मतलब यह है कि ऐसा केशतैल जल्द ही रेंसिड या बिसॉयध होगा और साथ ही अम्लीयता से त्वचा पर क्षोभ पैदा हो सकता है। पेरोक्साइड का मान बढ़ने का अभिप्राय यह है कि केशतैल की गुणवत्ता में कमी हो रही है जिससे अंततः दुर्गंध आ सकती है। जैविक परीक्षा द्वारा हानिकारक जीवाणुओं की संख्या और उनके त्वचा पर कुप्रभाव का पूर्वानुमान लगाया जाता है। बाजार में प्राप्त कई केशतैलों और क्रीम की गुणवत्ता उक्त तीन कारकों के संबंध में निर्दिष्ट स्तर से कम पाई जाती है। ऐसे उत्पादों के प्रयोग की अंतिम तिथि की सूचना लेबल पर न होने से उक्त कठिनाई बढ जाती है।

12.7 सौंदर्यवर्धक क्रीम

सभी मनुष्य पुरुष हों या स्त्री सर्वथा सुंदर दिखना चाहते हैं जो स्वाभाविक और सही है। सुंदरता त्वचा के ऊपर और नीचे दोनों स्तरों से पैदा होती है। त्वचा ही शरीर का सबसे बड़ा और संवेदनशील अंग है जिस पर बाह्य स्रोतों, प्रतिकूल मौसम, तेज धूप, जीवाणु आदि का हमला निरंतर होता रहता है और त्वचा का रंगद्रव्य, नम अवस्था, मृदुता, नम्यता आदि नष्ट होते रहते हैं।

शरीर की क्रियाएं त्वचा के सौंदर्य को बनाए रखने में सदैव कार्यरत रहती हैं किंतु संतुलन टूट जाने पर त्वचा का रंग-रूप खराब होने लगता है। इस अवस्था को सुधारने के लिए पुराने जमाने से ही हल्दी, चंदन, केसर, दूध, दही आदि का लेप लगाया जाता रहा है। चंदन, दूध, दही आदि के प्रयोग से त्वचा की मृत कोशिकाएं अलग होती हैं और त्वचा सौम्य तथा सक्रिय होती है। केसर और मुलेठी के असर से त्वचा के मेलानिन स्तर में सुधार होने से सांवला वर्ण हल्का हो सकता है। हल्दी से त्वचा पर जमे जीवाणु खत्म होते हैं और दाग-धब्बे,कील-मुंहासे आदि को दूर करने में मदद मिलती है। मुल्तानी मिट्टी जैसी सामान्य वस्तुएं भी त्वचा को स्वच्छ चमकदार और सुंदर बनाने में कुछ अंश तक मददगार होती हैं। तनावमुक्त और प्रसन्न रहना, अच्छा पौष्टिक भोजन करना, त्वचा की नियमित सफाई करना, सप्ताह के अंत में प्रावकृतिक लेप लगाना, मौसम की मार से बचाव करना, हारमोन की जांच कराना इत्यादि सौंदर्यवर्धन के आधारभूत उपाय हैं। वास्तव में त्वचा की देखभाल या तो शैशवकाल में की जाती है या फिर शादी-ब्याह में सफलता की गरज से, अन्यथा त्वचा की रक्षा के प्रति लापरवाही करना सामान्य बात है। निर्माता उक्त तथ्यों का फायदा उठाकर अनेकानेक सौंदर्यवर्धक क्रीम और लोशन का निर्माण करते हैं जिनके गुण व प्रभाव संदेहास्पद वा अधिकल्पित तक होते हैं। ऐसे अज्ञात गुणवत्ता के तथाकथित सौंदर्यवर्धक उत्पाद इतनी उंची कीमत पर बेचे जाते हैं कि उपभोक्ता को, खासकर सौंदर्यवर्धन की प्यासी महिलाओं को लूटा-खसोटा जाता है। जो भी हो, अंततः मन की सुंदरता बाहरी सुंदरता पर काबिज होती है।

लाभालाभ—सौंदर्यवर्धक क्रीम मुख्यतः त्वचा की ऊपरी सतह और छिद्रों को साफ करने (क्लिंसिंग क्रीम), नम बनाने (म्वायस्चराइजिंग क्रीम), त्वचा को मृदु और लचीला बनाने (सॉफनिंग क्रीम), सांवला से गोरा बनाने (फेअॅरनेस क्रीम) इत्यादि (देखें तालिका 30) प्रयोजनों के लिए इस्तेमाल में लाए जा रहे हैं। दरअसल सौंदर्यवर्धक क्रीम, लोशन आदि की शृंखला अंतहीन है, अत्यंत कीमती हैं और साथ ही इनका रासायनिक संघटन और गुणवत्ता प्रायः अज्ञात रह जाती है। उपभोक्ता मात्र निर्माता के प्रचार के अनुसार इन्हें इतनी ऊंची कीमत पर खरीदते हैं।

सौंदर्यवर्धक उक्त श्रेणी के क्रीम के अलावा नहाने के पहले के क्रीम स्नानोपरांत क्रीम, रात में सोने के पहले की हल्की क्रीम इत्यादि उत्पाद निर्माताओं द्वारा बाजार में उतारे गए है। इन सब उत्पादों की पैकिंग इतनी शानदार और आकर्षक बनाई जाती है और इलेक्ट्रानिक माध्यमों पर प्रचार करने में इतना ज्यादा पैसा खर्च किया जाता है कि यह अनुमान लगाना आसान है कि एक सामान्य लागत के उत्पाद का मूल्यवर्धन किस हद तक हो सकता है।

तालिका 30 : सौंदर्यवर्धक उत्पादों की श्रेणियां

	सौंदर्यवर्धक क्रीम	कार्य/प्रयोजन
1.	रिंकॅल फ्री क्रीम	चेहरे आदि की त्वचा की झुर्रियां (शिकन) घटाना
2.	एंटी एंजिंग क्रीम	त्वचा पर समयप्रभाव को घटाना या युवा दिखाना (प्रायः रिंकल-फ्री क्रीम का पर्याय)
3.	शुष्क त्वचा की क्रीम	त्वचा को नम व सौम्य बनाना
4.	म्वायस्चराइजिंग क्रीम	त्वचा पर नमी की अस्थायी पर्त बनाना (प्रायः शुष्क त्वचा की क्रीम का पर्याय)
5.	सनस्क्रीन क्रीम	धूप के कुप्रभाव से त्वचा को बचाना
6.	फेअॅरनेस क्रीम	सांवली त्वचा के रंगद्रव्य में अस्थाई परिवर्तन और गोरेपन का आभास पैदा करना
7.	कलर क्रीम	गुलाबी मेकअप से त्वचा का सौंदर्य बढ़ाना
8.	एक्ने क्रीम	कील-मुंहासे दूर करना
9.	नो-मार्क क्रीम	त्वचा के दाग-धब्बे, खिंचाव के दाग आदि को कम करना
10.	नेल केयर क्रीम	नाखूनों को मुलायम, स्वस्थ व सुंदर बनाना (संदिग्ध दावा)
11.	हेअर केअॅर क्रीम	बालों को आकर्षक रंग व चमक देना

प्रायः सभी सौंदर्यात्मक क्रीम के सक्रिय यौगिक के दीर्घकालीन प्रभाव किसी न किसी रूप में हानिकारक होते हैं। फेअॅरनेस क्रीम में हाइड्रोक्विनोन यौगिक होता है जो एक विरंजक पदार्थ है और (चेहरे के सांवले रंग को हल्का करने के मकसद से डाला जाता है। हाइड्रोक्विनोन अधिकतम 2 प्रतिशत मात्रा में अपेक्षित है।

साथ ही 12 वर्ष से कम उम्र के बच्चों को ऐसा क्रीम नहीं लगाया जाना चाहिए। आंखों के इर्द-गिर्द हाइड्रोक्विनोन का प्रयोग हानिकारक है। इसके कुप्रभाव से त्वचाशोथ बालों और नाखूनों का रंग उतरना और अंधापन तक संभव है। हाइड्रोक्विनोन दरअसल सांवली त्वचा के रंगद्रव्य मेलेनिन को हल्के रंगद्रव्य प्रोमेलेनिन में बदलता है जिससे आनुवंशिक क्षति का भी अंदेशा रहता है।

तालिका 31

सौंदर्यवर्धक उत्पादों के रासायनिक संघटकों के संभावित कुप्रभाव

रासायनिक संघटक	रासायनिक क्रिया	दुष्प्रभाव
हाइड्रोक्विनोन	त्वचा के रंगद्रव्य को हल्का करना	त्वचा शोथ आदि तथा दीर्घकालिक क्रिया से कैंसर तक संभव
रेस्टिलेन	त्वचा के बीच में भरावा पैदा कर	इंजेक्शन के रूप में दिए जानेवाले इस झुर्रियों को हटाना रसायन के दुष्प्रयोग से त्वचा में अनावश्यक वृद्धि तथा संक्रमण संभव
अल्फा हाइड्राक्सी	त्वचा को लचीला बना कर पुरानी	त्वचा में खुजली, ददोरा, फफोले
एसिड (ए.एच.ए.) बोटुलिनम ए या बोटोक्स	त्वचा में नएपन जैसा आभास लाना भ्रूभंग (भौंह चढ़ना) से उत्पन्न लकीरों भ्रूण को के दाग, झुर्रियां हटाना कालप्रभाव बोटोक्स रोककर	आदि आंखों में सूजन संभव गर्भवती महिलाओं के क्षति संभव
विटामिन सी, ई	युवा त्वचा का आभास लाना कोशिकाओं को क्षय से बचाना	सामान्य खुराक में सुरक्षित

12.8 उपभोक्ता मार्गदर्शन

1. त्वचा विशेषज्ञ द्वारा त्वचा के पी एच मान तथा हारमोन संतुलन की जांच के बाद ही किसी विशेष सौंदर्यवर्धक क्रीम का प्रयोग करें। सिर्फ ऐसे क्रीम से ही वांछित फायदा नहीं होगा, स्वास्थ्य के नियमों का भी पालन करें।
2. किसी भी सौंदर्यवर्धक क्रीम आदि के संभावित कुप्रभाव को निर्धारित संवेदनशीलता परीक्षा द्वारा जाने बगैर क्रीम का प्रयोग न करें। यथासंभव विशेष क्रीम उत्पादों का प्रयोग रात में करें ताकि धूप द्वारा प्रकाशसंवेदी कुप्रभाव न पड़े।
3. सौंदर्यवर्धक क्रीम का प्रयोग सीमित समय तक ही करें, दीर्घकालीन प्रयोग हानिकारक हो सकता है। डाक्टर द्वारा नियमित जांच के बाद ही ऐसे क्रीम का प्रयोग जारी रखें।
4. हर्बल क्रीम में कीटनाशी रसायनों के अवशेष, मायोटॉक्सिन यौगिक तथा रासायनिक सौंदर्यवर्धक यौगिकों की अनुपस्थिति सुनिश्चित

करें जो दीर्घकालिक कुप्रभाव डाल सकते हैं।

5. सौंदर्यवर्धक किंतु अन्यथा हानिकारक यौगिको से युक्त उत्पादों के प्रयोग से कृत्रिम सौंदर्य प्राप्त करने के बजाय बढ़ती उम्र के प्रभावों को शालीनता से स्वीकारें।

12.9 सैनिटरी नैपकिन

स्त्रियां पवित्रमूतुलं नैता दुष्यंति कर्हिचित
मासि मासि रजोयासां दुष्क्रितान्यपकर्षति

(स्त्रियां दूषित हो ही नहीं सकतीं, वे तो अत्यधिक पवित्र होती हैं क्योंकि जैसा शारंगधर संहिता में बताया गया है, रज (मासिक धर्म) स्त्रियों के दोषों को हर माह दूर कर देता है)

ज्ञातव्य है कि यौन-विकासोपरांत रजस्वला स्त्रियों के योनिमार्ग से होकर प्रति माह बीरबहूटी के रंग का न जमने वाला रक्तस्त्राव होता है जिसे सोखने, अलग करने और सफाई रखने के लिए निर्जीवाणुक रुई या नरम फलालेन-वस्त्र की बनी हुई एक कवलिका (तह) का प्रयोग सर्वथा आवश्यक होता है।

सामान्य स्त्रियां प्रायः रजोधर्म के समय पुराने कपड़ों का प्रयोग करती हैं या कपड़ों की कवलिका लगाती हैं, यद्यपि ऐसे पुराने कपडों का निर्जीवाणुक या स्टेराइल होना सुनिश्चित नहीं होता है। गंदे कपड़ों में जमे हुए हानिकारक जीवाणु योनिमार्ग तथा डिंबाशय में संदूषण-संक्रमण पैदा करने की संभावना का निर्माण करते हैं। मासिक धर्म जैसे विषमकाल में जब गर्भाशय की अंतःकला विदीर्ण अवस्था में होती है, उक्त अ-निर्जीवाणुक कपड़े योनि में सेप्टिक अवस्था का कारण बन सकते हैं। इसी समस्या का हल स्वच्छकर नैपकिन के इस्तेमाल में ढूंढ़ा जाता है जिसका निर्जीवाणुक होना अनिवार्य है।

इस्तेमाल की गई रुई या अस्पतालों आदि से प्राप्त तूल के अपशिष्ट आदि के विरंजन (ब्लीचिंग) और पुनर्चक्रण द्वारा अ-निर्जीवाणुक नैपकिन का अनाधिकृत निर्माण होता पाया गया है। तनु, अति कोमल तथा सुभेद्य श्लेष्मा झिल्ली से बने योनिमार्ग में उक्त अस्वच्छ नैपकिन के कुप्रभाव से संक्रमण हो सकता है और रोगाणु तेजी से सीधे रक्त में प्रवेश कर सकते हैं। अतः स्वच्छकर नैपकिन जैसी विशिष्ट उपभोक्ता वस्तु का स्वच्छ निर्जीवाणुक होना क्रांतिक (क्रिटिकल) महत्त्व की आवश्यकता है।

पारंपरिक प्रयोग—आयुर्वेद शास्त्रानुसार मासिक धर्म के प्रथम तीन दिनों तक शरीर एवं वस्त्रों की स्वच्छता पर विशेष ध्यान देते हुए कठिन शारीरिक तथा मानसिक श्रम और संभोग को टालने की सलाह दी गई है, और रक्तस्त्राव के अवशोषण-पृथक्करण हेतु पानी में उबाले गए कपड़े को निचोड़-सुखाकर प्रयोग

करने का विधान बताया गया है। विचारणीय है कि भारत में लगभग 70 प्रतिशत स्त्रियां वस्त्रों से बने नैपकिन का ही प्रयोग करती हैं। यदि ऐसे वस्त्र निर्जीवाणुक न हुए हों और योनिमार्ग की आंतरिक तथा बाह्य सफाई में ढिलाई हुई तो संदूषण-संक्रमण की स्थिति बन सकती है।

शहरों में महंगी स्वच्छकर नैपकिन का चलन है, जो अब गांवों में भी प्रचलित हो रही है किंतु इनकी गणुवत्ता तथा मूल्यक्षम होना संदेह के घेरे में है। गणुवत्ता के अपेक्षित कारकों, अवशोषकता, निर्जीवाणुकता, कार्यतः उपयुक्तता, सतत निपटान आदि की स्थिति विचारणीय है।

बनावट और गुणवत्ता—स्वच्छकर नैपकिन निर्जीवाणुक सेल्यूलोज की लुगदी, गद्दी, फाहा या टिशू के भरावे से बनती है जिसका गांठ-गूमड, धब्बों, गर्द और ऐसे अन्य विजातीय पदार्थों से मुक्त होना जरूरी है। भरावे का आवरण स्वच्छ सूती या रेयान धागों से बुनी हुई आस्तीन के रूप में अपेक्षित है जो रंध्रमय हों ताकि रक्तस्राव जल्द सोख ले। नैपकिन यथासंभव सतत निपटान के लिए उपयुक्त होनी चाहिए।

नैपकिन का भरावा इसके आस्तीन रूपी आवरण के अंदर समान रूप से आवश्यक लंबाई तक फैली हो ताकि उपयोग के दौरान दबने-मुड़ने पर इसमें मरोड़ न आए। उपयोग में सुविधा हेतु नैपकिन के दोनों ओर घुंडी या फंदा होगा अथवा चेपदार व्यवस्था होगी ताकि यह अपने स्थान पर बनी रहे।

नियमित आकार की नैपकिन की लंबाई, चौड़ाई व मोटाई क्रमशः 128-220, 60-75 और 13-17 मि.मी. होनी चाहिए। उक्त माप लंबी नैपकिन के लिए क्रमशः 220-260, 60-75 और 13-17 मिलीमीटर और अतिरिक्त लंबी नैपकिन के लिए 260-300, 60-75 व 13-17 मिलीमीटर उपयुक्त है।

उपयुक्त पी एच—स्वच्छकर नैपकिन के उपयोग के दौरान योनि में कोई संक्षारक या जलन का अनुभव न हो इसके लिए जरूरी है कि नैपिकन का भरावा, आवरण, चेप-प्रणाली, घुंडी और फंदा सभी अम्लीयता या क्षारीयता से मुक्त हों और इनसे एलर्जी न पैदा हो। प्रयोगशाला में निर्दिष्ट जांच द्वारा नैपकिन के सभी पदार्थों का पी एच 6.0-8.5 के बीच होना आवश्यक है। उक्त पी.एच. मान से उदासीन अवस्था सुनिश्चित होती है जो सभी उपयोगकर्ताओं के लिए स्वीकार्य होती है। कुछ नैपकिन प्रायः उपभोग्य होती हैं यानी उन्हें प्रयोग के बाद शौचालय के जल आदि में बहाया जा सकता है बशर्ते कि अनुपभोग्य आवरण को अलग कर लें। ज्यादातर नैपकिन उपभोग्य नहीं होती और इनका निपटान घरेलू कचरे के साथ होता है।

स्वच्छकर नैपकिन के अलावा टैम्पन रूपी अवशोषक भी उपलब्ध है जो अधिक रक्तस्राव के लिए विशेषतः उपयुक्त है, किंतु किशोरियों के संबंध में टैम्पन की खामियां विचारणीय हैं जिसके प्रयोग के दौरान योनिच्छद या

हाइमेन का गलती से विच्छेद होना संभव है। साथ ही रक्तस्त्राव के अवशोषण हेतु टैम्पन को योनि के अंदर रखने पर अनावश्यक उत्तेजना उत्पन्न हो सकती है।

भस्मानां शुद्धये कांस्यं ताम्रमम्लेन शुद्धति,
रजसा शुद्धते नारी नदी वेगेने शुद्धयति

यानी कांसा भस्म होने से, तांबा अम्ल से, नदी वेग से और स्त्री रज से शुद्ध होती है।

12.10 धूपबत्ती का विज्ञान

ॐ जय जगदीश हरे, प्रभु जय जगदीश हरे। भक्तजनों के संकट...पवित्र पात्र में विराजमान प्रज्वलित धूप-बत्ती को विग्रह के चारों ओर घुमाकर 16 पंक्तियों की उक्त आरती जब गाई जाती है और इष्ट देवी-देवताओं की प्रार्थना की जाती है तो पूरा विग्रह धूपबत्ती के सुगंधित आलोक से आलोकित हो उठता है, चारों ओर सार्थक ऊर्जा फैलती है तथा उपासक व दर्शकों का मन-मस्तिष्क दैवी शक्ति में केंद्रित हो जाता है। दैवी शक्ति को हृदयंगम करने के पवित्र कार्य में उक्त आरती गान के साथ पूरे देश में हर साल कितने ही टन धूप-बत्ती, कर्पूर आदि प्रज्वलित होता है। वस्तुतः संस्कृत, हिंदी आदि भाषाओं में कम से कम 100 आरती-गान बाकायदा धूप-बत्ती के साथ गाए-बजाए जाते हैं। आर्ति (कष्ट) के निवारण हेतु माताओं द्वारा बच्चों की और बहनों द्वारा भाइयों की बलैया लेने के लिए तथा अन्य लोगों द्वारा उनके प्रियजनों की स्तुति करने में भी धूप-बत्ती के साथ आरती करने की परंपरा है। ऋतु पर्व और पूजा के समय कई तरह से आरती और धूप प्रज्ज्वलित होती है।

धूपं चारात्रिंकं पश्येत कराभ्यांच प्रवंदते
कुलकोटिं समुद्धृत्य याति विष्णोः परं पदम्

विष्णुधर्मोत्तर के उक्त स्तोत्र के अनुसार जो जन धूप-आरती का दर्शन-परिदर्शन करते हैं और दोनों हाथ से आरती (धूप के साथ) लेते हैं वे कोटिजन का उद्धार करते हैं, भगवान विष्णु के परम पद को प्राप्त होते हैं। पद्मपुराण के अनुसार :

कुकुंमागुरुकर्पूरघृतचंदन निर्मिताः
वर्तिकाः सप्त वा पंच कृत्वा वा दीपवर्तिकाम्
कुर्यात सप्तप्रदीपेन शंखघंटादिवाद्यकैः

यानी कुंकुम, अगर, कर्पूर, घृत और चंदन की पांच या सात बत्तियां प्रज्ज्वलित कर शंख, घंटा, ढोल या नगारा बजा कर आरती करना अपेक्षित है। खुशी है कि आज भी यह परंपरा कायम है। दरअसल धूपबत्ती के धार्मिक

तथा वैज्ञानिक दोनों पहलुओं में समन्वय लाए बगैर, विचारणीय विषय का विवेचन अधूरा रह सकता है।

वर्तमान संदर्भ में देखें तो घर, पूजास्थल, कार्यालय, व्यापारिक प्रतिष्ठान, तमाम सार्वजनिक स्थलों आदि में अगरबत्ती, लोबान आदि की भारी खपत हो रही है जिसके कारण इनके निर्माण एवं गुणवत्ता में भारी तबदीलियां हुई हैं। सुरभित द्रव्यों से लिपटी हुई सींकें धूप या अगरबत्ती अब पारंपरिक धूप-बत्ती का सुलभ रूप हो गया है।

निर्माण व संरचना—आरंभ में धूप या अगरबत्ती का निर्माण प्राकृतिक पदार्थों, जैसे-अगर, सलई-लोबान, जड़ी-बूटी, चंदन, गुलाब, केशर, गुग्गुल आदि सुरभित द्रव्यों के मेल से होता था। इन द्रव्यों मे मौजूद सुगंधित यौगिक या एरोमेटिक हाइड्रोकार्बन किसी व्यवधान या हानि के बगैर मन को ईश्वर में केंद्रित करने मे सहायक होते हैं। बढ़ती हुई व्यापारिक आवश्यकताओं के अनुसार अब कई उक्त घटक रासायनिक संश्लेषण द्वारा निर्मित होने लगे हैं, बल्कि प्राकृतिक द्रव्यों का कम और कृत्रिम रसायनों का ज्यादा इस्तेमाल होने लगा है। फिर भी अगरबत्ती घर-आंगन को महकाकर तन-मन को प्रसन्न करती है।

वर्तमान में भी रासायनिक द्रव्यों के साथ प्राकृतिक पदार्थों अगर, ऊद, सलई का गोंदीला लोबान, तेजपात, घनबहेड़ा, दारुसिता, राल-गोंद, बोल या गंधरस, चंदन आदि का प्रयोग अगरबत्ती बनाने में होता है। क्षेत्रीय स्तर पर प्राप्त ऐसे कुछ चुने हुए पदार्थों का चूर्ण बनाकर नमक के पुट से पेस्ट बनाई जाती है। बड़े स्तर पर अगरबत्ती के निर्माण में शोरा या पोटॅशियम नाइट्रेट, संश्लेषित सुगंधित हाइड्रोकार्बन, लकड़ी का कोयला व मक्को छाल का प्रयोग होता है। मक्को वृक्ष की छाल पानी में घुलनशील, दहन में क्रियाशील और अन्य घटकों को बांध कर रखने में सहायक होती है। अच्छी गुणवत्ता की अगरबत्ती के लिए कोयला और शोरे के बजाय मक्को का प्रयोग लाभदायक है। कम से कम 10 प्रतिशत मक्को चूर्ण से बनी अगरबत्ती अच्छी सुगंध के साथ पूरी लंबाई तक जलती है किंतु कोयला होने पर बीच में ही जलना रुक जाता है।

गृह-प्रदूषण—दरअसल अगरबत्ती का उदार प्रयोग दिल खोल कर किया जाता है। शहर के छोटे-छोटे घरों में जरूरत से ज्यादा या पूरी एक गट्ठर अगरबत्ती प्रातः एवं सांध्य आरती के समय प्रज्वलित की जाती है। वायु प्रदूषण के बढ़ते प्रकोप के कारण घरों में भी प्रदूषण की खोज-खबर लेना जरूरी हो गया है जिसके लिए धूपबत्ती की साझेदारी नजरअंदाज नहीं की जा सकती। अगरबत्ती के जलने पर कार्बन डाईऑक्साइड के साथ अदग्ध कार्बन मोनोआक्साइड, कार्बन की सूक्ष्म कणिकाएं, रासायनिक सुगंधियों से उत्पन्न

हानिकारक एसिटल्डिहाइड, फार्माल्डिहाइड, बेंजीन, टाल्वीन, थैलेट आदि कमरे के अंदर भर जाते हैं।

लंबे समय तक उक्त प्रदूषक रसायनों की क्रिया की बदौलत एलर्जी में तो इजाफा होता ही है, साथ ही दमा, अस्थमा, त्वचा-शोथ, स्नायुमंडल में विकार, अनिद्रा और धीमी विषाक्तता तक हावी हो सकती है। अगरबत्ती के धुएं में मौजूद बेंजीन की वाष्प और कार्बन मोनोआक्साइड गैस से विषाक्तता और ल्यूकेमिया तक हो सकती है। जिसका कुप्रभाव बच्चों, बूढ़ों और बीमार व्यक्तियों पर सर्वाधिक होता है।

अगरबत्ती के साथ अक्सर कपूर भी आरती के समय जलाया जाता है। कपूर पर पवित्रता की मुहर लगी है। किंतु अति वर्जयेत की शर्त इसके साथ भी लागू है। अधिक मात्रा में देर तक कपूर जलाने से सिरदर्द, सांस फूलने और स्नायविक विषाद जैसे प्रभाव पड़ सकते हैं।

सार्थक उपयोग—अगरबत्ती निर्माण कुटीर उद्योग के स्तर पर असंगठित रूप से होता है जहां निर्माण की वैज्ञानिक जानकारी, गुणवत्ता नियंत्रण और जांच की सुविधा नदारद है। अतः अगरबत्ती की सही मानक विशिष्टयां और प्रमाणीकरण की आवश्यकता जरूरी है। एरोमाथेरेपी यानी सुगंधियों द्वारा रोगोपचार में विविध सुगंधित अगरबत्तियों का प्रयोग होने लगा है। निद्राण अवस्था प्राप्त करने, दैनिक तनाव को कम करने, शिथिलन लाने और मन में सुंदर विचार पैदा करने में औषधीय अगरबत्तियां सहायक होती हैं। जाहिर है कि अगरबत्ती कें निर्माण में गुणवत्ता-नियंत्रण की स्पष्ट भूमिका है।

उपभोक्ता के स्तर पर अगरबत्ती के प्रयोग में थोड़ी-सी समझ और सावधानी रखने की आवश्यकता है। अच्छी अगरबत्ती पहचान कर खरीदें जिसे जलाने पर धुआं समान रूप से ऊपर उठे, जिसमें कालापन न हो और यह बीच-बीच में न बुझे। अगरबत्ती जलाने पर सुगंध अंत तक निकले और इससे आंखों में जलन न हो। एक बार एक ही कमरे में दो अगरबत्ती से ज्यादा न जलाएं और कमरे को हवादार रखें। श्वांस प्रणाली, आंखों और त्वचा पर दाह, क्षोभ और एलर्जी हो तो अगरबत्ती जलाना बंद कर दें और डॉक्टर से जांच कराएं।

हमारी धार्मिक परंपरा में धूप-बत्ती का प्रयोग चूंकि आवश्यक है, अतः इनका मानकीकरण भी जरूरी है, ताकि जो उपभोक्ता वस्तु शास्त्रोक्त हो वह द्रव्य-विज्ञान से भी सम्मत हो।

12.11 चश्मा धूप का, नज़र विज्ञान की

चिलचिलाती धूप में तेज पराबैंगनी विकिरण (तरंगदैर्घ्य यू वी 280-380

नैनोमीटर) वाले तेज गर्मी की थप्पड़, जब दोनों गालों पर एक साथ पडते हैं और नाजुक आखों पर यू वी की भेदक बौछार होती है तो गाल लाल-लाल हो जाते हैं, आंखें लाल-पीली दिखती हैं और क्लांत-श्रांत दृष्टिबोध उचाट थका सा लगता है। फिर मन करता है कि झट से आंखों पर बढ़िया धूप का चश्मा लगा लें और गालों को सहला लें। काले चश्मे, बैंगनी चश्मे, हरे, नीले, नारंगी चश्मे, भूरे या धूसर चश्मे, यानी कितनी ही रंगत के किस्म-किस्म के चश्मे अपनी पहुंच और पहुंच के बाहर की कीमत में चश्माकार की दूकान पर मिलते हैं। अब अगर असमंजस हो कि कौन-सा चश्मा खरीदें और किसे न खरीदें तो धूप के चश्मे को विज्ञान की नजर से देखना होगा, यानी क्या है चश्मों की श्रेणियां और इनके निर्दिष्ट प्रयोग संबंधी सुरक्षा निर्देश।

सूर्य के पराबैगनी विकिरण से न सिर्फ आंखों में जलन होती है बल्कि कई रोग भी संभव हैं। ऐसे में आंखें असामान्य रूप से मिचकती और सिकुड़ती हैं, शिथिल होती हैं और मैक्यूलर डीजनरेशन भी हो सकता है। किसानों या खेतिहर मजदूरों, नाविकों, सेल्समैन, पर्वतारोहियों आदि की आंखों में यू वी विकिरण के सर्वाधिक कुप्रभाव पड़ते हैं। आंखों पर जब सीधी या परावर्तित यू वी किरणें नियमित रूप से पड़ती हैं तो श्वेतपटल या कार्निया के ऊतकों में शोथ या वृद्धि हो सकती है जो आंखों के कोनों से होकर कार्निया के अंत तक फैल जाती हैं। इससे दृष्टि में बाधा आती हैं जिससे समुद्री मछुआरे अक्सर पीड़ित होते हैं। आंखों में मोतियाबिंद की आम बीमारी के कई खास और आम कारण हैं किंतु यू वी विकिरण की मार एक सहायक कारण अवश्य है। आंखों के बीच और पलकों के ऊपर की त्वचा पर तेज यूवी विकिरण के दीर्घ प्रभाव से पीली, लाल या सीपी के रंग की सूजन या गांठ पैदा होती है, जो कालांतर में आधारीय कोशिकाओं में कैंसर तक में तब्दील हो सकती है। जैविक रूप में चिंताजनक तरंगदैर्घ्य यू वी-ए 280-315 नैनोमीटर की किरणें श्वेतपटल या कार्निया की सतह पर अवशोषित होती हैं और यू वी बी-295-380 नैनोमीटर की किरणें आंखों की गहराई में घुसकर दृष्टिपटल पर आक्रमण करती हैं। ऐसे में दाह, क्षोभ आदि होते हैं और दृष्टिपटल स्थायी रुप से खराब हो सकता है। सारांशतः धूप के चश्मे का यू वी अवरोधक होना आवश्यक है।

चश्मे की श्रेणियां व उपयोग—धूप के अधिकांश चश्मे प्रकाशवर्णक या फोटोक्रोमिक, ध्रुवणीय या पोलराइजिंग और श्रेणीबद्ध या ग्रेडिएंट फिल्टर के बने होते हैं। फोटोक्रोमिक चश्मों की दीप्त पारगम्यता या ल्यूमिनस ट्रांसमिशन इन पर पड़ने वाले प्रकाश की तीक्ष्णता के विपरीत परावर्तित होती है। दूसरी ओर ध्रुवणीय श्रेणी के चश्मों की पारगम्यता का क्रमिक परिवर्धन उर्ध्वाकार रेखांश में होता है। यह चश्में विशिष्ट कांच, क्राउन ग्लास, प्लास्टिक सी आर 39, पालीकार्बोनेट या ट्राइवेक्स प्लास्टिक पर यू वी कोटिंग द्वारा बनाए

जाते है। दावा किया जाता है कि ऐसे चश्मे 99.9 प्रतिशत यू वी विकरण को सोखते हैं। उत्कृष्ट श्रेणी के पालीकार्बोनेट या प्लास्टिक यू वी के चश्मे खरोच-अवरोधक, हल्के और सस्ते होते हैं तथा टूटते नहीं, अतः ज्यादा लोकप्रिय हो रहे हैं।

सामान्यतः अम्बर, पीला, नारंगी, भूरे और गुलाबी रंग के चश्मे यू वी को सोखकर स्पष्ट दृश्यक्षेत्र दर्शाते हैं। अम्बर-भूरे रंग के चश्मे नीली किरणों को कम करते हैं और सामान्य प्रयोग हेतु उपयुक्त हैं। सिल्वर हैलाइड क्रिस्टल से युक्त अम्बर चश्मे यू वी पड़ने पर गहरे रंग के हो जाते हैं और तेज धूप में भी रक्षा करते हैं। धूसर रंग के चश्में चकाचौंध को कम करते हैं और विषमता या कांट्रास्ट को बढ़ाते नहीं। सुनहरे-पीले-चश्मे नीले प्रकाश की चकाचौंध हटाते हैं किंतु रंगों का विरूपण या डिसटोर्शन करते हैं। हरे चश्मे नीले प्रकाश को कम करते हैं और सबसे ज्यादा विषमता या कांट्रास्ट पैदा करते हैं। बैंगनी रंग के चश्मे हरी और नीली पृष्ठभूमि में सर्वोत्तम कांट्रास्ट देते हैं। (तालिका 32)

तालिका 32 : विविध छायांक के धूप चश्मों की पारगम्यता

-	चश्मों के प्रकार	छायांक या शेड नं.	दृश्यक्षेत्र (दीप्त पारगम्यता), प्रतिशत
1.	फैशनबेल चश्मे	1.1	100-80
		1.4	80-85
		1.7	58-43
		2.0	43-29
2.	सामान्य प्रयोग के चश्मे	2.5	29-38
		3.1	18-8
3.	विशिष्ट प्रयोग के चश्मे	3.1	18-8
		4.1	8-3

प्रायः चश्मों की श्रेणी और शेड व्यक्ति विशेष की पसंद पर चुनी जाती है किंतु इसके लिए चश्माकार की मदद सही होगी। शौकिया प्रयोग, थोड़े समय के प्रयोग, गाड़ी चलाते समय प्रयोग या नौकायन और पर्वतारोहण के समय प्रयोग, इन सभी कार्यो के लिए निर्दिष्ट चश्मे चश्माकार की मदद से चुने जा सकते हैं। शेड की संख्या द्वारा प्रकाश-पारगम्यता का स्तर रेखांकित होता है जैसा कि तालिका 12.3 में अंकित है। शेड नं. 1.1 से 2.0 फोटोक्रोमेटिक चश्मों के छायांक हैं और साथ ही उच्च ल्युमिनश ट्रांसमिशन वाले चश्मों के लिए उपयुक्त हैं। फोटोक्रोमेटिक चश्मे धूप में छायादार और छाया में प्रकाशवान होते हैं। गहरे भूरे या धूसर रंग के चश्मे ज्यादा लोकप्रिय हैं किंतु कम रोशनी में यह उपयुक्त नहीं होते। पोलराइजिंग (एंटी-ग्लेयर) चश्मे वाहन-चालन में

उपयुक्त होते हैं। दरअसल हल्के रंग के चश्में ज्यादा सुरक्षा प्रदान करते हैं।

12.12 उपभोक्ता मार्गदर्शन

1. निजी आवश्यकताओं के अनुरूप सही प्रकार, वर्ण, छायांक और दीप्त पारगम्यता का यू वी कोटेड चश्मा योग्य चश्माकार की मदद और जांच के बाद विश्वसनीय दूकान से खरीदना चाहिए। बिना किसी जांच या सलाह से फेरीवालों से सस्ते या संदिग्ध गुणवत्ता के चश्मे खरीदना हानिकारक और घाटे का सौदा हो सकता है।
2. चश्मा खरीदने के पहले यह जांच लें कि चश्मे में कोई खराबी तो नहीं है। चश्मे को डेढ़ फीट या 45 सेंटीमीटर दूर रख कर सिर्फ एक आंख से जांच करें। चश्मे को दोनो तरफ और ऊपर-नीचे हटाते रहें। इससे विक्रिति या विरूपण का आभास हो सकता है। खासकर भूरे, नारंगी या पीले रंग के त्रुटिपूर्ण चश्मों से देखने पर रंगीन वस्तुओं के सही रंग का आभास होने में कठिनाई होती है। वर्ण विरूपण से युक्त ऐसे चश्मों से यह पहचानने में भ्रम हो सकता है कि सड़क पर सिगनल की कौन-सी बत्ती जल रही है।
3. ऐसे उचित आकार-प्रकार का चश्मा चुनें कि आंखें ऊपर-नीचे और दाएं-बाएं पूरी तरह चश्मे से ढकी रहें ताकि विकिरण का प्रवेश खाली स्थानों से न हो। पतले आकार के चश्मे भले ही यू वी कोटेड हों किंतु आंखों को पूरा न ढक पाने की स्थिति में अंशतः ही सुरक्षा प्रदान कर सकते हैं।
4. चश्मे की ज्यामिति (गोलाकार, अंडाकार, छोटा, बड़ा आदि) निजी पसंद का विषय है, बशर्ते कि आकार विशेष का चश्मा आंखों को पूरी तरह से ढके रहे और यू वी कोटेड हो तथा विकृति एवं वर्ण विरूपण से मुक्त हो।
5. सही धूप चश्मे का सही चुनाव करने के बाद भी यह चेतावनी याद रहे कि कोई भी यू वी कोटेड चश्मा सूर्य के अवलोकन या सूर्यग्रहण के दृश्य को देखने के लिए उपयुक्त नहीं है और हानिकारक भी है।
6. जहां तक उपयुक्त फ्रेम के चुनाव का प्रश्न है, हल्के प्लास्टिक के फ्रेम बेहतर होते हैं, क्योंकि विशिष्ट पालीमर से बने होने के कारण यह पहनने में आरामदेह, त्वचा पर दबाव का दाग न पैदा करने वाले तथा पुनः प्रयोजनीय हैं। फ्रेम निष्कोण व चिकनी बनावट के हों जिनके दीर्घकालीन प्रयोग से दाह या दर्द न हो। फ्रेम के साथ चश्मा

दृढ़ता से सट कर मढ़ा गया हो ताकि कहीं भी इनके बीच अंतर न हो या 0.1 मिलीमीटर से भी कम अंतर हो।

7. यू वी कोटेड रंगीन धूप के चश्मे ज्यादा प्रकाश की दशा में उपयुक्त होते हैं। वाहन चालन में गाढ़े रंगीन चश्मे खतरनाक साबित हो सकते हैं। जिस धूप-चश्मे से आठ प्रतिशत से कम प्रकाश छनता हो वह वाहन चालन के लिए अनुपयुक्त है और खतरनाक साबित हो सकता है।
8. चश्मा खरीदते समय यू वी कोटेड होने का प्रमाण या गारंटी प्राप्त करें। असुरक्षा की विशेष स्थितियों में (नौकायन, पर्वतारोहण, रेगिस्तानी धूप, बर्फ की चमकीली सतहों से परावर्तित तेज विकिरण आदि) यू वी कोटेड भंजन-अवरोधी चश्में और हैट या टोपी का उपयोग करें।
9. पराबैंगनी विकिरण से सुरक्षा हासिल करने के बारे में यह जानना पर्यावरण-संरक्षण के हित में होगा कि तरंगदैर्य यूवी-सी, 200-290 एन एम वाले, विकिरण वायुमंडल में उपस्थित ओजोन गैस की परत या रक्षक-छत्री द्वारा सोख लिए जाते हैं, अन्यथा आंखों पर विकिरण की इतनी तेज बौछार होती कि कोई भी यू वी कोटेड चश्मा पूरी सुरक्षा सुनिश्चित नहीं कर पाता और आंखें जल्दी नष्ट होती हैं।

12.13 जूतों का जनोपयोगी विज्ञान

पैरों का निचला हिस्सा, एड़ी, चाप तलवा आदि कितने कोमल, संवेदनशील तथा महत्त्वपूर्ण हैं जहां शरीर के विविध अंगों के एक्यूप्रेशर-बिंदु मौजूद होते हैं और इनका कई रोगों से ताल्लुक होता है, इन अहम बातों से उपभोक्ता अक्सर सक्रिय रूप से जागरूक नहीं होते। तलवों की देखरेख, रक्षा और आराम के लिए जूता क्रांतिक महत्त्व की उपभोक्ता वस्तु है। पद और पादुका का प्रायः उपेक्षित होना एक विरोधाभास ही है।

वर्तमान में पद और पादुका का विकसित विज्ञान उपलब्ध है, भारतीय मानक बने हैं, जूतों के गुणवत्ता-नियंत्रण की तकनीक उपलब्ध है, जूतों के विशिष्ट चुनाव तथा चिकित्सकीय परामर्श हेतु पोडियाट्राइस्ट विशेषज्ञ होते हैं तथा पैरों की उत्तम देखरेख के वास्ते उन्नत सेवा पीडीक्यूर सैलों मौजूद हैं तो ऐसे में वेश-भूषा, सुरक्षा-स्वच्छता, आराम आदि के लिए जूतों की सही समझ, ठीक चुनाव, नियमित रख-रखाव और सक्षम प्रयोग के विज्ञान से अवगत होना आवश्यक है ताकि जूता सिर्फ एक दुर्वचनीय और उपेक्षित वस्तु बन कर न रह जाए।

पैर के पीछे की अस्थियां पदकूर्च या टखना के स्थान पर होती हैं, बीच का

प्रपद और आगे पादांगुष्ठ और शेष चार उंगलियां होती हैं। टखना या टारसस पांव के पीछे का करीब आधा हिस्सा है जिसकी दो पंक्तियों में सात अस्थियां होती हैं। इसके आगे प्रपद या मेटाटारसस में पांच अस्थियां होती हैं जिसमें पदागुलियां होती हैं। यदि समतल जमीन पर पांव रख कर देखा जाए तो यह पैर के समकोण पर होना चाहिए किंतु जमीन पर पांव समतल पृष्ट नहीं बनाता। पीछे से सामने तक पैर एक चाप बनाए हुए है जो ऊपर की ओर उन्नतोदर होता है जिसके सबसे ऊंचे भाग पर टांग लगी होती है। शरीर का सारा भार पैर द्वारा पांव की सारी चाप पर वितरित होती है। पांव चौड़ाई की ओर भी ऊपर उठा रहता है। इस प्रकार पांव में अनप्रस्थ दिशा में भी चाप बन जाता है। इस प्रकार के विन्यास से भार के लिए पांव की रचना उपयुक्त है और उसमें लचक का गुण होने से कूदने-फांदने में पांव उत्तोलक की तरह काम करता है।

यदि पैर उक्त विन्यास की तरह सामान्य रचना का है तो उसमें सामान्य श्रेणी के ऐसे जूते उपयुक्त होंगे जो पैर में आरामदायक रूप से बैठ सकें ताकि पांव के तलवे को उचित आधार या सहारा मिले। पांव के असामान्य होने या आरामदायक रूप से जूते में न बैठने पर तनाव व दर्द रहेगा तथा पूरे शरीर पर असर पड़ेगा। यदि चाप ज्यादा ऊंचा हो या तलवे पूरे समतल हों तो असामान्य पांव के लिए माप के अनुसार अलग से बना जूता आवश्यक होता है।

पांव में ज्यादातर दबाव, रगड़ और छीजन तलवे के गोल बिंदुओं पर और उससे कम मध्य में होती है। एड़ी में सर्वाधिक दबाव पश्च भाग में और न्यूनतम दबाव पार्श्व भाग में होता है। सुधरे हुए विशिष्ट श्रेणी के तथाकथित स्पेसियालिटी शू-की कुल बनावट और खासकर तल्लों के विविध भागों की बनावट कठोरता या नरमी आदि यों होती है ताकि तलवे के हर भाग पर सही और सह्य दबाव पड़े, चलते समय उछाल का अनुभव हो और पांव आगे की ओर ढकेले जाएं। इन सब कारकों की जांच या यूजर टेस्ट दोनों पांव के जूते पहने के बाद खड़े होकर और कम से कम तीन मिनट समतल जगह पर चलकर की जाती है।

जूते ज्यादा कसे न हों और ढीले भी न हों, बस पैरों को लपेटे हुए सही या आरामदायक रूप से बैठें, जैसा कि तीन मिनट जूते पहन कर चलने पर मालूम होता है। अधिकांश लोगों के पैर की चाप मध्यम आकार की होती है जिन्हें मध्यम वक्रता का जूता सही बैठेगा, सामान्य से ऊंची चाप होने पर ज्यादा वक्रता का जूता या चपटा पैर होने पर सीधा-समतल जूता उपयुक्त होगा। दिन के तीसरे पहर पैरों का पूरा फैलाव होता है, अतः जूता खरीदने के लिए यही सही समय है। साथ ही जूते की माप पूरे जीवन एक ही नहीं होती, वयस्क अवस्था में भी बदलती है। बनावट, जूतों के आकार-प्रकार, श्रेणी,

शैली या स्टाइल, रंग-रूप आदि के अनुसार अनेकानेक तरह के जूते बाजार में उपलब्ध हैं जिनका मानकीकरण करना प्रायः सार्थक नहीं होता। चमडे के जूते या बूट औपचारिक वेश-भूषा के अभिन्न अंग हैं। सामान्यतः बैल, गाय, भैंस आदि पशुओं के मजबूत चमड़े के रिझाए गए सपाट हिस्से का प्रयोग साज बनाने के वास्ते ही किया जाता है ताकि यदि इस पर 50 पौंड या 23 किलोग्राम का वजन 40 सेंटीमीटर ऊंचाई से गिराया जाए तो पैर में चोट न लगे या दर्द न हो। इसी प्रकार उक्त चमडे की मोटी तहों से बने जूतों का बाहरी तल्ला इतना मजबूत होना चाहिए कि सामान्य प्रयोग के दौरान इसमें नुकीली चीजें यानी कील, तार, शीशा आदि के टुकडे धंसने न पाएं। यह तभी होगा जब निर्दिष्ट चमड़े से बने तल्ले की मोटाई 3.75 से लेकर 4.25 मिलीमीटर हो। प्रायः सामान्य श्रेणी के जूते उक्त आवश्यकताओं में पूरे खरे नहीं उतरते। दरअसल अब चमड़े की साज और तल्ले की जगह पालीमर या प्लास्टिक, टैफलान, किरमिच, पी वी सी, नायलोन, रबड़, टुइल आदि की ओर रुझान बढ़ा है जो चमड़े की घटती हुई उपलब्धता के अनुरूप है। ऐसे जूते प्रायः सभी मौसम के लिए उपयुक्त होते हैं।

माप-प्रणाली : जूतों के माप की अंतर्राष्ट्रीय प्रणाली 'एस आई' (इंटरनेशनल सिस्टम ऑफ यूनिटस्) अपनाई गई है। यह माप प्रणाली पैर के अंगूठे और एड़ी के बाहरी किनारों के बीच की लंबाई और पैर के पहले तथा पांचवें मेटाटरसस जोड़ों के बीच की लंबाई के आधार पर बनाई गई है। प्रत्येक माप औसत पैर की उक्त मापों पर आधारित है जो 105 तथा 300 मिलीमीटर के बीच के अंतरों को दर्शाती है और यह मोडप्वाइंट-प्रणाली के रूप में स्वीकारी गई है। भारत के अधिकांश भागों में जूतों के माप की अंग्रेजी प्रणाली अब भी कायम है। बाजार में उपलब्ध पुरुषों के जूते 5,6,7,8,9 10 और 11 अंकों की माप के होते हैं, जबकि महिलाओं के जूते 1,2,3,4,5,6 और 7 अंकों वाली माप के तथा छोटे बच्चों के जूते क्रमशः 2 से 6 और 7 से 10 के अंकों में होते है। लड़के और लड़कियों दोनों के लिए 11,12 और 13 उभय मापों के जूते भी बाजार में उतारे गए हैं। इन सभी मापों को एस आई प्रणाली में बदलने के लिए सभी देश वचनबद्ध हैं।

12.14 उपभोक्ता मार्गदर्शन

दुकान में उपलब्ध मापनी द्वारा की गई माप के बराबर का जूता दोनों पैरों में पहन कर तीन मिनट चलें। यदि ऐसे जूतों में पैर ठीक से बिना किसी असुविधा या तकलीफ के बैठते हों तो वही सही माप है, यानी जूता न ढीला हो, न कसा हुआ। कपड़ों की तरह जूते भी एक माप के बड़े हों, ऐसा मान कर जूता

खरीदना गलत होगा। पहनने के समय जो जूते कसे हुए हों, वे पहनने के बाद ढीले हो जाएंगे, इस आधार को मानना भी सही नहीं होगा। हां, बैठकर जूते की माप को नापना गलत है। जूते पहनने के बाद खड़े होकर पैर पर पूरा भार डालने पर ही जूते की सही माप मिलती है। गलत माप के जूतों को पहनने से पैरों में आजीवन कष्ट हो सकते हैं।

ऐसा जूता चुनें जिसका बाहरी तल्ला 4 मिलीमीटर मोटाई से कम न हो, मजबूत हो और साथ ही लोचदार भी। भीतरी तल्ला पसीना सोखने लायक होना चाहिए। छिद्रमय फोम के छुट्टा भीतरी तल्ले भी जूतों में बैठाएं और गंदा होने पर इसे निकाल कर धो-सुखा लें। पसीना, जीवाणु, फफूंद और गर्मी धूल आदि की सम्मिलित क्रिया से उत्पन्न बदबू से उबकाई तक पैदा होती है। जूतों में दुर्गंध पालना असभ्यतासूचक है। जीवाणु व फफूंद नाशक रसायनों से उपचारित भीतरी तल्ले उपलब्ध हैं जो दुर्गंध नहीं आने देते। ऊपरी सिरा छिद्रमय होने से पसीना सोखता है और रसायन उपचारित होने से निचला भाग जूते में दुर्गंध नहीं आने देता। ऐसे दुर्गंधनाशक तल्ले की नियमित सफाई की जा सकती है। पसीना और दुर्गंध असामान्य रूप से हो तो बाजार में उपलब्ध दुर्गंधनाशक स्प्रे को जूता पहनने से पहले सूखे पैरों पर हल्का छिड़क लें। फुट-स्प्रे में साइक्लोमेथिकान, एल्यूमिनियम क्लोरोहाइड्रेट, प्रोपेन, ब्यूटेन आदि दुर्गंधनाशक रसायन होते हैं जो पैरों को सूखा रखते हैं। अधिक चलने पर या अन्य कारणों से एड़ी, तलवे, चाप, अंगूठा आदि में होने वाले दर्द से बचाव के वास्ते एयर पिलो, इनसोल, हील-कुशन, टो-प्रोटेक्टर, ब्यूनिअन-प्रोटेक्टर आदि का प्रयोग जूतों के अंदर किया जा सकता है।

'पीडीक्यूर सैलो' कई शहरों में उपलब्ध हैं जहां हाथ पैर के नाखून की सफाई, मालिश आदि की जाती है। पीडीक्यूर की जगह हफ्ते में एक बार साबुन के कुनकुने पानी से मुलायम ब्रश द्वारा मल-मल कर साफ करें, ताकि चमड़े और नाखूनों की मैल धुल जाए, मृत त्वचा के अवशेष निकल जाएं, त्वचा के बंद छिद्र खुल जाएं, पैरों में रुधिर प्रवाह बढ़े और पैर स्वस्थ रहें। यदा-कदा अच्छे तेल या क्रीम से तलवों की मालिश करें ताकि एक्यूप्रेशर के बिंदु सक्रिय रहें। पैरों को तनने, पसरने और अंगड़ाई लेने दें, पैरों के उचित व्यायाम करें और अच्छे संगीत पर पैरों को खूब थपथपाएं।

12.15 वस्त्रों पर उपभोक्ताओं का मार्गदर्शन

वे सभी चीजें जो सोने जैसी चमकें, रेशम जैसी झिलमिलाएं, टेरीलीन जैसी चमकें, पालीएस्टर जैसी स्मार्ट या फैशनेबल दिखें, सूती कपड़े जैसी कसी हुई या शुद्ध दिखें या फिर खादी जैसे हवादार, भव्य व शिष्ट लगें, जरूरी नहीं

कि सभी चीजें क्रमशः सोना, रेशम, टेरीलीन, पॉलीएस्टर, सूती या खादी के कपड़े हों, क्योंकि उक्त सभी चीजों जैसी दिखने वाली दोयम दर्जे की मिलावटी या नकली चीजें बाजार में सुलभ हैं। सोने की परख तो जौहरी जाने या कसौटी (निकष) या 'टच-स्टोन' पर घिस कर जानें (वैज्ञानिक विधियां आगे के अंश में वर्णित), लेकिन कपड़ों की परख तो हर उपभोक्ता को वैज्ञानिक जानकारी की बदौलत करनी चाहिए।

खादी वस्त्र—कुछ लोग नुक्ताचीनी करते हैं कि खादी वस्त्र मिल के कपड़ों जैसे चिकने-सुघड़ क्यों नहीं होते। प्रथमतः खादी वस्त्र सतत् विकास तथा पर्यावरण अनुकूल उत्पादन का अहम हिस्सा है जो ऐसे कारक हैं जिन्हें हासिल करने के लिए सारी दुनिया जी-जान से कोशिश कर रही है। क्षेत्रीय साधनों एवं क्षेत्रीय श्रम से गांवों में निर्मित खादी सिर्फ वस्त्र नहीं आजादी का झंडा है, अनेकानेक बेरोजगारों की रोजीरोटी का जरिया है, आर्थिक स्वतंत्रता की पताका है जो जनाधारित प्रजातांत्रिक मूल्यों पर टिकी है। गर्मी में शीतल और शीत में गरमाहट का आनंद देती है खादी। खादी परिधान में एक प्रकार का विशिष्ट सौंदर्यबोध है, सजीवता की झलक है, आरामदेह होना इसकी विशिष्टता है। पसीने को सोखकर वायु के प्रवाह में सहायक है खादी-वस्त्र। खादी परिधान में अपनी ही भव्यता और शिष्टता है। टेरीलीन या पॉलीएस्टर भले ही चिकने होते हैं, किंतु यह 'सिंथेटिक' हैं, खादी जैसे सजीव नहीं। खादी वस्त्रों के उत्पादन में सतत सुधार के जरिए अच्छे से अच्छे सूती, रेशमी और ऊनी वस्त्र रंग-बिरंगे रूपों में बनने लगे हैं जो आम उपभोक्ता की पहुंच में होते हैं। खादी में असंख्य बुनकरों की रचनात्मक व कलात्मक प्रतिभा झलकती है। खादी फैशन-प्रेमियों तथा परंपरा-प्रेमियों दोनों की चाहत है। खादी-वस्त्र की पहचान स्वदेशी नजर में है। सभी प्रकार के वस्त्रों में खादी-वस्त्र पर्यावरणमित्र उत्पादों के प्रमाण 'इको लेबल' का सर्वप्रथम हकदार है यानी खादी सर्वोत्तम वस्त्र है।

सूती खादी के कई फायदे हैं: इसमें आठ प्रतिशत नमी होने पर भी यह पहनने पर नम नहीं लगते, पानी में भींगने पर खादी की मजबूती कम नहीं होती, बल्कि बढ़ जाती है, साबुन या डिटर्जेंट से धुलाई और पूरा गर्म इस्त्री से भी खादी के गुण कायम रहते हैं, यह निर्जीवाणुक रहती है, चुनट या क्रीस अवरोधी है किंतु भारी उपयोग के लिए बिल्कुल उपयुक्त है। लंबे प्रयोग में सफेद खादी वस्त्र अन्य वस्त्रों की तरह पीले पड़ने लगते हैं और गाढे रंगीन वस्त्र फीके दिखने लगते है। हल्के रंग के खादी वस्त्र ज्यादा समय तक अपना आकर्षण कायम रखते हैं और इनकी लोकप्रियता ज्यादा है। प्रयोगशाला में जांच करने के संबंध में एक प्रामाणिक तथ्य यह है कि सूती खादी वस्त्र तथा रेशमी वस्त्र क्रमशः सांद्र (70 प्रतिशत) सल्फ्यूरिक तथा हाइड्रोक्लोरिक अम्ल

में एवं ऊनी वस्त्र पांच प्रतिशत सोडियम हाइड्राक्साइड घोल में घुलनशील होते हैं।

आम धारणा के विपरीत पूर्णतः प्राकृतिक रेशम-खादी की मजबूती सबसे ज्यादा होती है, यद्यपि भींगने पर इसकी मजबूती पंद्रह प्रतिशत कम हो जाती है। इसकी चिकनी सतह पर रोएं नहीं होते जिससे धूल-गंदगी का जमाव कम होता है। तेज धूप और क्षारीय वातावरण में रेशम के गुणों में गिरावट आती है। खासकर पराबैगनी विकिरण के प्रभाव से रेशम जल्द खराब होता है। पर्याप्त-ऑक्सीजन, धूप व नमी के सम्मिलित, लंबे प्रभाव से रेशम की चमक धूमिल होती है। रेशम के कद्रदान इसे संभाल कर प्रयोग में लाते हैं।

दूसरी ओर ऊनी खादी के विशेष गुण इसे अन्य वस्त्रों से अलग करते हैं। ऊनी वस्त्रों में 30 प्रतिशत तक नमी होने पर भी यह पहनने पर नम नहीं लगते। ऊनी वस्त्रों में सर्वाधिक हवा समाती है जिससे ऊन की उष्मारोधी या इंसूलेशन की क्षमता सर्वाधिक होती है। ऊन सर्वाधिक तन्य या इलैस्टिक वस्त्र है, किंतु ऊंचे तापमान पर इस्त्री करने से इसकी तन्यता और मजबूती घट जाती है तथा यह भंगुर या ब्रिटॅल हो जाते हैं। रेशम और ऊन दोनों उदासीन या न्यूट्रल प्रक्षालक-घोल द्वारा धोए जाने चाहिए ताकि इनके गुण व आकर्षण बना रहे।

कृत्रिम (सिंथेटिक वस्त्र)—कृत्रिम या संश्लेषित (सिंथेटिक) कपड़ों में पॉलीएस्टर (टेरिलीन, टेरीन, डेक्रान तथा अन्य), पॉलीएमाइड (नाइलोन 6, नाइलोन 66 इत्यादि), एक्रिलिक (ऑरलान, केश्मिलान, जेक्रिलान, इंडाक्रिलान इत्यादि) और वस्तुतः अन्य कई नए-नए प्रकार के कृत्रिम वस्त्र शामिल हैं जिनका सक्रिय संघटक उनके लेबल द्वारा ज्ञात होता है। इसके अलावा सूती और कृत्रिम धागों को मिलाकर बुनने पर टेरीकॉट, टेरिविसकोस और टेरीवूल वस्त्र बनते हैं। यह कपड़े महीन, मोटे, रेशेदार, चमकीले या गैर चमकीले, मुलायम या खुरदरे, सादे या नक्काशीदार रूप में मिलते हैं जिन्हें देख और छू कर सेंसरी इवैल्युएशन द्वारा पहचाना जा सकता है। इनमें से किसी प्रकार के वस्त्र में सभी वांछित गुण प्रायः नहीं होते और मुख्य गुणों के आधार पर समझौता किया जा सकता है।

विस्कॉस-रेयॉन विशेषतः उष्मा-अवरोधक तथा जलशोषक वस्त्र है, जो पहनने में आरामदेह लगता है। पॉलीनोजिक (सुधरा हुआ विस्कास रेयान) ज्यादा मजबूत होते हैं। उक्त कपड़े धूप से जल्द खराब होते हैं। एसीटेट रेयान धूप में जल्दी खराब नहीं होता किंतु 90° सेल्सियस तापमान तक ही इसकी सहय दशा है। पॉलीएमाइड रेयान हल्के व मजबूत, तन्य या एलास्टिक, अपघर्षण-अवरोधी और मुलायम-चिकने होते हैं किंतु पानी नहीं सोखते। अतः ऐसे रेयान के परिधान जो त्वचा से चिपक कर ढकते हैं, उपयुक्त नहीं

होते। इसकी रगड़ से विद्युत-आवेश या चार्ज उत्पन्न होती हैं जो एलर्जी भी पैदा करती है।

पॉलीएस्टर वस्त्र पहनने में ज्यादा सुविधाजनक, चुनटदार या क्रीसी और संभालने में आसान होते हैं। एक्रिलिक वस्त्र मुलायम और ऊन की तरह हवा समेटने वाले होते हैं जो 'कृत्रिम ऊन' सदृश हैं। दरअसल एक्रिलिक वस्त्र ऊन से 30 प्रतिशत हल्के, 20 प्रतिशत ज्यादा तापरोधी और चुनटदार होते हैं। उक्त कृत्रिम वस्त्रों के लाभालाभ को देखते हुए निष्कर्ष निकलता है कि आरामदेह, स्वास्थ्य के अनुकूल, सुविधाजनक और बहुसंख्यक की जरूरतों के अनुकूल सूती वस्त्र और खासकर सूती खादी वस्त्र ही होते हैं, फिर भी पसंद अपनी, चुनाव अपना।

12.16 स्वर्ण आभूषण

भारत में आभूषणों के लिए सर्वाधिक सोना खपता है। कम से कम कुछ ग्राम सोने की चाहत तो सभी की होती है, वरना बीस तोले या पाव किलोग्राम सोने के आभूषण रखना हर महिला का प्रयास होता है। सर्वे गुणाः कांचनमाश्रयंते जैसी पुरानी मान्यता से हम प्रायः सम्मोहित हैं। किंतु सर्वे अवगुणाः कांचनमाश्रयंते भी सच है, सिर्फ इसलिए नहीं कि सोना प्रायः लोभ पैदा करता है और यह बड़ा कपटी है, किंतु इसलिए भी कि सोने के साथ मिलावट और धोखाधड़ी होना आम व्यवहार की बात है। उपभोक्ता को यह जानना जरूरी है कि क्या है शुद्ध सोने की वैज्ञानिक जांच, सही मूल्यांकन की विधि और मुहरांकन द्वारा प्रमाणीकरण?

सोने का सापेक्षिक घनत्व 19.26, गलनांक 1062^0 सेल्सियस, क्वथनांक 2600^0 सेल्सियस, उच्च आघातवर्धनशीलता और उच्च तन्यता होती है। आभूषण के लिए सोने की 2.5 माइक्रोन तक पतली परत या वर्क और 25 माइक्रोन तक के महीन तार खींचे जा सकते हैं। सोने की विद्युत-लेपन या इलेक्ट्रोप्लेटिंग की परत इससे भी ज्यादा पतली की जा सकती है। सिर्फ 28 ग्राम सोने से 100 वर्गफुट की महीन परत या 55 किलोमीटर लंबा महीन तार खींचा जा सकता है। सोने का इलेक्ट्रोड विभव उच्च धनात्मक होने से इस पर रसायनों की क्रिया नहीं होती (अम्लराज या एक्वारेजिया को छोड़कर जिसमें सोना घुलनशील होता है)। उत्कृष्ट या नोबल धातु होने के कारण सोना अपना पीत-सुनहरा वर्ण सदैव कायम रखता है। अति मृदु होने के कारण सोने में अल्पांश में तांबा मिलाने पर यह आभूषण-योग्य कठोरता हासिल कर पाता है। सोने में चांदी, तांबा और जस्ता की मिलावट से मिलावटी धातु क्रमशः हरी-पीली, हल्की लाल-गुलाबी और सफेद अल्पांतर की दिखाई देती है। पिछले

दशकों में सोने में निकल, टिन और पैलेडियम की बढ़ती हुई अशुद्धि पाई गई है।

भारत में ब्यूरो ऑफ इंडियन स्टैंडर्ड द्वारा सोने की शुद्धता का मुहरांकित प्रमाणीकरण या गोल्ड-हालमार्किंग की सुविधा प्रदान की जाती है। केवल 1000 अंकों की उत्कृष्टता (फाइननेस) का सोना 100 प्रतिशत शुद्ध या 25 कैरेट का होता है (तालिका 33)

तालिका 33 : सोने की शुद्धता कैरेट के अनुसार

उत्कृष्टता (फाइननेस)	कैरेट संख्या
उत्कृष्टतम 1000	24 अप्राप्य
995	23.9
970	23.3
916.6	22
875	21
750	18
585	14
500	12
375	9

परंपरागत 'कसौटी' (निकष) या टच-स्टोन पर सोने के नमूने को खींचकर लकीर बनाएं तो शुद्ध सोने का रंग सूर्योदय जैसा होगा, जबकि तांबा, चांदी और निकल की मिलावट से रंग क्रमशः अल्पांश में लाल या गुलाबी, हरा-पीला और धवल होता है। यह जांच पूर्णतः सही नहीं होती और अप्रमाणिक है। खर्परण (क्यूपेलेशन) द्वारा की गई सोने की अग्नि-परीक्षा सर्वाधिक विश्वसनीय है। इसके अलावा एक्स-रे आधारित कैरेटोमीटर द्वारा बड़े जौहरियों की दूकानों पर शुद्ध सोने की परीक्षा की जाती है। एक्स-रे विवर्तन (डिफ्रैक्शन) द्वारा कैरेटोमीटर किसी भी आभूषण की 25 माईक्रोन तक गहरी सोने की परत की शुद्धता दर्शाता है, किंतु इससे ज्यादा मोटे, जटिल जोड़ वाले या विशिष्ट स्वर्ण आभूषणों की शुद्धता के संबंध में भ्रामक नतीजे मिल सकते हैं।

मानकीकरण : सोने के आभूषणों तथा अन्य वस्तुओं का निर्दिष्ट चयन, परीक्षण, श्रेणीकरण, मूल्य निर्धारण और मुहरांकन इसके मानकीकरण की आवश्यक क्रियाएं हैं। भारत में यह कार्य इंग्लैड में विकसित हॉलमार्किंग पद्धति को अपनाकर की जा रही है। 'हॉलमार्किंग' (एक हॉल के नाम पर जहां मूल्यांकन शुरू हुआ था) का वास्तविक अर्थ है, सोने की वस्तुओं में मूल्यवान धातु के निहित आनुपातिक अंश की परिशुद्धता का निर्धारण करना और उसका अधिकाधिक अभिलेख रखना—इस प्रकार सोने की वस्तुओं पर सोने

शुद्धता और निर्माता की मुहर के साथ हॉलमार्किंग प्राधिकरण यानी भारतीय मानक ब्यूरो की मुहर लगाई जाती है। सोने की शुद्धता को निर्दिष्ट करनेवाले मानक में उत्कृष्टता (फाइननेस) अंकों में दी जाती है जो मिश्रधातु के हजारहवें भाग में उपस्थित शुद्ध सोने के अनुपात को दर्शाता है।

तालिका 34

सोने की मिश्रधातुओं का संघटन (प्रतिशत) तथा रंग, कैरेट के अनुसार

कैरेट सं.	सोना	चांदी	तांबा	जस्ता	निकेल	रंग
23	95.8	4.2	–	–	–	पीला
22	91.66	8.34	–	–	–	पीला
21	87.5	2.5	10.0	–	–	लाल
21	87.5	12.5	–	–	–	पीला
18	75.0	4.0	21.0	–	–	लाल
18	75.0	16.0	9.0	–	–	पीला
14	58.5	7.5	34.0	–	–	लाल
14	58.5	17.5	24.0	–	–	पीला
14	58.5	–	18.0	17.5	6.0	सफेद
9	37.5	–	27.6	17.5	17.4	सफेद

स्वर्ण–आभूषण बनाने में प्रायः 22 और 23 कैरेट के सोने का ही इस्तेमाल होता है, यद्यपि कुछ लोग 18 कैरेट सोने के मोटे जेवर भी पहनने के शौकीन हैं।

भारत में प्रमाणीकृत स्वर्ण आभूषणों आदि पर शुद्धता (उदाहरण: 22 कैरेट के लिए 916 अंक, 18 कैरेट के लिए 750 अंक आदि) का अंक, A & HMC का लोगो और जौहरी का अधिकारिक लोगो तथा हॉलमार्किंग का वर्ष अंकित होता है। विश्व स्वर्ण परिषद द्वारा सर्राफा व्यापार हेतु अधिकृत कुछ बैंकों को भी हालमार्किंग के लिए मान्यता दी गई है। हालमार्किंग की लागत प्रति ग्राम सोने पर मात्र कुछ पैसे ही रखी गई है। इसका सबसे बड़ा फायदा उपभोक्ताओं को है जो सोने की खरीद में धोखाधड़ी से बच सकते हैं।

भूमंडलीकरण के इस दौर में उम्मीद की जा सकती है कि पश्चिमी देशों की तरह भारत में भी निकल–मिश्रति धवल स्वर्ण आभूषण का चलन होगा और इसकी गुणवत्ता का भी प्रमाणीकरण तथा मुहरांकन होने लगेगा। स्वर्ण आभूषणों के प्रति व्याप्त मोह कम होने से भारत में स्वर्ण की खपत पर बढ़ता भार हल्का हो सकता है। भारत की कुल स्वर्ण–राशि 110 बिलियन टन आंकी गई है (10 बिलियन टन समुद्र में) किंतु अब तक करीब 50,000 टन राशि ही प्राप्त की जा चुकी है जिसमें से 100 टन स्वर्ण हर वर्ष खपता है। स्वर्ण की अधिकाधिक संचित राशि से भारतीय मुद्रा की स्थिति सुदृढ़ हो सकती है।

12.17 सही-सुरक्षित सीमेंट

भूकंप आने पर जब नई-नवेली इमारतें ताश के पत्ते की तरह ढह जाती हैं या क्रांतिक महत्त्व की भारी संरचनाओं-बांध, नहर, पुल, स्मारक, गगनचुम्बी भवन या टॉवर आदि में खतरनाक दरारें पड़ जाती हैं तो इसके अन्य कारणों के अलावा सीमेंट में मिलावट की कलई खुल जाती है। सीमेंट की खरीद-फरोख्त और इस्तेमाल तो अधिकांश उपभोक्ता करते हैं लेकिन उनको यह पूर्वाभास प्रायः नहीं होता कि उनका सीमेंट घटिया या मिलावटी हो सकता है और जिस प्रकार से मिलावटी भोजन से जान जा सकती है वही हश्र निम्न गुणवत्ता के सीमेंट की बदौलत मुमकिन है। अतः सही सीमेंट चुनने, उसका सुरक्षित भंडारण करने और मिलावट की जांच स्वयं करने से संबंधित वैज्ञानिक जानकारी हासिल करना सभी उपभोक्ताओं की सेहत और भविष्य के लिए जरूरी है।

ग्रेड : सामान्य रूप से इस्तेमाल में आनेवाला लोकप्रिय श्रेणी का सीमेंट दरअसल पोर्टलैंड सीमेंट कहालाता है (इस सीमेंट का रंग सूखने के बाद पोर्टलैंड, इंग्लैड में प्राप्त प्राकृतिक पत्थर के रंग जैसा हो जाता है)। यह तीन श्रेणियों   33 ग्रेड, 43 ग्रेड और 53 ग्रेड में उपलब्ध है। आई एस आई मुहरांकन द्वारा सभी प्रकार के सीमेंट की गुणवत्ता का प्रमाणीकरण अनिवार्य है। 33 ग्रेड सीमेंट का प्रयोग सभी सामान्य निर्माण कार्यों हेतु गारा बनाने में होता है। 43 ग्रेड सीमेंट उच्च शक्ति कंक्रीट के लिए बेहतर होता है और भवन निर्माण में सबसे ज्यादा खपता है। 53 ग्रेड सीमेंट सबसे अधिक मजबूती देनेवाला सर्वोत्तम सीमेंट है जो क्रांतिक या विशिष्ट कार्यों जैसे प्रतिबलित कंक्रीट तथा सतत उच्च सामर्थ्य हेतु पूर्व ढलित कंक्रीट के लिए इस्तेमाल किया जाता है। उक्त साधारण पोर्टलैंड सीमेंट के अलावा विशेषकर समुद्री निर्माण कार्यों हेतु 'स्लेग सीमेंट' व 'पोर्टलैंड पोलोजाना सीमेंट' उपलब्ध होता है तथा जल योजनाओं बांध आदि के लिए 'अल्प ताप पोर्टलैंड सीमेंट', जल वाले क्षेत्रों के लिए सल्फेट अवरोधी पोर्टलैंड सीमेंट' चिनाई कार्य हेतु 'चिनाई के लिए सीमेंट' और वास्तुकलात्मक (गैर संरचनात्मक) निर्माण हेतु 'श्वेत सीमेंट' उपलब्ध हैं।

अशुद्धियां तथा अपमिश्रण : सीमेंट में जल के माध्यम से क्लोराइड जैसी अशुद्धि का प्रवेश प्रबलित स्टील के संक्षारण, जंग लगने और संरचना को कमजोर बनाने में हावी होता है। अतः पोर्टलैंड सीमेंट के लिए पेयजल का ही प्रयोग अपेक्षित है। खारे स्थानों से प्राप्त नमक से युक्त बालू भी एक ऐसी बाह्य अशुद्धि है जिससे कंक्रीट का टिकाऊपन कुप्रभावित होता है। प्रति 50 किलोग्राम सीमेंट के साथ अधिकतम 22.5 लीटर अच्छे जल का प्रयोग मजबूती सुनिश्चित

करता है। इन अनुपातों की अवहेलना बढ़चढ़ कर होती है जिससे संरचनाएं कमजोर होती हैं।

सीमेंट में मुख्यत: कैल्शियम सिलिकेट सक्रिय पदार्थ के रूप में मौजूद होता है जो हाइड्रोक्लोरिक अम्ल में घुलनशील होता है। कभी-कभी सीमेंट में पत्थर का महीन चूर्ण राख या ऐसे अन्य पदार्थों की मिलावट पाई जाती है जो उक्त अम्ल में अघुलनशील होते हैं। एहतियात के तौर पर अधिकृत विक्रेता से सीमेंट प्राप्त करना बेहतर है। मिलावट की जांच के लिए 100 मि.ली. अम्ल में 10 ग्राम सीमेंट घोलें। नीचे जमी तलछट से अघुलनशील मिलावट की पुष्टि होती है। मिलावट की जांच की एक दूसरी विधि यह है, तेज स्टोव के ऊपर सीमेंट को 20 मिनट तक गर्म करें। मिलावट होने पर सीमेंट के नमूने का रंग बदल जाएगा। शुद्ध सीमेंट का रंग नहीं बदलता। तीसरी विधि के अनुसार सीमेंट की एक टिकिया या गोली बनाकर 25 घंटे तक स्थिर होने के लिए रख दें। टिकिया या गोली यदि आसानी से भुरभुरी हो जाए तो सिमेंट में मिलावट सुनिश्चित है। हां, यदि मिलावट कम मात्रा में हुई है तो नतीजा भ्रामक होगा।

सावधानी : सीमेंट की बोरी पर अनिवार्य सूचनाओं की जांच करें यानी उत्पादक का नाम या पंजीकृत व्यापार चिह्न, सीमेंट की किस्म, सीमेंट का शुद्ध भार (बोरी का वजन छोड़कर) उत्पादन का वर्ष तथा आई एस आई मुहर। शुद्ध भार में दो प्रतिशत से अधिक अंतर नहीं होना चाहिए (50 किलोग्राम सीमेंट की एक बोरी में एक किलोग्राम) आंख, मुंह, नाक और त्वचा से सीमेंट का संसर्ग न होने पाए अन्यथा उत्पन्न क्षार द्वारा क्षोभ, एलर्जी आदि हो सकते हैं। दीर्घकालीन प्रभाव से 'सीमेंट-बर्न' यानी जलन और फफोले हो सकते हैं।

भंडारण : सीमेंट की बंद बोरियों को सूखे, रिसाव की संभावना से मुक्त और नमी-प्रतिरोधक अवस्था में रखें। बोरियों को ऐसे इकट्ठे रखें कि नमी के प्रवेश की संभावना न्यून हो। बरसात में सीमेंट घर के अंदर या शेड में रखा जाता है। ढेर की ऊंचाई 8 बोरी तक रखना ठीक होता है ताकि दबने से सीमेंट के ढेले न बनें। सीमेंट जलशोषक वस्तु है, अतः ताजा होने पर बेहतर मजबूती पैदा करता है। सही भंडारण न होने से सीमेंट की मजबूती में 4 प्रतिशत तक की कमी हो जाती है। संदिग्ध अवस्थाओं में प्रयोगशाला द्वारा सीमेंट की जांच कराएं।

अच्छी गुणवत्ता की कंक्रीट बनाने के लिए सीमेंट की गुणवत्ता के कारकों की जांच विशेषत: जरूरी है। अच्छे कंक्रीट के लिए उत्तम कार्यशीलता, टिकाऊपन और मजबूती जरूरी है। कंक्रीट के यह अपेक्षित गुण सीमेंट की महीनता, जमाव-समय, आयतन-स्थिरता और संपीड़न-सामर्थ्य पर निर्भर होते हैं। सीमेंट के ग्रेड 33, 43 व 53 यह दर्शाते हैं कि 28 दिन के बाद इनकी संपीड़न सामर्थ्य क्रमशः 33, 43 व 53 एम पी ए से कम नहीं होगी। अन्य श्रेणी के

सीमेंट की संपीड़न सामर्थ्य, 33 ग्रेड पोर्टलैंड सीमेंट की संपीडन सामर्थ्य के आधार पर आंकी जाती है।

12.18 निरोध (कंडोम या 'प्रोटेक्टिव शीथ')

वैवाहिक जीवन में मुख्यतः परिवार नियोजन हेतु आवश्यक एक रक्षक छादन (शीथ) के रूप में निरोध या कंडोम का प्रयोग आरंभ हुआ था, किंतु वर्तमान में एड्स जैसे घातक यौन रोग के बढ़ते प्रकोप से जिस चिंताजनक स्थिति का निर्माण हुआ है उससे निपटने के वास्ते 'थ्रस्ट एरिया' के रूप में निरोध के प्रयोग को पूरा बढ़ावा दिया जा रहा है। यह मानते हुए कि विवाहेत्तर यौन संबंध एक व्यवहार बन चुका है तथा ऐसे असुरक्षित व्यवहार के कारण एड्स एक महामारी का रूप धारण कर रही है, निरोध पर वैज्ञानिक जानकारी का प्रसार इसके संबंध में व्याप्त भ्रम को दूर करने और इसकी स्वीकार्यता को बढ़ाने में सहायक हो सकता है।

निर्माण तथा गुणवत्ता : निरोध का निर्माण उत्तम गुणवत्ता के मृदु प्राकृतिक रबड़ यानी लेटेक्स द्वारा किया जाता है ताकि इसकी संरचना त्वचा-सदृश हो, शरीर को सुग्राह्य हो, इसके उपयोग मे असुविधा न्यूनतम हो, इससे कोई नुकसान न हो और गर्भ-निवारण में प्रभावी हो।

लेटेक्स से बने निरोध की दीवार 0.04-0.07 मिलीमीटर महीन होती है ताकि इसके संसर्ग में आनेवाली श्लेष्मा झिल्ली पर न्यूनतम बाधा हो। मानक निरोध की लंबाई 175 और व्यास 50 मिलीमीटर होती है। उपयोग में सुविधा के लिए निरोध के बंद सिरे पर 30 मिलीमीटर लंबा और 15 मिलीमीटर व्यास की धानी या रिसेप्टिकल होती है और खुले सिरे पर छल्लेदार रिम होता है। निरोध की तन्यता आरामदेह तथा कार्यसाधक हो इसे सुनिश्चित करने के लिए लेटेक्स की शुद्धता, निर्माण की गुणवत्ता और इलेक्ट्रीक विधि से इसकी सूक्ष्म जांच पर विशेष ध्यान दिया जाता है।

मानक के अनुसार लेटेक्स निरोध का तन्य-बल कम से कम 110 किलोग्राम प्रति वर्ग सेंटीमीटर तक रखा जाता है। निरोध की न्यूनतम दैर्घ्यवृद्धि 650 प्रतिशत होती है या निरोध से कोई रिसाव न हो और सामान्य से कठिन प्रयोग के दौरान फटे न इसके लिए बर्स्टिंग प्रेशर या फटने के दबाव की परीक्षा की जाती है। स्नेहन या चिकना बनाने के लिए निरोध निर्दिष्ट पाउडर-क्रिया द्वारा 'सेल्फ-लुब्रिकेटेड' रूप में तैयार किया जाता है। पारदर्शक या पारभासक (ट्रांसल्युसंट) रूप में बने होने के कारण निरोध को छू-देख कर और चिकने स्पर्श के कारण यानी सेंसरी इवैल्युएशन द्वारा उपभोक्ताओं द्वारा सहज स्वीकारा जाता है।

परिवार नियोजन तथा सुरक्षित यौन संबंध के बाबत स्त्रियों को पुरुषों के बराबर हक के खातिर स्त्रियों के उपयोग के लिए उत्तम गुणता के पॉलीयूरेथीन से बने हुए 'फीमेल कंडोम' उपलब्ध हैं, किंतु यह काफी महंगे और प्रायः असुविधाजनक होने के कारण फिलहाल लोकप्रिय नहीं हो पा रहे हैं।

उपभोक्ता मार्गदर्शन : 1. विवाहेत्तर शारीरिक संबंधों यानी असुरक्षित यौन संबंधों से हमेशा बचें क्योंकि ऐसे संबंध एड्स देकर उसके बदले जीवन ले सकते हैं।

ध्यान रहे कि निरोध का प्रयोग मात्र एक आकस्मिक विकल्प है, समस्या का हल कदापि नहीं।

2. निरोध सूक्ष्म जांच-परख द्वारा निर्मित होते हैं ताकि इनकी गुणवत्ता में कोई चूक न हो और सुरक्षा अचूक हो। फिर भी उपभोक्ता के रूप में यह जानना तथा जांचना जरूरी है कि निरोध में कोई शिकन, झुर्री, छाला या छिद्र न हो, कोई बाहरी कण, अशुद्धि या रंग द्रव्य (निरोध को रंगीन बनाना आवश्यक नहीं है) लेटेक्स के अंदर न हो।

3. महीन बनावट के लेटेक्स-निर्मित निरोध निर्दिष्ट समय के बाद और खासकर गर्म दशा में खराब होते हैं, अतः पुराने होने पर या प्रयोग की अंतिम तिथि के बाद निरोध का प्रयोग न करें। निरोध का सिर्फ एक बार प्रयोग करने के बाद इसका निपटान कर दें, दुबारा इसका प्रयोग न करें।

4. निरोध पर्याप्त चिकना बनाया जाता है इसमें कोई स्नेहक तैल या क्रीम लगाना अनपेक्षित है। साथ ही निरोध का संसर्ग किसी तैलयुक्त सुगंधि या एंटीसेप्टिक क्रीम, पेट्रोलियम ग्रीज, किरासिन, फेनाल, मोटर स्पिरिट या किसी ऐसी अन्य वस्तु से न होने पाए जो लेटेक्स से अभिक्रिया करे और निरोध के कार्य में बाधक हो।

5. निरोध को खरोंच, छिद्र या क्षति से बचाने के लिए इसके पैकेट को किसी बंद डिब्बे में रखें। प्रयोग के समय ही निरोध को पैकेट से अलग करें। त्वचा में एलर्जी आदि होने पर निरोध का प्रयोग बंद कर दें और त्वचा-विशेषज्ञ या चिकित्सक की सलाह लें।

13
घरेलू उपकरणों की गुणवत्ता तथा चुनाव

13.1 सामान्य विद्युत लैम्प (जनरल लाइटिंग सर्विस लैम्प)

अंधेरे में करोड़ों घरों को रोशन करने वाला 'सामान्य सेवा विद्युत लैम्प' (जनरल लाइटिंग सर्विस लैम्प-जी एल एस एल) जिसे सामान्यतः इलेक्ट्रिक बल्ब कहते हैं, आवश्यक वस्तु अधिनियम 1955 के अंतर्गत शामिल है। आई एस आई मोहर द्वारा इसकी गुणवत्ता का प्रमाणीकरण अनिवार्य है और इस प्रकार सुनिश्चित किया गया है कि बल्ब सही, टिकाऊ और सुरक्षित हो। 15 से 100 वाट तक के सभी पारदर्शी एवं आंतरिक रुप से पारभासी बल्ब तथा 110, 230, 240 व 250 वोल्ट के लैम्प अनिवार्य प्रमाणन के अंतर्गत आते हैं। इस प्रकार निम्न वाट के बल्ब ('जीरो वाट' या 'नाइट लैम्प' कहे जानेवाले) तथा दूधिया या रंगीन लैम्प अनिवार्य प्रमाणन के अंतर्गत नहीं आते। टंगस्टन फिलामेंट से बने 15 से 100 वाट के बल्ब की सही गुणवत्ता जी एल एस लैम्प के राष्ट्रीय मानक आई एस 418 के अनुसार प्राप्त की जाती है।

प्रमाणित बल्ब के उपयोग के दौरान यह सुनिश्चित होता है कि ऐसा कोई भी बल्ब मानक लैम्प होल्डर में ठीक से बैठे, बल्ब को घुमाकर या मरोड़ से होल्डर में बैठाते समय बल्ब की धातु (सामान्यतः एल्युमिनियम) से बनी कैप कांच के खोल पर यथास्थिति जमी रहे और घर में सही वायरिंग होने पर तथा निर्दिष्ट वोल्टेज की विद्युत आपूर्ति होने पर बल्ब अपनी न्यूनतम आयु 1000 घंटे से पहले फ्यूज या खराब न हो तथा बिना टिमटिमाए जलता रहे। साथ ही यह सुनिश्चित होता है कि वास्तविक वाटेज कभी भी बिजली की खपत को नियंत्रित करने वाली रेटेड वाटेज की उपयुक्त सीमा से अधिक न हो (10 घंटे तक जलने पर 100 वाट का बल्ब 1 'यूनिट' बिजली खपत करता है), प्रत्येक बल्ब न्यूनतम निर्धारित ल्यूमेन के अनुरूप तेज प्रकाश दे और बल्ब उष्मारोधक कैप के जरिए बिजली के खतरों से सुरक्षा कायम रहे।

विद्युत आपूर्ति में वोल्टेज का उतार-चढ़ाव प्रायः होता रहता है। सामान्यतः 230 वोल्टेज रेटिंग के बल्ब बाजार में मिलते हैं, लेकिन वोल्टेज 230 पर

नहीं रहता। बल्ब की रेटेड वोल्टेज से मात्र 5 प्रतिशत बढ़त होने पर बल्ब की आयु 50 प्रतिशत तक कम हो सकती है। चूंकि वोल्टेज के उतार चढ़ाव को वोल्टेज-स्टेबिलाइजर लगाए बगैर रोका नहीं जा सकता, बेहतर होगा कि 240 व 250 रेटिंग के बल्ब खरीदें, यद्यपि इस बात से समझौता करना पड़ेगा कि वोल्टेज सामान्य से कम होने पर ऐसे बल्ब कम रोशनी पैदा करेंगे। एक आकलन के अनुसार वोल्टेज में एक प्रतिशत की बढ़त से प्रकाश 3.6 प्रतिशत बढ़ जाता है और 1.5 प्रतिशत ज्यादा बिजली खर्च होती है।

इस प्रकार बल्ब की दक्षता में दो प्रतिशत की बढ़त होती है किंतु बल्ब की आयु 14 प्रतिशत घट जाती है। बल्ब का अधिकांश उत्पादन 400 से अधिक छोटी उत्पादन इकाइयों द्वारा होता है जहां गुणवत्ता नियंत्रण की सभी आवश्यक सुविधाएं उपलब्ध नहीं होती। अनिवार्य प्रमाणीकरण हेतु उत्पाद की जांच सिर्फ बैचों में होती है, यानी कुल उत्पादन के अल्पांश की ही जांच हो पाती है। नतीजा यह है कि बल्ब की गुणवत्ता से उपभोक्ता असंतुष्ट है जिसके निराकरण के लिए उत्पादन की गुणवत्ता पर विशेष ध्यान देना होगा।

बल्ब की कम आयु के लिए कई अन्य कारण भी जिम्मेदार हैं, जैसे बल्ब-होल्डर, स्विच तथा वायरिंग की खराब गुणवत्ता, वायरिंग की खराब संस्थापन रीतियां, बार-बार की स्विचिंग और ढीले संपर्क के कारण बल्ब का टिमटिमाना। उक्त कमियां आए दिनों विद्युत-दुर्घटना का भी कारण बनती हैं।

बल्ब खरीदते समय यह जांच लें कि बल्ब के अंदर कोई बुलबुला या बाहरी चीज नहीं है, बल्ब के दोनों आइलेट पर उपयुक्त सोल्डरिंग हो, खोल पर कैप मजबूती से बैठाई गई हो ताकि दाब सहन कर सके और बल्ब को होल्डर में बैठाते समय खराब न हो तथा लीड वायर सीधा हो, न कि बाहर निकला हुआ। इसलिए जरूरी है कि अच्छी गुणवत्ता के मानक होल्डर, स्विच और तार इस्तेमाल में लाएं। बल्ब का चुनाव करते समय यह भी देख लें कि लेबल पर आवश्यक सूचनाएं अंकित हैं, जैसे रेटेड वोल्टेज(230/240/250 वोल्ट), रेटेड वाटेज (15 से 100 वाट के बीच की वाट संख्या), 'गैस-भरित' या 'गैस' तथा 'निर्वात' या वैक्युअम संबंधी सूचना, रेटेडे ल्यूमैन आउटपुट, निर्माण की तिथि या लॉट संख्या आदि।

मार्गदर्शन

1. जिन स्थानों पर 230 वोल्ट की विद्युत आपूर्ति के वोल्टेज में उतार-चढ़ाव अधिक होता हो वहां 240/250 रेटेड वोल्टेज के बल्ब का इस्तेमाल करें, इससे बल्ब की आयु ज्यादा होगी।
2. ऐसी जगह बल्ब न लगाएं जहां बाहरी हवा या पंखे की हवा से बल्ब झूले या बल्ब में कंपन हो। झूलने या कंपन से बल्ब की आयु कम होती

है। बल्ब और रेफलेक्टर की सफाई करते रहें ताकि पूरा प्रकाश प्राप्त हो। बल्ब पर कोई छिड़काव न हो अन्यथा यह टूट जाएगा।

3. बैठक और शयन कक्ष में डिमर का इस्तेमाल करें, इससे बल्ब की आयु अधिक रहती है और बिजली की खपत कम होती है।
4. यथासंभव बल्ब की बार-बार स्विचिंग न करें और जलते हुए बल्ब को न निकालें या बैठाएं। स्विच को खोलने या बंद करने के समय चिंगारी आती है तो इसकी जांच करें या बदलें।

13.2 ट्यूबलाइट (ट्यूबुलर फ्लोरसेंट लैंप-टी एफ एल)

तेज सफेद प्रकाश देने वाली 40 वाट की ट्यूबलाइट सर्वाधिक लोकप्रिय है जिसकी आयु बल्ब की अपेक्षा दो से पांच गुनी तक ज्यादा होती है। ट्यूबलाइट की सामान्य आयु 2000 घंटे होती है किंतु कुछ ब्रांड की ट्यूबलाइट की विस्तारित आयु 5000 घंटों तक बताई जाती है। ट्यूबलाइट न तो आवश्यक वस्तु अधिनियम 1955 के अंतर्गत और न ही आई एस आई मुहरांकन द्वारा अनिवार्य प्रमाणीकरण योजना के तहत शामिल है, यद्यपि कई ब्रांड का ट्यूबलाइट आई एस आई प्रमाणित है। उपभोक्ताओं की जिज्ञासा यह है कि ट्यूबलाइटों की आयु कितनी ज्यादा है, प्रकाश कितना अधिक है या बिजली की खपत कितनी कम होती है।

ट्यूबलाइट की गुणवत्ता का अपरोक्ष मूल्यांकन इससे प्राप्त प्रकाश की गुणवत्ता द्वारा होता है जिसकी माप ल्यूमेन इकाई द्वारा की जाती है। एक निर्दिष्ट या मानक कैंडल को जलाने पर इससे एक फुट दूर के एक वर्ग-फुट क्षेत्रफल पर पड़नेवाला प्रकाश एक ल्यूमेन का होता है। ट्यूबलाइट से आरंभ में उत्पन्न प्रकाश रेटेड ल्यूमेन के 92 प्रतिशत अंश से कम नहीं होना चाहिए। अतः 40 वाट ट्यूबलाइट जिसका रेटेड ल्यूमेन 2450 है, नई अवस्था में होने पर कम मानक दक्षता 10.4 के मुकाबले ट्यूबलाइट की मानक दक्षता 61.3 होती है। ज्यादा दक्षता का अर्थ है कम बिजली की खपत। इस प्रकार बल्ब की जगह ट्यूबलाइट का प्रयोग सभी प्रकार से बेहतर है। साथ ही बल्ब की अपेक्षा ट्यूबलाइट करीब छह गुना ल्यूमेन का मनपसंद प्रकाश देती है।

औसत आयु 2000 घंटों तक जलने के बाद ट्यूबलाइट का ल्यूमेन पावर घट जाता है। अच्छी गुणवत्ता की ट्यूबलाइट के उक्त घटे हुए ल्यूमेन और आरंभिक ल्यूमेन का अनुपात 85 प्रतिशत से कम नहीं होना चाहिए, बल्कि 95 प्रतिशत तक अपेक्षित है।

उपभोक्ता चाहता है कि वह ऐसी ट्यूबलाइट खरीदे जो कम विद्युत खपत करते हुए ज्यादा प्रकाश दे, यानी ल्यूमेन और वाटेज का अनुपात या दक्षता

ज्यादा हो। अच्छी ट्यूबलाइट के लिए 61.3 प्रतिशत दक्षता होना आवश्यक है। बाजार में प्राप्त कई ब्रांड की ट्यूबलाइट के नमूनों का ल्यूमेन और दक्षता कुल आयु के प्रायः आधे समय तक ही निर्धारित या रेटेड स्तर तक पाई जाती है जो दर्शाता है कि ट्यूबलाइट की गुणवत्ता में सुधार अपेक्षित है। ट्यूबलाइट की आयु के पूरा होने के पहले इसके दोनों सिरे काले दिखने लगते हैं और कम प्रकाश उत्पन्न होता है। समाधान के रुप में ट्यूबलाइट में एनोड के छल्लों के प्रयोग से कोई भी सिरा काला नहीं दिखेगा। कुछ ब्रांड की ट्यूबलाइट में यह सुधार शामिल किए गए हैं जिसकी सूचना लेबल पर अंकित होती है।

भारतीय मानक ब्यूरो द्वारा दक्षता के आधार पर ट्यूबलाइट का श्रेणीकरण 1 से 5 तारक चिह्नों द्वारा किया जाएगा जो लेबल पर अंकित होंगे। इस प्रकार पंच तारक ट्यूबलाइट सर्वोत्तम दक्षता की मानी जाएगी।

विद्युत की बचत हेतु सुधरी हुई 36 वाट की पतली ट्यूबलाइट मिलने लगी है जो 40 वाट की ट्यूबलाइट वाले चोक और स्टार्टर के इस्तेमाल से कार्य करती है। 36 वाट की ट्यूबलाइट के प्रयोग से विद्युत की बचत होती है। 100 वाट के बल्ब की अपेक्षा 36 वाट की ट्यूबलाइट में दो गुना प्रकाश पैदा होता है, फिर भी 60 प्रतिशत विद्युत की बचत होती है। दूसरी ओर 40 वाट की जगह 36 वाट की ट्यूबलाइट का व्यास क्रमशः 28 व 40.5 मिलीमीटर होता है। पतले ट्यूब के अंदर सही मात्रा में गैस भरी जाती है। इन दो कारणों से 36 वाट ट्यूबलाइट की दक्षता अधिक होती है। 36 वाट की रेटेड ल्यूमेन 2425 वाली ट्यूबलाइट की मानक दक्षता 67.35 है, जबकि 2450 ल्यूमेन के लिए दक्षता 68.05 है। कुछ ब्रांड की ट्यूबलाइट की दक्षता 68 प्रतिशत तक होती है। साथ ही इलेक्ट्रोमैगनेटिक चोक की जगह इलेक्ट्रॉनिक चोक के इस्तेमाल से बिजली की बचत होती है। ट्यूब की भीतरी दीवार फ्लोरसंट वस्तु से ढकी होती है और दोनों छोरों पर इलेक्ट्रोड होते हैं। अल्पांश में पारे की मात्रा अंदर में मौजूद होती है। वाष्प या गैस के अंदर विद्युत-धारा प्रवाहित होने पर पराबैंगनी किरणें पैदा होती हैं। यह किरणें फ्लोरसंट वस्तु (फॉसफॅर) पर पड़ने पर प्रदीप्त प्रकाश उत्पन्न करती हैं। उक्त इलेक्ट्रॉनिक चोक ट्यूबलाइट को जलाने के लिए उपयुक्त वोल्टेज प्रदान करने में सहायक होता है।

13.3 उपभोक्ता मार्गदर्शन

1. ट्यूबलाइट पर धूल-मिट्टी के कणों के जमने और कमरे की दीवारों के गहरे रंगों के कारण प्राप्त ल्यूमेन तथा दक्षता रेटेड स्तर से कम होती है। दीवारों पर हल्के रंग का पेंट लगाने और ट्यूबलाइट की नियमित सफाई से ज्यादा प्रकाश मिलता है।
2. सभी कमरों में 36 वाट की सुधरी हुई ट्यूबलाइट लगाएं और 60

प्रतिशत बिजली की बचत हासिल करें। 10 X 10 फीट आकार के सामान्य कमरे में 36 वाट की एक ट्यूबलाइट 7 से 8 फीट की ऊंचाई पर लगाएं, पूरा कमरा सफेद प्रकाश से जगमगा उठेगा।

3. घर में फर्नीचर आदि को यों सुव्यवस्थित करें ताकि प्रकाश की आवश्यकता घटाई जा सके। रसोईघर, अध्ययन-कक्ष आदि को छोड़कर बाकी कमरों में, खाकर टी.वी. सेटवाले बैठक के कमरे में कम प्रकाश आवश्यक होगा।
4. ट्यूबलाइट के अंदर अल्प दबाव पर गैस भरी होती है और अल्पांश में विषाक्त पारा भी होता है। जली हुई ट्यूबलाइट घर के अंदर फूटने न पाए, बच्चों को इससे दूर रखें, आग के अंदर ट्यूब को न फेंके और तुरंत इनको बाहर ले जाकर निपटान करें।

13.4 भोजन पकाने के उपकरण

भोजन पकाना एक आनंददायक कला और तकनीक है, बशर्ते कि सिर पर टाइम-बम न रखा गया हो और रसोईघर उचित उपकरणों से व्यवस्थित हो। दरअसल, आज की बदलती स्थितियों में पक्वन क्रिया स्त्री और पुरुष दोनों के लिए सुसाध्य है। स्टोव, कुकिंग रेंज, माइक्रोवेव ओवन, प्रेशर कुकर, सुधार किए हुए बर्तन-भांडे आदि की बदौलत रसोईघर में समाजवाद का डेरा लग चुका है। दूसरी ओर खासकर ग्रामीण क्षेत्रों में उचित ईंधन, स्टोव और अन्य आवश्यक घरेलू उपकरणों के अभाव में रसोईघर में न कोई समाजवाद है और न ही पक्वन क्रिया में कोई विशेष आनंद। गृहणियों को रसोईघर में अधिकांश समय 'रोबोट' की तरह पकाने-खिलाने और साफ-सफाई में लगे रहना पड़ता है।

भोजन पकाने के आधुनिक उपकरणों का भरपूर फायदा पाने के लिए इनके संबंध में आवश्यक तकनीकी जानकारी, दक्ष-उपयोग, सावधानी-सुरक्षा आदि के संबंध में वैज्ञानिक साक्षरता होनी अनिवार्य है, इन सब बातों के अभाव में पक्वन क्रिया आनंददायक न होकर खतरनाक रूप अख्तियार कर लेती है। मुम्बई में हुए एक सर्वेक्षण के अनुसार कुल आग-दुर्घटनाओं में से करीब 80 प्रतिशत आग दुर्घटनाएं घर के अंदर होती है और इनमें से 41 प्रतिशत रसोईघर में किरासिन के स्टोव के फटने, द्रवित पेट्रोलियम गैस के रिसने, विस्फोट, सिंथेटिक कपड़ों में आग लगने आदि कारणों से उत्पन्न होती है।

स्वाभाविक है कि आधुनिक ईंधनों और पकाने के आधुनिक उपकरणों के प्रयोग का हकदार होने के लिए इनके विज्ञान को समझना एक आवश्यक शर्त

है। देश में कुल ऊर्जा-खपत का आधा हिस्सा भोजन पकाने और घरेलू प्रकाश के लिए होता है। अतः रसोईघर का उपकरणों से संपन्न होना पारिवारिक और सामाजिक स्तर में उत्तरोत्तर उन्नति का प्रतीक है।

देश की 70 प्रतिशत से ज्यादा आबादी गांवों में है जहां पशुओं के गोबर की सूखे उपले, फसलों के अवशेष तथा अन्य जैव द्रव्यमान या बायोमास, लकड़ी, अल्पांश में कोयला और गोबर-गैस और छुट-पुट रूप में एल पी जी गैस का इस्तेमाल होता है। रसोईघर ही नहीं, पूरा घर धुआं से भर जाता है जिससे कार्बनडाइआक्साइड, कार्बन मोनोआक्साइड, अदग्ध कार्बन कणिकाओं, टार की संक्षारक वाष्प आदि के रूप में अनिष्टकर गृह-प्रदूषण होता है। गैर पारंपरिक ऊर्जा स्रोतों पर आधारित सुधरे हुए अधूम चूल्हे अवश्य विकसित किए गए हैं किंतु इनकी व्यापक पहुंच गांवों तक नहीं हो पाई है। गोबर-गैस संयंत्र प्रायः गोबर की कमी, रख-रखाव की समस्याओं आदि के कारण बेकार हो जाते हैं। दूसरी ओर सौर-चूल्हों की कीमत ज्यादा होने, पकाने में ज्यादा समय लगने, रख-रखाव की कठिनाई आदि के कारण व्यवहार में नहीं लाए जाते। मौजूदा रुझान एल पी जी के प्रयोग की ओर है।

13.5 ग्रामीण चूल्हा

गांवों में भोजन अधिकांशतः उपले, लकड़ी, जैव-द्रव्य आदि को मिट्टी या ईंट के चूल्हों में जलाकर पकाया जाता है जिनमें धुआं निकासी के लिए चिमनी की व्यवस्था नदारद होती है। इन चूल्हों की ताप-क्षमता सिर्फ 15 प्रतिशत के इर्द-गिर्द होती है, यानी 85 प्रतिशत ताप-ऊर्जा अपूर्ण दहन, जली हुई गर्म गैस, विकिरण आदि के कारण व्यर्थ होती है। सुधरे हुए चूल्हे को गांवों में ही मिट्टी-ईंट आदि से बनाने की तकनीक का प्रचार हो रहा है। दहन में आवश्यक वायु के नियंत्रण हेतु एक धातु की चद्दर से बना डैंपर या अवमंदक तथा सीमेंट या धातु की पाइप के रूप में चिमनी की व्यवस्था सुधरे हुए अधूम चूल्हों को बनाने में होती है। इन चूल्हों की औसत ताप-दक्षता 25 प्रतिशत से अधिक होती है और धुआं 80 प्रतिशत कम हो जाता है।

13.6 कोयला की सिगड़ी

कई अर्द्धशहरी क्षेत्रों तथा लकड़ी की बहुलता वाले क्षेत्रों में खनिज कोयले से बने तथाकथित अधूम कोक और लकड़ी के कोयले को लोहे की सिगड़ी में जलाकर खाना पकाया जाता है। ऐसी कोयला की सिगड़ी की ताप-क्षमता 20-25 प्रतिशत तक होती है और बाकी गर्मी विकिरण तथा गर्म दग्ध-गैस के

द्वारा व्यर्थ हो जाती है। साथ ही अदग्ध कार्बन कणिकाओं, कार्बन मोनोआक्साइड, टार की वाष्प आदि के फैलने से गृह-प्रदूषण होता है। उत्तर भारत के शीत क्षेत्रों में सिगड़ी को कमरा गर्म करने के लिए रूम-हीटर के रूप में इस्तेमाल किया जाता है। कमरा बंद होने तथा हवा का आवागमन न होने की अवस्था में विषाक्त कार्बनमोनोआक्साइड गैस के प्रभाव से घातक दुर्घटना तक होने की संभावना होती है।

एक सुधरी हुई ताप-क्षम्य सिगड़ी विकसित हुई है जिसमें दो लघु-चूल्हे, एक चिमनी और एक डमी-चूल्हा होता है। गर्म दग्ध-गैस सीधे बाहर निकलने के बजाय एक छोटे चूल्हे से होकर चिमनी-पाइप से बाहर निकलती है। इस प्रकार ताप-दक्षता में वृद्धि 35 प्रतिशत तक होती है और चिमनी-पाइप से दग्ध गैस की निकासी होने के कारण गृह-प्रदूषण कम हो जाता है।

13.7 किरासिन स्टोव

मिट्टी के चूल्हे और लोहे की सिगड़ी में 15-25 प्रतिशत ताप-दक्षता पर जलाए जाने वाले इंधनों जलावन लकड़ी, लकड़ी का कोयला और अधूम कोक का कैलारी मान क्रमशः 2100-2300, 3000-3500 तथा 2800-2900 किलो कैलारी प्रति किलोग्राम होता है। यद्यपि किरासिन तेल की उपलब्धि घट रही है और कीमत बढ़ रही है फिर भी गांवों, कस्बों और शहरों की कुछ आबादी द्वारा खाना पकाने और रोशनी करने के लिए किरासिन का इस्तेमाल जारी है। 'सुपीरिअर ग्रेड' किरासिन, जो. राशन की दूकानों पर बेचा जाता है। बत्तीदार स्टोव और दबाव-स्टोव में जलाने और खाना पकाने के लिए इस्तेमाल में आता है। किरासिन (सुपीरिअर) का कैलारी मान औसतन 10,500 किलो कैलारी प्रति किलोग्राम है। पानी में किरासिन की घुलनशीलता अल्पांश में है, अतः यदि इसमें पानी मिलाया जाता है तो यह किरासिन के नीचे जमा रहेगा। जनता-ईंधन के रूप में मूल्य में छूट होने के कारण किरासिन अन्य पेट्रोलियम तेलों जैसे डीजल तेल से सस्ता होता है।

सुधरे बत्तीदार और दबाव वाले किरासिन स्टोव की अपेक्षित ताप-दक्षता क्रमशः 60 व 55 प्रतिशत है किंतु निम्न गुणवत्ता के स्टोव की उक्त दक्षता कम होती है। प्रेशर-स्टोव खरीदते समय ध्यान रहे कि इसकी तेल की टंकी में जोड न हों, कम से कम 0.71 मिलीमीटर मोटी पीतल की चद्दर से बनी हो, इसमें स्ट्रेस या प्रतिबल और विकृति न हो, बर्नर पीतल का बिना सोल्डर किया हो, इसमें शोर कम करने के वास्ते साइलेंसर हो और निपल यानी सूराख युक्त ऑरिफिस उर्ध्वाकार व समान छिद्र की हो। इसके प्रयोग में यह सावधानी रखें कि बर्नर को बाहर से गर्म करने के पहले हवा न भरें, मध्यम दबाव पर ही हवा

भरें, एक साथ अधिक देर तक न जलाए रखें और बर्नर में कार्बन कणों आदि की जमी मैल की नियमित सफाई कराएं। सोल्डर किया हुआ पुराने बर्नर का प्रयोग आग-दुर्घटना का कारण बन सकता है। दूसरी ओर बत्तीदार स्टोव में सुधार द्वारा दो छिद्रमय स्लीव या बेलन रखे गए हैं जो क्रमशः बर्नर और दग्ध गर्म गैस के रीसर्कुलेटर का काम करता है। इस प्रकार के सुधरे हुए बत्तीदार स्टोव की ताप-दक्षता 65 प्रतिशत तक पाई जाती है।

13.8 एल पी जी स्टोव

द्रवित पेट्रोलियम गैस या एल पी जी से जलने वाले गैस स्टोव का व्यापक रूप से इस्तेमाल किया जाता है और शहरों के अलावा गांवों में भी इनका चलन बढ रहा है। एल पी जी करीब 29000-30000 किलो कैलारी प्रति घन मीटर या 12000 किलो कैलारी प्रति किलोग्राम कैलोरी मान का स्वच्छ, सधन और तेज ईधन है, किंतु पूरी सावधानी न रखने पर इसका प्रयोग खतरनाक साबित होता है। इसमें लगभग 80 प्रतिशत ब्यूटेन और 20 प्रतिशत प्रोपेन गैस होती है। सामान्य वायुमंडलीय दबाव पर यह गैस-अवस्था में और 3.5-3.8 गुने दाब पर द्रव-अवस्था में रहती है। सिलिंडर में भरी गई एल पी जी का दबाव पूरे भरे होने पर या अल्प भरे होने पर भी एक जैसा होता है। रेग्यूलेटर खोलने पर गैस का दबाव घटकर 0.35 किलोग्राम प्रति वर्ग सेंटीमीटर या एक-दसवां हिस्सा हो जाता है। बर्नर दरअसल वायुमंडलीय दाब पर जलता है और रबड़ ट्यूब में भी गैस सिर्फ सामान्य दाब पर होती है। एल पी जी का क्वथनांक 0^0 सेल्सियस होने से यह इस तापमान और इसके नीचे के तापमान पर होने पर दाब पर नहीं होती और तब यह अकार्य अवस्था में होगी।

तालिका 35 में रेखांकित एल पी जी के गुणों से इसके प्रयोग, सावधानी, खतरों तथा सुरक्षा के संबंध में मार्गदर्शन प्राप्त होता है।

तालिका 35 : एल पी जी के सुरक्षा विषयक गुण
(एल पी जी में ब्यूटेन व प्रोपेन 4:1 के अनुपात में)

गुण	व्यापारिक ब्यूटेन	व्यापारिक प्रोपेन
1. ज्वलनशीलता सीमा (निचली-ऊपरी)	1.8-9.0	2.2-10.0
2. क्वथनांक (उबलने का तापमान), °सेलसियस	7.0	-45.0
3. वेपर प्रेशर या वाष्प-दाब (15°से.पर) कि.ग्रा./वर्ग सेंटीमीटर	2 .4	7.3
4. गैस-द्रव आयतन अनुपात (15°से.पर)	232	255
5. प्रति मि.ली. एल पी जी द्रव से प्राप्त ज्वलनशील		→

→	ईंधन-वायु मिश्रण, मि.ली.	12,889	11,591
6.	ज्वलनांक या इगनीशन तापमान, सेलसियस	420-540	450-550
7.	द्रव-घनत्व, कि.ग्रा/घन मीटर, 15°से सामान्य दबाव पर	580	510
8.	गैस-घनत्व, कि.ग्रा./घन मीटर	2.5	2.0
9.	लौ-तापमान (हवा में), सेलसियस	1975	1970

तालिका से स्पष्ट है कि एल पी जी हवा से भारी होने के कारण रिसने पर ऊपर न उड़कर फर्श के सतह पर इकट्ठी होगी और हवा में इसका अनुपात 2-10 प्रतिशत होने पर ज्वलशील होगी तथा 1मि.ली.द्रव के रिसाव से 12000 मि.ली. से मी ज्यादा ज्वलनशील मिश्रण बनेगा (1 ग्राम द्रव से करीब 270 मि.ली गैस बनेगी) किसी चिंगारी या आग के स्त्रोत की मौजूदगी में तेज आक्सीकरण से रासायनिक विस्फोट की अनवरत क्रिया होती है जिससे विस्फोट होने पर शक्तिशाली ऊर्जा की लहरें चंहुओर फैलती हैं और दीवार को तोड़ने की ताकत रखती हैं। बर्नर में लौ के बैकफ्लैश या पीछे जाने से सिलिंडर के अंदर से विस्फोट होने से सिलिंडर टुकड़ों में बिखर जाता है। वैसे रासायनिक विस्फोट के दौरान सिलिंडर का फटना जरूरी नहीं है।

13.9 सुरक्षात्मक उपयोग

1. एल पी जी के घरेलू इस्तेमाल में होनेवाली दुर्घनाओं के कारणों में खराब गुणवत्ता के रबड़ ट्यूब और इनका कटना-फटना, सिलिंडर में लगे वाल्ब-पिन में बाधा या खराबी, सिलिंडर का ज्यादा गर्म होना, विदेशी गैस चूल्हों का जांच बगैर इस्तेमाल, रसोईघर में हवा के आवागमन में कमी, गलत ढग से की गई मरम्मत, यांत्रिक खराबी से सिलिंडर में ज्यादा गैस भर जाना, पुराने क्षतिग्रस्त सिलिंडर का इस्तेमाल आदि शामिल हैं। इन प्रत्येक कारणों पर निगरानी रखना सुरक्षा हेतु जरूरी है।
2. फर्श पर गैस चूल्हा रखकर खाना पकाना या अनुपयुक्त ऊंचाई का कुकिंग प्लेटफार्म, रसोईघर में रखे गए सामानों की अव्यवस्था, उपयोग में असावधानी, गैस के इर्द-गिर्द ज्वलनशील वस्तुओं का होना, ज्वलनशील कपड़ों का खाना पकाते समय इस्तेमाल और व्यक्तिगत भूल या अन्य कारण दुर्घटना के ऐसे कारण हैं जिनका निराकरण केवल उपभोक्ता के स्तर पर हो सकता है।
3. सामान्य प्रेशर ट्यूब की जगह सुधरे हुए प्रबलित ट्यूब उपलब्ध हो गए हैं जिनके फटने-रिसने या ढीले होने की संभावना कम है। फिर भी यह

देखना जरूरी है कि ट्यूब मजबूती से स्टोव से और दूसरी ओर सिलिंडर वाल्व से जुड़ा है। ट्यूब से गैस के रिसाव की जांच साबुन के घोल द्वारा करनी चाहिए और यथासमय नया ट्यूब लगाना चाहिए।

4. सिलिंडर को हमेशा खड़ा या उर्ध्वाकार दशा में रखें, लिटा कर या क्षैतिज अवस्था में रखने से द्रव अवस्था में एल पी जी का रिसाव खराब वाल्ब-पिन से हो सकता है जो घातक विस्फोट का कारण बन सकता है।
5. रसोईघर लिफ्ट के पास नहीं होना चाहिए। रसोईघर का दरवाजा बंद होने पर कम से कम 3 मिलीमीटर का अंतर फर्श और दरवाजे के बीच होना चाहिए ताकि रिसाव की स्थिति में हवा से भारी होने से फर्श पर जमा हुई गैस बाहर निकल सके।
6. खाना पकाते समय तथा रख-रखाव के लिए गैस कंपनी द्वारा अनिवार्य रूप से जारी की जानेवाली चेतावनी, सावधानी या निर्देशों का अनुपालन करें और ऐसे निर्देश की पर्ची की मांग गैस कंपनी या एजेंट से करें।

एल पी जी चूल्हों के अलावा जिनमें दो से चार बर्नर होते हैं, पूरा कुकिंग रेंज भी उपलब्ध है जिसमें बर्नर. ग्रिलर, डीपवेल-कुकर और इनके संयोजन लगे होते हैं। यह समझना जरूरी है कि क्या किसी परिवार विशेष की आवश्यकताओं के लिए एक भारी-भरकम कुकिंग रेंज का होना आवश्यक होगा? अन्यथा कुकिंग रेंज गैस-खपत, ऊर्जा-दक्षता, सुरक्षा, सावधानी आदि के लिहाज से सामान्य गैस स्टोव की अपेक्षा जटिल व महंगा होता है। वैसे भी माइक्रोओवन के चलन से कुकिंग रेंज की जरूरत घट गई है।

13.10 माइक्रोवेव ओवन

लकड़ी, कोयला, तेल और गैस से खाना पकाने में भोजन को पानी, तेल या ऐसे किसी अन्य माध्यम के इस्तेमाल बगैर सीधे खाद्य पदार्थ को सूक्ष्मतरंगों से गर्म कर दस गुने कम समय में पकाया जा सकता है और ऐसा करने में स्वयं ओवन तथा बर्तन गर्म नहीं होते। मैग्नेट्रान नामक यंत्र द्वारा उच्च आवृत्ति (हाई फ्रीक्वेंसी) यानी 2,450 मेगासाइकल (2450000000 बार) प्रति सेकेंड वाली सूक्ष्मतरंगें पैदा की जाती हैं। किसी वस्तु विशेष पर पड़ने पर उनके गुणों के अनुसार सूक्ष्मतरंगें सोख ली जाती हैं या लौटा दी जाती हैं या संचारित यानी प्रसारित होती हैं। उदाहरणत: कागज, कांच, कुछ प्रकार के प्लास्टिक और चीनी मिट्टी से होकर सूक्ष्मतरंगें इन्हें गर्म किए बगैर बाहर निकल जाती है। धातुओं द्वारा सूक्ष्मतरंगें परावर्तित या लौटा दी जाती हैं। खाद्य पदार्थों पर

सूक्ष्मतरंगें पड़ती हैं तो सोख ली जाती हैं और खाना पकाती हैं। उपयुक्त बर्तन में जब खाद्य पदार्थ पकाने या गर्म करने के लिए माइक्रोओवन के अंदर रखा जाता है तो मैग्नेट्रान से उत्पन्न सूक्ष्म तरंगें किसी बाधा बगैर खाद्य पदार्थ में सोखी जाती हैं। साथ ही ओवन की दीवारों से परावर्तित सूक्ष्म तरंगें भी खाद्य पदार्थ पर पड़ती हैं या आगे-पीछे पुनः परावर्तित होते हुए ओवन में फैली रहती हैं ताकि खाना समान रूप से गर्म हो या पके। वस्तुतः यह सूक्ष्मतरंगें खाद्य पदार्थ की गहराई में 2.5-2.7 सेंटीमीटर अंदर तक ही प्रवेश कर पाती हैं। खाद्य पदार्थ इससे ज्यादा मोटाई का होने पर चालकता या कंडक्शन के प्रभाव से गर्मी पूरी गहराई में पहुंच कर पक्वन क्रिया को पूरा करती है, किंतु इसमें अपेक्षाकृत ज्यादा समय लगता है। साथ ही खाद्य पदार्थ का फ्लेवर खराब नहीं होता। माइक्रोओवन द्वारा विद्युत-खपत अपेक्षाकृत कम होती है।

किसी खाद्य पदार्थ को तुरंत गर्म करने के लिए माइक्रोओवन सर्वोत्तम उपकरण है, किंतु सभी भारतीय भोजन इसमें नहीं पकाए जा सकते। इसमें पके खाने का रंग बदलता नहीं या सामान्य विधि से भूने खादय की तरह भूरा नहीं होता। भूरा करने के लिए एक अलग ब्राउनिंग यूनिट को माइक्रोओवन में लगाया जाता है। स्वाभाविक है कि खाद्य पदार्थों को धीमी आंच में पकाने या तलने की संभावना माइक्रोओवन में नहीं है और न ही विविध खाद्य-घटकों, मसालों आदि के घुलने-मिलने के लिए पर्याप्त समय होता है जिसके कारण इससे पका भोजन जायकेदार नहीं होता।

माइक्रोओवन के विविध अंगों-एनक्लोजर, ऊर्जास्त्रोत, तापीय एलीमेंट, पावर-पूर्ति, कुकिंग-गुहा, नियंत्रक आदि के कार्यकारिता की जांच करना सुरक्षा के लिए आवश्यक है। कार्यकारिता-परीक्षणों में शामिल हैः तप्त और अतप्त मापन, सूक्ष्मतरंगों का रिसाव, आयु और पर्यावरणीय परीक्षण। यह सब जांच माइक्रोओवन के भारतीय मानकः 11676 के अनुरूप की जा सकती है।

13.11 भोजन पकाने के बर्तन-भांडे

कहते हैं कि जहां बर्तन खनकते है वहां शादी टूटती है। इसमें यह जोड़ा जा एकता है कि जहां बर्तन चमकते है वहां दंपति का यश फैलता है। एक विज्ञानी होने के नाते, यह जोड़ना भी आवश्यक है कि जहां बर्तन पर सौंदर्य और विज्ञान दोनों की झलक होती है वहां थर्म (ईंधन से उत्पन्न गर्मी) और घंटों (पक्वन-समय) की बचत होती है। दरअसल रसोईघर में सुधरे-सुंदर उपकरणों और तापदक्ष बर्तन भांडों की मौजूदगी हमारी कुल आर्थिक-तकनीकी प्रगति का सूचक है जिसके आइने में हमारी सामाजिक-सांस्कृतिक समृद्धि झलकती है।

भोजन पकाने के लिए भांड़ों, मिट्टी की हांडी और लोहे का तवा के स्तर से हम काफी ऊपर आ गए हैं, यद्यपि हांडी-तवा का परित्याग नहीं किया गया है।

सुधरी हुई अर्गोनामी (मनुष्य के शरीर की संरचना और अभीष्ट कार्यों की प्रकृति के अनुरूप बर्तन आदि की डिजाइन का विज्ञान) के अनुसार तापदक्ष और सुघड़ बाहर से तांबा की पेंदी-जड़े तपेले, कड़ाही, तवा, फ्राइंगपैन, प्रेशर कुकर आदि अधिकाधिक रसोईघरों की शोभा बढ़ाने लगे हैं। दरअसल भारतीय संस्कृति में आवश्यक बर्तनों में काफी विविधता एवं बहुलता है। हमें दोनों वक्त ताजी दाल, कढ़ी-सालन आदि चाहिए, भात भी गरमागरम चाहिए, सब्जी-भुर्ता, फुल्का, खिचड़ी, खीर, पकौड़ी आदि सभी गरमागरम ही चलता है और व्रत-पूजा के दिन खिचड़ी अलग ही पकती है। इसलिए हमारा भोजन दिन में कई बार छोटे-मोटे बर्तनों में पकाया जाता है।

अपेक्षित डिजाइन : आरंभ से ही गोल पेंदी के बर्तनों-डेगची, भारी-भरकम बटुए-भगोने आदि में खाना पकता रहा है जिसकी घिसाई-सफाई में ननद-भाभी की नोक-झोंक होना आम बात रही है। दरअसल गोल पेंदी के बर्तन विज्ञान-सम्मत नहीं हैं क्योंकि इनके निर्माण में समतल पेंदी के तपेलों की अपेक्षा तीन बटा दो गुनी ज्यादा धातु खपती है, गोल बर्तन कीमती होता है, रख-रखाव में असुविधाजनक होता है, इसमें खाना समान रूप से नहीं पकता, समय भी ज्यादा लगता है और ईंधन भी ज्यादा खपता है, क्योंकि गोल बर्तनों के अधिक सतह से 1.5 से 12 प्रतिशत तक गरमी विकिरण द्वारा नष्ट होती है। ड़ेढ से तीन लीटर आयतन के तांबा की पेंदीवाला तपेला जिसकी चौड़ाई उसकी ऊंचाई की 1.8 गुनी हो सर्वोत्तम होता है, क्योंकि इसमें उष्मा शीघ्र और सभी ओर समान रूप से फैलती है, विकिरण द्वारा ताप-क्षय कम होता है, खाना समान रूप से जल्द पकता है और यह रख-रखाव में भी सुविधाजनक होता है। वैसे स्टोव या चूल्हे से उत्पन्न गर्मी के बढ़ते क्रम के अनुसार उक्त इष्टतम अनुपात 1.8 से 1.9 के बीच होता है। बाजार में प्राप्त कई प्रकार के तपेले बेढब आकार के होते हैं तथा ईंधन-खपत और सहूलियत के हिसाब से सही नहीं होते।

स्टील की दो सतहों के बीच अल्युमीनियम की सतह बैठाकर बने बर्तन या थ्री-प्लाई संरचना के तापदक्ष बर्तन भोजन पकाने के लिए सर्वथा उपयुक्त हैं। इनके पूरे क्षेत्र में तापचालकता एक समान होने से गर्मी शीघ्र चारों फैलती है व खाना शीघ्र और समान रूप से पकता है। अर्गोनामी के हिसाब से सही 3-प्लाई संरचना के कई बर्तन बाजार में उपलब्ध हैं। इस प्रकार के तपेलों की पेंदी का केंद्रीय हिस्सा थोड़ी-सी दूर तक बिल्कुल समतल होना चाहिए और ऊपरी छोर को बाहर मोड़े बगैर पकड़ के लिए दो तरफ बेकलाइट के छोटे हैंडलनुमा जोड़ सुविधाजनक होते हैं। अन्य प्रकार के समतल पेंदी के तपेलों की पेंदी दरअसल पूरी समतल नहीं होती और ऊपरी छोर पतला मुड़ा हुआ होता है जो सबसे ज्यादा गर्म होता है और संभाल में असुविधाजनक। अर्गोनामी के

हिसाब से यह तपेलों की सही डिजाइन नहीं है।

सुधरे हुए अन्य बर्तन जैसे डेगची, कड़ाही, सॉसपैन व फ्राइंगपैन की चौड़ाई और ऊंचाई का उपयुक्त अनुपात क्रमशः 1.8-2.0, 3.5, 2.5-2.8 और 3.8-4.2 के बीच है। ऐसी सुधरी डिजाइन के बर्तनों में गरमी समान रूप से फैलती है, ताप-क्षय कम होता है, खाना ठीक से पकता है और रख-रखाव में सुविधा होती है।

जहां तक बर्तन के लिए उपयुक्त धातु का सवाल है, यह तथ्य सर्वविदित है कि नए जोड़ों के मुकाबले पुराने जोड़ों (पति-पत्नी) के घरों में पीतल के बर्तन ज्यादा खनकते हैं, बल्कि ऐसे बर्तनों के शोर की भनक पड़ोसी तक पहुंच जाती है। तकनीकी हकीकत यह है कि ताप चालकता की दृष्टि से एल्यूमीनियम और पीतल के बर्तन बेहतर हैं किंतु इनमें अशुद्धता का अंश होने से और इनमें पके हुए भोजन जल्द खराब होने के कारण अब रुझान स्टील के बर्तनों की ओर है जो दरअसल ताप-चालकता के हिसाब से सही नहीं होते। अतः शुद्ध स्टील के बजाय सम्मिलित धातु या थ्री-प्लाई के बर्तन अथवा तांबे की पेंदी जड़े बर्तन ही बेहतर विकल्प हैं।

जांच : प्रायः अशुद्ध स्टील के बर्तन खरीदने पर अफसोस होता है, क्योंकि इनमें खाना ठीक से नहीं पकता, खाने में अशुद्धियां और कुस्वाद पैदा होता है और यह जल्द फटकर खराब हो जाते हैं। बर्तन के लिए उच्च कोटि के स्टील की जांच घरेलू विधि द्वारा की जा सकती है। इसके लिए 100 ग्राम पानी में 10 ग्राम सिरका डालकर घोल बनाएं। एक दूसरा घोल 100 ग्राम पानी में 5 ग्राम नमक डालकर बनाएं। इन दोनों घोलों में स्टील के बर्तन को पारी-पारी सोलह घंटे तक गीला रखें। यदि स्टील के बर्तन में कोई धब्बा नहीं पड़ता तो वह अच्छी गुणवत्ता का स्टील होगा।

अनुकूलन (सीजनिंग) : लोहे के बर्तन जैसे तवा, कड़ाही, कलछुल आदि की खासियत यह है कि यह गरमी के अच्छे संवाहक और अच्छे संग्राहक दोनों हैं। खास पकवानों को धीमा, सुनहरा और बिना जले पकाने के लिए लोहे की शुद्ध चद्दर से बने बर्तन बेहतर होते हैं। हां, यह ध्यान रहे कि यह बर्तन ढलाई किए हुए रंध्रमय लोहे के न बने हों बल्कि चिकनी चद्दर के हों।

इस्तेमाल करने के पहले लोहे के बर्तन का अनूकूलन या ''सीजनिंग'' करना बहुत फायदेमंद होता है। पहले बर्तन को किसी खट्टी चीज (इमली, नीबू आदि) से रगड़कर धोएं।

बर्तन को सुखाकर उसमें कोई चिकनाई (नमक-रहित) लगाएं और हल्की आंच पर रख दें। आधे घंटे के बाद आंच से उतारकर ठंडा करें और पानी से धो-सुखा लें इस तरह बर्तन के सूक्ष्म छिद्र चिकनाई से भर जाएंगे और ऐसे बर्तन में भोजन जलेगा नहीं।

13.12 प्रेशर कुकर

करीब 150 प्रतिशत कम समय में तथा तदनुसार कम ईंधन की खपत के साथ पोषक तत्त्वों को नष्ट किए बगैर यानी पूरी वैज्ञानिक विधि से भोजन पकाने के लिए प्रेशर-कुकर एक ऐसा वरदान है जो मध्यमवर्गीय अधिकांश परिवारों द्वारा इस्तेमाल में लाया जाता है। बाजार में सामान्यत: प्राप्त 2 से 20 लीटर माप के प्रेशर कुकर निर्दिष्ट शुद्धता के अल्युमिनियम के बने होते हैं, यद्यपि कुछ कंपनियां स्टील और तांबा-पेंदी जड़ी स्टील द्वारा भी कुकर बनाती हैं। चार लीटर तक के प्रेशर कुकर की पेंदी न्यूनतम 3.2 मिलीमीटर मोटी होती है और यह सामान्यत: एक बार एक खाद्य पकाने यानी सिंगल कुकिंग के निमित्त उपयुक्त होते हैं। चार लीटर से ज्यादा बड़े प्रेशर कुकर की पेंदी न्यूनतम 6 मिलीमीटर मोटी पेंदी के होते हैं जिनमें एक साथ दो या तीन बर्तनों में विविध खाद्य पकाए जा सकते हैं। पतली दीवार या पतली पेंदी के प्रेशर कुकर भोजन पकाने के लिए अनुपयुक्त और असुरक्षित होते हैं।

प्रेशर कुकर में भाप का दबाव 1.0 किलोग्राम बल प्रति वर्ग सेंटीमीटर (15 पाउंड प्रति वर्ग इंच) होता है और इस दाब पर लगभग 110^0 सेल्सियस तापमान पर भोजन पकता है। सुरक्षात्मक माप-निकासी की विधियां उक्त कार्यकर दाब का डेढ़ से तीन गुना दाब सहन करने में क्षम्य होती हैं। उक्त कार्यकार दाब के 6 गुने ज्यादा दाब होने पर कुकर फट सकता है।

ढले होने पर प्रेशर कुकर के मुख्य भाग और ढक्कन में कोई रंध्र, बुलबुले, ढलाई के गड्ढे आदि नहीं होने चाहिए। गड्ढे होने पर कुकर के किसी भाग में खरोंच, शिकन आदि खराबियां नहीं होनी चाहिए। गलनशील प्लग या सेफ्टी-प्लग ऐसी धातु का होना चाहिए कि कुकर भ्रष्ट होने के दाब पर पहुंचने के पहले गलकर ऊपर उड़ जाए।

कुछ सुधरे हुए प्रेशर कुकर में भाप निकासी के लिए बेहतर प्लग होती है जिससे कम शोर के साथ भाप निकलती है और स्वत: साफ होती है। चमकीले धूसर या ग्रे-कोटिंग किए प्रेशर कुकर की सतह सख्त होती है व उसके ऊपर खरोंच आदि आसानी से नहीं पड़ती। बेकलाइट के बजाय आरनाइट के बने हैंडल जल्दी गर्म नहीं होते और आसानी से नहीं टूटते।

रबर गासकोट सही माप का हो जिसमें कोई रंध्र, दरार, ब्लिस्टर आदि न हो। इसकी लोच खत्म होने पर इसे बदल दें।

प्रेशर कुकर के निर्माण के क्षेत्र में भारी प्रतिस्पर्धा है जिसके चलते अनेक प्रकार के कुकर बाजार में उतारे गए हैं जिनके चुनाव के लिए उक्त आधारभूत जानकारी उपयोगी होगी। विशेषत: यह देखें कि कुकर का कोई भाग खाने के रंग, स्वाद आदि को खराब न करे और खाने में हानिकारक या विषाक्त तत्त्व न आएं।

13.13 फ्रिज बनाम इकोफ्रिज

घरेलू रेफ्रीजरेटर या फ्रिज मध्यम वर्ग के खाते-पीते प्रायः अधिकांश परिवारों द्वारा उपयोग में लाया जाता है। छोटे, मझोले और 350 लीटर तक के बड़े घरेलू फ्रिज 0° सेल्सियस और उससे अधिक शीत तापमान पर खाने-पीने की चीजों को बिना खराब हुए कई दिनों तक सुरक्षित रखने के लिए उपयुक्त पाए जाते हैं। बर्फ युक्त फ्रीजर भाग में 0° सेल्सियस से कम प्रायः -10° सेल्सियस तक के शीत तापमान पैदा किए जा सकते हैं। फ्रिज की कार्यकारिता का मूल्यांकन, बर्फ तैयार होने के लिए अधिकतम समय-सीमा, भीतरी फ्रास्ट संचयन और डिफ्रास्ट क्रिया आदि फ्रिज की गुणवत्ता का निर्धारण करते हैं, जिसके लिए एक भारतीय मानक लागू किया गया है। उपभोक्ताओं के हितों की दृष्टि से फ्रिज की अधिकतम रेटेड ऊर्जा-खपत भी निर्दिष्ट की गई है और फ्रिज के आयतन का परिकलन किया गया है।

फ्रिज की प्रशीतन टेक्नोलॉजी में क्लोरो-फ्लोरो-कार्बन (सी एफ सी) का इस्तेमाल होता आया है। फ्रिज के कुछ प्रकारों में हाइड्रो-फ्लोरो-कार्बन (एच एफ सी) का प्रयोग होता है। सी एफ सी दरअसल ओजोन गैस को नष्ट करता है जिसकी रक्षक-पर्त वायुमंडल के ऊपरी हिस्से में स्थित है और सूर्य की पराबैगनी किरणों को हानिकारक स्तर तक आने से रोकती है। सी एफ सी एक अच्छा प्रशीतक (रेफ्रिजरेंट) है जो एयरोसोल-स्प्रे, फोमिंग विधयों, विलायकों आदि में डाला जाता है और ओजोन के क्षय में सहायक होता है।

दूसरी ओर हाइड्रो-फ्लोरो-कार्बन (एच एफ सी-34ए) प्रशीतक और शीतलक पदार्थो का एक अन्य विकल्प है। एच एफ सी दरअसल ओजोन को क्षति नहीं पहुंचाता किंतु इसके प्रयोग से भूमंडलीय उष्णता बढ़ती है जो जलवायु में उथल-पुथल का कारण बन सकती है।

घरेलू फ्रिज में सी एफ सी का प्रयोग हो या एच एफ सी का, इनकी वजह से यू वी रेडिएशन में वृद्धि और ग्लोबल वार्मिंग का खतरा बढ़ना अवश्यंभावी है। इस प्रकार कैंसर जैसी बीमारियों में बढ़त और खाद्य-उत्पादन में गिरावट का अंदेशा बना हुआ है। कई देशों ने उक्त रसायनों की खपत पर रोक लगा दी है।

मांट्रियल-प्रोटोकल नामक एक अंतर्राष्ट्रीय पर्यावरण समझौते के अनुसार भारत सहित सभी विकासशील देश सन 2010 तक सी एफ सी का इस्तेमाल बंद करने के लिए वचनबद्ध हैं। इसी प्रकार एक अन्य अंतर्राष्ट्रीय समझौते क्योटो-कनवेंशन ऑन क्लाइमेट चेंज के अनुसार दुनिया के सभी देश सन् 2030 तक एच एफ सी के प्रयोग को समाप्त करने पर सहमत हुए हैं। गौरतलब है कि विकसित देशों में सी एफ सी का इस्तेमाल प्रायः बंद हो चुका है।

सुरक्षित विकल्प : एक आधुनिक विधि हाइड्रोकार्बन टेक्नोलॉजी की बदौलत

पर्यावरणमित्र श्रेणी के फ्रिज बनाने का दौर चल रहा है जिसके कारण ओजोन परत और भूमंडलीय उष्णन दोनों पर कोई कुप्रभाव नहीं पड़ते। जर्मनी में प्राय: शत प्रतिशत फ्रिज हाइड्रोकार्बन टेक्नोलॉजी पर आधारित हैं और ऐसे बने फ्रिज को इकोफ्रिज या ग्रीनफ्रिज कहते हैं। जिन देशों में पर्यावरण जागरूकता ज्यादा है वहां इकोफ्रिज के निर्माण हेतु हाइड्रोकार्बन टेक्नालॉजी अपनाने की प्रक्रिया में तेजी आई है।

भारत के सामने विकल्प सी एफ सी को छोड़कर एच एफ सी अपनाने का नहीं बल्कि सीधे हाइड्रोकार्बन टेक्नालॉजी अपनाना है। भारत में उद्योग और राष्ट्रीय अनुसंधान संस्थाओं तथा कुछ अंतराष्ट्रीय संगठनों के सम्मिलित प्रयास से इकोफ्रिज को अपनाने की ओर विकास कार्य हो रहे हैं। अनुमान है कि मात्र 40 ग्राम हाइड्रोकार्बन गैसों के प्रयोग से इकोफ्रिज चलाया जा सकता है। कुछ भारतीय निर्माता इकोफ्रिज के माडल तैयार कर चुके हैं और सी एफ सी आधारित फ्रिज को इकोफ्रिज में बदलने की सुविधा भी मुहैया कराएंगे। रिट्रोफिटिंग सुविधा के अनुसार उपभोक्ता अपने पारंपरिक फ्रिज के कॉम्प्रेशर को बदलवा कर इसे इकोफ्रिज बना पाएंगे। जाहिर है कि वर्तमान आवश्यकता पारंपरिक फ्रिज पर उपभोक्ता मार्गदर्शन देने की नहीं बल्कि इकोफ्रिज का स्वागत करने की है।

13.14 इस्तरी (इलेक्ट्रिक आइरॅन)

कपड़ों की इस्तरी करने के वास्ते कई प्रकार के सुधरे हुए स्वचालित या आटोमेटिक-कंट्रोल के आइरन बाजार में उपलब्ध हैं जिनकी घरेलू लोकप्रियता बढ़ती जा रही है। वैसे बिजली आपूर्ति में देशव्यापी बारहमासी संकट के चलते कोयले की आंच से गर्म होनेवाली इस्तरी के दिन वापस आ गए हैं। बढ़ती संख्या में लोग घर पर कपड़ों की इस्तरी कराने के बजाय धोबी से कराना चाहते हैं। फिर भी बिजली की इस्तरी के सुरक्षित प्रयोग पर उपभोक्ता-मार्गदर्शन अपेक्षित है।

इस्तरी एक सामान्य किंतु लोकप्रिय घरेलू विद्युत-उपकरण है जिसमें बिजली से गर्म होने वाली तल-पट्टिका (सोल प्लेट) और हीटिंग एलीमेंट होता है। प्राय : सभी इस्तरी में तापमान का नियंत्रण रखने के लिए एक थर्मोस्टैट लगा होता है। नायलोन, रेयान, पालीएस्टर, रेशमी, ऊनी, सूती या लिनन से वस्त्रों की इस्तरी के लिए तापमान 70^0 से 210^0 सेल्सियस तक (तालिका 36 के अनुसार) बढ़ाया जा सकता है। दरअसल, इस्तरी के तापमान को सही स्तर पर रखना और विविध वस्त्रों के लिए सही तापमान चुनना इस्तरी के साथ एक अहम समस्या है।

तालिका 36 : विविध वस्त्रों की इस्तरी के लिए निर्दिष्ट तापमान

वस्त्र के प्रकार	निर्दिष्ट तापमान, डिग्री सेल्सियस
1. नायलोन	$70-90^0$
2. रेयान	$100-120^0$
3. पालीएस्टर	$110-120^0$
4. रेशम	$130-150^0$
5. ऊन	$160-180^0$
6. सूती	$190-210^0$
7. लिनॅन	210^0

बिजली की इस्तरी मुख्य तीन श्रेणियों में निर्मित होती है, यानी ड्राई-आइरन, स्प्रे-आइरन और स्टीम आइरन। नम दशा में कपड़ों की इस्तरी बेहतर होती है जिसके लिए आखिरी दो श्रेणियों के आइरन उपयुक्त हैं। यह सभी प्रकार के आइरन हल्के वजन के होते हैं क्योंकि गर्म तापमान न कि वजन अच्छी इस्तरी में निर्णायक कारक होता है। इनकी निचली पट्टी या हाटप्लेट टेफलान की लेप से चिकनी बनाई जाती है। इस्तरी के लिए भारतीय मानक उपलब्ध है जो इसकी बनावट, कार्य और सुरक्षा संबंधी कारकों को निर्दिष्ट करता है ताकि इस्तरी की गुणवत्ता और विश्वसनीयता स्वीकार्य स्तर की हो।

निर्दिष्ट विधियों द्वारा किए गए परीक्षण के अनुसार इस्तरी से बिजली का धक्का न लगे, तापमान में वृद्धि निर्धारित स्तर तक ठीक से हो, तापमान के नियंत्रण हेतु थर्मोस्टैट कार्यक्षम हो, बिजली का रिसाव न हो, नमी अवरोधक बनावट हो, अर्थिंग या भूसंपर्क की व्यवस्था हो, इस्तरी की बनावट मजबूत हो आदि जरूरतों को सुनिश्चित किया जाता है। आइ एस आइ मुहर द्वारा प्रमाणित बिजली की इस्तरी खरीदना प्रायः मुनाफे का सौदा होता है। एक सामान्य और सरल विद्युत-उपकरण होने के बावजूद और निर्माण के स्तर मे इतनी प्रगति होते हुए भी प्रायः 50 प्रतिशत नमूने सभी परीक्षणों में खरे नहीं उतरते। हकीकत यह है कि प्रायः खुदरा या लघु उद्योग स्तर के उद्यमियों द्वारा इस्तरी के सहायक पुर्जे बनाए जाते हैं और बड़ी कंपनियों द्वारा इन पुर्जों से बनाई गई इस्तरियों पर मशहूर ब्रांड की मुहर लगाई जाती है।

13.15 विद्युत-तापक या रूम हीटर

कड़ाके की कष्टदायक सर्दियों में जब तापमान शून्य डिग्री सेल्सियस के आगे-पीछे होता है, खासकर शयनकक्ष के तापमान को आरामदेह स्तर पर लाने के लिए विद्युत-तापक या रूम हीटर प्रायः एक जरूरत बन जाता है। मध्यमवर्ग की

क्रय क्षमता में हो रही वृद्धि के चलते बढ़ती संख्या में रूम हीटर घरों में पहुंच रहे हैं। बच्चे, वृद्ध एवं रुग्ण व्यक्ति रूम हीटर से विशेषतः लाभान्वित होते हैं।

रूम हीटर, पंखा सहित और पंखारहित इन दो प्रकारों में मिलते हैं। इनमें एक हीटिंग क्वायल थर्मोस्टैट और मोटर-चालित पंखा होता है। गर्म की गई हवा को पंखा नियमित रूप से बाहर ढकेलता रहता है जिससे कमरे का तापमान एक समान और स्थिर स्तर पर रहता है। इनकी सही बनावट, कार्य और सुरक्षा संबंधी 10 से ज्यादा परीक्षण विधियां निर्दिष्ट की गई है।

कमरे का तापमान अपेक्षित स्तर पर बनाए रखने के लिए एक थर्मोस्टैट लगा होता है जो कमरे के तापमान से संवेदित होने पर विद्युत-धारा को जरूरत के अनुसार बंद करता या जोड़ता है ताकि अपेक्षित मात्रा से ज्यादा गर्मी न पैदा हो। सभी हीटरों में अर्थिंग की व्यवस्था अनिवार्य है ताकि हीटर के बाहर का कोई स्थान शरीर से छू जाने पर बिजली का धक्का न लगे। नए रूम हीटरों के साथ रिमोट-कंट्रोल की व्यवस्था भी उपलब्ध है जिनके द्वारा दूर से बटन दबाकर तापमान अपेक्षित स्तर यानी 15^{0} या 23^{0} सेल्सियस पर लाया जा सकता है। विद्युत-खपत के लिहाज से रूम-हीटर एक महंगा सौदा है, क्योंकि औसतन 1.5-2.0 किलोवाट-घंटा की दर से बिजली की खपत होती है, यद्यपि रूम हीटर के दाम रू. 1500-1800 के बीच ही होते हैं।

13.16 उपभोक्ता मार्गदर्शन

1. निर्माता के निर्देशों के अनुसार रूम हीटर को फर्श पर या एक स्थिर स्टैंड/टेबल पर रखें जहां से बच्चे दूर रखे जा सकें।
2. रूम हीटर को दहनशील वस्तुओं के समीप न चलाएं, जैसे बिस्तर, चद्दर, पर्दे, सोफा, कालीन, कपड़े आदि। जिस स्थान से हवा हीटर के अंदर जाती है और गर्म हवा जिस स्थान से बाहर निकलती है, वहां कोई रुकावट या अवरोध नहीं होना चाहिए।
3. रूम हीटर का प्रयोग, यदि निर्माता द्वारा निर्दिष्ट न हो, कपड़ा सुखाने के लिए किया जाना दुर्घटना का कारण बन सकता है।
4. रूम हीटर ज्यादा विद्युत खपत करनेवाले उपकरण है, अतः इन्हें अलग पावर-प्वाइंट से जोड़ना आवश्यक है जहां अन्य उपकरण न लगाए जाएं।
5. सर्दियों में हवा वैसे भी शुष्क रहती है और रूम हीटर से और भी ज्यादा शुष्क हो जाती है जो श्वास के लिए हानिकारक है। कुछ रूम हीटर में आर्द्रताकारक विधि लगी होती है। किंतु ऐसा न होने से इसकी अलग से व्यवस्था करना लाभदायक होगा।

13.17 घरेलू उपकरणों से बिजली की बचत

अधिकांश घरेलू कार्य जबकि विद्युत-चालित होते जा रहे हैं, विद्युत की कटौती की स्थिति कायम है और विद्युत-दरें दिनोंदिन महंगी होती जा रही है, ऐसे में विद्युत-खपत में कटौती करना एक देशव्यापी आवश्यकता हैं। विद्युत-बचत अपरोक्षत: जल-संरक्षण और पर्यावरण-संरक्षण से भी जुड़ी समस्या है जिसका हल काफी हद तक उपभोक्ता के स्तर पर संभव है। विद्युत की खपत में विविधता के अनुसार विद्युत की बचत की कई सूरतें हो सकती है जिनमें से प्रमुख विधियों का उल्लेख यहां किया जा रहा है।

1. पंखों का प्रयोग अन्य विद्युत उपकरणों के मुकाबले ज्यादा समय तक किया जाता है। औसत (36-48इंच) और बड़े आकार (56 इंच) के सीलिंग फैन की रेटेड खपत क्रमश: 50 व 60 वाट होती है और रोजाना औसतन 10 घंटे चलाने पर क्रमश: 15 व 18 यूनिट बिजली हर महीने में खपती है। यानी घर में यदि औसतन चार पंखें (खासकर गरमियों में) रोजाना 24 घंटे में 10 घंटे चलें तो उक्त खपत क्रमश: 60 व 72 यूनिट होगी।

पंखों के लिए इलेक्ट्रानिक रेग्युलेटर के प्रयोग से 10-20 प्रतिशत बिजली बच सकती है। स्टेप-टाइप उक्त रेग्युलेटर सामान्य श्रेणी से बेहतर होते हैं। पंखों पर धूल न जमने दें और इनकी बिअरिंग तथा कपेसिटर को हमेशा सही दशा में रखें तो अतिरिक्त विद्युत-बचत संभव हो सकती है।

2. पंखों की तरह रोशनी के लिए भी अधिक समय तक बिजली की खपत कायम रहती है। नाइट-लैंप (15 वाट), बल्ब (100 वाट) और ट्यूबलाइट (35 वाट) को रोजाना औसतन 10 घंटे जलाने पर विद्युत की मासिक खपत क्रमश: 4.5, 30 व 10.5 यूनिट (1युनिट या 1 किलोवाट-घंटा या 1000 वाट एक घंटा तक) होती है। फ्लोरसेंट ट्यूब के प्रयोग से 30 प्रतिशत अधिक ल्यूमन का प्रकाश कम लागत पर पैदा होगा। मैगनेटिक बैलॅस्ट युक्त 4 फीट लंबी ट्यूब से 55 वाट बिजली खपती है (40 वाट तथा 15 वाट बैलॅस्ट द्वारा)। इसकी जगह इलेक्ट्रानिक बैलॅस्ट लगाने से 35 वाट ही विद्युत खपेगी।

सुधरे हुए कंपैक्ट फ्लुरसेंट लैंप (सी एफ एल) 7-28 वाट की श्रेणी में उपलब्ध हैं। यदि 60 वाट के सामान्य बल्ब की जगह 11 वाट के सी एफ लैंप का प्रयोग किया जाए तो 49 वाट या करीब 80 प्रतिशत के बराबर बिजली की बचत होगी। अत: अच्छी कंपनी द्वारा निर्मित सी एफ लैंप का प्रयोग सर्वथा वांछनीय है।

3. आजकल घरों में टी वी और म्युजिक सिस्टम का दैनिक प्रयोग 6-

10 घंटे तक होता है। औसत टी वी (120 वाट) का रोजाना 10 घंटे प्रयोग करने पर बिजली की मासिक खपत 36 यूनिट होगी। टेप/स्टीरियो (20 वाट) से उक्त खपत 6 यूनिट होगी। रिमोट के इस्तेमाल से 5 वाट अधिक खपत होती है। कई बार टी वी को रिमोट से बंद कर टी वी के शेष भाग को स्टैंडबाई स्थिति में रखा जाता है (रात 10 बजे से अगली शाम 6 बजे तक) तो 100 वाट के बराबर अधिक बिजली की खपत होगी, यानी 3000 वाट प्रति माह। अतः मुख्य स्विच के प्रयोग से टी वी बंद करें और 3 यूनिट बिजली बचाएं।

4. प्रायः 165 लीटर का फ्रिज (225–300 वाट) हर संपन्न मध्यम परिवार की शान होती है जिससे 2–4 यूनिट बिजली रोजाना खपती है। थोड़ी सी सावधानी से 20–30 प्रतिशत बिजली की बचत की जा सकती है।

- फ्रिज में इतना ज्यादा सामान न ठूंसे कि हवा का प्रवाह बाधित हो,
- फ्रिज का दरवाजा बार-बार और पूरी तरह न खोलें,
- बर्फ ज्यादा जमने पर (5 मिलीमीटर मोटी परत) फ्रिज को डिफ्रास्ट करें,
- फ्रिज में गर्म चीजें न रखें, ठंडा होने पर रखें,
- फ्रिज को कमरे की दीवार से कम से कम 15 सेंटीमीटर दूर रखें,
- गैस बर्नर, धूप या अन्य गर्म स्त्रोत के इर्द-गिर्द फ्रिज न रखें,
- दरवाजे का रबर-गास्केट घिसा न हो और दरवाजे को पूरा बंद रखें, इसकी जांच के लिए एक पतला कागज लगा कर दरवाजा बंद करें, यदि कागज ढीला लगे या नीचे गिर जाए तो ढीले गास्केट की मरम्मत कराएं या बदलें, और
- रात में फ्रिज का थर्मोस्टैट घटा कर रखा जा सकता है।

5. कपड़ा धुलाई की वाशिंग मशीन, आटोमेटिक (325 वाट) व सेमी आटोमेटिक (200 वाट) प्रति घंटा प्रति माह क्रमशः 10 व 6 यूनिट बिजली खपाती हैं। एक बार उतना ही कपड़ा साफ करें जितनी अधिकतम सीमा निर्दिष्ट की गई है। कपड़े यथासंभव बाहर सुखाएं, वाशिंग मशीन में नहीं। सामान्य वाशिंग मशीन के मुकाबले आटोमेटिक और सेमी-आटोमेटिक मशीनें ज्यादा बिजली खपाती हैं। इस प्रकार उक्त सावधानी द्वारा 20 प्रतिशत बिजली की बचत हो सकती है।

6. एयर कंडीशनर 1 टन (1400 वाट) रोजाना 10 घंटे चलाने पर हर महीने 450 यूनिट के करीब बिजली खपाती है, यानी खरीदना आसान किंतु बिजली का बिल अदा करना मुश्किल होता है। डेढ़-दो टन वाले एयर कंडीशनर संभालना इससे भी ज्यादा मुश्किल है।

इनसे बिजली बचाने की संभावना मात्र 10 प्रतिशत के करीब है। एयर कूलर (170 वाट) एक अन्य विकल्प है जिसका रोजाना 10 घंटे इस्तेमाल करें तो हर माह 50 यूनिट के करीब बिजली खपेगी। एयर कूलर के उपयोग में बिजली बचाने क़ी कई संभावनाएं हैं।

- एयर कूलर की पंप की क्षमता और पंखे के आकार के अनुसार बिजली की खपत होती है। सही साइज के एयर कूलर के चुनाव द्वारा बिजली की खपत सीमित की जा सकती है।
- पोर्टेबल एयर कूलर की अपेक्षा खिडकी पर लगाया जाने वाला विंडो एयर कूलर ज्यादा दक्ष और प्रभावी होता है जिससे बिजली की खपत में बचत की जा सकती है।
- एयर कूलर के सामने की खिड़की या दरवाजा खुला रखें ताकि संवातन या वेंटिलेशन बाधित न हो।
- एयर कूलर से आर्द्रता में वृद्धि होती है, अतः शुष्क स्थानों में ही इनका इस्तेमाल प्रभावी होता है। अधिक आर्द्रता वाले स्थानों जैसे समुद्री तट के घरों के लिए एयर कूलर अनुपयुक्त है, बल्कि ऐसे कुछ स्थानों में इनका उपयोग प्रतिबंधित है।
- एयर कूलर के साथ आर्द्रता के नियंत्रण की सुविधा होने से इसका उपयोग ज्यादा दक्ष, प्रभावी और ऊर्जाक्षम होगा।
- एयर कूलर के लिए भूमिगत जल या बोरवेल से प्राप्त जल उपयुक्त नहीं है। ऐसे जल में लवणों की मात्रा ज्यादा होती है जिसके कारण पानी के पंप और पंखे की मोटर का कार्य बाधित होता है। मृदु जल के प्रयोग द्वारा एयर कूलर सुचारु रूप से चलता है और बिजली की खपत बढ़ती नहीं।

एयर कूलर के लिए इस्तेमाल में आने वाला जल हर दिन बदला जाना जरूरी है।

इसी प्रकार इलेक्ट्रिक आइरन (500-700 वाट), वाटर हीटर, इंस्टेंट (300 वाट), वाटर हीटर, इमर्सन राड (1000 वाट), टोस्टर (800 वाट), कम्प्यूटर (100 वाट), वाटर हीटर स्टोरेज 10-20 ली (2000 वाट) आदि में भारी मात्रा में बिजली खपती है। इनकी निर्दिष्ट प्रयोग विधियों/निर्देशों का पालन करते हुए कम से कम 20 प्रतिशत बिजली की बचत करना सर्वथा संभव है।

14
सतत् उपभोग की ओर...

सृष्टि के निर्वाह हेतु विश्व में सतत् विकास होना एक अनिवार्य शर्त है। मनुष्य की समृद्धि और सुख-शांति सतत् विकास के टिकाऊ रास्ते पर ही संभव है। विश्व की सभी सरकारें सतत् विकास की शपथ लेती हैं। सतत् विकास निस्संदेह एक श्लाध्य लक्ष्य है और सर्वथा अनुनेय। पृथ्वी के सीमित संसाधनों का परिमित एवं विवेकपूर्ण उपयोग हो ताकि पर्यावरण की क्षति न हो या न्यूनतम हो और जितनी क्षति हो उसकी सतत् प्रतिपूर्ति की जा सके। पर्यावरण-अनुकूल उपभोक्ता पदार्थों का निर्माण और उपयोग हो ताकि सतत् विकास और सतत् उपभोग में समपूरकता और संतुलन बना रहे। यह लक्ष्य मानव अस्तित्त्व हेतु अपरिहार्य है। इसीलिए विश्व के सभी देश एकजुट होकर इस लक्ष्य को प्राप्त करने के उपायों पर सोचते हैं, विश्व पर्यावरण सम्मेलन, पृथ्वी सम्मेलन, उपभोक्ता सम्मेलन, जल सम्मेलन इत्यादि का नियमित रूप से आयोजन होता है जिसमें राष्ट्राध्यक्षों की सहभागिता होती है। तथापि दुखःद परिणाम यह है कि सतत् विकास का लक्ष्य दूर हटता हुआ दिखाई देता है। विभिन्न देशों और खेमों के बीच की असमानता, जातिभेद, वर्गभेद, शोषण या आधिपत्य की भावना खत्म होने की राह पर नहीं दिखाई देती और इस प्रकार् सतत विकास और उपभोग की टिकाऊ संस्कृति की आकांक्षा दुर्लक्ष्य सी लगती है।

विश्व की बढ़ती हुई मांग और उपभोक्ता वस्तुओं के अतिशय अथवा बहुधा अनावश्यक उपभोग का नतीजा यह है कि पृथ्वी के सीमित संसाधनों का प्रायः अंधाधुंध या अपरिमित दोहन हो रहा है। इस प्रकार संसाधनों की प्राप्त राशि तथा उपभोग के परिमाण के बीच संतुलन के तार यों खिंचते नजर आते हैं कि लगता है अब टूटें, तब टूटें। द लिविंग प्लानेट रिपोर्ट-2006 के अनुसार अगले पचास वर्षों में विश्व समुदाय द्वारा इतने संसाधनों के उपभोग की आवश्यकता होगी जिसका मात्र आधा हिस्सा ही पृथ्वी द्वारा पैदा किया जा सकता है। इस प्रकार पृथ्वी का पारिस्थितिक संतुलन टूट सकता है और

अनिष्टकारक स्थिति बन सकती है, बशर्ते निकट भविष्य में पर्यावरण अनुकूल रहन-सहन के पक्ष में बदलाव नहीं आते।

14.1 हरित उपभोक्ता वस्तुएं

आज विश्व में, पर्यावरण-मित्र या हरित कही जाने वाली उपभोक्ता वस्तुओं की मानक विशिष्टियां बनाने के प्रयास में तेजी आई है, यद्यपि तथाकथित हरित उत्पादों का निर्माण और प्रयोग रस्मअदायगी के स्तर पर अटका हुआ नजर आता है। रियो डी जनेरो में जून 1992 में संपन्न हुए संयुक्त राष्ट्र पर्यावरण सम्मेलन द्वारा उपभोग के स्वरूप में परिवर्तन या पर्यावरण-अनुकूल सुधार के लिए निम्नांकित निर्देश दिए गए थे।

उत्पादन-पर्यावरण के विविध घटकों जल, मिट्टी, वायु, जीव, वनस्पति इत्यादि को हानि पहुंचाने वाली उपभोक्ता वस्तुओं, सेवाओं, विधियों आदि के उत्पादन की रोकथाम करना, उपभोक्ताओं को पर्यावरण-अनुकूल वस्तुओं की जानकारी देना और इनके लाभों से अवगत कराना ताकि ऐसे उत्पादों को अपनाने की ओर रुझान बढ़े और निर्माता इनको उत्पादन करने की ओर अग्रसर हों।

उपभोग हेतु पर्यावरण-अनुकूल वस्तुओं की खपत के लिए राष्ट्रीय नीतियां और कार्यक्रम निर्धारित करना और इसके लिए उपभोक्ताओं के विचारों को तरजीह देना ताकि वे पर्यावरण-अनुकूल वस्तुओं को अपनाने के लिए स्वतः तैयार हों।

उल्लेखनीय है कि अमरीका में उपरोक्त निर्देश प्रभावी रूप से लागू है, जिसके फलस्वरूप हरित उपभोक्ता वस्तुओं का परिमाण कुल उत्पाद का बीस प्रतिशत हो चुका है। जागरूक उपभोक्ता हरित उत्पादों को पहली वरीयता देते हैं।

14.2 भारत में हरित उत्पाद

भारत जैसे भारी आबादी वाले विकासशील देश में बहुसंख्यक आबादी का एक बड़ा असमंजस यह है कि पहले पर्यावरण या पहले रोटी का निबाला ? इस असमंजस की स्थिति से उबरने के लिए भारत में 'पर्यावरण-मित्र' उत्पादों की मानक विशिष्टियों के निर्माण और ऐसे निर्मित उत्पादों के प्रमाणीकरण की योजना चलाई गई है। इस योजना के अंतर्गत निम्न प्रकार के उत्पादों पर पर्यावरण-मित्र के रूप में एक विशेष चिह्न इनकी पहचान के लिए लगाया जाएगा :

1. ऐसे उत्पाद जिनके निर्माण और प्रयोग में पर्यावरण के किसी घटक को क्षति न पहुंचे या क्षति निर्धारित न्यून सीमा के अंदर हो,
2. ऐसे उत्पाद जिनके उपयोग के बाद निपटान में पर्यावरण को हानि न पहुंचे या ऐसी हानि निर्धारित न्यून सीमा के अंदर हो,
3. ऐसे उत्पाद जो पुनः प्रयोग किए गए उत्पादों, व्यर्थ वस्तुओं और अवशेषों से बनाए गए हों तथा उपरोक्त दोनों शर्तों को पूरा करते हों, तथा
4. ऐसे उत्पाद जो नवीकरणीय संसाधनों से बने हों और उर्जा-स्त्रोतों के बचत में सहायक हो सकें। यह सभी शर्तें हरियाली-पोषक अंतर्राष्ट्रीय निर्देशों के अनुकूल और समपूरक हैं।

कलश का आह्वान—भारत सरकार के पर्यावरण मंत्रालय द्वारा पर्यावरण मित्र उत्पाद संबंधी उक्त योजना का आरंभ नब्बे के दशक में किया गया था। योजना का कार्यान्वयन केंद्रीय प्रदूषण नियंत्रण बोर्ड तथा भारतीय मानक ब्यूरो द्वारा किया जा रहा है। विविध श्रेणियों की लगभग पांच सौ खाद्य एवं अखाद्य उपभोक्ता वस्तुओं की मानक विशिष्टियां तैयार की गई हैं। इन मानकों में सामान्य अपेक्षाएं और उत्पाद-विशिष्ट अपेक्षाएं समुचित रूप में शामिल की गई हैं।

पर्यावरण मित्र उत्पादों के मानकों की सामान्य अपेक्षाएं यह हैं कि ऐसे उत्पाद संबंधित भारतीय मानक के अनुरूप हों और परोक्ष या अपरोक्ष रूप से प्रदूषण निवारण एवं नियंत्रण अधिनियमों का उल्लंघन न करते हों। इनके पैकेजिंग की सामग्री, पैकेट या डिब्बा, पाउच आदि जैविक उपचार के योग्य हों या इनका दुबारा इस्तेमाल किया जा सके। लेबल पर उत्पाद में उपस्थित घटकों की सूची, मानदंड आदि घोषित किए जाएं जिनके आधार पर उत्पाद के पर्यावरण-अनुकूल होने का दावा किया गया हो।

उत्पाद-विशिष्ट अपेक्षाएं हर पर्यावरण-अनुकूल वस्तु के लिए अलग हैं। इन अपेक्षाओं कें अनुसार ऐसे उत्पादों में प्रदूषणजनक, विषाक्त और कैंसरजनक द्रव्यों की अनुपस्थित अनिवार्य शर्त है। ऐसे हर उत्पाद का न्यूनतम जैव विघटन मान या बायोडिग्रेडेबिलिटी निर्धारित किया गया हो। भविष्य में ऐसे उत्पादों के संपूर्ण जीवन चक्र यानी उत्पादन से उपभोग तथा निपटान तक का आद्योपांत मूल्यांकन करने की व्यवस्था भी उक्त अपेक्षाओं में शामिल है। जो उत्पाद पर्यावरण मित्र हों वे उपभोक्ता-मित्र भी होने चाहिए और इसमें अगर कोई द्वंद्व है तो इसे दूर करना अपेक्षित है।

हरित यानी पर्यावरण-मित्र उत्पाद के प्रमाणीकरण हेतु इसके प्रतीक के रूप में कलश चिह्न प्रदान करने की व्यवस्था की गई है। कलश यानी मिट्टी का घड़ा वस्तुतः शत प्रतिशत पर्यावरण-मित्र है और भारतीय संस्कृति का प्रतीक

भी। जो उपभोक्ता जागरूक नहीं हैं या भ्रामक विज्ञापनों से दुविधा में पड़ जाते हैं और समझ नहीं पाते कि कौन सी वस्तु पर्यावरण-मित्र है, वे निस्संदेह कलश चिह्नित वस्तुओं पर भरोसा कर सकते हैं। कलश का आह्वान है स्वच्छ पर्यावरण। ऐसे कुछ विदेशी उत्पादों पर हरा बिंदु लगा होता है।

भारत में पर्यावरण-मित्र उत्पाद के प्रमाणीकरण की योजना स्वेच्छापूर्ण स्तर पर लागू की गई है, किंतु जिस प्रकार पर्यावरण का क्षय हावी है उसे रोकने के लिए इस योजना को अनिवार्य करना होगा। इसके पक्ष में वैचारिक क्रांति और मनोवैज्ञानिक रुझान पैदा करना जरूरी है ताकि तकनीकी और संवैधानिक उपाय कारगर हों तथा पर्यावरण-मित्र उत्पादों की योजना प्रभावी बन सके।

उक्त योजना के अंतर्गत पर्यावरण-मित्र पेट्रोल या मोटर गैसोलीन बायो-डीजल तेल, स्नेहक या लुब्रिकेंटिंग तेल, अन्य पेट्रोलियम पदार्थ, कागज, वस्त्र, साबुन, प्रक्षालक, शैम्पू या परिमार्जक, खाद्य-रंग, अन्य खाद्य-योगज या एडीटिव, हरित-प्लास्टिक (जैव विघटनीय), स्वास्थ्य एवं सुरक्षा संबंधी विविध उत्पाद इत्यादि पर मानक बने हैं और ऐसी कई हरित अथवा वैकल्पिक उपभोक्ता वस्तुओं के निर्माण हेतु अनुज्ञापत्र या लाइसेंस जारी किए गए हैं। ऐसी वस्तुओं के निर्माण, प्रयोग, निपटान और पुनर्चक्रण में पर्यावरण का क्षय न्यूनतम स्तर तक होने का अनुमान है जिसकी क्षतिपूर्ति प्रकृति द्वारा संभव हो सकती है।

14.3 हरियाली की पुकार

यह एक सकारात्मक रुझान है कि अब दुनिया हरित-उपभोक्तावाद की ओर उन्मुख हो रही है, किंतु इसे व्यवहार में साकार करने के लिए पर्यावरण-अनुकूल उपभोग और व्यवहार को अपनाने या उपभोग को पर्यावरण के अनुकूल ढालने की आवश्यकता निर्विवाद है ताकि हरियाली की पुकार मात्र भावनात्मक या औपचारिकता तक सीमित न रह जाए। हरित उपभोक्ता मार्गदर्शन के कुछ चुने हुए निर्देश निम्नांकित हो सकते हैं :

- यथासंभव पर्यावरण-मित्र उपभोक्ता वस्तुओं की मांग करें, वस्तुओं के लेबल पर कलश चिह्न या हरा बिंदु या पर्यावरण अनुकूल संदेश देखें, जैसे—'अपशिष्ट पदार्थों द्वारा निर्मित', जैव विघटनीय, पुनर्चक्रणीय, हाथ निर्मित कागज, प्रकाश द्वारा विघटनीय इत्यादि।
- न्यूनतम पैकिंग किए हुए उत्पाद चुनें जो दुबारा इस्तेमाल योग्य या पुनर्चक्रणीय हों। पालीथीन के झोलों या प्लास्टिक पैकिंग का न्यूनतम प्रयोग करें।

- ऐसे उत्पादों को वरीयता दें जिनके भरावे या रीफिल उपलब्ध हों और इनसे न्यूनतम अपशिष्ट निकलते हों।
- खाली डिब्बा, बोतल, पैकिंग आदि को यथास्थान लौटाएं, पुनः प्रयोग करें या सही ढंग से पुनर्चक्रण या रीसाइकल कराएं, किंतु इधर-उधर इन्हें फेंक कर कूड़ा-करकट न बढ़ाएं।
- कागज का अपव्यय न करें, किफायती इस्तेमाल करें, यथासंभव दोनों ओर लिखें, लंबे पत्रों को कागज के दोनों ओरं टाइप करें और लिफाफों का दुबारा इस्तेमाल करें।
- पर्यावरण के महत्त्व को ध्यान में रख कर और उपयुक्त वस्तुओं की तालिका बना कर समझदारी से खरीदारी करें, अनावश्यक या पर्यावरण-प्रतिकूल वस्तुओं की खरीद से बचें और बिना सोचे-समझे हड़बड़ी में न खरीदें।
- उपभोक्ता वस्तुओं को, विशेषतः खाद्य तथा पेय पदार्थों को उनकी शुद्ध प्राकृतिक अवस्था में ही स्वीकारें और कृत्रिम रूप से रंग-रोगन किए हुए या बाह्य सुगंध या सुवास मिले खाद्यों से परहेज करें। रासायनिक योगज या एडीटिव मिले खाद्य या पेय पदार्थों की सुरक्षा सुनिश्चित किए बगैर इनका उपभोग न करें।
- विद्युत, ईंधन या ऊर्जा के अन्य स्त्रोतों तथा पेयजल का अपव्यय न करें, इन सब संसाधनों की बचत पर्यावरण-अनुकूल उपभोग का ही अंग है।
- उपभोक्ता वस्तुओं की जांच के सरल तरीके सीखें और दैनिक जीवन में इनका प्रयोग करें, ऐसी वस्तुओं की गुणवत्ता की खुद जांच करें या अधिकारिक संगठनों से जांच कराएं, जानकार और जागरूक उपभोक्ता बनें और भ्रामक विज्ञापनों के आक्रमण से स्वयं को और अन्य उपभोक्ताओं को बचाएं।

14.4 गांधीवादी उपभोग एकमात्र विकल्प

सतत् विकास, हरित उपभोग और पर्यावरण संरक्षण एक दूसरे पर निर्भर ऐसे अंतर्राष्ट्रीय लक्ष्य हैं जिनसे दुनिया लालायित है, यद्यपि इन लक्ष्यों की प्राप्ति हेतु किए जा रहे प्रयास प्रभावी या निर्णायक नहीं बन पाए हैं बल्कि प्रायः तदर्थ स्तर अथवा रस्मअदायगी के इर्द-गिर्द चल रहे हैं। जिस रूप में विकास और उपभोग की दिशा पर्यावरण को चीरते हुए बढ़ रही है उससे तो यही लगता है कि सतत् विकास और सतत् उपभोग अनिष्पाद्य हैं। ज्वलंत प्रश्न यह है कि क्या कोई ऐसी 'ब्रम्ह विद्या' या 'ब्रम्हास्त्र' उपलब्ध है जिसके बल बूते पर अनिषाद्य

सतत् विकास एवं उपभोग को निष्पाद्य बनाया जा सके ?

बड़ी काबिलेगौर हकीकत यह है कि सत्य, अहिंसा और नैतिक आचरण संबंधी प्रयोग द्वारा सिद्ध किए गए जो सिद्धांत हमें राष्ट्रपिता महात्मा गांधी से अमूल्य धरोहर के रूप में प्राप्त हुए हैं, वे मात्र वैचारिकी-पोषक नहीं बल्कि विकास एवं उपभोग की न्यायपूर्ण तथा टिकाऊ व्यवस्था कायम करने की एकमात्र अनुप्रयुक्त प्रणाली के आधार हैं। गांधीजी द्वारा प्रतिपादित और पोषित सुसंगत सिद्धांत के पुष्प हैं।-जन आधारित सामाजिक तथा आर्थिक स्वतंत्रता, स्वदेशी, स्वावलंबन, सर्वोदय, ग्रामोदय, अंतत्योदय, विकेंद्रीकरण, श्रम प्रधान प्रौद्योगिकी-साध्य उद्यम, क्षेत्रीय संसाधन, प्रकृति-अनुकूल सतत् विकास तथा विवेकपूर्ण सह-उपभोग। विचारणीय है कि सत्य, अहिंसा और नैतिक आचरण उपरोक्त सभी आवश्यक कारकों के मूल में अनिवार्यतः या अपरिहार्यतः उपस्थित है। यही कारण है कि दुनिया भर में गांधीवादी विचारों और व्यवस्था में फिर से रुचि पैदा हो रही है। तो आइए, गांधीजी को सतत् विकास और सतत उपभोग के कर्मयोगी के रूप में आत्मसात करें।

यम, नियम—गांधीजी ने स्वयं के व्यवहार और प्रयोगों द्वारा इस तथ्य को पहचाना कि यम तथा नियमों के अनुपालन से न सिर्फ शरीर स्वस्थ रहता है बल्कि दैनिक आचार संहिता और उसके द्वारा सामाजिक, आर्थिक और औद्योगिक प्रगति का नियमन हो सकता है। पांच यम वस्तुतः सतत जीवन के सिद्धांत या निर्देश हैं जो एक मनुष्य का दूसरे मनुष्य, अन्य सभी जीवों तथा निर्जीव घटकों के साथ हानिरहित या प्रकृति-अनुकूल व्यवहार को निर्दिष्ट करते हैं। इसी प्रकार पांच नियम व्यक्तिगत आचार-विचार की नियमावली बनाते हैं जो सत और सतत् जीवन व्यवस्था हेतु अपरिहार्य आवश्यकताएं हैं।

अहिंसा प्रथम यम है जो जीवन मंडल के सभी सजीव एवं निर्जीव या जड़-चेतन घटकों के प्रति अहिंसक प्रयोग का आदेश देता है। विचारणीय है कि संयुक्त राष्ट्र द्वारा गांधीजी का जन्मदिन 2 अक्टूबर प्रत्येक वर्ष अहिंसा दिवस के रूप में मनाए जाने का निर्णय लिया गया है। दूसरा यम सत्य है यद्यपि सत्य और अहिंसा एक ही सिक्के के दो पहलू के रूप में महत्त्वपूर्ण हैं। सत्य का संधान और प्रत्येक क्रिया में सत्य का प्रयोग पर्यावरण संरक्षण व सतत् विकास हेतु उतना ही जरूरी है जितना कि नैतिक आचरण के लिए। तीसरे यम अस्तेय द्वारा विकास तथा उपभोग हेतु गलत य हानिकारक तरीकों से प्राप्त वस्तुओं और सेवाओं का बहिष्कार करने एवं विध्वंस और बर्बरता को त्यागने का आदेश मिलता है। ब्रह्मचर्य चौथा यम है जिसका उद्देश्य प्रजनन को नियंत्रित रखना है ताकि मानव, पशु, अन्य जीव तथा संसाधनों के बीच सही अनुपात और संतुलन रहे। पांचवें यम अपरिग्रह के अनुसार उपभोक्ता वस्तुओं और सेवाओं का परिमाण लालच के अनुसार नहीं, बल्कि सामान्य आवश्यकता की सीमा तक ही स्वीकारा जाए।

इसी प्रकार प्रथम नियम शौच का पूरा अभिप्राय शौच की उपयुक्त प्रणाली अपनाकर तन-मन को स्वच्छ रखने के साथ पर्यावरण को भी स्वच्छ रखें। इसमें अपशिष्ट निपटान और जैव-अवक्रमण का नियम भी शामिल है। यही नहीं अपितु काम, क्रोध, मद और लोभ पर विजय पाना शौच-नियम द्वारा संभव है जिसका पारिस्थितिक संतुलन से परोक्ष-अपरोक्ष संबंध है। संतोष, तपस, स्वाध्याय तथा ईश्वर प्रणिधान चार अन्य नियम हैं जिनका अंतिम उद्देश्य उपभोग के प्रति तुष्टि की भावना रखना और अन्य लोगों की जरूरतों के सापेक्ष्य रखना, मितव्ययी होना, आत्मनिरीक्षण करना तथा प्रार्थना या मनन-चिंतन द्वारा मानसिक प्रदूषण का निवारण करना है।

यम तथा नियमों की अवहेलना या परित्याग से अंततः प्रकृति का क्षय या असंतुलन हावी हो रहा है। अनावश्यक या अतिशय उपभोग की लालसा वस्तुतः यम तथा नियमों से विमुख होने का प्रतिफल है जिसके चलते संसाधनों का अपव्यय बर्बरता, विध्वंस आदि का क्रम जुड़ता है और हम विनाश की दिशा में चल पड़ते हैं। गांधीजी ने सभी जीवों के प्रति अहिंसक बर्ताव और निर्जीव संसाधनों के प्रति विध्वंसक या बर्बर रुख त्यागने का संदेश दिया था जो इस तथ्य के संबंध में विशेष महत्त्व रखता है कि मानव का अस्तित्त्व पर्यावरण में व्याप्त जीवों या सूक्ष्म जीवों की सोलह लाख से भी ज्यादा किस्में मनुष्य जीवन के सामंजस्य में हैं। ऐसे समय में जब आनुवंशिकी के तथ्य अज्ञात थे, सत्य, अहिंसा तथा नैतिक आचरण के जरिए प्राप्त दूरदृष्टि के आधार पर गांधी जी ने कहा था कि, प्रकृति में आधारभूत एकता है जो महाकाय विविधता के बावजूद कायम है। प्रकृति में एक क्रमबद्धता या अनुशासन है जो सभी जीवों या वस्तुओं को संचालित करता है। यह महत्त्वपूर्ण बात है कि गांधीजी का उक्त निष्कर्ष कालांतर विकसित डी एन ए के सिद्धांतों पर खरा उतरा जिनके अनुसार पर्यावरण में उपस्थित सभी जीवों में डी एन ए रसायन सर्वनिष्ठ है, अनेकता में एकता का सूत्र है और जीवों का अस्तित्त्व एक दूसरे पर निर्भर है। यह तथ्य धार्मिक विश्वास और आचरण में तबदील होकर पर्यावरण संरक्षण, सतत् विकास और टिकाऊ उपभोग की संस्कृति का आधार बन सकता है।

14.5 सहभोक्तावाद की ओर

अधिकाधिक उत्पादन और अधिकाधिक खपत आज विकास का मापदंड बन गया है और यह बात नजरअंदाज कर दी गई है कि सांख्य और वेदांत तथा पुनर्जागरण के पूर्व यूरोप सहित कई सभ्यताओं में विकास का सही अभिप्राय दरअसल आध्यात्मिक विकास था। उस समय 'भोग' का अर्थ सब को बांट कर

खाना था। धनीवर्ग अपने संसाधनों का प्रयोग सार्वजनिक उपयोग की सुविधाओं के निर्माण में करते थे। सर्वे भवंतु सुखिनः सर्वे संतु निरामयाः भोग का सिद्धांत था। यानी उस समय 'उपभोक्ता' नहीं, 'सहभोक्ता' हुआ करते थे। 'आज कंज्यूमरिज्म' के प्रतिशब्द उपभोक्तावाद का अर्थ व्यक्तिगत खपत को सुनिश्चित करना है। इस आयातित शब्द के तहत उपभोक्ता वस्तुओं की कुल उपयोगिता का मूल्यांकन जीवन की वाजिब जरूरतों के संदर्भ में न होकर सामाजिक स्तर के अर्थ में किया गया है। इस सोच के अनुसार मनुष्य प्रकृति का स्वामी, नियामक और भोगकर्ता है। 'कंज्यूमर' शब्द में एक प्रकार से एक सर्वग्रासी भक्षणभाव है, यानी जितना चाहो उतना खुद उपभोग करो, दूसरों के लिए मत छोड़ो। उपभोग मे यम एवं नियमों का अनुपालन उक्त भक्षणभाव को त्यागने में सहायक हो सकता है।

उक्त तथ्यों से सहज निष्कर्ष निकलता है कि उपभोक्ता वस्तुओं के सतत् उत्पादन एवं उपभोग की टिकाऊ संस्कृति बनाए रखने की खातिर सहभोक्तावाद की ओर लौटना होगा। उपभोक्ताओं के वर्तमान अधिकार तथा अपेक्षित कर्तव्य सिद्धांततः वांछित सहभोक्तावाद के पोषक अवश्य हैं किंतु व्यवहारतः सर्वग्रासी भक्षणभाव के पर्याय 'कंज्यूमरिज्म' को बढ़ावा देते हैं। सतत् उपभोग की गांधीवादी धारणा मात्र सैद्धांतिक नहीं बल्कि व्यावहारिक हल है। अगर आज यह धारणा पुरानी, अव्यावहारिक या फिर अप्रासंगिक मानी जाती है तो सच यह है कि कोई दूसरा विकल्प या हल दिखाई नहीं देता।

14.6 सात्त्विक भोजन

उपभोग की वर्तमान संस्कृति में किसी पंचतारा होटल का विशिष्ट छप्पन भोग या अस्सी भोग भोजन प्रतिष्ठित स्तर का प्रतिमान माना जाता है। राज्याध्यक्षों के सम्मान में दिया जाने वाला अति विशिष्ट एक सौ बीस भोग भोजन प्रतिष्ठित स्तर का शीर्ष दर्शाता है। स्वभावतः यह भोजन सामान्य जन की पहुंच के बाहर होते हैं। कह सकते हैं कि यह भोजन सतत विकास तथा पर्यावरण-अनुकूल उपभोग की अवधारणा के प्रतिकूल एवं अप्रजातांत्रिक होते हैं। साथ ही ऐसे भोज में भोजन (अन्नः देवो भव) का अपमान होता है। ऐसे में यह पूछा जा सकता है कि उक्त श्रेणी के भोजनों से कहीं उत्तम क्या कोई अत्युत्कष्ट भोजन है जो जनसामान्य की पहुंच में हो और प्रजातांत्रिक भी ?

चरक संहिता के अनुसार स्वस्थ मानव-शरीर रूपी तिपाई यानी आहार या पथ्य भोजन, स्वप्न या सुख-निद्रा तथा ब्रह्मचर्य या इंद्रिय-संयम, इन तीन आधारों को युक्तियुक्त रखने पर टिकी है। यदि मनुष्य उचित समय पर पर्याप्त भूख रहते पाचनानुकूल उचित भोजन करे, थकने पर नियमित रूप से सुख-

निद्रा में सोए तथा ब्रह्मचर्य या इंद्रिय-संयम रखते हुए दांपत्य सुख प्राप्त करे तो शरीर के पंचभूतों में यथेष्ट वृद्धि होती है और ऐसा मनुष्य तन, मन और आत्मा से पूर्ण स्वस्थ और वस्तुतः सुखी रह सकता है। शास्त्रों में कहा गया है कि,

षटत्रिंशतं सहस्त्राणि रात्रिणां हितभोजन,
जीवत्यनातुरो जन्तुर्जितात्म संमतःसताम्।

यानी हित या पथ्य भोजन करनेवाला संयमी व्यक्ति छत्तीस हजार रात्रि या लगभग एक सौ वर्षो तक निरोग रहते हुए जी सकता है।

अंतर्राष्ट्रीय आहार गुणता-सर्वेक्षण में भारतीय भोजन निम्न स्तर का पाया गया है। साथ ही यहां रोगों में वृद्धि और मृत्यु-दर चिंतादायक स्थिति में है। ऐसे में भारतीय संदर्भ में सात्विक भोजन के अनन्य गुणों को समझना, उसे अद्यतन करना और विज्ञान की कसौटी पर कसना सचमुच उपयोगी होगा।

प्राचीन व्याख्या-भगवद्गीता (17.8) में अर्जुन को प्रकृति के तीन गुणों को समझाते हुए स्वयं भगवान कृष्ण सात्त्विक भोजन की महिमा निम्न रूप से बताते हैं कि,

आयु : सत्त्वबलारोग्य सुखप्रीति विवर्धनाः
रस्याः स्निग्धाः स्थिरा हृदया आहाराः सात्त्विकप्रिया।

यानी सभी रसतत्त्वों से युक्त सुरस, स्निग्ध और सहज पचनीय भोजन जो शरीर के लिए स्थैर्यदायक हो, जीवन को शुद्ध करे तथा बल, स्वास्थ्य, सुख और तृप्ति दे, सात्विक भोजन होता है। स्वयं भगवान कृष्ण ने सात्विक आहार के रूप में पत्रं पुष्पं फलम् तोयम की इच्छा प्रकट की है। यानी खाद्यान्न, शाक, फल तथा दूध या इनके द्वारा उत्तम विधि से बने पाक सर्वोत्तम भोजन होते हैं। आयुर्वेद में सात्विक भोजन का नियमन एवं विस्तार करते हुए बताया गया है कि मात्राहार तथा षट्रस युक्त भोजन जो रस-रक्तादि धातुओं को बढ़ा कर शरीर का विकास तथा क्षतिपूर्ति करे एवं आवश्यक उष्णता और बल प्रदान करते हुए शरीर की जीवनी शक्ति को स्थिर करे, सर्वोत्तम भोजन है।

सात्विक भोजन का पथ्य उच्च मानसिक क्षमता के विकास, योग के यम तथा नियमों के अनुपालन, मन में उच्चतम ज्ञान की अवस्था लाने, निरोग रहने और रोग पर विजय प्राप्त करने के लिए जरूरी बताया गया है। सार अर्थ में कृष्ण ने भगवद्गीता (14.17) में कहा है कि,

सत्त्वात्संजायते ज्ञानं रजसो लोभ एव च,
प्रमादमोहौ तमसो भवतो अज्ञानमेव च।

यानी सतोगुण से वास्तविक ज्ञान उत्पन्न होता है, रजोगुण से लोभ और तमोगुण से प्रमाद, मोह तथा अज्ञान उपजता है। साथ ही 17.9 तथा 17.10 खंडों में कहा गया है :

कट्वम्ल लवणात्युष्णतीक्ष्ण रूक्ष विदाहिनः
आहारा राजसस्येष्टा दुःखशोकामयप्रदाः।

अत्यधिक कटु, खट्टे, नमकीन, गरम, चटपटे, रूक्ष तथा दाहक आहार राजस भोजन कहे जाते हैं जो रोग, दुख और शोक पैदा करता है। इसी प्रकार,

यातयामं गतरसं पूतिं पर्यूषितम् च यत्,
उच्छिष्टमपि चोमध्यं भोजनं तामसप्रियम्।

सारांशतः बासी या बिगड़ा हुआ, स्वादरहित, दुर्गधयुक्त, जूठा तथा अस्पृश्य वस्तुओं से युक्त आहार तामसिक भोजन होते हैं जो रोग बढ़ाते हैं।

विज्ञान की दृष्टि से आधुनिक पोषण विज्ञान में संतुलित भोजन को सर्वोपरि स्थान दिया गया है, किंतु यह बताने में परहेज की जाती है कि क्या संतुलित भोजन ही सात्विक भोजन होता है जिसे लेने से आध्यात्मिक विकास को बल मिलता है। भोजन के तीन प्रमुख घटक कार्बोज, वसा और प्रोटीन है। कार्बोज के आक्सीकरण से शरीर के लिए आवश्यक मुख्य ऊर्जा की आपूर्ति होती है। दूसरी ओर वसा ऊर्जा का सघन स्त्रोत है जिसमें कार्बोज और प्रोटीन प्रत्येक की अपेक्षा दोगुनी कैलोरी होती है। साथ ही वसा शरीर में संचित रहती है और आवश्यकता पड़ने पर तैयार ऊर्जा की आपूर्ति करती है। प्रोटीन ऐसे नाइट्रोजन तथा अमीनो अम्लों का स्त्रोत है जिनके द्वारा शारीरिक प्रोटीन का संश्लेषण होता है और इसी के बलबूते शरीर के अंग-प्रत्यंगों की वृद्धि होती है। भोजन का दो प्रतिशत हिस्सा लवण, खनिज तथा विटामिन के रूप में होता है जो चयापचय संबंधी क्रियाओं, रोग-प्रतिरक्षण आदि के लिए आवश्यक है। धान्य, शर्करा, कंद-मूल, फल इत्यादि कार्बोज के प्रमुख स्त्रोत हैं। दालों और अनाजों से शाकाहारी भोजन का सर्वाधिक प्रोटीन मिलता है जबकि सैच्युरेटेड वसा-अम्लों के आधिक्य वाले तेल शरीर में हृदय-रोग पैदा करनेवाले कोलेस्ट्राल का निर्माण करते हैं।

इस प्रकार विश्लेषण करें तो निष्कर्ष निकलता है कि मुख्यतः ताजे फल,शाक, पचनीय क्लोरोफिल या पर्णहरित, खाद्यान्न, दालें, दूध तथा कुछ पत्र-पुष्प सात्विक भोजन प्रदान करते हैं जो संतुलित पोषण प्रदान करने के साथ-साथ दिल-दिमाग-आत्मा रूपी समष्टि को संतुलित रखने में सहायक होते हैं। मांसाहार, गर्म मसाले-प्रधान व्यंजन, घी, मक्खन, मलाई, तले खाद्य इत्यादि राजसी भोजन के अंग है जिनसे सघन ऊर्जा अत्यधिक मिलती है, इनसे स्नायुमंडल उत्तेजित होता है, चयापचय में एड़ लगती हैं भोग-विलास की ओर मन असंयत होता है तथा संतोष घटता जाता है। अतिपक्व, पुनःपक्व, बासी, पर्यूषित, विघटित तथा गरिष्ठ आहार तामसिक भोजन होते हैं जिनसे स्थूल ऊर्जा ही मिलती है, जीवशक्ति या ओज नहीं मिलता। तामसिक भोजन

के दीर्घकालीन प्रभाव से शारीरिक विकृति एवं नैतिक अधोपतन होते देखा जा सकता है।

14.7 अत्युत्कृष्ट भोजन

सात्विक भोजन मात्र संतो-योगियों या बुद्धिजीवियों का ही हो, आवश्यक नहीं है। वर्तमान में जब सतत विकास और पर्यावरण-अनुकूल उपभोग (हरित-उत्पाद) सृष्टि को बचाए रखने के लिए अत्यावश्यक है तो वर्तमान स्थिति में अद्यतन किया हुआ सात्विक भोजन जन-जन की जरूरत है। ऐसे उत्कृष्ट या अत्युत्कृष्ट भोजन की आवश्यकताएं क्या हैं?

अत्युत्कृष्ट भोजन की प्रथम आवश्यकता पारिस्थितिकी के अनुकूल होना है। पर्यावरण के नष्ट या असंतुलित किए बगैर जो खाद्य पदार्थ सरलता से पैदा किए जा सकें, संदूषण या विषाक्तता से मुक्त रखे जा सकें और पुष्टिकर हों उनकी आज विशेष आवश्यकता है। ऐसें खाद्यों में प्रोटीन, कार्बोहाइड्रेट, वसा खनिज व विटामिनों का सुमेल हो या सुपाच्य हों, शारीरिक जल-संतुलन में सहायक हों तथा अम्ल-क्षार के स्तर को यों रखें कि पी-एच मान आदर्श स्तर 7.4 के निकट बना रहे। यह उत्साहजनक तथ्य है कि प्रकृति ने ऐसे कई खाद्य प्रदान किए हैं जो अत्युत्कृष्ट होने के साथ सामान्य जन की पहुंच में आते हैं।

अनार, अमरूद, संतरा या अन्य हरे-पीले मौसमी फल जो बहुसंख्यकों को उपलब्ध होते हैं, रोगप्रतिरोधक हैं एवं स्वास्थ्यवर्धक एंटीआक्सिडेंट तत्त्वों के सुलभ भंडार हैं। तीसी या अलसी के दाने या तेल अत्यावश्यक वसा अम्लों ओमेगा-3,6 और 9 के सर्वोत्तम एवं सुलभ स्त्रोत हैं। यह पोषक तत्त्व हृदय के रक्षक-मित्र पाए गए हैं जो कोलेस्ट्राल का नियंत्रण करते हैं, कैंसर-अवरोधक हैं तथा मस्तिष्क के कार्य में सहायक होते हैं। विटामिन-ई, मैंगनीज और फाइबर तीसी में प्रचुर होते हैं। हृदय के रक्षक होने के साथ तीसी मधुमेह, ओस्टिओपोरोसिस, अस्थमा और एलर्जी से बचाव करती है। उत्तर भारत के गांवों में तीसी के दानों की मीठी पंजीरी और तीसी के तेल का प्रयोग पुराने जमाने से होता आया है। पश्चिमी देशों में तीसी का प्रयोग सूप और सलाद में होता है।

कंद-मूल में कैरोटेनायड, विटामिन सी, पोटेशियम और फाइबर भरपूर मात्रा में होते हैं, कार्बोज की प्रधानता होती है और इनसे ऊर्जा-आपूर्ति सुलभ होती है। तीसी की तरह तिल भी आम आदमी का उत्कृष्ट खाद्य है। तिल में विटामिन ए, बी और ई के साथ अनेक खनिज होते हैं जिनमें जिंक, कैल्सियम, कापर, मैगनीशियम, पोटेशियम और फास्फोरस उल्लेखनीय हैं। तिल में एक दुर्लभ प्रकार का विटामिन होता है जो रक्त के थक्कों के निर्माण का नियंत्रण

करता है। तिल हड्डी के जोड़ों और आंतों में स्नेहक प्रभाव पैदा करता है, रक्तचाप, सामान्य रखता है तथा तंत्रिका के स्वास्थ्य हेतु लाभदायक पाया गया है। आवश्यकता है तिल को सही और स्वस्थ रूप में लेने की।

नई शोधों से पता चला है कि किण्वित रूप में सोया अत्यंत स्वास्थ्यवर्धक है। फाइटोएस्ट्रोजन हारमोन सोया में भरपूर होता है जो हारमोन-असंतुलन संबंधी बीमारियों से बचाव करने में प्रभावी होता है। भूरा चावल स्वादिष्ट और ऊर्जादायक होने के साथ ही विटामिन ए, खनिज, फास्फोरस और मैगनीज का सुलभ स्त्रोत है। इससे कोलेस्ट्राल के नियंत्रण तथा आंतों के कैंसर से बचाव में भी मदद मिलती है। केरल प्रदेश में लोकप्रिय भूरे चावल में उक्त पोषक तत्त्वों की प्रचुरता पाई जाती है।

द्विदलीय अन्न मूंग, चौली, राजमा, चना इत्यादि को भिगाकर जमाने पर न सिर्फ इनका स्वाद और सुपाच्यता बढ़ती है बल्कि नए पोषक तत्त्वों की वृद्धि होती है। जमने पर इन द्विदलीय अन्नों की स्टार्च मालटोस और डेक्सट्रिन में तथा प्रोटीन, पॉलीपेपटाइड, पेपटाइड एवं अमीनो अम्ल में बदल जाती है। इनमें आबद्ध लौह सुपाच्य या परिपचनीय रूप में तब्दील होता है और फास्फोरस फाइटेट से मुक्त होता है। इन द्विदलीय अन्नों को दो दिन जमाने पर इनमें एसकार्बिक अम्ल या विटामिन सी के सक्रिय हो जाने से रिबोफ्लेविन और नायसीन में अच्छी वृद्धि होती है। वस्तुतः इतनी छोटी-सी क्रिया द्वारा किसी खाद्य की पोषकता और सात्विक गुण को इतना बढ़ा देना प्रकृति का एक आश्चर्य ही कहा जा सकता है।

दही या योगर्ट और मट्ठा या छाछ अत्युत्कृष्ट या सात्विक भोजन के प्रमुख अंग हैं। दही में सुपाच्य श्रेणी की प्रोटीन, खनिज, कैल्शियम, फास्फोरस और रिबोफ्लेविन तथा एंजाइम होते हैं। अतः दही के सेवन से पाचन संबंधी रोग, अनिद्रा और असमय बुढ़ापा रोकने में मदद मिलती है। विचारणीय है कि पाचन-क्षेत्र में एक घंटे के अंदर 91 प्रतिशत ग्रहण की गई दही पच जाती है, जबकि दूध सिर्फ 32 प्रतिशत।

14.8 सही भोजन की ओर

स्वस्थ शरीर का व्यापक अभिप्राय स्वयं का स्थिर होना या चेतना के सुदृढ़ आधार पर टिका होना या आध्यात्मिक रूप से समृद्ध होना है ताकि मनुष्य आलोकित-आनंदित अवस्था का अनुभव कर सके, एकात्मता और समग्रता में रह सके। भोजन के महत्त्व को मात्र पोषक तत्त्वों, पाचन-प्रचूषण, कैलोरी की प्राप्ति आदि भौतिक-रासायनिक प्राचलों के अर्थ में ही नहीं समझना है बल्कि आध्यात्मिक आवश्यकता की दृष्टि से भी इसे देखना है। खाद्य संबंधी जानकारी

शरीर, मन, ऊर्जा और आत्मा के संघटित विकास के लिए प्राप्त करना आवश्यक है। खाद्य का मन की अवस्था, चिंतन और क्रिया पर सीधा प्रभाव पड़ता है। सात्विक भोजन ही सात्विक प्रकृति के निर्माण में सहायक होता है।

वर्तमान खाऊ उपभोक्ता (अप) संस्कृति में अतिशय एवं अनावश्यक खपत की ओर अंधी दौड़ के चलते खाद्य-चेतना गलत दिशा में हावी है, यानी यह भी खाओ, वह भी खाओ जो बिकता है, सब कुछ खाओं। प्रायः सभी लोग राजसी भोजन की ओर उन्मुख हैं जिसका उनकी वृत्ति से कोई संबंध नहीं है। उदाहरणतः कार्यालय में कुर्सी पर बैठ पर मानसिक कार्य करने वाले भी जिनका बल-प्रयोग, युद्ध-क्रिया, आधिपत्य, आक्रामकता आदि राजसी वृत्ति से कोई लेना-देना नहीं है, अपनी साधन-संपन्नता के चलते राजसी भोजन का लक्ष्य रखते हैं।

प्राचीन काल से ही भारत में उच्च खाद्य-चेतना होने के बावजूद आज भोजन का गलत प्रयोग, बरबादी या अपमान किया जाता है और बदले में खराब स्वास्थ्य, बीमारी और कमजोर होती नस्ल से समझौता किया जाता है। यह अंधी क्रिया सतत उपभोग और प्रजातांत्रिक मूल्यों के विपरीत है जो मनुष्य को पशुता की ओर ढकेल रही है। अच्छा हो कि खाद्य संबंधी नीतियों और कार्यक्रमों में खाद्य-विवेक की भावना गूंथी जाए ताकि देशवासी सही भोजन अपनाने की ओर उन्मुख हों।

15
उपसंहार

सदियों से सुजलाम्, सुफलाम्, मलयज शीतलाम के रूप से वंदनीय. भारत-भूमि पर निरंतर स्वच्छ-स्वास्थ्यवर्धक वस्तुएं उत्पन्न होती रही हैं। कोटि-कोटि भारतीयों के दैनिक जीवन में आवश्यक विविध प्रकार की घरेलू वस्तुओं की मांग उत्तरोत्तर बढ़ती रही है। खाने-पीने, पहनने-ओढ़ने
रहने-सहने व साफ-सफाई संबंधी आवश्यक वस्तुओं की उपलब्धि जिन्हें वर्तमान में उपभोक्ता वस्तु कहा जाता है, और इनके सदुपयोग के संबंध में उपभोक्ताओं को कुछ अधिकार दिए गए हैं, अर्थात मूलभूत आवश्यकता की पूर्ति का अधिकार, सुरक्षा, सूचना और वस्तुएं चुनने का अधिकार, उपभोक्ता संरक्षण हेतु सुनवाई एवं क्षतिपूर्ति का अधिकार, उपभोक्ता-शिक्षा का अधिकार तथा स्वस्थ पर्यावरण का अधिकार।

जहां अधिकार होते हैं, वहां कर्तव्य भी आवश्यक हैं। उपभोक्ताओं से, जो हम सभी देशवासी तथ्यतः हैं, अपेक्षा की जाती है कि वे अपने दैनिक उपभोग में विवेचनात्मक जागरूकता, कार्रवाई की भावना, सामाजिक सरोकार, पर्यावरणीय जागरूकता, एकात्मता तथा सम-स्वार्थ की भावना अपने में बनाए रखेंगे। वर्तमान में उपभोक्ता वस्तुओं और सेवाओं की मांग अनियंत्रित रूप से बढ़ती जा रही है जिसमें भोग-विलास और अनावश्यक या अतिशय उपभोग की वस्तुएं भी शामिल हैं। विविध उपभोग्य वस्तुओं की गुणवत्ता, विश्वसनीयता, उपयोगिता, लाभालाभ, सावधानी, सुरक्षा इत्यादि से संबंधित सूचनाओं अथवा उपभोक्ता वस्तुओं के विज्ञान की जानकारी पर्याप्त रूप से जन-जन में नहीं फैल पाई है। सामान्य रूप से प्रयुक्त ऐसी कुछ प्रमुख उपभोक्ता वस्तुओं पर वैज्ञानिक विवेचन इस पुस्तक में दिया गया है।

यद्यपि भारत में ऊंची गुणवत्ता की वस्तुएं बनती हैं और विश्व में 'मेड इन इंडिया' लेबल की प्रतिष्ठा बढ़ी है किंतु सामान्य उपभोक्ता वस्तुओं की गुणवत्ता प्रायः संतोषजनक नहीं पाई जाती। दरअसल उपभोक्ता परिदृश्य कई नकारात्मक अनुभवों से भरा हुआ है। पुस्तक में उपभोक्ता वस्तुओं के सभी पक्षों की

वैज्ञानिक जानकारी देने की कोशिश की गई है ताकि उपभोक्ता का सही मार्गदर्शन हो और नकारात्मक अनुभवों से निजात पाने का रास्ता प्रशस्त हो।

विचारणीय तथ्य यह है कि सतत् विकास एवं सतत् उपभोग के लक्ष्य की ओर अग्रसर होते हुए योग्य जरूरतों, न कि लालच के आधार पर, खपत को नियंत्रित करने में हमारे जीवन का निर्वाह संभव है। साथ ही परंपराओं के साथ विज्ञान-भावना के मेल न कि अवमानना द्वारा उचित उपभोग का नियमन हो सकता है। देश की सुरक्षा एवं समृद्धि, प्रकृति तथा पर्यावरण देश के जन और मन, यह सभी पक्ष मिल कर सतत् उपभोग का ठोस आधार प्रदान करते रहें, यही मंगल कामना है जो कविगुरु रवींद्रनाथ ठाकुर की इन निम्नांकित पंक्तियों (अनूदित) में प्रतिबिम्बित है :

देश की माटी, देश का जल
हवा देश की, देश के फल,
सरस बनें प्रभु सरस बनें।
देश के घर और देश के घाट
देश के वन और देश के बाट
सरस ,बनें प्रभु सरस बनें।
देश के तन और देश के मन
देश के घर के भाई-बहन
विमल बनें प्रभु विमल बनें।

●●●